W0266494

Siebenbürgen

Rund um Kronstadt, Schäßburg und Hermannstadt

Birgitta Gabriela Hannover Moser

Trescher Verlag

1. Auflage 2011

Trescher Verlag
Reinhardtstr. 9
10117 Berlin
www.trescher-verlag.de

ISBN 978-3-89794-157-1

Herausgegeben von Bernd Schwenkros und
Detlev von Oppeln

Reihenentwurf und Gesamtgestaltung:
Bernd Chill
Gestaltung, Satz, Bildbearbeitung: Ulla Nickl
Lektorat: Sabine Fach
Stadtpläne und Karten: Johann Maria Just,
Martin Kapp

Gedruckt auf chlorfrei gebleichtem Papier

Printed in Germany

ROMANIA

Vorwort

Siebenbürgen ist sicherlich im deutschsprachigen Raum die bekannteste Region Rumäniens. Einmal wegen der Siebenbürger Sachsen, die vor etwa 800 Jahren dort zu siedeln begannen, aber auch wegen der dort lebenden Ungarn und ihrer teilweisen Zughörigkeit zum Habsburger Reich und nicht zuletzt wegen des sagenumwobenen Grafen Dracula. Siebenbürgen steht, wenngleich weniger populär, aber auch für die Daker, die hier ein eigenes Reich etablieren konnten. Es steht für Bergbau und einem damit verbundenen Reichtum an Gold, Silber, Erzen und Salzen, der schon die Römer auf den Plan rief.

Eine unglaubliche Dichte an Kirchenburgen, Holzkirchen und mittelalterlichen Städtchen bietet auf kleinem Raum viele Sehenswürdigkeiten, die eine Reise wert sind, viele davon zählen zum Weltkulturerbe. Trotz vielfältiger Anstrengungen des rumänischen Staates und zahlreicher Unterstützer aus dem Ausland werden jedoch nicht alle dieser wertvollen Kulturschätze erhalten werden können.

Die noch immer dicht bewaldeten und doch sichtbar gefährdeten Karpaten umfangen dieses Gebiet wie ein Schutzmantel. Nationalparks, in Gebirgen mit herausfordernden Gipfeln, steilen Felswänden, spektakulären Höhlen und Schluchten, aber auch mit sanften Hügellandschaften, bergen botanische Raritäten und eine in seltener Vielfalt auftretende Tier- und Vogelwelt. Wilde Wasserläufe, Gletscher-, Krater- und Stauseen bereichern das Bild der Naturschönheiten. Streusiedlungen, einsame Weiler und intakte Dorfstrukturen laden zu beschaulichen Ferien ein. Vieles ist weniger reglementiert als in westlichen Ländern, was Picknicken, freies Campen, Fischen, Kutsch- und Floßfahrten, Klettern in weniger gesicherten Höhlen überall ermöglicht, wo es beliebt und gefällt. Leider geht damit ein nicht immer sorgfältiger Umgang mit der Natur einher, der vielfach zu großen Müllhalden und verstreuten Picknickresten führt.

Die touristische Infrastruktur hat sich in den letzten Jahren sehr dynamisch entwickelt, und vielerorts entstanden neue Gasthäuser und Hotels, zum Teil in renovierten historischen Gebäuden. Die historischen Zentren von Städten wie Sibiu (Hermannstadt), Brașov (Kronstadt) und Sighișoara (Schäßburg) gleichen mittlerweile wahren Schatzkästchen.

Egal, ob man lieber wandert oder sich auf Spurensuche zu den zahllosen Sehenswürdigkeiten begibt, eine Reise durch Transsilvanien, wie die Region im Rumänischen bis heute genannt wird, ist in jedem Fall ein unvergessliches Erlebnis.

Das Rathaus von Brașov (Kronstadt)

Hinweise zur Benutzung

Der vorliegende Reiseführer ist in drei Teile gegliedert.
Zunächst wird in die Geschichte, die Geographie, die Völker und ihre Religionen eingeführt. In den anschließenden Kapiteln werden die neun Verwaltungseinheiten, sogenannte Judeţ, in die Siebenbürgen untergliedert ist, vorgestellt. Der dritte und abschließende Teil bietet Ratschläge und praktische Informationen, die zur Vorbereitung, Planung und Umsetzung nicht nur einer Individualreise durch Siebenbürgen dienlich sind. Ein Sprachführer in rumänischer und ungarischer Sprache ergänzt diesen Reiseführer.

Die Bezeichnungen von Ortschaften, Flüssen, Gebirgszügen und sonstigen geographischen Einheiten richten sich ungeachtet historischer Zusammenhänge ausschließlich nach den heutigen rumänischen Verwaltungsnamen, was das Auffinden der Orte in aktuellem Kartenmaterial vereinfacht. Auch das Register richtet sich danach. Um historische Zusammenhänge zu verdeutlichen, wurden in vielen Fällen die deutschen und ungarischen Namen erklärend eingefügt. Ein zusätzliches deutsch-rumänisches Ortsnamensregister hilft beim Auffinden der zahlreichen einstigen deutschen Siedlungen.

Zeichenlegende

- Allgemeine Informationen, Reisebüros
- Flughäfen
- Bahnhöfe
- Busbahnhöfe
- Hotels und Pensionen
- Restaurants, Cafés
- Museen
- Einkaufsmöglichkeiten, Souvenirs
- Festivals und sonstige Kulturveranstaltungen
- Sportliche Aktivitäten

Viehherde in den Bergen südlich von Braşov

Entfernungstabelle

	Alba Iulia	Bistrița	Brașov	Cluj-Napoca	Deva	Miercurea-Ciuc	Sfântu Gheorghe	Sibiu	Sighișoara	Târgu Mureș
Alba Iulia		217	217	94	72	207	250	70	103	139
Bistrița	217		272	123	289	222	305	230	145	93
Brașov	217	272		288	271	101	33	146	119	179
Cluj-Napoca	94	123	288		166	256	324	166	142	109
Deva	72	289	271	166		279	304	125	180	211
Miercurea-Ciuc	207	222	101	256	279		68	194	89	147
Sfântu Gheorghe	250	305	33	324	304	68		239	137	215
Sibiu	70	230	146	166	125	194	239		93	137
Sighișoara	103	145	119	142	180	89	137	93		52
Târgu Mureș	139	93	179	109	211	147	215	137	52	

Das Wichtigste in Kürze

Einreise

Rumänien ist EU-Mitglied. Für Bürger der Europäischen Union und der Schweiz genügt für die Einreise nach Siebenbürgen ein gültiger Personalausweis.

Geld

Die Landeswährung ist der Rumänische Neue Leu (pl. Lei, RON), der problemlos an den zahlreich vorhandenen Geldautomaten bis zu einer Summe von 1000 Lei mit der EC-Karte (Maestro) gezogen werden kann. Auch ein paar Euro sollte man mit sich führen, beispielsweise für Straßengebühren. Im Herbst 2010 bekam man für einen Euro etwa 3,25 Lei.

Telefon

Internationale Vorwahl für Siebenbürgen/Rumänien: 0040
Notruf: 112
Zentrale Notrufnummer zum Sperren von EC-/Kredit-/Handkarten: 0049/116116.

Unterkunft

Das Übernachtungsangebot in Siebenbürgen ist gut. In den Städten wie Cluj, Sibiu, Alba, Deva, Târgu Mureș, Brașov warten zahlreiche neue und renovierte Hotels von internationalem Standard auf Urlauber und Geschäftsleute. Familienhotels und Pensionen ergänzen das Angebot. Auf dem Land und in den Dörfern haben sich unter anderem die evangelische Kirche, der ›Mihai Eminescu Trust‹ und andere Organisationen für die Entwicklung eines sanften Tourismus stark gemacht und besonders die Entstehung von Gästehäusern in traditionellen Dorfhäusern ermöglicht. Über Land haben sich zahlreiche kleinere Pensionen und Hotels etabliert. In allen größeren Städten stehen Jugendherbergen und im Gebirge zahlreiche Campingplätze zur Verfügung.

Verständigung

In den ehemaligen sächsischen Siedlungen findet man fast immer jemanden, der Deutsch versteht. In den städtischen Zentren, vor allem in den Hotels, wird Englisch gesprochen.

Ortszeit

Die Zeitdifferenz zu Deutschland, der Schweiz und Österreich beträgt plus 1 Stunde im Sommer wie im Winter, da in Rumänien auch auf die Sommerzeit umgestellt wird.

Historische Landschaftsbezeichnungen

Die Namen der historischen Regionen Siebenbürgens lassen sich auf geographische Gegebenheiten wie Flüsse (Burzenland), die An- bzw. Abbauprodukte (Wein oder Salz) oder ihre Bevölkerung (Motzen) zurückführen. Sie überschneiden sich und veränderten im Laufe der Jahrhunderte ihre Grenzen.

Das **Burzenland** ist eine historische Region im Südosten Siebenbürgens und wird in etwa von den Ortschaften Marienburg, Rosenau und Tartlau begrenzt. Wichtigste Stadt ist Brașov (Kronstadt), ihren Namen erhielt die Landschaft nach dem Burzenbach, der in den Olt mündet.

Die Kirchenburg von Moșna (Meschen)

Das **Reener Ländchen** im Norden Siebenbürgens soll eines der ältesten Siedlungsgebiete der Siebenbürger Sachsen sein. Vom Zentrum Reghin (dt. Sächsisch Regen) zieht sich die historische Region nach Norden bis Obereidisch.

Das **Nösnerland** gilt als nördlichstes Siedlungsgebiet der Siebenbürger Sachsen. Es wird im Süden vom Reener Ländchen und im Norden vom Karpatenbogen mit dem Rodnagebirge begrenzt. Mittelpunkt war und ist die Kleinstadt Bistrița (dt. Bistritz).

Das sogenannte **Altland** (rum. Țara Oltului) trägt seinen Namen nach dem Fluss Alt/Olt und war eine der ersten von Sachsen besiedelten Regionen Siebenbürgens.

Das **Fogarascher Land** am Fuße der Südkarpaten wird von Alt- und Burzenland begrenzt. Es war nicht von Siebenbürger Sachsen besiedelt, sondern als Lehen der ungarischen Krone an die Woiwoden der Walachei vergeben.

Das **Hatzeger Land** im Südwesten Siebenbürgens wird durch den Retezat-Nationalpark begrenzt und reicht fast bis zur transsylvanischen Pforte. Im Altertum war es dakisches Zentrum.

Die historische Landschaft **Unterwald** verteilt sich auf die Kreise Alba und Sibiu. Sie liegt zwischen Hermannstadt (Sibiu) und Broos (Oraștie) und wird im Norden vom Mieresch (Mureș) begrenzt. Im Mittelalter bildete sie die Westgrenze Siebenbürgens und die Grenze des deutschen Siedlungsgebietes.

Die **Siebenbürgische Heide** ist geographisch ein zentraler Teil des Siebenbürgischen Hochland-Beckens und wird von den Städten Cluj im Westen, Reghin im Osten und Turda im Süden eingegrenzt.

Als **Salzland** wird historisch die Region zwischen Târgu Mureș, Sovata und Praid bezeichnet, wo historische Quellen seit Jahrhunderten den Salzabbau und das Kuren belegen.

In vielen Landstrichen Siebenbürgens lassen sich die Reben seit dem Mittelalter nachweisen. Traditionell wird jedoch seit alters her das Gebiet zwischen Kleiner und Großer Kokel nördlich von Mediaș als **Weinland** bezeichnet.

Eine der ärmeren Gegenden Siebenbürgens war im Mittelalter das sogenannte **Haferland** um Rupea (dt. Reps).

Als **Motzenland** wird der Westen Siebenbürgens, ein Teil des Apuseni-Gebirges im Großen Arieștal genannt, wo seit Urzeiten rumänisch-sprechende Motzen in kleinen Siedlungen leben. Ihr Haupt- und Marktort ist Câmpeni.

Das historische **Szeklerland** (ung. Székelyföld, rum. Ținutul Secuiesc) befindet sich vorwiegend im Osten des Siebenbürger Beckens innerhalb des Karpatenbogens sowie in Teilen der Ostkarpaten. Es umfasst große Teile der heutigen Kreise Harghita und Covasna, aber auch den mittleren Teil des Kreises Mureș. Kleinere Siedlungen liegen in den Kreisen Alba und Cluj um Turda.

Im Klettergebiet von Piatra Craiului (Königsstein)

Die wichtigsten Sehenswürdigkeiten

Malerische Städte

Mittelalterlich geprägt: Brașov (S. 63), Sibiu (S. 107), Mediaș (S. 140) und Sighișoara (UNESCO, S. 284). Alba Iulia (S. 156) wegen seiner großen Festungsanlage, Târgu Mureș (S. 268) wegen seiner Jugendstilbauten und Sebeș (S. 170) wegen des einzigartigen Flügelaltars in der evangelischen Kirche.

Burgen und Schlösser

Râșnov (S. 79), Bran (S. 81), Făgăraș (S. 103) und Hunedoara (S. 212; Burgruinen von Deva (S. 203), Rupea (S. 98) und Slimnic (S. 120).

Evangelische Kirchenburgen

Prejmer (UNESCO, S. 72), Hărman (S. 74), Homorod (S. 98), Câlnic (S. 173), Biertan (UNESCO, S. 149), Aiud (S. 165), Viscri (UNESCO, S. 102), Saschiz (UNESCO, S. 293), Valea Viilor (UNESCO, S. 147), Cisnădie (S. 122), Cisnădioara (S. 123), Moșna (S. 144), Dealu Frumos (S. 132), Bazna (S. 146).

Kirchenburgen der Szekler

Dârjiu (S. 318), Ghelința (S. 337), Zăbala (S. 337).

Kirchen mit Wandmalereien

Mălâncrav (S. 151), Sânpetru (S. 77), Mugeni (S. 318), Daia (S. 320), Drăușeni (S. 99), Dârjiu (UNESCO, S. 318), Margaretenkirche in Mediaș (S. 140).

Kirchen, Klosteranlagen, Synagogen

Orthodoxe Klöster Râmeț (S. 178) und Brâncovenești (S. 279); Kirchenruine der Zisterzienserabtei Cârța (S. 127); Holzkirche von Rogoz (S. 267); Synagoge von Mediaș (S. 140); orthodoxe Kirche von Densuș (UNESCO, S. 214).

Die attraktivsten Kurorte

Bazna (S. 146), Sovata (S. 281), Băile Tușnad (S. 321), Harghita-Băi (S. 306), Borsec (S. 311), Sângeorz Băi (S. 261).

Archäologische Fundstätten

Dakische Festungen bei Orăștie (UNESCO, S. 207) sowie die Ausgrabungen von Sarmizegetusa Ulpia Traiana (S. 209).

Naturschönheiten

Schluchten: Bicaz (S. 310), Rameț (S. 180), Turzii (S. 251), Șapti Scări (S. 251), Vârghișului (S. 305).
Täler: Arieștal (S. 183), Nirajtal (S. 274) und Sebeștal (S. 174), Oltdurchbruch (S. 129)
Pässe: Făgărașstransversale (S. 136), Ghimeș- (S. 302) und Oituz-Pass (S. 335).

Die besten Wandergebiete

Im Apuseni-Gebirge: Trascău-Gebirge (S. 177), Siebenbürgisches Erzgebirge (S. 186) sowie die Bihorberge (S. 196).
Südliche Karpaten: Nationalpark Piatra Craiului (S. 92), Bucegi (S. 88) und Făgăraș (S. 103), Postăvarul (S. 82); Retezat-Gebirge (S. 220) Munții Piatră Mare (S. 90).
Ostkarpaten: Căliman-Gebirge (S. 280), Rodna-Gebirge (S. 265), Bicazschlucht (S. 310).

Die besten Skigebiete

Predeal (S. 86), Poiana Brașov (S. 83), Băișoara–Stațiunea (S. 243), Slătiniora bei Petrila im Schiltal (S. 226), und um Păltiniș (S. 124) im Cindrel-Gebirge.

Siebenbürgen, das geheimnisvolle Transsilvanien, wird seit Jahrhunderten von Ungarn, Rumänen, Szeklern und Siebenbürger Sachsen bewohnt, die hier im Karpatenbogen eine unvergleichliche multikulturelle Kulturlandschaft erschaffen haben.

Land und Leute

Siebenbürgen im Überblick

Land: historische Region in Rumänien.
Bezeichnung: rum. Ardeal, ung. Erdély, lat. Transsilvania, dt. Siebenbürgen.
Größe: ca. 57 000 qkm (zum Vergleich: Schweiz 41 285 qkm).
Einwohner: 7,2 Mio.
Größte Stadt: Cluj-Napoca (302 000 Einw.).
Weitere große Städte: Brașov (277 982), Sibiu (154 000), Târgu Mureș (136 000).
Verwaltungseinheiten: 9 Kreise (Alba, Bistrița-Năsăud, Brașov, Cluj, Covasna, Harghita, Hunedoara, Mureș, Sibiu).
Sprachen: Rumänisch, Ungarisch, Deutsch.
Religionen: rumänisch-orthodox, rumänisch griechisch-katholisch (uniert), katholisch, reformiert-calvinistisch (Ungarn), unitarisch (Ungarn), reformiert-lutherisch (Deutsche, Ungarn, Slowaken, Österreicher).
Gebirge: Süd- und Ostkarpaten, Siebenbürgisches Westgebirge (Apuseni).
Höchste Erhebung: Moldoveanu (2544 m) in den Südkarpaten.
Nationalparks: Retezat und Piatra Craiului in den Südkarpaten, Rodna, Căliman und Cheile Bicazului-Hășmas in den Ostkarpaten sowie der Naturpark Apuseni im Westen Siebenbürgens.
Große Flüsse: Mureș 766 km, Olt 699 km.
Klima: gemäßigtes, von Westwinden geprägtes Kontinentalklima mit kalten Wintern und teilweise heißen Sommern.
UNESCO-Welterbe: Kirchenburgen Câlnic, Viscri, Biertan, Saschiz, Dârjiu, Prejmer, Valea Viilor; Kirche von Densuș; Stadt Sighișoara, Dakerfestungen in der Umgebung von Orăștie.
Staatsoberhaupt Rumäniens: Präsident Traian Băsescu (letzte Wahl im Februar 2010)
Rumänischer Nationalfeiertag: 1. Dezember (1918, Siebenbürgen erklärt seinen Anschluss an Rumänien).
Vorwahl: 0040.
Autokennzeichen: RO.
Internetkennung: .ro.

Die rumänische Flagge

Geographie

Die bekannteste Region Rumäniens ist ein historischer Landschaftsraum, der erst seit 1918 zum Land gehört. Nach dem Ersten Weltkrieg wurde nicht nur das historische Siebenbürgen, sondern weite Teile des östlichen Ungarn an Rumänien angeschlossen: Banat, Crişana, Sathmar, Maramureş. Auch auf sie wurde der Name des mittelalterlichen Siebenbürgen übertragen, sie werden in diesem Buch allerdings nicht berücksichtigt, da sie nicht zum historischen Siebenbürgen gehören.

Das historische Siebenbürgen

Das historische Siebenbürgen wird einerseits geographisch durch den Karpatenbogen und die Siebenbürgischen Westgebirge und andererseits durch den Herrschaftsbereich der siebenbürgischen Woiwodschaft definiert. In der rumänischen Sprache heißt die Region ›Transilvania‹, in der ungarischen ›Ardeal‹ oder ›Erdély‹, das ›Land hinter den Wäldern‹, die hier einst undurchdringlich gewesen sein sollen. Der Ursprung des deutschen Namens ist nicht abschließend geklärt: Vermutungen sehen einen Zusammenhang mit den sieben von den Siebenbürger Sachsen gegründeten Städten: Braşov, Sibiu, Mediaş, Sighişoara, Sebeş, Bistriţa und Cluj-Napoca.

Geographisch, klimatisch und kulturell ist Siebenbürgen ein Teil Südosteuropas. Seine Ausdehnung beträgt in nord-südlicher Richtung 280, in ost-westlicher Richtung 310 Kilometer. Die Region macht etwa 23 Prozent der heutigen Landesfläche Rumäniens aus. Mit seinen Pässen Bran, Buzău, Oituz, Turnul Roşu und den Verbindungswegen im Norden durch das Rodna-Gebirge lag Transylvanien an einer wichtigen Nord-Süd-Route und war ein wichtiges Durchgangsland am

Historische Karte Transsilvaniens

Die Gebirgszüge und großen Flüsse Siebenbürgens

Verbindungsweg zwischen den Handelsstädten am Schwarzen Meer, Konstantinopel und der Levante und nach Osten in die Moldau und auf die Krim sowie nach Polen.

Siebenbürgen ist mit seinen reichen Salz-, Edelmetall-, Erz- und Kohlevorkommen sowie seinen Erdgasressourcen eine an Bodenschätzen reiche Region. Zudem gibt es viele für die Weidewirtschaft geeignete Hochweiden.

Die Gebirge

Siebenbürgen ist von einem Kranz von Randgebirgen umschlossen: Die Ost- und Südkarpaten als Teil dieser Randgebirge sind die Fortsetzung der Waldkarpaten und der Westkarpaten (Beskiden und Tatra), die mit den Alpen und anderen Gebirgen Eurasiens (Kaukasus, Himalaja) zum alpidischen Gebirgssystem gehören. Im Westen trennen die Siebenbürgischen Westgebirge (Apuseni) mit ihren erzreichen Gebirgszügen den Landesteil vom ungarischen Tiefland.

Im Făgăraș-Gebirge

Die tiefste Stelle Siebenbürgens liegt mit 160 Metern über dem Meeresspiegel am Fluss Mureș; die höchsten Erhebungen finden sich in den Südkarpaten in den Munții Făgăraș (Moldoveanu, 2544 m; Negoiu, 2535 m), im Bucegi (Omul, 2507 m), im Retezat-Gebirge (Peleaga, 2509 m) und in den Ostkarpaten, in den Munții Rodnei (Pietrosu Mare, 2303 m).

Zu den Ostkarpaten gehören die vulkanischen Gebirgszüge des Căliman-, Gurghiu- und Harghita-Gebirges. Mit Ausnahme des im Căliman gelegenen Pietrosul (ung. Pietrosz) mit einer Höhe von 2100 Metern herrscht in den Ostkarpaten ein Mittelgebirgscharakter mit Höhen bis zu 1800 Metern vor. Das Rodnaer Gebirge ist mit seinen 23 Karseen das seenreichste Gebirgsmassiv der östlichen Karpaten, während sich bei Tușnad mit dem Lacul Sf. Ana der einzige Kratersee Siebenbürgens befindet. In den Ostkarpaten findet man viele Mineralquellen und -brunnen, die sowohl als Trink- als auch als Heilwasser in Heilbädern Anwendung finden. Auch die hier zahlreich vorkommenden Mofetten (kohlendioxidhaltige Quellen) werden in den Kurorten genutzt.

Das Dorf Rimetea im Kreis Alba

Zu den Südkarpaten (rum. Carpații Meridionali, ung. Déli-Kárpátok) gehören Bucegi-, Retezat- und Făgăraș-Gebirge. Das Retezat-Gebirge ist besonders reich an Kar- oder Gletscherseen, die ihres kristallklaren Wassers wegen auch als Meeraugen bezeichnet werden. Bei Deva trennt der Mureș die Südkarpaten vom Siebenbürgischen Westgebirge.

Das Siebenbürgische Westgebirge (rum. Munții Apuseni, ung. Nyugati-havasog) unterscheidet sich von den Karpaten durch den sehr uneinheitlichen geologischen Aufbau. Im Siebenbürgischen Erzgebirge (rum. Munții Metaliferi) kommen vor allem Dazite und Andesite vor, im Trascău-Gebirge Kalke, im Bihor-Gebirge grüner Schiefer und im Gilău-Gebirge kristalliner Schiefer und Sedimentgestein. Nur wenige Gipfel dieser Massive überragen die 1800-Meter-Grenze. Das Siebenbürgische Westgebirge kann über eine ganzjährig befahrbare Straße gequert werden, die über den Vărtop-Pass (1140 m) ins Banat führt. Weitere Pässe sind im Süden der Bucium-Pass (925 m) und im Norden der Pasul Ciucea (dt. Königsteig, 582 m).

Am Innenrand der Karpaten bildet ein Kranz von Randsenken den Übergang zum Siebenbürgischen Becken. In diesen Randsenken befinden sich die großen Salzvorkommen Siebenbürgens, beispielsweise in der Turda- und der Praid-Senke. Durch den Salzabbau bekannte Orte sind Ocna Dejului, Cojocna, Turda, Ocna Mureș, Ocna Sibiului und Praid. Im Bereich dieser Salzvorkommen gibt es über 900 Salzquellen, die in Badeorten wie Ocna Sibiului, Bazna, Sovata und Praid genutzt werden.

Das Siebenbürgische Becken

Den dominierenden Landschaftsraum Siebenbürgens stellt das Siebenbürgische Becken (rum. Podișul Transilvaniei), eine Hügel- und Berglandschaft, dar. Es ist stark gegliedert und weist Höhenunterschiede von 300 bis 800 Metern auf. Zu ihm gehören die Siebenbürgische Heide (Câmpia Transilvaniei) sowie das Hochland der Flüsse Someș (Somesch), Târnava (Kokel), Hârtibaciu (Harbach) und Secaș (Zekesch). Eine charakteristische Erscheinung des siebenbürgischen Hochlandbeckens sind die Rutschungshügel oder Büchel, beispielsweise bei Movile, dessen deutscher Name Hundertbücheln sich von dieser Erscheinung ableitet. Der Erdgasreichtum dieses Hochlandbeckens ist von wirtschaftlicher Bedeutung. Wo durch Risse in den tonreichen Schichten das Erdgas austritt, kommt es zur Bildung von Schlammvulkanen (Schlammsprudeln), die auch an Bacheinschnitten in Gebieten mit Hangrutschungen auftreten, wie in Șaeș oder Bunești.

Die Flüsse

Die Entwässerung des siebenbürgischen Hochlandbeckens erfolgt – bedingt durch das Anwachsen seiner Höhe von Nordwesten nach Osten und Südosten – hauptsächlich nach Westen über den Mureș und Criș und nach Nordwesten über den Someș. Lediglich Olt und Jiul, die nach Süden in die Donau fließen, bilden eine Ausnahme. Der Olt (699 km) entspringt in den Ostkarpaten und verlässt Siebenbürgen durch den Pasul Turnu Roșu. Seine wichtigsten Nebenflüsse sind Râul Negru, Bârsa, Cibin, Hârtibaciu und der Sadu.

Der Bâlea-See im Făgăraș-Gebirge

Der aufgestaute Cibin (dt. Zibin) bei Gura Râului dient der Trinkwasserversorgung von Sibiu. Der Someș (345 km) ist der breiteste Fluss Nordsiebenbürgens. Er entsteht durch die Vereinigung des Someșul Mare mit dem Someșul Mic bei Dej.

Der Mureș ist mit einer Länge von 766 Kilometern der längste Fluss Siebenbürgens. Er entspringt in den Ostkarpaten, durchbricht bei Toplița den vulkanischen Gebirgszug der Ostkarpaten und durchfließt westwärts das Siebenbürgische Hochlandbecken, das er bei Deva verlässt. Seine bedeutendsten Nebenflüsse sind Arieș, auch Goldfluss genannt, Târnava, Sebeș und Strei. Im Süden des Mureș schließen sich zunächst das Hochland (Podișul) von Târnava Mare und weiter südlich dasjenige von Hârtibaciu an.

Klima

Entsprechend der verschiedenen Höhenstufen Siebenbürgens lassen sich grob drei Klimastufen unterscheiden: das gemäßigt kontinentale Klima im siebenbürgischen Becken mit kalten Wintern und heißen Sommern, ein Mittelgebirgsklima zwischen 800 und 1800 Metern Höhe und ein Gebirgsklima ab 1800 Metern Höhe bis zu den höchsten Gipfeln der Karpaten.

Die mittlere Jahrestemperatur schwankt zwischen 10 °C im Hochland und –2 °C auf den Gipfeln der Karpaten. Die Niederschläge schwanken zwischen 700 und 900 Millimetern im Jahr, wobei die Niederschlagsmenge in den letzten Jahren zurückgegangen ist. Die Schneeschmelze kann sich bis weit in den Sommer hineinziehen, was beim Wandern beachtet werden sollte. Wenige Höhen bleiben ganzjährig mit Schnee bedeckt. Die Winde wehen aus west- und nordwestlicher Richtung und treiben die Wolken auf die Ostkarpaten zu, wo sie sich gerne abregnen, wie im Harghita-Gebirge, wo die Anzahl der niederschlagsfreien Tage geringer wird. Die Region der Moldau bekommt deshalb oft zu wenige Niederschläge und hat mit langen Dürreperioden zu kämpfen.

Tierwelt

Die Tierarten Siebenbürgens sind sehr zahlreich. Besonders artenreich sind die Insekten in allen Höhenlagen vertreten, darunter besonders viele Arten und Unterarten von Käfern. Bunte Schmetterlinge, darunter Schwarzer Apollo, Dysauxes, Heterogynis, fliegen im Sommer über die Blumenwiesen.

In den klaren Gebirgsbächen sind Forellen, Äschen und Lachsforellen zu Hause. Lurche und Kriechtiere sind in einigen wenigen Arten vertreten.

Am artenreichsten ist die Vogelwelt, vor allem in den Wäldern. Die ehemals in den Bergen beheimateten Geier sind leider schon seit vielen Jahren keine Brutvögel in Siebenbürgen mehr. Steinadler sind in einigen abgelegenen Gebirgsregionen noch heimisch.

Etwa 70 Arten von Säugetieren hat man in Siebenbürgen gezählt. In den Wäldern und Feldern des Hügel- und Berglandes leben Wolf, Fuchs, Reh, Wildschwein, Dachs, Wildkatze, Eichhörnchen, Iltis, Wiesel, Feldhase und Fischotter.

Wölfe sind in den Karpaten noch häufig

Im höheren Bergland kommen Edelmarder, Luchs, Hirsch und Braunbär hinzu. Im Hochgebirge sind Gämsen keine Seltenheit. Neue aus Osteuropa hinzugekommene Säugetiere sind Marderhund und Goldschakal. Zu den ausgestorbenen Tierarten dieses Naturraums zählten Wisent, Auerochse, Biber und Steinbock. Orts- und geographische Namen wie Zimbroaia (Wisent, ung. Zimbru) und Tureac (Auerochse, ung. Turjágo) erinnern an sie. Der Biber und die Murmeltiere wurden wieder eingeführt. Steinböcke soll es im Rodna-Gebirge wieder geben. Die Fledermäuse, unter ihnen die Hufeisennase, sind stark gefährdet und stehen unter besonderem Schutz.

Als Haustier ist der Indische Wasserbüffel für Siebenbürgen charakteristisch, den wohl die Türken mitgebracht haben.

Pflanzen

Nach dem heutigen Erkenntnisstand umfasst die Flora Siebenbürgen 2597 Arten, wovon 68 endemisch sind, das heißt, dies sind Pflanzenarten, deren Verbreitung auf Siebenbürgen beschränkt ist. Zu diesen Besonderheiten der Flora Siebenbürgens gehören: Königsteinnelke, Siebenbürgischer Steinbrech, Baumgartens Schlüsselblume, Siebenbürgisches Leberblümchen, Römers Tragant, Burzenländer Grasnelke, Siebenbürgischer Salbei und Siebenbürgische Silberscharte. An sonnigen, steppenartigen Berghängen wachsen Steppenrelikte aus der wärmeren Nacheiszeit wie Adonisröschen, Zwerghyazinthe, Zwergmandel, Federgras, Nickender Salbei und Roter Natternkopf.

Vielfach sind große Teile der Karpatenhänge noch von Wald bedeckt. In der hügeligen Stufe des siebenbürgischen Hochlandbeckens (300 bis 600 m) wachsen vor allem Eichen- und Hainbuchenwälder, in denen auch andere Laubholzarten wie Buche, Linde, Ulme, Esche und Birke vorkommen. Die nächstfolgende Vegetationsstufe ist die Buchenstufe (700 bis 1000 m), die sich bis an den Fuß der Gebirge hochzieht. Die Übergangsstufe zu den reinen Fichtenwäldern bilden Mischwälder aus Buchen, Tannen und Fichten (1000 bis 1300 m). Oberhalb dieser Wälder bedecken Fichtenwälder die Karpatenhänge, die an den Nordhängen bis auf eine Höhe von 1700 Metern wachsen und gewöhnlich auch die obere Waldgrenze bilden. Den Übergang von der Fichtenstufe zur alpinen Stufe bildet der subalpine Latschen- und Zwergstrauchgürtel (1700 bis 2200 m). Die alpine Stufe mit Hochweiden, Felspartien und Geröllhalden erstreckt sich ab 2200 Metern bis zu den höchsten Gipfeln der Südkarpaten.

Im Nationalpark Bucegi

Geschichte

Das Gebiet des heutigen Siebenbürgen war seit der Altsteinzeit besiedelt. Seit dem 2. vorchristlichen Jahrhundert etablierte sich der thrakische Stamm der Daker mit einem zeitweise selbständigen Reich. Dieses wurde nach zwei Kriegen unter Traian als Provinz Dacia ins Römische Reich eingegliedert und erst 275 nach Christus wieder aufgegeben.

Während der Völkerwanderung durchzogen Sarmaten, Goten und Hunnen die Region. Zeitweise wurde Siebenbürgen ins Gepidenreich einbezogen. Von den Gepiden fand man Fürstengräber mit beachtlichen Schätzen.

567 zerstörten die Awaren, ein mittelasiatisches Reitervolk, das Reich der Gepiden und errichteten ein awarisches Khanat. Auf sie folgte die Slawenbesiedlung, die zwischenzeitlich unter den Einfluss des altbulgarischen Reiches und des slawischen Mährens geriet.

Die Magyaren, bedrängt von den Petschenegen, drangen von Osten kommend ein und zogen weiter bis in die Pannonische Tiefebene. Sie standen seit dem Ende des 9. Jahrhunderts unter der Führung eines Großfürsten aus dem Geschlecht der Árpáden.

Siebenbürgen als Teil Ungarns

Ende des 9. Jahrhunderts und endgültig mit dem Sieg von König Ladislaus (1078–1095) über das asiatische Volk der Kumanen nahmen die Ungarn das Gebiet in Besitz. Einerseits aus Interesse an der Ausbeutung der Bodenschätze, vor allem dem Salz, andererseits, um ein natürliches Bollwerk gegen die östlichen Steppenvölker zu haben; zu guter Letzt ging es auch um die Verbreitung des Christentums. Das verwüstete und entvölkerte Gebiet wurde zur Verteidigung der Grenzen mit ungarischsprachigen Szeklern besiedelt und seit dem 12. Jahrhundert zusätzlich durch Deutsche.

Fast 1000 Jahre gehörte Siebenbürgen zur ungarischen Krone, die die Provinz von einem Woiwoden verwalten ließ. Nach dem Aussterben des Geschlechtes der Árpáden sicherten sich die aus Frankreich kommenden Anjous unter Karl Robert die Thronfolge von Ungarn. Unter Ludwig I. von Anjou erreichte Ungarn, einschließlich Siebenbürgens, seine größte Ausdehnung. Hermannstadt (Altland), Kronstadt (Burzenland) und Bistritz (Nösnerland) wuchsen zu Wirtschaftsmetropolen heran.

Im 14. Jahrhundert entstanden mit der Walachei und der Moldau die ersten eigenständigen rumänischen Fürstentümer. Währenddessen tauchten im ungarischen Siebenbürgen die ersten Roma auf. Das gesamte Mittelalter war von Einfällen fremder Völker geprägt: 1241/42 drangen die Mongolen unter Batu Khan, einem Enkel des Dschingis Khan, ein. Im März 1241 erreichten sie vermutlich über die Ukraine kommend die Region, überschritten die Karpatenpässe, vernichteten ein sächsisches Heer im Burzenland und erstürmten nach erfolgreicher Schlacht am Sajo Hermannstadt. König Béla IV. (1235–1270) befahl daraufhin, Burgen zu bauen, und er verlieh jenen Orten Stadtrechte, die die Karpatenübergänge bewachten. Kronstadt, Hermannstadt und Bistritz gelangten dadurch zu höchster Blüte. Anschließend begann man mit den ersten Kirchenbefestigungen.

Unter osmanischem Einfluss

1395 brachen die Osmanen erstmals ins Burzenland ein, konnten zwar zunächst abgewehrt werden, besiegten aber bereits 1396 die Ungarn bei Nikopolis (Bulgarien). Ihr Expansionsdrang wurde durch einen Angriff Timur-Lenks auf die osmanische Ostgrenze verzögert. Doch schon 1420 besiegten die Osmanen den siebenbürgischen Woiwoden, immer wieder fielen türkische Stoßtrupps in Siebenbürgen ein. Besonders die Angriffe unter Sultan Murad II. 1432, 1438 und 1442 machten dem Land stark zu schaffen. Als Folge davon wurden die Städte mit Mauern befestigt. Hermannstadt hielt dem Ansturm stand, die Ortschaft Mühlbach wurde jedoch 1438 geplündert.

Auch innenpolitisch gärte es. Ein Bauernaufstand von 1437 trug zur Schwächung der Region bei. Erst ein Bündnis der führenden Stände aus Adelskomitaten, freien ungarischstämmigen Szeklern (›Universitas Sicolorum‹) und freien Sachsen (›Universitas Saxonum‹) konnte die Oberhand über die Aufständischen gewinnen.

Durch Heirat und Erbrecht geriet Siebenbürgen mit Ungarn zunächst in den Besitz der Luxemburger (Sigismund) anschließend in die Hand der Habsburger (Albrecht II. und sein Sohn Ladislaus Postumus 1440–1457). Johann Hunyadi (rum. Iancu de Hunedoara, ung. Hunyadi János, 1407–1456), Heerführer in ungarischen Diensten, wahrte die Interessen Habsburgs und führte Siebenbürgen für den rechtmäßigen Erben, den Knaben Ladislaus V. Er bekämpfte die Osmanen, verlor zunächst 1448 in der Schlacht bei Varna und auf dem Amselfeld (Kosov Polje) und errang schließlich 1456 einen Sieg gegen Mehmed II. bei Belgrad.

Nachdem Hunyadis Mündel Ladislaus an der Pest verstorben war, stand der Wahl seines Sohnes Matthias zum Nachfolger nichts mehr im Wege. Der gebildete Matthias, genannt Corvinus (›der Rabe‹) ging als bedeutender ungarischer Herrscher in die Geschichte ein. Während seiner Regierungszeit von 1458 bis 1490 schlug er heimische Aufstände nieder und siegte nicht weniger als fünfzehnmal gegen die Türken. Mit ihm sind Renaissance und Humanismus nicht nur in Ungarn, sondern auch in Siebenbürgen verbunden. In seinem Heer kämpfte der sagenumwobene Vlad III. Țepeș, angeblich das Vorbild für den legendären Grafen Dracula. Während die Türkengefahr bedrohlich anwuchs, wurden Ungarn und Siebenbürgen vom polnisch-litauischen Geschlecht der Jagiellonen (Wladislav II. von Böhmen, Ludwig II., 1490–1526) beherrscht. Konstantinopel war bereits 1453 gefallen, 1521 folgte Belgrad, und in der Schlacht von Mohács 1526 musste der junge ungarische König Ludwig II., der letzte Jagiellone, sein Leben lassen. Ein das Land aufreibender Nachfolgestreit begann: Der Habsburger Ferdinand I., Schwager des gefallenen Ludwig, und der Ungar Johann Zápolya (ung. Szapolyai János, rum. Ioan Zapolya), seit 1511 Woiwode in Siebenbürgen und ein Onkel Ludwigs, meldeten Ansprüche auf die Krone Ungarns an.

Gemeinwesen in Siebenbürgen

Der Grund und Boden in Siebenbürgen war im Mittelalter in drei getrennt verwaltete Gebiete eingeteilt: Adelsboden, Szeklerboden und Sachsenboden.

Der Adelsboden gehörte den Adligen, vorwiegend Ungarn, wenigen Rumänen, und war in sieben Komitate untergliedert, die von einem gewählten Woiwoden geführt wurden. Der Adel verpflichtete sich gegenüber dem ungarischen König, zum katholischen Glauben überzutreten und das Land der Krone zu verteidigen. Dafür war er von der Steuer befreit. Die Untertanen waren Leibeigene oder Hörige, Sachsen, Rumänen, magyarisierte Rumänen, Ungarn und ungarisch assimilierte Sachsen. Letztere machten etwa ein Drittel des Anteils der Sachsen aus. Ihre Dörfer bezeichnete man als Hörigendörfer.

Szekler- und Sachsenboden unterstanden dem ungarischen König, der den Boden zur Verfügung gestellt hatte, weswegen man auch vom Königsboden spricht. Im Unterschied zum Adelsboden waren die Bewohner von Szekler- und Sachsenboden freie Bürger, Bauern, Handwerker und Händler. Während das Gebiet der Szekler, die sogenannten Szeklerstühle, in der Mitte und im Osten Siebenbürgens lag und von einem Szeklergrafen verwaltet wurde, bestand der Sachsenboden aus verstreuten und nicht zusammenhängenden Flächen. Diese waren: die sieben Stühle der Hermannstädter Provinz, zwei Stühle um Mediasch, das Burzenland mit dem Hauptort Kronstadt und das Nösnerland in Nordsiebenbürgen um Bistritz. Den Sachsen bewilligte der König das Recht der autonomen Verwaltung, die unter der Führung des Hermannstädter Königsrichters stand. Der Königsrichter wurde auch als Sachsengraf bezeichnet und in den Anfängen zunächst vom König ernannt, später aber von den Sachsen frei gewählt.

Die freien Sachsen, die Szekler und der Adel traten im 15. Jahrhundert als Stände oder Nationen im mittelalterlichen Sinn auf, die als ›Unio trium nationum‹, Union der drei Nationen, bekannt wurde. Ihre Vertreter trafen sich auf Landtagen, die vielfach in deutschen Städten stattfanden, häufig in Mediaș. Diese Union der drei Nationen schloss untereinander Bündnisse zur Abwehr von Bauernaufständen oder der Türken. Daneben schufen sich die Sachsen eine gemeinsame Institution, die sich mit Fragen der Politik, Verwaltung und des Rechts befasste: die sogenannte Sächsische Nationsuniversität (Universitas Saxonum), die als Parlament der freien Sachsen zu verstehen ist, das in der Regel in Hermannstadt tagte.

Die Rumänen dagegen traten nicht als politische Gruppe in Erscheinung. Sie lebten als Viehzüchter und Hirten in den Gebirgsregionen, waren abhängige Bauern oder vereinzelt Kaufleute.

Deutsche Spuren in Axente Sever, dem ehemaligen Frauendorf

Das Fürstentum Siebenbürgen

Nach der Schlacht bei Mohács ließen sich sowohl Ferdinand I. als auch Johann Zápolya noch im Jahr der Schlacht zu Königen von Ungarn krönen. Zápolya konnte sich zwar letztendlich dank der Unterstützung der Osmanen durchsetzen, dominierte aber nur den östlichen Teil Ungarns mit Siebenbürgen. Nach seinem Tod unterstützen die Osmanen die Partei seines wenige Wochen alten Sohnes, besetzen 1541 den Großteil Ungarns samt Buda, und Ungarn wurde dreigeteilt: Der Mittelteil wurde als Paschalyk Buda für 150 Jahre ins Osmanische Reich eingegliedert. Das westliche und nördliche Ungarn unterstand den Habsburgern. Der östliche Teil, Zápolyas ehemaliges Königreich, wurde vom Mutterland gelöst und autonomes, der Hohen Pforte tributpflichtiges Fürstentum Siebenbürgen. Dieses war innenpolitisch zwar selbständig, aber außenpolitisch den Osmanen unterstellt. Der Fürst für ganz Siebenbürgen wurde vom Landtag gewählt, in dem die drei Stände – Adel, Szekler und Sachsen – mit je einer Stimme vertreten waren. In ihren inneren Angelegenheiten blieben die drei Stände autonom, mit eigenen Gesetzen und eigener Rechtsprechung. Die Sachsen fassten ihre Gesetze 1583 im Eigenlandrecht der Sachsen in Siebenbürgen zusammen. Es blieb auf dem Sachsenboden bis zur Einführung des österreichischen Bürgerlichen Gesetzbuches im Jahre1853 gültig. Rechtsbücher des Adels und der Szekler waren kurz vorher entstanden. Die Rumänen blieben rechtlos und ausgeschlossen.

Unter dem Einfluss von Johannes Honterus und seinen Schriften wechselten die Sachsen zum lutherischen Glauben. 1550 nahm die Sächsische Nationsuniversität offiziell eine protestantische Kirchenordnung aller Deutschen in Sieben-

Die Wehrkirche von Pelișor im Harbachtal

bürgen an und gründete 1572 ihre eigene evangelische Kirche. Ungarn als auch Szekler erneuerten ihre Glaubensrichtung: es entstanden die reformierte und die unitarische Kirche. Bis 1568 beschloss der siebenbürgische Landtag schrittweise, die evangelische, die reformierte und die unitarische Kirche der katholischen gleichzustellen. Der orthodoxe Glaube der Rumänen wurde toleriert. Damit war Siebenbürgen das erste Fürstentum, in dem weitgehende Religionsfreiheit gesetzlich festgelegt war.

Von 1571 bis 1576 war Fürst Stephan IV. Báthory gewählter Fürst von Siebenbürgen, sein Nachfolger wurde sein Bruder Christoph. Da Siebenbürgen in dieser Zeit im Interessenbereich sowohl des habsburgischen als auch des Osmanischem Reiches lag, wurde es mehrfach zum Kriegsschauplatz zwischen diesen beiden Mächten und vielfach verwüstet.

Das Bündnis des Fürsten Sigismund Báthory (1581–1602) mit den Habsburgern gegen die Osmanen führte zum Krieg von 1594 bis 1606. Plünderungen sowohl der türkischen als auch der habsburgischen Truppen, letztere unter Ge-

Siebenbürgen zur Zeit des Osmanischen Reiches

Land und Leute

neral Basta, waren die Folge. Zwischenzeitlich fiel der walachische Woiwode Mihai Viteazul, (Michael der Tapfere) ins Land ein und eroberte 1600 kurzzeitig Siebenbürgen, das er damals erstmals mit Moldau und Walachei vereinte. In den Jahren 1610 bis 1613 versuchte Fürst Gabriel Báthory, die Siebenbürger Sachsen zu unterwerfen. Im Zuge dessen wurde die männliche Bevölkerung von Hermannstadt vertrieben, Kronstand konnte zwar nicht eingenommen, dafür aber die Dörfer des Burzenlandes niedergebrannt und verwüstet werden. 1658 hatte die Politik des Fürsten Georg II. Rákóczi erneut den Einfall von Türken und Tataren zur Folge.

Das Partium

Durch die Fürsten von Siebenbürgen wurden mehrere mittelostungarische Komitate, sogenannte Gespanschaften mitregiert, die eigentlich zum Königreich Ungarn gehörten, darunter das Kreischgebiet. Man fasste diese Komitate, zu denen nach dem Vertrag von Speyer von 1571 unter anderem auch die Maramureş und Sathmar gehörten, als Partium zusammen. Dies wird vom lateinischen Ausdruck ›dominus partium regni Hungariae‹ (Herr von Teilen des Königreichs Ungarn) hergeleitet. Seit 1920 gehört das Gebiet mit Ausnahme seines westlichsten Randes zu Rumänien und wird häufig ebenfalls als Siebenbürgen bezeichnet.

Der Balkan 1878

Siebenbürgen unter den Habsburgern

Die Erfolge der Habsburger gegen die Osmanen stärkten deren Position. Im Jahr 1683 wurden die Osmanen vor Wien besiegt, 1686 konnte Buda befreit werden. Ungarn geriet nun von der Hand der Osmanen in die Hand der Habsburger. Michael I. Ápafi, Fürst von Siebenbürgen seit 1662, war bis zur Schlacht um Wien ein treuer Vasall des Sultans gewesen. Danach wechselte er die Seite. 1688 stellte sich der Landtag Siebenbürgens unter den Schutz des römisch-deutschen Kaisers Leopold I. von Österreich. Ein Teil der Ungarn leistete unter der Bezeichnung Kuruzen Widerstand, Opfer wurden die Dörfer der Sachsen, die auf Seiten der Habsburger standen. Wieder durchzog Krieg das Land. Letztmalig dienten die Kirchenburgen als Zufluchtsstätte.

Der Frieden von Karlowitz (Woiwodina, Serbien) im Jahre 1699 führte zur Eingliederung Siebenbürgens ins Habsburgerreich. Ab jetzt verwaltete ein von Wien eingesetzter Gouverneur die Provinz. Sein Sitz wurde Sibiu. Die Sonderrechte der drei Stände Adel, Szekler, Sachsen und die vier anerkannten Konfessionen wurde vorerst respektiert. Dennoch wurden gegenreformatorische Maßnahmen eingeleitet. Die Jesuiten kamen ins Land, Deutsch wurde zur Staatssprache. Große sächsische Bevölkerungsverluste führten zur Besiedlung des Bodens durch Rumänen, die als Hirten und Landarbeiter kamen.

Habsburger Barock: das Bürgermeisteramt in Sibiu

Bäuerin im Bergdorf Măgura (Kreis Brașov)

Unter den ersten Gouverneuren der Habsburger, Georg Bánffy und Samuel von Brukenthal, erreichten die Städte erneut eine wirtschaftliche Blüte. Joseph II. (Sohn Maria Theresias) begann 1780 mit der Durchführung von Reformen: Eine Neuordnung der Verwaltung löste Szekler- und Sachsenboden auf und gliederte das Land in Komitate. Nichtdeutsche erhielten erstmals das Recht ‚sich in sächsischen Städten niederzulassen und Grundbesitz zu erwerben. Die Auflösung der Leibeigenschaft wurde angeordnet. Innenpolitischer Druck zwang den Kaiser jedoch zur Rücknahme der Reformen, weswegen die Leibeigenschaft de facto bis 1848 bestehen blieb.

Die nicht in der Regierung vertretenen Rumänen begannen Ende des 18. Jahrhunderts, ihre Gleichstellung zu fordern. Bereits 1784 war es zu einem Aufstand unter Führung von Horia, Cloșca und Crișan gekommen. Die Rumänen ersuchten als bevölkerungsstärkste Gruppe den Nachfolger Josephs II., Kaiser Leopold II., um Anerkennung als vierter Stand, was jedoch 1791 abgelehnt wurde. Die Bevölkerung wurde noch vielfältiger: Neben Rumänen, Ungarn, Szeklern, Sachsen, Roma siedelten auch Juden, Serben, Kroaten, Armenier und aus Österreich vertriebene Protestanten in Siebenbürgen.

Im 19. Jahrhundert wurde Siebenbürgen von Unruhen erschüttert: Die Rumänen unter Avram Iancu (1824–1872), dessen Denkmal in vielen Städten steht, rebellierten; die Ungarn initiierten unter Führung von Lajos Kossuth die Revolution von 1848/49. Die Rumänen kämpften an der Seite der Habsburger, denen jedoch nur dank der Unterstützung zaristischer Truppen Erfolg beschieden war. Nach der Revolution 1848/49 verloren die Sachsen, die zehn Prozent der Bevölkerung stellten und damit zur Minderheit gehörten, ihre ständischen Privilegien. Ihre Identifikation leiteten sie zunehmend aus einem wachsenden deutschen Selbstbewusstsein und ihren wirtschaftlichen wie kulturellen Leistungen ab. Zahlreiche Vereine, Genossenschaft und Unternehmen wurden gegründet.

Siebenbürgen wird Teil des Königreichs Ungarn

1867 kam es zum sogenannten österreichisch-habsburgischen Ausgleich. Ungarn wurde als Königreich unabhängig, und Siebenbürgen fiel an die ungarische Reichshälfte, was bis 1918 so blieb.

Eine Verwaltungsreform untergliederte Siebenbürgen in fünfzehn Komitate und führte 1876 endgültig zur Aufhebung des Szekler- und Sachsenbodens. Eine Magyarisierungspolitik gegen Sachsen und Rumänen setzte ein. Die ungarische Sprache wurde zur Pflicht, und mit dem ungarischen Ortsnamensgesetz wurden alle Ortsnamen in die ungarische Sprache übertragen.

Der Anschluss an das Königreich Rumänien

Während des Ersten Weltkriegs wurde Siebenbürgen vom benachbarten Rumänien überfallen. Das junge Rumänien war aus den Fürstentümern Walachei und Moldau hervorgegangen. Beide unabhängigen Fürstentümer hatte Alexandru Ion Cuza seit 1862 vereinigt. In Folge entstanden die an Frankreich orientierte Verfassung und eine einheitliche Verwaltung. Auf dem Berliner Kongress von 1878 wurden die vereinigten Fürstentümer als unabhängiger Staat Rumänien

Rumänien 1920

endgültig anerkannt. Die von General von Falkenhayn geleitete Verteidigung Siebenbürgens fügte der rumänischen Armee jedoch eine schwere Niederlage im südlichen Siebenbürgen zu.

Nach dem Ersten Weltkrieg forderten die Völker der österreichisch-ungarischen Doppelmonarchie ihre eigenen Nationalstaaten. Am 1. Dezember 1918 votierte die rumänische Nationalversammlung für Siebenbürgen für den Anschluss des mehrheitlich von Rumänen bewohnten Gebietes an das Königreich Rumänien. Die Sachsen stimmten in einer eigenen Versammlung ebenfalls für den Anschluss an Rumänien. Die Ungarn votierten dagegen, mussten aber die Festschreibung im Vertrag von Trianon von 1920 anerkennen. Der ungarische Adel verließ das Land, etwa 230000 Sachsen blieben. 1921 erfolgte die Agrarreform, durch die die sächsische Nationsuniversität und die evangelische Kirche enteignet wurden.

Siebenbürgen und die Folgen des Zweiten Weltkrieges

Marschall Ion Antonescu errichtete 1940 eine Militärdiktatur und propagierte eine enge Bindung an Nazideutschland. Die nationalsozialistische Bewegung hatte bereits seit 1930 unter den Siebenbürger Sachsen großen Zulauf. Im sogenannten Wiener Schiedsspruch (November 1940) wurde der Anschluss Siebenbürgens an Rumänien in Teilen rückgängig gemacht: Ungarn erhielt das nördliche und südöstliche Siebenbürgen – Nösner- und Szeklerland – zurück. Eine Entscheidung, die im Frieden von Paris von 1947 annulliert wurde, so dass Siebenbürgen bis heute zu Rumänien gehört.

1944 vollzog König Michael die Kehrtwende und wechselte ins Lager der Alliierten. Rumänien wurde von der Roten Armee besetzt, die Kommunisten gelangten an die Macht. Im Januar 1945 deportierte die Rote Armee 75 000 Deut-sche aus Rumänien, darunter über 30 000 Siebenbürger Sachsen, zur Zwangsarbeit in die Sowjetunion – viele starben.

Erste Maßnahme der Kommunisten war die Agrarreform. Die in Rumänien lebenden Deutschen wurden zu Kollaborateuren Hitlers erklärt und enteignet. In ihre Häuser wurden sogenannte Kolonisten eingewiesen. 1954 erhielten die Sachsen ihre Häuser, nicht aber Grund und Boden zurück. Auch die evangelische Kirche wurde enteignet. Schlechte Lebensbedingungen, Trennung zahlreicher Familien, Flucht, Krieg, Deportation und die Liquidierung der sächsischen Elite führten zu Auswanderung. Auch gewisse Erleichterungen wie die offizielle Anerkennung als Minderheit und das Zugeständnis gewisser kultureller Rechte konnten die Ausreisefreudigen nicht stoppen. 1978 kam es zum Abkommen zwischen der Bundesrepublik Deutschland und Rumänien und zur Zahlung eines Kopfgeldes für jeden Ausreisenden von umgerechnet etwa 2500 Euro, womit die Ausbildungskosten des rumänischen Staates abgegolten werden sollten. Bis 1989 übersiedelten 240 000 Deutsche, nicht nur aus Siebenbürgen, in die Bundesrepublik Deutschland. Zwischen 1990 und 1992 verließen weitere 159 000 Deutsche das Land. Ungefähr 15 000 Deutsche leben heute noch in Siebenbürgen. Nach dem Tod Ceaușescus und seiner Frau wurden Gesetze zur Rückgabe des enteigneten Eigentums erlassen und ein umfassender Minderheitenschutz eingerichtet.

Bevölkerung

In Siebenbürgen lebten seit alters her Ungarn, Szekler, Siebenbürger Sachsen, Motzen, Rumänen, gefolgt von Roma, Armeniern, ungarisch sprechenden Csángós, deutsch sprechenden Landlern und Juden, aber auch slawische Ruthenen, Slowaken und Zipser Schwaben. Noch im Jahr 1944 erlassene Gesetze gewährten fast allen Minderheiten im Land Erleichterungen. Die Verfassung von 1965 garantierte den freien Gebrauch der eigenen Sprachen im Schulwesen sowie in Publikationen. Der Begriff Minderheiten wurde ersetzt durch mitwohnende Nationalitäten (naţionalităţi conlocuitoare). 1968 wurden Nationalitätenverbände geschaffen, um einen guten Eindruck nach außen zu vermitteln.

In den 1970er und mehr noch in den 1980er Jahren verschlechterte sich jedoch die Lage der Minderheiten. Im Jahr 1971 verdrängten die rumänischen Ortsnamen die der Ungarn, Serben und Deutschen, nur für kleinere Orte durften sie bleiben. Während bis Mitte 1988 nahezu 20 000 Magyaren aus Siebenbürgen in das noch kommunistische Ungarn flohen und die Deutschen dank großzügiger Zahlungen aus Bonn jede Chance zur Emigration wahrnahmen, litten besonders die Roma unter einer steten Verschlechterung ihrer Situation. Nach der Wende in Rumänien wurde ein Minderheitengesetz verabschiedet, das auch kleinen Minderheiten per Gesetz je einen Sitz in den Kammern des Parlaments gewährt. Deutsche kehrten wieder nach Siebenbürgen zurück.

Szekler-Trachten im Ethnographischen Museum von Târgu Mureş

Die Magyaren

Unter den Magyaren versteht man die Ungarn, die Szekler und die Csángó. Sie gehören der römisch-katholischen, der calvinistischen und der unitarischen Kirche an. Seit 1989 sind sie politisch in der UDMR (Uniunea Democrată Maghiară din România) organisiert. Ihrer Partei ist es dank ihrer Kompromissbereitschaft seitdem stets gelungen, an der Regierungsbildung beteiligt zu sein. Mit dem Anliegen, eine stärkere Anbindung an Ungarn voranzutreiben, hat sich von der UDMR im Jahr 2004 die Magyarische Bürgerunion UCM (Uniunea Civică Maghiară) abgespalten. Ihre Anhänger sind vorwiegend in den Szeklerkreisen von Covasna und Harghita in der Region Siebenbürgen ansässig.

Die Ungarn

Die Ungarn stellen derzeit 6,9 Prozent der rumänischen Gesamtbevölkerung. Dies beruht auf der fast 1000-jährigen Zugehörigkeit Siebenbürgens zum Königreich Ungarn. Nach dem Zweiten Weltkrieg und der Festigung Rumäniens in seinen heutigen Grenzen wurde für die Ungarn kurzfristig eine ungarisch-autonome Region geschaffen. Doch unter dem Einfluss des 1956 von den Sowjets niedergeschlagenen Aufstandes im Mutterland nahm man der ungarischen Minderheit diese Privilegien wieder schrittweise weg, und später verschwand diese autonome Region ganz. Zwischen beiden Siebenbürgen zutiefst verbundenen Völkern, Ungarn und Rumänen, schwelen bis heute Konflikte. Ein solcher eskalierte 1990 in Târgu Mureș, als die Ungarn ihren Nationalfeiertag, den 15. März (Beginn der Revolution 1848), öffentlich begingen. Traurigerweise gab es Tote und Verletzte, und nur ein Armeeeinsatz konnte die Gewalt beenden.

Die Csángó

Die von den Magyaren abstammenden Csángó sind in Siebenbürgen im Kreis Brașov ansässig. Sie bewahrten eine archaische Volkskultur, sprechen ein Magyarisch, das nur Umgangssprache blieb und sich nicht zur Schriftsprache weiterentwickelte. Kurzfristig genossen sie 1944 das Wohlwollen des Staates, der gezielt ihre Sprache förderte. Vermutlich leben in Siebenbürgen heute etwa 15 000 Angehörige dieser Volksgruppe.

Die Szekler

Die Szekler, deren Herkunft nicht ganz geklärt ist, sind vermutlich eine magyarisch-stämmige Minderheit. Sie wurden wie einst die Sachsen zwischen dem 10. und 11. Jahrhundert in den Ostkarpaten auf dem sogenannten Königsboden zur Landeserschließung und -sicherung angesiedelt. Dafür erhielten sie das Recht auf Selbstverwaltung und durften ihre persönliche Freiheit gegenüber den Großgrundbesitzern bewahren. Mit dem ungarischen Adel (Magyaren) und den Sachsen gehörten sie zu den drei regierenden Nationen Siebenbürgens, die sich religiös den Unitariern anschlossen. Ihr Zentrum ist Nordost-Siebenbürgen mit dem Hauptort Târgu Mureş. Wer auf alte Karten schaut, wird zahlreiche mit Székely beginnende ungarischsprachige Ortsnamen finden.

Die Szekler sind berühmt für ihr Kunsthandwerk. Ihre Dörfer zeichnen sich durch die schön geschnitzten hölzernen Szeklertore, durch Holzstelen, die Kopjafa genannt werden und Totempfählen ähneln, und durch ihre Runenschrift aus. Die Runenschrift ist ein Schriftsystem, das von den Szeklern aus Südost-Siebenbürgen, vermutlich aus der Zeit vor der ungarischen Landnahme, stammt. Gewöhnlich wurden die Runen in Holz oder Stein eingeschnitten. Die Schrift war von rechts nach links zu lesen. Man hat einige solcher Szeklerrunen in Ziegeln in den Orten Dârjiu, Énlaka und Mugeni gefunden.

Die Juden

In Siebenbürgen erhielten die Juden erst Ende des 18. und Anfang des 19. Jahrhunderts die Bewilligung zur Niederlassung. Sie kamen vorwiegend aus der Bukowina, der Moldau und aus Galizien und ließen sich bevorzugt in den Städten nieder, wo heute noch zahlreiche Synagogen stehen (Mediaş, Braşov, Sibiu, Dej, aber auch im Kurort Borsec). Der Holocaust beendete die kurze jüdische Geschichte in Siebenbürgen. Heute sind nur ganz wenige anzutreffen.

Die deutschsprachigen Landler

Unter Maria Theresia wurden zwischen 1733 und 1776 österreichische Protestanten, die sogenannten Landler oder auch Transmigranten, in den entvölkerten Gemeinden Apoldo de Jos/Großpold, Cristian/Großau, Turnişor/Neppendorf angesiedelt. Die Landler sprechen deutsche Dialekte. Diejenigen von Neppendorf und Großau einen mittelbairischen Dialekt des südlichen Salzkammergutes, die Landler von Großpold südbairisch mit Eigenheiten Kärntens westlich von Villach. Sächsische Mundart und Landlerdialekt haben sich trotz ihres 250-jährigen Zusammenlebens nicht vermischt. Gemeinsam mit den Sachsen bedienen sie sich des Hochdeutschen als Schriftsprache.

Die Siebenbürger Sachsen

Das ausgeprägteste Profil der Deutschen in Siebenbürgen zeigten die Siebenbürger Sachsen (rumänisch Saşi). Sie blicken auf eine 800-jährige Vergangenheit zurück und bilden die Nachkommenschaft jener aus dem Rheinland, der Pfalz, Luxemburg, Flandern und dem Elsass stammenden deutschen Kolonisten, die bereits Mitte des 12. Jahrhunderts vom ungarischen König Geza II. (Geisa, 1141–1162) geholt wurden, um das unerschlossene, versumpfte Land im Karpatenbogen zu kolonisieren. Die Siedler gründeten zunächst sieben Siedlungen – daher kommt vermutlich der Name Siebenbürgen. Ihr Mittelpunkt war Hermannstadt. Die Siedlung im Burzenland erfolgte einige Jahrzehnte später, nachdem der Deutsche Orden ausgewiesen worden war. Die Mundart dieser

Musikanten in Bazna im Kreis Sibiu

Volksgruppe steht dem Moselfränkischen nahe, weist jedoch regionale Unterschiede auf (heute erinnert sie uns an das Kölsch). Die Auswanderungsroute führte über Mitteldeutschland, das fälschlicherweise für ihren Ausgangsort gehalten wurde, so dass sich der Name Sachsen einbürgerte.

Im Mittelalter legten die Siebenbürger Sachsen rund 250 Dörfer und eine Anzahl von Städten an. Ihre Privilegien bestanden in der Selbstverwaltung und dem Eigentum an Grund und Boden. Diese wurden ihnen vom ungarischen König Andreas II. 1224 in einer Urkunde, dem Privilegium Andreanum, dem großen Freibrief der Sachsen, bestätigt. Auf eigenem Territorium, genannt Königsboden, entstanden drei rechtlich abgegrenzte Selbstverwaltungsgebiete: im Süden Hermannstadt mit Schäßburg und Mediasch, östlich davon das sogenannte Burzenland um Kronstadt und im Norden das Nösnerland um Bistritz. Auch außerhalb dieses Territoriums siedelte man, aber ohne Sonderrechte.

Die Sachsen verstanden sich nicht nur als Bewohner ihrer Landschaft, sondern es bildete sich unter ihnen auch ein übergreifendes Zusammengehörigkeitsgefühl heraus. Die meisten lebten von der Dreifelderwirtschaft und dem Handwerk. Früh entstanden erste Städte: Hermannstadt, Schäßburg, Kronstadt, Mühlbach, Bistritz. Der Handel über die Karpatenpässe, handwerkliche Aktivitäten und die Entstehung von Zünften sorgten für Wohlstand. Als Verwaltungsbehörde fungierte die 1486 gegründete Universitas Saxonum.

Unter der führenden Persönlichkeit eines Johannes Honterus beschlossen die Sachsen 1542 bis 1550 für sich die Einführung der lutherischen Reformation. Damit bestand der Unterschied zu den anderen Bewohnern Siebenbürgens nicht mehr nur in der Sprache und dem Rechtsstatus, sondern auch in der Konfession, waren doch die Magyaren calvinistisch und katholisch, die Rumänen orthodox und die Szekler katholisch oder unitarisch. Die evangelische Kirche prägte als Volkskirche mit ihrem in Hermannstadt residierendem Sachsenbischof wesentlich das Selbstverständnis der Siebenbürger Sachsen.

Unter der Herrschaft Maria Theresias und ihres Gouverneurs Baron Samuel von Brukenthal (1721–1803) wurde die sächsische Selbstverwaltung weiter ausgebaut. Erst die Ungarn beendeten 1876 diese Sonderstellung. Die dadurch entstandenen Konflikte führten dazu, dass die Führung der Sachsen nach dem Ersten Weltkrieg bereitwillig die in den Karlsburger Verträgen festgelegte Angliederung Siebenbürgens an Rumänien billigte.

Restaurierte Orgel in Hărman (Honigberg)

Der Hitler-Stalin-Pakt betraf die Deutschen insofern, als die Nordbukowina und Bessarabien an Russland abgetreten wurden und Nordsiebenbürgen mit Sathmar in Folge des Wiener Schiedsspruches 1940 wieder an Ungarn zurückfiel. Eine großangelegte Umsiedelungsaktion war die Folge. Die verbliebenen Deutschen organisierten sich unter Andreas Schmidt, einem überzeugten Hitleranhänger, in der NSDAP und erhielten auf Druck Berlins eine Sonderstellung. Der Frontwechsel Rumäniens zog die Deutschen in schwere Mitleidenschaft. Nahezu 70 000 Menschen wurden in die Sowjetunion deportiert, viele kehrten entweder gar nicht oder direkt in die Bundesrepublik zurück.

Nach der Volkszählung von 1948 lebten noch 350 000 Deutsche in Rumänien. Bis zum Beginn der Ära Ceaușescu besserte sich die Situation der Deutschen langsam. Aber viele Intellektuelle waren Schikanen und Prozessen ausgesetzt. Eine gute Einnahmequelle für die Ceaușescu-Diktatur waren die Zahlungen aus Bonn für jedes Ausreisevisum. Als sich 1990 die Grenzen öffneten, packten viele der Verbliebenen die Koffer.

Lange schien es, als wäre die Tendenz zum Auswandern nicht aufzuhalten, und man fürchtete: »Deutsch wird in Rumänien zur Sprache der Grabsteine werden« (Wolf Oschlies). Doch wer heute durch Siebenbürgen fährt, wird eines Besseren belehrt. Auf Schritt und Tritt begegnet man den Sachsen. Einige kehrten aus Deutschland in ihre Heimat zurück, aber auch Nicht-Sachsen entschieden sich für Rumänien. Viele Sachsen haben in Siebenbürgen mit Elan Neues aufgebaut. Politisch sind die Deutschen in Rumänien im Demokratischen Forum der Deutschen organisiert, und bei den letzten Kommunalwahlen im Jahr 2004 konnte ihre Partei große Erfolge erzielen. In Sibiu wurde ein Sachse wiederholt

Junge Sächsinnen in Tracht

zum Bürgermeister gewählt. Auch die Gemeinde Avrig wird von einem Deutschen angeführt und die Gemeinde Viscri gar von einer Sächsin. Pensionen, wie in Măgura im Königsteingebiet und an der Făgăraş-Transversale zeugen ebenso von deutschen Aktivitäten wie die große Forellenzucht mit angeschlossenem Hotelkomplex in Albota am Fuße des Făgăraş-Gebirges. Die ›Deutsche Allgemeine Zeitung‹ mit Sitz in Bukarest bietet umfangreiche, aktuelle nationale wie internationale Informationen in deutscher Sprache an, während in Sibiu der Schiller-Verlag mit einem immer größer werdenden Angebot an Büchern in deutscher Sprache den Markt bedient.

Das sächsische Brauchtum

Die Siebenbürger Sachsen waren stets in der Minderheit und mussten sich immer gegenüber den Interessen anderer Volksgruppen und dem erstarkenden Kleinadel behaupten. Stützen dafür waren ihnen Glauben, Brauchtum und Bildung. Ihr ausgeprägtes Gemeinschafts- und Zusammengehörigkeitsgefühl führte zur Schaffung von gemeinschaftlichen Lebensformen, um sich gegen Feinde zu verteidigen, sich gegenseitig Hilfe zu leisten, Gemeinschaftsaufgaben zu erfüllen und den Gemeinschaftsbesitz zu verwalten. Zunächst waren alle jugendlichen und erwachsenen Männer in Verbänden der Zünfte sowie in Zehnt- und Gesellenbruderschaften organisiert. Daneben bestanden sogenannte Nachbar-, Bruder- und Schwesternschaften. Das früh entwickelte Schulwesen und die im 19. Jahrhundert gegründeten Vereine trugen ebenfalls zu einem lange bewahrten Zusammengehörigkeitsgefühl bei. Andererseits führte es auch zu einer Abgrenzung von den anderen Volksgruppen.

Die Nachbarschaft

Die sogenannte Nachbarschaft ist seit Ende des 15. Jahrhunderts durch schriftliche Quellen belegt und war besonders in Südsiebenbürgen verbreitet. Ihre Aufgaben waren: gegenseitige Hilfeleistung bei Arbeiten, die alleine nicht erledigt werden konnten; Regelung der Nutzung der im Gemeindebesitz stehenden Wiesen, Wälder oder Arbeitsgeräte; Verteidigung der dörflichen Kirchenburg, Feuer- oder Nachthut, die Organisation von Feierlichkeiten, die Hilfe bei Begräbnissen, das Ehrengeleit für den Toten, aber auch die Kontrolle des kirchlichen und sittlichen Verhaltens, die Bestrafung von Personen, die sich diesen Regeln widersetzten. Zunächst waren diese mündlich formuliert, später schriftlich in Statuten niedergelegt. Das Prinzip der Nachbarschaft lebt noch heute in einzelnen Ortschaften bei Rumänen und Roma fort. Ähnlich strukturiert waren die Bruder- und Schwesternschaften, über die die Wertevorstellungen auch der Jugend vermittelt wurden.

Ein wichtiges sächsisches Gemeinschaftsanliegen war das Schulwesen, das in seinen Anfängen bereits im 14. Jahrhundert nachgewiesen ist. Bereits seit 1722 galt für Jungen und Mädchen die allgemeine Schulpflicht. Dieses deutsche Schulwesen konnte sich, wenngleich mit Schwierigkeiten, auch während des Kommunismus behaupten. Mangels Schülern und Lehrern wurden die ländlichen Schulen jedoch geschlossen. In den Städten, wie in Sibiu, erfreuen sich die deutschen Schulen nicht erst seit der Wende größter Beliebtheit bei den Rumänen, so dass 90 Prozent der Schüler an deutschen Schulen nicht der deutschen Minderheit angehören. Das ist einer der Gründe, weswegen man in Siebenbürgen, vor allem in den Städten, viele junge Leute antrifft, die gut Deutsch sprechen.

Einmal im Jahr ist Sachsentag

Die Roma

Rumäniens größte Minderheit sind die Roma, der osteuropäische Zweig der Sinti und Roma. Trotz der im Westen als abwertend geltenden Bezeichnung Zigeuner nennen sie sich bis heute in Rumänien Ţigăn (sprich Zigan). Seit Jahrhunderten sind die aus Indien in verschiedenen Zügen eingewanderten Roma in Siebenbürgen nachweisbar.

Die Roma leben am Rande der Dörfer und Städte noch immer ihr eigenes Leben, waren und sind dennoch deren Bewohnern durch vielfältige Berufstätigkeiten verbunden. Gerne wurden sie auch als Kladera, Kesselschmiede, und Lovara, Pferdehändler, bezeichnet, was auf ihre beruflichen Tätigkeiten zurückzuführen ist. In den rumänischen Fürstentümern des Mittelalters waren die Roma vorwiegend Leibeigene und Unfreie. Konfessionell passten sich die Roma, unter Bewahrung des eigenen Volksglaubens, der jeweiligen Bevölkerungsmehrheit an. In Siebenbürgen besteht beispielsweise in Weilau eine lutherische Romagemeinde. Das Zentrum der Roma in Siebenbürgen ist seit der Wende Sibiu.

Obwohl sie nie gesellschaftliche Anerkennung genossen hatten, konnten die Roma bis zum Zweiten Weltkrieg für ihren Lebensunterhalt selbst aufkommen. Mit Beginn des Krieges traf viele das Schicksal der Juden: die todbringende Deportation nach Bessarabien und Transnistrien; zuverlässige Zahlen darüber fehlen auch hier.

Mit der Etablierung der Kommunisten wurden nicht nur ihr Verband und ihre Zeitung verboten, sondern man forcierte, wie einst die Habsburger, ihre gezielte Sesshaftmachung: Man nahm ihnen Zelte und Wagen weg und wies ihnen stattdessen enteignete Bauernhöfe zu. Erst als Ceauşescu das Gewicht der Rumänen stärken wollte, waren ihm die Roma als kinderreiche Gesellschaftsträger willkommen. Die Statistik konnte so zugunsten der Rumänen verändert werden, ohne öffentlich bekannt zu machen, dass sie den Roma zu verdanken war.

Roma in Hălchiu im Kreis Braşov

Auch wenn sich viele der Roma an die Lebensart der Umgebung, der sogenannten gadsche (Nichtzigeuner, singular gadscho), in Kleidung, Schulbesuch und anderen Gewohnheiten anpassten, zeichnete sich ihre bis heute andauernde Verelendung ab, da sie keinerlei berufs- und bildungsmäßige Unterstützung erhielten. Mit dem allgemeinen wirtschaftlichen Niedergang nach der Revolution verloren gerade die Roma ihre Erwerbsmöglichkeiten. Ihre Andersartigkeit und zahlenmäßige Überlegenheit riefen den Unmut der Anwohner hervor. Dennoch wird das

Verhältnis zu den Roma von den Rumänen sehr unterschiedlich bewertet. Einen lebensnahen und warmherzigen Eindruck von der Zwiespältigkeit der täglichen Gemeinschaft gibt das Buch von Heinz Weischer ›Konrads neue Freunde‹.

Das Oberhaupt der Sippen ist der Baro Bulibassa (auch Bulibascha, türkisches Wort, das ›großer Anführer einer Schar‹ bedeutet), in Rumänien war dies von 1964 an Ioan Cioabă, der sich am 8. September 1992 in der orthodoxen Klosterkirche zu Bistrica Vîlcea (bei Costeşti) medienwirksam zum König ausrufen ließ. Seine Stiftung setzt sich bis heute für die Erhaltung und Förderung der Roma-Kultur ein. Sein Nachfolger ist seit 1997 sein Sohn Florin Cioabă, der im Stadtparlament von Sibiu sitzt und sich seiner guten Beziehungen zum Bürgermeister rühmt. Er hat jedoch Konkurrenz vom Roma-Kaiser Julian bekommen, dem sich andere Gruppen der Roma angeschlossen haben.

Locker sind die Roma in einem Dachverband Demokratische Union der Roma aus Rumänien organisiert. Am 8. April feiern die Roma ihren internationalen Festtag. Der Beitritt zur EU hat Rumäniens Anstrengungen in Sachen Minderheitenpolitik verstärkt. Die Situation für die Roma ist aber nach wie vor verbesserungswürdig. Zwar gibt es Schulen, in denen in der Sprache der Roma, Romanes, unterrichtet und eine bestimmte Anzahl an Studienplätzen für die Roma reserviert wird. Außerdem unterstützt die Regierung finanziell ihre kulturellen Einrichtungen. Andererseits bleibt die Umsetzung von wohlmeinenden Programmen häufig auf der Strecke.

Bekannt sind die Roma als herausragende Kenner und Sammler von Pilzen und Waldfrüchten sowie durch die Blaskapellen, Fanfaren genannt, den Tanz und volkstümliche Traditionen, die vor allem bei den Kortorara, den Wander- und Zeltzigeunern vollständig bewahrt wurden. Die Brassband ›Fanfare Ciocărlia‹ ist über die Grenzen Rumäniens hinaus berühmt.

Die Armenier

Seit dem hohen Mittelalter fanden Armenier ihren Weg nach Siebenbürgen, wo im 14. Jahrhundert sogar ein armenischer Bischof residierte. Im 15. und 16. Jahrhundert flohen Armenier vor allem aus der Moldau über die Karpaten nach Siebenbürgen. Im 17. Jahrhundert gewährten ihnen die Fürsten von Siebenbürgen gewisse Privilegien und Handelskonzessionen, ebenso seit 1696 die Habsburger. Die Armenier durften eigene Gerichte unterhalten. Ihre Zentren waren Gherla, Dumbrăveni, Frumoasa und Gheorgheni. Ganz besonders unter den Habsburgern stieg der Druck auf die Armenier, zum katholischen Glauben zu wechseln. Nach der Angliederung Galiziens an Österreich wurde dem armenisch-katholischen Bischof von Lemberg die Jurisdiktion über die Armenier in Siebenbürgen anvertraut. Im Laufe der Zeit assimilierten sie sich mit den Ungarn und schlossen ihre Kirche der katholischen an. 1848 nahmen einige armenische Gemeinden aktiv an der ungarischen Revolution gegen die Habsburger teil und verloren ihre Privilegien. Die Glaubensgemeinschaft der Armenier in Siebenbürgen wurde einem nichtarmenischen Bischof unterstellt. In den nächsten Jahrzehnten schwand ihre Zahl dahin, sie dürfte heute in ganz Rumänien nur wenige Tausend betragen.

Religion

In Siebenbürgen wurden und werden eine Vielzahl an Konfessionen praktiziert, es gibt die rumänisch-orthodoxe Kirche, die protestantische Kirche und die katholische Kirche, jüdische Gemeinden sowie Freikirchen wie die Pfingstbewegung oder die Adventgemeinden. Die Juden ließen sich im 17. und 18. Jahrhundert in Siebenbürgen nieder und bauten ihre Synagogen. Der Holocaust hat dem jüdischen Leben in Siebenbürgen ein Ende bereitet

Die katholische Kirche

Die katholische Kirche untergliedert sich in Gläubige des griechischen, des lateinischen und des armenischen Ritus. Ihre Mitglieder unterscheiden sich auch ethnisch: Der lateinische Ritus wird vorwiegend von Ungarn und Deutschen praktiziert und der griechische von Rumänen. Die römisch-katholische Kirche hatte ihren Sitz in Alba Iulia, das seit 1991 Erzbistum ist. Seit dem abendländischen Schisma 1054 waren die orthodoxe und die römisch-katholische Kirche getrennt. Doch seit dem 16. Jahrhundert begannen Unionsbestrebungen. Ende des 17. Jahrhunderts unterstellte sich der orthodoxe Bischof Teofil Sereni von Alba Iulia mit Priestern und Gläubigen dem Papst. Unter seinem Nachfolger Athanasius Anghel wurde der Anschluss am 7. Oktober 1698 in Alba Iulia besiegelt. Die sogenannte unierte Kirche hatte ihren Sitz in Făgăraş. Vom katholischen Kaiser wurde Anghel 1701 zum ersten Bischof der unierten Kirche ernannt. Diese wird auch als uniert-katholische (uniert-rumänische und auch griechisch-katholische) bezeichnet. Unter den Kommunisten wurde die unierte Kirche 1948 per Dekret offiziell aufgelöst und mit der Orthodoxie zusammengeschlossen, ihre Bischöfe und zahlreiche Geistliche ihres Amtes enthoben und ins Gefängnis verbracht. Insgeheim wirkte sie jedoch in Siebenbürgen und im Banat weiter: Taufen und Bischofswahlen wurden durchgeführt. Am 24. April 1990 wurde sie per Gesetz wieder zugelassen. Auch die Gesetzesgrundlage für die Rückerstattung der enteigneten Güter aller Kirchen wurde geschaffen. Trotzdem mussten 1990 die Ostergottesdienste im Freien abgehalten werden, weil die Kirchen noch nicht zurückgegeben waren. Die Rückgabe der Kirchengüter ist bis heute noch nicht abgeschlossen. Die Armenier gehören dem armenisch-orthodoxen Glauben an. Sie schlossen in Siebenbürgen im Laufe der Zeit eine Union mit der katholischen Kirche.

Die reformierten Kirchen

Magyaren und Siebenbürger Sachsen waren zunächst katholisch. Unter dem Einfluss von Johannes Honterus und seinen Schriften bekannten sich die Sachsen von Braşov bereits 1542 zur Reformation. Bis 1550 war die Gesamtheit der Sachsen reformiert. In der Folge wurde 1572 die evangelische Kirche des Augsburger Bekenntnisses gegründet. Ihr Bischof hatte seinen Sitz seit 1572 in Birthan, Der Sitz wurde jedoch 1867 nach Sibiu verlegt. Die Kirche vertrat die

Die evangelische Kirche in Feldioara

Interessen aller Sachsen und wehrte sich gegen die Rekatholisierungsversuche der Habsburger ebenso wie gegen die Magyarisierung durch die Ungarn oder die Unterdrückung im Kommunismus. Sie wurde so zur Volkskirche der Sachsen. Ihr gehörten aber auch einige slowakisch-sprachige Gemeinden an und außerdem die Roma-Gemeinde in Uila (Weilau).

Die Magyaren erneuerten ebenfalls im 16. Jahrhundert ihre Kirche, und ein Teil bekannte sich zur reformierten Kirche calvinistischen Glaubens. In den Anfängen nutzten reformierte Sachsen und reformierte Ungarn die gleichen Kirchen. Am 16. Oktober 1569 berief Paul Turdas eine Synode in Aiud ein, auf der die endgültige Trennung der lutherisch-sächsischen von der ungarisch-reformierten Kirche beschlossen wurde. Auch die österreichischen Landler gehörten der reformierten Kirche an.

Im Jahr 1583 wurde auf dem Landtag von Mediaș die unitarische Kirche Siebenbürgens begründet. Ihr gehörten vor allem die magyarischen Szekler an. Erster Bischof war der von Giorgio Biandrata inspirierte Franz Davidis, der jedoch im Kerker in der Burg von Deva endete. Die Unitarier, auch Antitrinitarier genannt, lehnen die Dreifaltigkeitslehre von Gottvater, Gottsohn und Heiligem Geist ab. Ihre Anerkennung in Siebenbürger erreichte Giorgio Biandrata, zunächst Calvinist, später Unitarier und Leibarzt Johann Sigismund Zápolyas. Dessen Nachfolger Stephan Báthory bestätigte die Rechte.

Eine radikale Richtung in Siebenbürgen waren die nach ihrem heiligen Tag Samstag benannten Sabbatarier. Seit 1595 verfolgt, lösten sie sich langsam auf. Die Mitglieder der verbliebenen Sabbatisten-Gemeinden Székelykeresztúr und Bezidu Nou (ung. Bözödúifalu) traten zum Judentum über und wurden in Auschwitz ermordet. Die alte Gemeinde von Bezidu Nou mit Kirchen und Synagogen versank 1989 im Stausee.

Die orthodoxe Kirche

Größte religiöse Gemeinschaft Siebenbürgens ist die rumänisch-orthodoxe Kirche. Zwar war seit der Dakerzeit und während der ungarischen Landnahme der lateinische Einfluss dominant, trotzdem konnte sich über die Walachei und die Moldau und deren Verbindung zum byzantinischen Reich der östliche Ritus durchsetzen und festigen. Auf der Synode von Aiud im Jahr 1569 wurde das Slawische durch das Rumänische als Kirchensprache ersetzt. Seit 1571 bestand das orthodoxe Bistum für Siebenbürgen mit Sitz in Alba Iulia. Seit 1973 bestehen orthodoxe Bistümer in Vad, Feleac und Cluj; und seit 1994 eines in Covasna-Harghita mit Sitz in Csikszereda. Am 4. September 2007 war Sibiu Gastgeber der Ökumenischen Versammlung (EÖV), auf der Vertreter von Katholiken, Protestanten und Orthodoxen erstmals in einem mehrheitlich orthodoxen Land zusammentrafen.

Neubau einer orthodoxen Kirche in Făgăraș

Kunst und Kultur

Für den Reisenden bietet Siebenbürgen nicht nur Wander-, Sport-, Jagd- und Kurmöglichkeiten, sondern auch eine stark mittel- und westeuropäisch beeinflusste Kulturlandschaft. Von romanischen Kathedralen (Alba Iulia) über die von der Parler Schule und den Zisterziensern beeinflussten gotischen Bauten (St. Michael in Cluj, Pfarrkirche in Sebeş, Schwarze Kirche in Braşov), den gotischen Flügelaltären unter Mitarbeit der Söhne von Veit Stoß bis hin zu den nach den Türkeneinfällen stark befestigten Kirchenburgen trifft man eine stattliche Zahl mittelalterlicher Denkmäler. Ihre Innenräume sind oftmals im Gegensatz dazu mit an byzantinischen und serbischen Vorbildern orientierten Wandmalereien geschmückt. Der Einfluss des Islam zeigt sich vor allem im Kunsthandwerk: So sind eine Besonderheit der Siebenbürger Kirchen die vorwiegend anatolischen Teppiche, die die Wände schmücken. Seit dem 18. Jahrhundert prägten die Habsburger die Kulturlandschaft. Repräsentationsbauten, Militärarchitektur und barockisierte Kirchenräume sind Zeugen dieser Zeit. Besonders eindrucksvoll sind die vielen Orgeln berühmter Meister. Das 19. Jahrhundert ist geprägt von Historismus bis zum ungarischen Jugendstil. Siebenbürgen besitzt aber auch ein reiches kunsthandwerkliches Erbe seiner vielen Volksgruppen: Textilien, Keramik, Truhen, bemalte Emporen und Kirchengestühle, rumänische Hinterglasikonen, Wegekreuze und vielfältige Holzschnitzereien der Szekler.

Die Kirchenburgen Siebenbürgens

Eine Besonderheit der siebenbürgischen Kulturlandschaft sind die zahlreichen Kirchenburgen. Die freistehenden, von einer Schutzmauer umgebenen Kirchen verleihen den Dörfern und Städten vor allem in Südsiebenbürgen, aber auch im Szeklerland ein ungewöhnliches Gesicht. Man fährt von Ort zu Ort und erblickt häufig auf der Anhöhe (Biertan, Ţapu), in der Flussaue (Buneşti) oder am Straßenrand (Axente Sever) eine bewehrte Anlage.

Die Entstehung der Kirchenburgen ist im sozialen, rechtlichen, historischen Sonderstatus dieser Region begründet. Im Freibrief von 1224 war verankert, dass dem Adel auf dem Siedlungsgebiet keine Vorrechte eingeräumt werden, gleichwohl aber im Kriegsfall ein Aufgebot zur Verteidigung gestellt werden musste. Diese Freiheit war erstmals während des Mongolensturmes im Jahr 1241 zu verteidigen und endete in den Jahren 1701 bis 1711, als man während der Kuruzenaufstände ein letztes Mal in den Kirchenfestungen Unterschlupf suchte. Die Dörfer waren mit Blick auf etwaige Feinde so angelegt, dass sich der eigentliche Hof nicht hinter dem Haus, sondern in einem gesonderten Teil der Ortschaft befand. So reihten sich die Häuser in geschlossenen Zeilen eng aneinander und bildeten ein Straßen-, Anger- oder Platzdorf. Noch heute prägen diese Anlagen das Ortsbild (Meşendorf, Homorod, Viscri). Kam der Feind, so gab man das Dorf preis und flüchtete mit der Habe in eine leicht erreichbare Befestigung. Dieses auffällig enge Zusammenrücken gegen einen eventuellen Feind war der Ausgangspunkt für die Entstehung der Kirchenburgen.

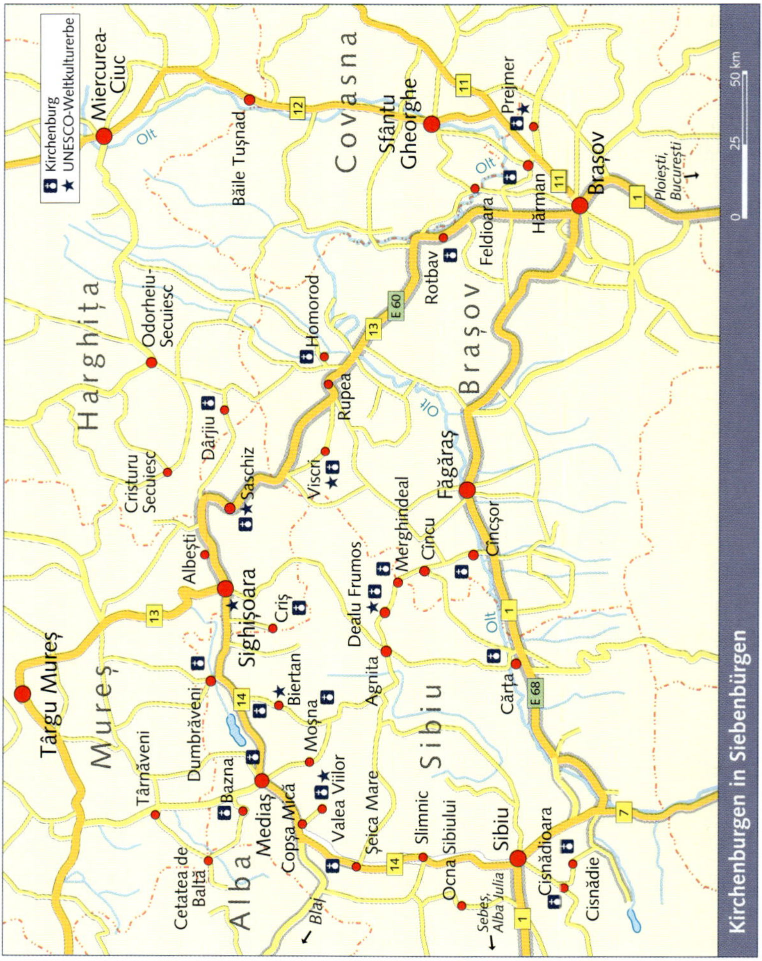

Kirchenburgen in Siebenbürgen

Dabei ist zu unterscheiden zwischen Wehrkirche, Wehrkirchhof und Kirchenburg. Eine Wehrkirche erhält zur Verstärkung eine Verteidigungsanlage unmittelbar an ihrem Gebäude. Beim Wehrkirchhof bleibt die Kirche selbst frei von Verteidigungsanlagen. Nur der Kirchhof wird einer einfachen oder doppelten Ringmauer umgeben. Innerhalb dieser waren häufig Vorratskammern, sogenannte Gaden, eingerichtet. War die Kirche selbst wie eine kleine Festung verstärkt, so entstand eine Kirchenburg. Im Unterschied zur Burg war sie nie dauerhaft bewohnt; eine Ausnahme stellt der zur Burg ausgebaute Wohnsitz des Grafen von Chyl von Kelling (Călnic) dar. Ältestes erhaltenes Beispiel einer Wehrkirche mit Wehrkirchhof ist die Basilika von Cisnădioara.

Die Kirchenburg Biertan gehört zum UNESCO-Welterbe

Nach den ersten Einfällen der Türken 1395 und 1420 sowie weiteren im Laufe des 15. Jahrhunderts begann der systematische Ausbau der Kirchen zu Wehranlagen. Als Vorbild dienten die Befestigungen der Städte. Ihr Ausbau variierte in einer Vielzahl von Verteidigungselementen. Zunächst wurden teilweise die Wehrmauern überhöht und mit überdachten Wehrgängen ausgestattet sowie mit einer Reihe von Wehrtürmen versehen; ferner wurde das Tor mit zusätzlichen Befestigungsanlagen geschützt. Oft folgte ein zweiter oder gar dritter Befestigungsring. Die Kirche selbst blieb jedoch bis auf den Westturm noch unbefestigt (Prejmer). Später folgte die Erhöhung des bestehenden Westturms, Errichtung eines zweiten Turms über dem Chorquadrat oder am Eingang; Kirchenschiff und Türme wurden um Wehrgeschosse erweitert und mit Schießscharten versehen. (Valea Viilor). Eine andere Gestaltung erfuhren Wehrkirchen unter Ausnutzung hügeligen Geländes. Oft wurden hier vor allem die Kirchen besonders zu Verteidigungszwecken umgebaut (Biertan). In letzter Konsequenz folgte dann ein Wehrkirchenbau, bei dem teilweise auch die alten Kirchen abgerissen und eine neue aus einem Baukörper bestehende Wehreinheit errichtet wurde (Saschiz). Es entstanden Wehranlagen mit Gussscharten, Wehrgängen, Schießscharten, Wehrtürmen und Ringmauern, die mit der Kirche zu einem einheitlichen Ganzen verschmolzen.

Dank der Friedensperiode unter den Habsburgern verlor dieses Selbstverteidigungssystem seine Funktion. Einige Kirchenburgen verfielen, einige dienten als Steinbruch für die Erstellung von öffentlichen Gebäuden. Lange jedoch dienten sie als Aufbewahrungsort von Wertsachen und Lebensmitteln, bis heute

Hinweisschild auf die Kirchenburg von Valea Vilor

erfüllt die Kirchenburg in Dârjiu diese Aufgabe. Mehr als 300 stark befestigte Kirchen wurden im Siedlungsgebiet der Sachsen auf Königsboden und in den benachbarten Komitaten sowie im Szeklerland gezählt. Selten gleicht davon eine der anderen. Einst waren sie bereichert durch Altäre, Wandmalereien, bemaltes Gestühl, orientalische Teppiche und klangvolle Orgeln, die einen repräsentativen Querschnitt des kulturellen und kirchlichen Lebens vermitteln.

Heute sind noch etwa 140 Kirchenburgen in unterschiedlichen Erhaltungszuständen vorhanden. Nach der Auswanderung der Sachsen haben sie den Großteil ihrer Gemeinden und Pfarrer verloren. In den Jahren nach 1990 wurde vielerorts eingebrochen und Kunstwerke gestohlen, so dass viele Kunstwerke nicht mehr an ihrem Bestimmungsort aufbewahrt werden können, sondern zur Sicherheit in größere Gemeinden oder Museen verbracht wurden. Den jetzigen Bewohnern fehlt oft die innere Beziehung zu den Kirchenburgen. Eine Nutzung durch andere Religionsgemeinschaften gelingt eher selten. Manche aber wurden übereignet wie diejenige von Câlnic an die Kirche von Cluj. Die Kirchenburg von Frumoasa wurde von Bukarest übernommen und wird von der Fakultät für Architektur betreut. Die Kirchenburg in Roadeş hat Peter Maffay gepachtet, und derjenigen von Viscri hat sich der ›Mihai Eminescu Trust‹ angenommen. Die über 500 Jahre alten siebenbürgischen Kirchenburgen sind ein weltweit einmaliges Ensemble mittelalterlicher Wehrarchitektur, dessen Bestand stark gefährdet ist. Die meisten sind im Besitz der evangelischen Kirche, die unmöglich die Mittel aufbringen kann, alle Kirchenburgen zu retten. Seit 1993 setzte sich die ›Siebenbürgisch-sächsische Stiftung München‹ für erste umfangreiche Restaurierungsarbeiten ein. 2007 wurde, unterstützt von der deutschen GTZ, ein Sofortprogramm zur Rettung der Siebenbürgischen Kirchenburgen ins Leben gerufen.

Die Sprachen Siebenbürgens

Die offizielle Amtssprache in Siebenbürgen ist Rumänisch und in den von Szeklern dominierten Kreisen wie Harghita und Covasna zusätzlich Ungarisch. Daneben werden immer noch dialektal gefärbtes Szekler-Ungarisch, Hochdeutsch, sächsische Mundart und Landlerdialekt gesprochen.

Das Rumänische

Das Rumänische, die östlichste der romanischen Sprachen, ist aus dem Latein hervorgegangen, das infolge der Romanisierung der Provinzen Moesien und Dakien auf dem gesamten Balkan gesprochen wurde. Mit dem Zusammenbruch des römischen Imperiums und den damit verbundenen Zerstörungen der Verbindungen zwischen den Provinzen und der Hauptstadt kam es hier zu einer Sonderentwicklung. Die isolierte geographische Lage führte einerseits zur Konservierung alter Sprachzustände des Lateinischen, andererseits zur Begünstigung einer originellen Weiterentwicklung. So konnten sich bestimmte lateinische Wörter, die in anderen romanischsprachigen Gebieten untergegangen sind, hier erhalten.

Im 6. Jahrhundert drangen die Slawen auch nach Siebenbürgen und ins Banat vor. Das gemeinsame Zusammenleben brachte, auch dank dem Wirken der Slawenapostel Kyrill und Method, alt- und kirchenslawische Sprachelemente ins Rumänische. Parallel zum Slawischen führte der Kontakt mit den Ungarn, die im 10. Jahrhundert in Siebenbürgen eindrangen, zur Aufnahme von ungarischen Lehnwörtern.

Das Vasallenverhältnis von Teilen des heutigen Rumänien zur Türkei im 14. Jahrhundert hinterließ Spuren des Türkischen wie zum Beispiel ›cişmea‹ – Brunnen. Die in türkischen Diensten stehenden Griechen, die Fanarioten, deren Sprache schon durch die religiöse Bindung Rumäniens an Byzanz und das orthodoxe Christentum lange Zeit eine Zweitsprache gewesen war, beeinflussten das Rumänische ebenfalls.

Das Rumänische ist aber auch eine Balkansprache. Im Mittelalter verband die Rumänen mit den Bulgaren, Albanern und Griechen das Halbnomadentum. Aus diesem Zusammenhang haben sich Gemeinsamkeiten in Wortschatz und grammatikalischen Eigenheiten entwickelt.

Der schriftliche Gebrauch des Rumänischen, die Voraussetzung für eine Literatur, eine Standardsprache und eine gemeinsame Identität, begann sich im 15. Jahrhundert zu entwickeln.

Handarbeit aus Siebenbürgen

Das Dorf Drăușeni im Kreis Brasov

Unter dem Einfluss der Reformation entstanden erste Übersetzungen (1559 in Kronstadt) religiöser Literatur ins Rumänische, allerdings in kyrillischen Buchstaben geschrieben. Auch erste Drucke kamen in Kronstadt heraus. Höhepunkte rumänischer religiöser Schriften waren die Werke der moldauischen Metropoliten Varlaam und Dosoftei, im historischen Bereich die moldauischen Chroniken des Grigore Ureche und Ion Neculce. Ihre Leistungen wurden fortgeführt durch Werke der Historiker, Schriftsteller und Philosophen Miron Costin, Șerban Cantacuzino und Dimitrie Cantemir.

Ende des 18. Jahrhunderts ging von der sogenannten Siebenbürgischen Schule, einer rumänischen Variante der Aufklärung, die Modernisierung des Rumänischen aus. Im Bestreben nach rumänisch-nationalen Rechten führten Gelehrte wie Samuil Micu, Gheorghe Șincai und Petru Maior den häufig angezweifelten Beweis der römisch-lateinischen Herkunft des Rumänischen und begannen, neue Bereiche des gesellschaftlichen Lebens für die rumänische Sprache zu erschließen. Die lateinische Schriftform begann die kyrillische im Jahr 1859 zu ersetzen. Unter dem Einfluss französischer Entlehnungen entwickelte sich das Rumänische zur modernen Kultursprache, was sich an der unvergleichlichen Blüte rumänischer Literatur im 19. Jahrhundert zeigt.

Die Schrift wurde vom 19. Jahrhundert bis in die 50er Jahre des 20. Jahrhunderts verfeinert und aus politischen Gründen variiert. Zunächst veranlasste die Literarische Gesellschaft in den Jahren 1867 bis 1869 die erste große Reform, einige Buchstaben verschwanden. Im Unterschied zu unserem Alphabet blieben die Buchstaben ţ, ş, ă, î, â, da sie eigene Lautwerte verkörpern. Es folgten weitere Schriftreformen. Am schwierigsten hatte es der Buchstabe â. In der Stalinära (einer Zeit der Überbetonung des Slawischen) 1954 abgeschafft, führte man ihn 1965 wieder ein, aber nur für die Wörter România und Român, die die Verbindung zum Lateinischen betonten. Ansonsten beließ man aus Gründen der Vereinheitlichung das î. Die jüngste Orthographiereform von 1993 hat dieses î wiederum für einige Fälle abgeschafft. Man schreibt stattdessen â, was für den Reisenden vor allem bei den Ortsnamen (Gârbova de Jos heute, statt einst Gîrbova de Jos) irritierend sein kann.

In Rumänien wird das sogenannte Dakorumänisch gesprochen, das von der Sprache des Nachbarlandes Moldawien nur geringfügig abweicht.

Die sächsische Mundart

Die sächsische Mundart hat unzweifelhaft eine Sprachähnlichkeit mit dem Mosel- und Rheinfränkischen, speziell mit dem Luxemburgischen. Es ist faszinierend mit anzuschauen und zu hören, wie sich Luxemburger und Sachsen untereinander verständigen können.

Die sächsischen Siedler, in mehreren Zügen und aus verschiedenen Gebieten im 12. und 13. Jahrhundert eingewandert, unterschieden sich herkunftsmäßig und sprachen dementsprechend verschiedene Mundarten. So befanden sich auch Wallonen und Flamen unter ihnen. Diese Sprachverschiedenheit wurde im Laufe der ersten Jahrhunderte angeglichen, und es entstand auf der Grundlage des Rheinisch-moselfränkischen mit niedersächsischen, obersächsischen und bayerischen Einschlägen eine Mischmundart, zu der noch ungarische und rumänische Einflüsse hinzukamen. Das bedeutet, dass die heute noch gesprochene sächsische Mundart in dieser Form nicht aus der Urheimat mitgebracht wurde. Die Sachsen bewegten sich in einer vom deutschen Sprachraum getrennten Insellage, und ihre Sprache weist eine Anzahl von Wörtern auf, die es sonst im deutschen Sprachraum nicht gibt: Gedeiß für Wäsche, Kampest für Kraut, bekritt für bekümmert, reklich für artig. Sprachrelikte aus dem sächsischen Dialekt, Entlehnungen aus dem Rumänischen wie Kratzewetz für Gurke (rum. castravete) und aus dem Ungarischen wie tarkig/gefleckt (ung. tarkla) haben diese Sprache geprägt. Die Reformation brachte das Lutherdeutsch nach Siebenbürgen, das zur Schriftsprache wurde, während die sächsische Mundart als mündliche Verkündigungs-, Unterrichts- und Verkehrsprache diente. Wie an den vielen bis heute erhalten gebliebenen Inschriften an Häusern und an den Kirchenfassaden zu erkennen ist, schrieb man Hochdeutsch.

Zweisprachiges Gymnasium in Brașov

Kleines Wörterbuch Siebenbürgisch – Deutsch	
Egrisch	Stachelbeere, als Redewendung: jemanden in Egrisch schicken, falsch leiten
Ardee	Paprika
auf die Seite gehen	auf die Toilette gehen
Aufboden	Speicher
ausbrinzen	auswringen
betrenzt	bekleckert
betickelt	etwas angeheitert vom Alkohol
Bokantschen	Berg- oder Skischuhe
Brintsch	Stoß oder Schubs
Bunzi	Ferkel
Glitsch	Eisrutschbahn
Fleischlaberl/Powesen	Buletten, Frikadellen
frändern	einfreunden, soviel wie Heiraten
Gech	Krautsuppe
kaschulieren	schöntun
Kächen	Suppe
Krumpin	Kartoffel
Pali	billiger Schnaps
Nopsi	kurzes Schläfchen
stucken	intensiv lernen, büffeln
Tschapperl	dummguckendes Wesen
Zeckert	Einkaufskorb oder Tasche

Die siebenbürgische Küche

Die siebenbürgische Küche ist so vielfältig wie ihre Bevölkerung und weist starke habsburgische und auch türkische Einflüsse auf. Allen gemeinsam ist die deftige Kost: viel Fleisch, Polenta und Kartoffeln. Die Gemüse werden traditionell für den Winter eingekocht, von der Tomate bis zur Aubergine. Eine Suppe darf vor allem bei den Rumänen nicht fehlen. Sie wird wie viele Gerichte mit saurer Sahne angereichert, dazu isst man scharfe Paprikaschoten und Zwiebeln. Alle Volksgruppen essen gerne Speck mit Brot, Zwiebeln oder Schalotten. Die Sachsen lieben geräucherten Speck, der mit Zwiebeln durch den Fleischwolf gedreht wird und als evangelischer Speck bekannt ist. Dazu darf ein Schnaps, vielfach

Käseverkauf in Bran

KULCSTARTO
KEYCHAIN

aus Pflaumen, der sogenannte Ţuica, nicht fehlen. Ein vegetarischer Aufstrich ist Salata de Vinete: Auberginen werden mit der Schale gegrillt, danach geschält, geschnitten und mit Zwiebeln und Gewürzen vermischt. Beliebt sind auch dicke Bohnen. Den Klausenburgern mundet das Sauerkraut, das sogenannte Häupterl. Als Eintopf mit Hackfleisch, Reis und Zwiebeln zubereitet, kann es wahlweise mit Käse oder Sahne überbacken werden. Zu vielen Gerichten wird die Sos de usturoi (Knoblauchsauce) gereicht. Keine Feier aber ohne Hanklich, ein Hefegebäck mit süßem oder salzigem Belag.

Die Speisekarte der im Apuseni-Gebirge beheimateten Rumänen bietet folgende Traditionsgerichte/Mâncăruri Tradiţionale: Balmoş – eine Art Knödel gefüllt mit Rahm und Käse; Sârmăluţe – Rouladen aus Schweinefleisch und Reismischung, Mămăligă toponiţa – Maisbrei mit Fleisch, Butter, Sauerrahm und Spiegelei; Mămăligă cu brânză şi smântână – Maisbrei mit Käse und Sauerrahm oder Tocană moţească cu mămăligă – eine Art Fleischtopf Motzenländer Art, der an das ungarische Gulasch erinnert.

Die Ungarn sind bekannt für ihr Gulyás/Gujasch, eine Art Hirtensuppe mit Fleisch, ihr Kesselgulasch und ihr Paprikahähnchen. Ihr typisches Gebäck, das vielerorts auf der Straße angeboten wird, ist Kürtös (dt. Kyrtesch, rum. Curtici), bestehend aus einem hauchdünnen Teig, der über einer Form aus Eisen gebacken und mit Kokosraspeln, Nüssen oder nur Zucker und Zimt verfeinert wird. In und um Sibiu isst man gerne Apfelsuppe, gedünstetes Kraut oder kaltes gebratenes Schaffleisch.

Wer in Siebenbürgen wandert, der wird den vielen Schafherden nicht entgehen. Die Herden werden vor allem für die Käseproduktion und das Fleisch gehalten. Würzig und schmackhaft sind Brânză de Burduf, ein Weichkäse vom Schaf, und der Caş, ein gereifter Schafskäse. Caşcaval pane ist panierter gebackener Schafskäse, eine beliebtes Gericht, das fast auf jeder Speisekarte steht.

Improvisierte Produktion von Kürtös, einer Art Blätterteiggebäck

Rezepte

Sahne-Hanklich

(siebenbürgisch-sächsischer Sonn- und Festtagskuchen vom Blech)

Zutaten:
500 g Mehl, 40 g Hefe, 80 g Zucker, ¼ l lauwarme Milch, 80 g Butter, 1 Ei, 1 Prise Salz, ½ l Sahne, 5 Eigelb, 75 g Zucker, 1 geh. Esslöffel Gries, 5 Eiweiß, Rosinen.
Zubereitung:
Etwas Mehl mit Hefe, Zucker und Milch in eine Schüssel geben, zu einem Vorteig verkneten und 15 Minuten gehen lassen. Zucker, geschmolzene Butter, 1 Ei, Prise Salz und des restliche Mehl mit dem Vorteig verkneten und so lange schlagen, bis der Teig Blasen wirft. Anschließend 30 Minuten gehen lassen.
Backofen auf 180 °C vorheizen. Den Teig auf das gefettete Blech ausrollen, die Sahne, 5 Eigelb, den restlichen Zucker und den Gries verrühren, die 5 Eiweiß getrennt zu Schnee schlagen, die gewaschenen Rosinen daruntermischen und die Masse dann unter die Sahnemischung heben. Alles gleichmäßig auf das Backblech verteilen und 35 bis 40 Minuten backen.

Apfelsuppe

(siebenbürgisch-sächsisches Gericht)

Zutaten:
400 g Kalbs- oder Schweinefleisch, 500 g Äpfel, Salz und Zucker, 1 Möhre, 1 Pastinake, 1 Sellerie, Petersilie, 50 ml Sahne.
Zubereitung:
Gemüse und Fleisch werden in Würfel geschnitten und in 2 Liter Wasser zum Kochen gebracht. Die Äpfel werden geschält, entkernt und in Scheiben geschnitten. Sobald das Fleisch gar ist, wird es zusammen mit dem Gemüse aus der Suppe genommen und zum Abkühlen gestellt. Die Brühe wird nach Geschmack gesalzen und gesüßt, danach werden die Apfelscheiben in der Brühe etwa 20 Minuten lang gekocht. Fleisch, Gemüse und die mit etwas Brühe verrührte Sahne werden dazugegeben und die Suppe mit gehackter Petersilie bestreut. Eine ähnliche Suppe kann mit Pflaumen oder Birnen zubereitet werden.

Balmoș

Dieses Gericht wird gerne im Apuseni-Gebirge und in den Schäferdörfern um Sibiu gegessen: Entrahmte Schafsmilch wird zum Kochen gebracht, dann unter ständigem Rühren grobes Maismehl dazugegeben. Nachdem der Maisbrei gekocht hat, gibt man drei Käsearten, jeweils in gleich großen Mengen hinzu: frischen Schafskäse, gereiften Schafskäse und gesalzenen Burduf-Käse. Alles wird verrührt und am Ende eine Kugel Schafsbutter dazugegeben.

Das südliche Siebenbürgen mit den Kreisen Brașov und Sibiu war über Jahrhunderte Haupteinfallstor fremder Eroberer und bildete mit dem schützenden Massiv des südlichen Karpatenbogens die Grenze zum Osmanischen Reich. Betriebsamkeit in den an Sehenswürdigkeiten reichen Städten, malerische Dörfer und die Einsamkeit des Hochgebirges sind hier dicht beieinander zu finden.

Das südliche Siebenbürgen

Kreis Brașov

Im ehemaligen Zentrum der Sachsen trifft man großstädtisches Flair, mondänen Wintersport, aber auch intakte Dorfstrukturen, trutzige, gut erhaltene Kirchenburgen und einsame Gebirge, die zum Wandern einladen. Die Stadt Brașov liegt in einer Talmulde zwischen den Ausläufern des Postavaru-Gipfels (1799 m) und der Tâmpa (955 m). Nicht weit entfernt von der Stadt liegen einige Kurgebiete, und auch die unmittelbare Umgebung bietet ergiebige Erholungsmöglichkeiten vor allem für Wanderer und Skifahrer.

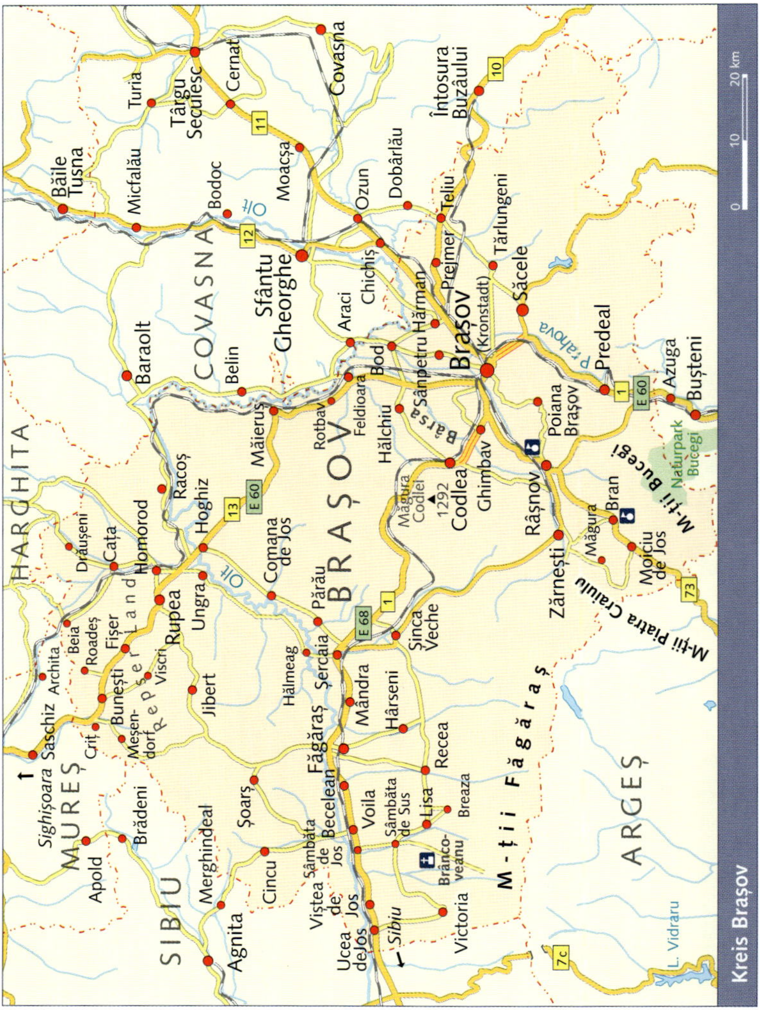

Die Stadt Brașov

Die Stadt Brașov (dt. Kronstadt, ung. Brassó) ist mit 277 982 Einwohnern (2007) Hauptstadt des Burzenlandes. Von 1950 bis 1960 trug die Stadt den Namen Orașul Stalin (Stalinstadt). Sie unterscheidet sich von den anderen Städten Siebenbürgens insbesondere durch ihr vielseitiges Umland und das malerische mittelalterliche Zentrum. Unmittelbar in der Nähe des Stadtzentrums erhebt sich der Hausberg, die Tâmpa (dt. Hohe Zinne), zu der eine Seilbahn führt. Zu Fuß läuft man etwa 30 Minuten durch den Wald, in dem sich trotz Stadtnähe oft Bären tummeln.

Wer mit dem Auto anreist, dem sei der Umweg über Poiana Brașov empfohlen. Von der Panoramastraße oberhalb der Stadt aus erkennt man die malerische Stadtanlage in ihrer mittelalterlichen Geschlossenheit, auch wenn der Mauerring nicht vollständig erhalten blieb. Nach einer Zeit kurzen Stillstandes pulsiert die Stadt heute und wurde neben Sibiu zur wirtschaftlichen Lokomotive Siebenbürgens mit Universität, Kulturzentren, Theater und Oper. Im Umland von Brașov sind neue Industriegebiete und neue Wohnviertel erschlossen worden.

Geschichte

An einer alten Völkerstraße, die das Gebiet an der unteren Donau mit dem Karpatenbecken verband, legten der Deutsche Ritterorden und die deutschen Siedler neben 13 weiteren Dörfern im Burzenland drei getrennte Siedlungen an: das Bartholomäusviertel mit der ältesten Kirche von Brașov, den Martinsberg für die Verwaltung und Corona, die heutige Innenstadt, für die Handwerker. Die deutschen Kolonisten blieben auch nach der Vertreibung der Ritter im Jahr 1225.

Aufbauend auf einer mittelalterlichen Zunft- und Kaufmannstradition nahm der Ort unter ungarischer Oberhoheit im historischen Burzenland eine führende Stellung ein. Seine günstige Verkehrslage – fünf Karpatenpässe treffen hier aufeinander – und die durch die ungarischen Könige gewährten Privilegien ermöglichten die Entwicklung zum be-

Der Kreis Brașov im Überblick

Name: Județul Brașov (dt. Kronstadt, ung. Brassó Megye).

Lage: im Süden Siebenbürgens.

Hauptstadt: Brașov.

Fläche: 5363 qkm.

Einwohner: 589 028 (2002) Einwohner, vorwiegend Rumänen, daneben deutsch- (ca. 2500) und ungarischsprechende (30 000) Bevölkerungsanteile.

Hauptstadt: Brașov.

Landschaften: vor allem Gebirge (Ciucaș, Piatra Mare, Bucegi, Piatra Craiului und Făgăraș, Munții Perșani und Munții Padurea Bogății) sowie das Tal des Flusses Olt.

Empfehlenswerte Aktivitäten: Skifahren am Postăvarul und Predeal; Klettern bei Râșnov, im Scheiviertel und in der Zârnester Klamm; Reiten und Paragliding in Poiana Brașov; Wandern mit Tierbeobachtung im Bucegi, Piatră Mare, Făgăraș, Perșani-Massiv mit Zeidener Berg, Măgura-Branului-Gebiet und im Nationalpark Munții Piatra Craiului. Besuch von Kirchenburgen und Klöstern.

Bemerkenswert: historische Landschaft Burzenland und Repser-Gebiet.

Internet: www.brasovtourism.eu, apdt@brasovtourism.eu.

Vorwahl: +40/(0)268.

Autokennzeichen: BR.

deutenden Handelszentrum am Schnittpunkt zwischen Europa und Orient.
Im 15. Jahrhundert schützten starke Mauern, Bastionen und Türme die Stadt. Davon sind der Weiße Turm (Turnul Alb), der Schwarze Turm (Turnul Negru) und die Schmiedebastei (Bastionul Fierarilor), die das Archiv beherbergt, in der Aleea dupa Ziduri erhalten. Von den Türmen führten unterirdische Gänge in die Stadt. Auf der Zinnenseite stehen noch die mächtigen Basteien mit bis zu zwölf Metern Höhe und einer Dicke von zwei Metern. Sie tragen die Namen Tuchmacherbastei (Bastionul Funarilor), Seilerbastei (Bastionul Poștăvarilor) und Leinweberbastei (Bastionul Țesătorilor). Im Museum in der Leinweberbastei ist ein schönes Stadtmodell zu sehen.
Auf dem Festungshügel/Dealul Cetățuia, abseits vom heutigen Zentrum, steht versteckt und durch Bäume verborgen die wenig bekannte Burg Cetățuia von Brașov. Im Jahr 1524 entstand eine erste hölzerne Burg mit vier Türmen. Nach Zerstörungen wurde sie aus Stein mit vier Bastionen erneuert. Während der Kämpfe gegen Ferenc II. Rakoczi im

In der Fußgängerzone

▲ Karte S. 65

Jahre 1704 nahm sie letztmalig Schaden. Danach diente sie zunächst einer Garnison, später als Gefängnis. Heute gehört die Burg einem Hotel. Das Gebiet um die Burg entwickelt sich langsam zu einem besseren Wohnviertel, nur die Zufahrt ist noch renovierungsbedürftig.
Mit dem Wirken des Reformators Johannes Honterus erreichte die Stadt in der Renaissance eine kulturelle Blüte, eine Druckerei und Papiermühlen entstanden. Im Laufe der Jahrhunderte hat Kronstadt durch die Einfälle der Türken besonders gelitten. Im Jahr 1689 nahmen österreichische Truppen unter General Antonio Carafa die Stadt ein und steckten sie in Brand; dabei wurde die evangelische Kirche schwer beschädigt.

Stadtbesichtigung

Das historische Zentrum der Stadt ist schon lange verkehrsberuhigt. Das Gebiet wurde zwischenzeitlich sogar ausgeweitet, und die Einhaltung der diesbezüglichen Verkehrsregeln wird streng überwacht. Sukzessive konnte die alte Bausubstanz saniert werden – es bleibt jedoch immer noch viel zu tun. Im Sommer verwandelt sich die gesamte Innenstadt in ein einziges Kaffeehaus. Außerdem werden großräumig angelegte Veranstaltungen wie das zwischenzeitlich sehr populäre Musikfestival ›Cerbul de Aur‹ (Goldener Hirsch) geboten.
Die Strada Republicii führt direkt auf den riesigen **Rathaus- oder Marktplatz** (Piață Sfatului), eine weite Platzanlage, die von alten Kaufmannshäusern gesäumt ist. Eines davon, das so genannte **Hirscherhaus**, gehörte dem Bürgermeister von Kronstadt, Lukas Hirscher, und wurde in den Jahren 1539 bis 1545 erbaut. In ihm tafelt man heute gut im Restaurant ›Cerbul Carpatin‹ (Karpatenhirsch) mit mediterraner Küche.

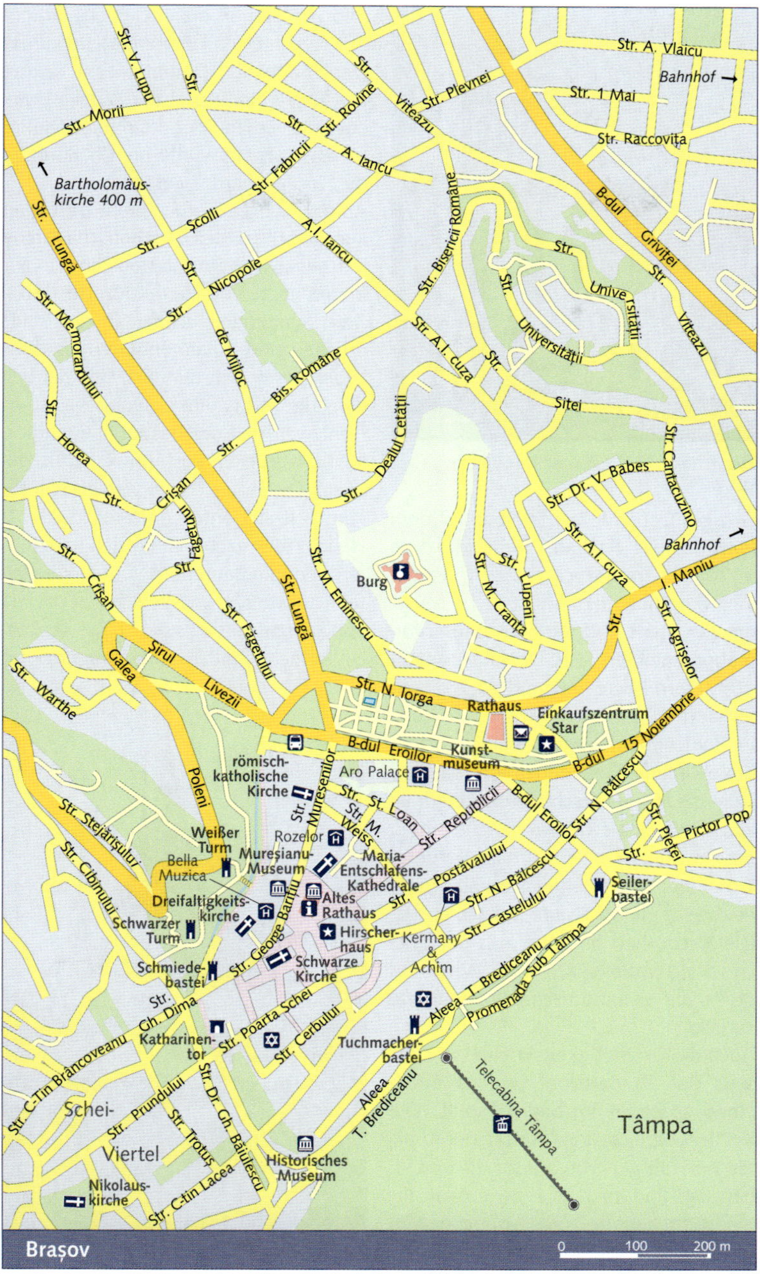
Str. A. Vlaicu
Bahnhof →
Str. 1 Mai
Str. Raccoviţa
Str. Plevnei
Str. Viteazu
Str. Rovine
Str. A. Iancu
Str. Fabricii
Str. Morii
Str. V. Lupu
Str.
↑ Bartholomäus-kirche 400 m
Str. Lungă
Str. Şcolii
Str. Nicopole
A.I. Iancu
Str. Bisericii Române
B-dul Griviţei
Str. Universităţii
Str. Viteazu
Str. Memorandului
Str. de Mijloc
Bis. Române
Str. A.I. cuza
Str. Sitei
Str. Horea
Str. Crişan
Str. Dealul Cetăţii
Str. Cantacuzino
Str. Dr. V. Babes
Bahnhof ↑
Str. A.I. cuza
Str. Făgetului
Str. M. Eminescu
Burg
Str. M. Cranța
Str. Lupeni
Str. I. Maniu
Str. Agrişelor
Str. Crişan
Str. Warthe
Galea
Şirul Livezii
Str. Lungă
Str. N. Iorga
Rathaus
Einkaufszentrum Star
B-dul 15 Noiembrie
B-dul Eroilor
Kunst-museum
Aro Palace
Poleni
römisch-katholische Kirche
Str. Mureşenilor
Str. St. Loan
Str. M. Weiss
Str. Republicii
B-dul Eroilor
Str. N. Bălcescu
Str. Pietei
Pictor Pop
Str. Stejărişului
Weißer Turm
Rozelor
Mureşianu-Museum
Maria-Entschlafens-Kathedrale
Str. Postăvarului
Seiler-bastei
Str. Cibinului
Bella Muzica
Dreifaltigkeits-kirche
Altes Rathaus
Str. N. Bălcescu
Schwarzer Turm
Str. George Baritiu
Hirscher-haus
Kermany & Achim
Str. Castelului
Schmiede-bastei
Schwarze Kirche
Aleea T. Brediceanu
Promenada Sub Tâmpa
Str. Gh. Dima
Str. Poarta Schei
Str. Cerbului
Katharinen-tor
Tuchmacher-bastei
Telecabina Tâmpa
Str. C-Tin Brâncoveanu
Schei-Viertel
Str. Prundului
Str. Trotuş
Str. Dr. Gh. Băiulescu
Aleea T. Brediceanu
Tâmpa
Historisches Museum
Nikolaus-kirche
Str. C-tin Lacea
0 100 200 m
Brașov

Die orthodoxe Kirche am Marktplatz

Einziges Gebäude unmittelbar auf dem Platz ist das **Rathaus** (Primăria) von 1420, das im Barock erneuert wurde. In ihm sind heute das historische Museum der Stadt und die Tourismus-Information untergebracht. Der Uhrturm mit 48 Metern Höhe entstand im 16. Jahrhundert.

Im Zentrum befinden sich einige **orthodoxe Kirchen**: Gegenüber vom Rathaus steht die **Maria-Entschlafens-Kathedrale** von 1895. Eine orthodoxe Kirche mitten im Zentrum durfte nicht an vorderer Front des Platzes stehen. Deshalb wurde eine Wohnhausfassade vorgeblendet. Die Kirche hat ihr Vorbild in der griechisch-orthodoxen Kirche zu Wien und greift auf byzantinische Stilelemente zurück.

Auch die **Dreifaltigkeitskirche** steht abseits der Straßenfront und ist durch einen späteren Vorbau verstellt. Die Kirche wurde einst auf Antrag der rumänischen Bürger von Kaiser Joseph II. bewilligt und im Jahr 1786 erbaut. Ihr Kirchturm gehörte zum Festungssystem der Stadt, ist als Pulverturm bekannt und viel älter als die Kirche. Die Gräber ihres ehemaligen Friedhofs stehen unter Denkmalschutz. Darunter sind Gräber der Familie Șuțu und der Familie Brâncoveanu, Emanuil und Grigore. Die Innenausstattung wurde im 19. Jahrhundert im Neobarock gestaltet.

An der George-Barițiu-Straße trifft man auch auf die **römisch-katholische Kirche** mit sehenswerten Glasfenstern. In ihr finden heute vor allem Konzerte statt.

Zwei **Synagogen** blieben in der Stadt erhalten und dokumentieren jüdisches Leben im 19. Jahrhundert. Eine der beiden, die etwas ältere Synagoge, steht nicht weit von der Bastionul Funarilor. In ihr wurde der orthodoxe Ritus gepflegt. Die zweite ist nur wenige Schritte vom Katharinentor entfernt. Sie entstand 1899 nach Plänen des Baumeisters Leopold Baumhorn, wurde kürzlich sehr aufwendig und liebevoll renoviert und kann neuerdings besichtigt werden. Ein Besuch lohnt sich: Besichtigung von

Das Katharinentor

▲ Karte S. 65

Montag bis Freitag, 9 bis 13 Uhr. Die glücklicherweise wieder bestehende jüdische Gemeinde hält hier ihren Gottesdienst ab.

Das **Katharinentor**, ein Baudenkmal aus der Renaissance, führt aus der Stadt. Es entstand anstelle eines älteren Tores zur Verteidigung und Überwachung des Scheiviertels. Durchfahrt gewährt heute das **Waisenhausgässer-Tor** aus dem 19. Jahrhundert, das als weiterer Zugang zur Stadt daneben geschaffen wurde. Seine Inschrift erinnert an den hohen Besuch von Kaisers Franz I. von Österreich zum Zeitpunkt des Baus.

Brașov war Geburtsstadt des Dichters Andrei Mureșianu. Sein Gedicht ›Erwache Rumäne‹ wurde nach 1989 zur Nationalhymne Rumäniens. Im Haus der Familie, die in mehreren Generationen Künstler, Gelehrte und Patrioten hervorbrachte, wurde ein Museum eingerichtet, das **Muzeul Casa Mureșenilor.** Es birgt neben Möbeln, Gemälden und persönlichen Gebrauchsgegenständen auch das Familienarchiv. Außerdem gibt es einen Einblick in ein typisch siebenbürgisches Stadthaus, das im Laufe der Zeit mehrfach an den Zeitstil angepasst wurde.

Abseits vom heutigen Zentrum steht im alten Bartholomäusviertel (Strada Lungă 251) die gotische **Bartholomäuskirche**. Sie ist der älteste Sakralbau der Stadt und eines der ältesten Gotteshäuser Siebenbürgens. Der Bau war im 13. Jahrhundert begonnen worden. Unter dem Einfluss der Zisterzienser wurden dabei gotische Elemente aufgenommen. Von zwei geplanten Türmen wurde nur einer aufgebaut. In der Südkapelle sind Reste mittelalterlicher Malerei zu sehen.

Am Ende der Straße befindet sich ein Heldenfriedhof für im Ersten Weltkrieg gefallene rumänische Soldaten.

Der Weiße Turm, ein Rest der Befestigung

Das Ende der Altstadt markiert der Bulevardul Eroilor mit dem Nicolae-Tutulescu-Park, dem Rathaus, der Post und dem Theater.

Die Schwarze Kirche

Wahrzeichen der Stadt ist die Schwarze Kirche (Biserica Neagră). Mit einer Höhe von 87 Metern ist sie das größte gotische Gotteshaus Siebenbürgens und genießt einen besonderen Rang unter den historischen Monumenten. Ihren Namen verdankt sie dem großen Stadtbrand von 1698, der auch ihre Mauern und Wände weitgehend schwärzte, ihrer Monumentalität aber keinen Abbruch tat. Die Kirche ist heute Gotteshaus und Museum und öffnet täglich von 10 bis 17 Uhr.

Auf einem romanischen Vorgängerbau begann man 1389 mit dem Bau der Hallenkirche mit dem gotischen Chor nach dem Vorbild von Sebeș, jedoch in bedeutend größeren Ausmaßen. Die Kirche war bis 1477 weitgehend vollendet und wurde der Muttergottes geweiht. Von den geplanten beiden Türmen konnte nur der südliche mit einer Höhe von 65 Metern ausgeführt werden. Fünf Portale führten ehemals in die Kirche.

Das **Westportal** ist mit seinem Kielbogen, geschmückt mit üppigem Eichenlaub und Fialen, das prächtigste. Durch dieses Portal betritt man heute die Kirche. Im Jahr 1542 wurde unter dem Reformator Johannes Honterus der evangelische Gottesdienst in deutscher Sprache eingeführt. Im Zusammenhang mit der Reformation steht auch das Gemälde an der Stirnseite im südlichen Seitenschiff von Hans Schullerus (1866–1898), auf dem die Vereidigung des Kronstädter Stadtrates auf die neue Lehre dargestellt ist.

Die Hallenkirche mit drei gleich hohen Schiffen erhielt nach dem großen Brand eine neue **Innenausstattung**. Dabei wurde das gotische Gewölbe durch ein barockes Tonnengewölbe ersetzt. Die evangelische Gemeinde hatte im 18. Jahrhundert regen Zulauf, und um Platz für mehr Gläubige zu schaffen, zog man eine Empore ein. Von der alten Ausstattung blieb das kostbare **Taufbecken** von 1472 erhalten. Ein Kleinod in der südlichen Vorhalle, ein **Wandgemälde** al secco ausgeführt, kann nur auf Anfrage besichtigt werden. Darauf ist die Muttergottes mit dem Jesuskind zwischen der heiligen Katharina mit Rad und Schwert und der heiligen Barbara mit Turm dargestellt. In den beiden unteren Ecken des Gemäldes erkennt man das Wappen des ungarischen Königs Matthias Corvinus und seiner Gattin Beatrix von Neapel-Aragon. Mit Unterstützung der UNESCO wurde es 1970 restauriert. Hier in dieser Vorhalle sind auch drei **Altartafeln** aus dem 15. Jahrhundert ausgestellt. Sie stammen vom spätgotischen Flügelaltar aus Feldioara. Auf den Tafeln sieht man die Kreuzigung, Geißelung, Beschneidung, den zwölfjährigen Christus im Tempel und Maria Verlöbnis.

Erwähnenswert sind noch die **größte Orgel Siebenbürgens** mit 4000 Pfeifen von 1839 und die **anatolischen Gebetsteppiche**.

Blick auf Brașov

▶ Karte S. 65

Die Schwarze Kirche

Hinter der Kirche befindet sich eine antiquarische Buchhandlung und gegenüber der Buchhandlung lockt die Patisserie ›Coffeetaria Vabrardealului‹ mit leckeren Süßigkeiten.

Hinter der Schwarzen Kirche steht wie in Krakau, Basel und Nürnberg ein **Honterus-Denkmal** zu Ehren des Siebenbürger Humanisten und Reformators, Buchdruckers und Gelehrten Johannes Honterus (1498–1549). Sein Werk und seine Leistungen – nicht nur für Siebenbürgen – können nicht genug gewürdigt werden. Er lehrte in Krakau Astronomie und Geographie, war in Basel tätig, wo unter anderem seine Siebenbürgen-Karte in Druck ging. Berühmt wurde er vor allem durch die Einführung der Reformation in Kronstadt und sein Reformationsbüchlein von 1542. Das 1898 enthüllte Bronzedenkmal, eine Arbeit des Berliner Bildhauers Harro Magnussen, zeigt ihn mit diesem Reformationsbüchlein und der Schulordnung, mit der Rechten weist er auf das von ihm gegründete Gymnasium.

Das Schei-Viertel

Im pittoresken Schei-Viertel (auch Belgerei oder Baldscheroi genannt), das außerhalb der mittelalterlichen Stadtmauern direkt hinter der Poarta Schei beginnt, steht die rumänisch-orthodoxe **Nikolauskirche** (Biserica Sfântul Nicolae). Ihre Ursprünge sind nicht vollständig geklärt, werden aber im Mittelalter gesehen. Entscheidend waren enge Verbindungen zwischen Walachei und Burzenland. Der heutige Bau entstand im Verlauf des 18. Jahrhunderts. Relativ gut erhaltene Wandmalereien befinden sich im Inneren.

Neben der Kirche stand eine **Schule**, die erste, an der Rumänisch unterrichtet wurde. Das rege kulturelle Leben zog auch den bedeutenden Übersetzer und Buchdrucker Coresi an. Hier wurden die ersten Bücher in rumänischer und slawischer Sprache gedruckt. Die Schule dient heute als Museum der ehemaligen Ausstattung der Nikolauskirche; neben Ikonen beinhaltet es auch wertvolle Bücher, Urkunden und Handschriften

Im Scheiviertel

des 16. Jahrhunderts sowie Exponate aus der Geschichte der Druckkunst. Außerdem kann man das Klassenzimmer der ältesten rumänischen Schule besichtigen.

Das Scheiviertel zieht sich mit engen, immer schmaler werdenden und von Berghängen gerahmten Gassen durch das Tal bis hinauf zu der alten Trasse nach Poiana Brașov und dem **Salomonsfelsen**, an dem geklettert wird.

Eine Besonderheit des Viertels stellen die erneuerten acht **Wegzeichen des Mittelalters** dar, so genannte Marterln, rumänisch ›Troițe‹, die einst in der ganzen Stadt zu sehen waren.

Brașov

Vorwahl: +40/(0)2 68.

Internet: www.brasovcity.ro (rum.).

Touristenbüro, im Alten Rathaus, Piață Sfatului 30, Mo–Sa 9–18 Uhr, So 9–15 Uhr.

Reiseveranstalter: **activetravel**, Str. Republicii 50, Tel. 47 71 12, mobil 07 28/80 49 52, www.activetravel.ro (engl.) office@activetravel.ro, Tagesausflüge zu den kulturellen Sehenswürdigkeiten, Trekking und Wandertouren zum Bucegi, Piatra Craiului, Făgăraș, Piatra Mare, Ciucaș, Fahrradverleih, Fahrradtouren.

Mietwagen: www.oval.ro (engl.), Tel. 07 31/50 27 02.

Polizei: Tel. 995.

Bergrettung: Tel. 07 25/82 66 68.

Brașov ist mit der Bahn von Bukarest, Sighișoara, Cluj, Arad, Sibiu oder Arad zu erreichen. Eisenbahninformation: www.infofer.ro (rum.).

Die zentrale Bushaltestelle ist **Livada Poștei**, am westlichen Ende des Bulevardul Eroilor, eine weitere liegt am **Bahnhof**. Es bestehen Busverbindungen in alle Richtungen. Besonders gut ist das eingemeindete Poiana Brașov angeschlossen, wohin im 30-Minuten-Takt Busse fahren. Im Burzenland verkehren öffentliche Busse und private Minibusse bis Râșnov, Bran, Zărnești, Moieciu de Jos, Prejmer, Hărman. Die privaten Minibusse kann man übrigens beliebig auf den Hauptstraßen anhalten und zahlt direkt beim Fahrer. Für eine Strecke wie Râșnov–Zărnești zahlt man 2–3 Lei.

Hotel Casa Rozelor, 4 Sterne, Str. Michael Weiss 20, Tel./Fax 47 52 12, www.casarozelor.ro (dt.). DZ 85 Euro. Mit viel Geschmack und Liebe hat die Familie Wierschen dem drohenden Verfall dieses Gebäudekomplexes Einhalt geboten und darin fünf Zimmer sowie drei Apartments eingerichtet, die keine Wünsche offenlassen. Heimelige Atmosphäre, Komfort und modernste Technik sind hier mitten im historischen Zentrum unspektakulär verbunden. Das Haus ist zwischenzeitlich sehr bekannt – eine Reservierung empfiehlt sich.

Hotel Bella Muzica, Piață Sfătului 19, Tel. 47 79 56, www.bellamuzica.ro (dt.). DZ ab 120 Euro. Gemütliche Zimmer in denkmalgeschütztem Altstadthaus. 25 Zimmer und Suiten. Kein hoteleigener Parkplatz.

Hotel Casa Kermany & Achim, 3 Sterne, Alt-Kronstadt, Str. N. Bălcescu 26, Tel. 43 60 68, Fax 43 60 69, mobil 07 44/47 39 36, casa.kermany@yahoo.com. DZ und Apartments, Frühstück inklusive. Individuell und ideenreiche

▶ Karte S. 65

Gestaltung von kleinen gemütlichen Zimmern mit nettem Service mitten im Zentrum.

Hotel Aro Palace, 4 Sterne, Bulevardul Eroilor 27, Tel. 47 88 00, Fax 47 88 89, www.aro-palace.ro (dt.). EZ 110 Euro, DZ 130 Euro. Eines der großen standardisierten, renovierten Häuser im Zentrum.

Restaurant Sergiana, Str. Mureșenilor 27, Tel. 41 97 75, www.sergiana.ro (rum.). Authentische, rumänische Küche mit viel Fleisch in einem äußerst gemütlichen Ambiente zu fairen Preisen. Das Restaurant besteht seit vielen Jahren, ist jetzt auf die gegenüberliegende Straßenseite umgezogen, die Qualität ist gleichbleibend sehr gut.

Restaurant Bistro de L'Arte, Piață Enescu 11, www.bistrodelarte.ro (engl.), Tel. 07 22/199 80. Mediterran inspirierte Küche, die auch viele Kleinigkeiten anbietet.

Restaurant Cetate, Str. Dealul Cetății 5, Tel. 41 76 14, mobil 073/18 99 20, www.aro-palace.ro. Burgrestaurant geeignet für festliche Anlässe, größere Gesellschaften und für Musikliebhaber, mit Biergarten.

Hotel Restaurant Altstadt, Piață Sfatului 1, Tel. 47 69 45, Fax 41 45 59, altstadt_brasov@yahoo.com. Rustikales Gasthaus mit traditionellen Gerichten.

Deane's Irish Pub, Str. Republicii 19, Tel. 41 17 67, mobil 07 45/07 57 45, www.deanes.ro (engl.). Vielbesuchte Kneipe mit Speisenangebot.

Café/Restaurant Clătităria La République, Str. Republicii 33, Tel. 07 44/ 35 16 68. Witziges kleines Gasthaus das Pfannkuchen von süß bis pikant in vielfachen Variationen bietet.

Patisserie Coffeetaria Vabrardealului, Str. Gheorghe Barițiu, mit mannigfaltigem Angebot an Süßigkeiten und wenigen Tischen.

Historisches Museum (Muzeul de Istorie), im Rathaus und der Weberbastei, www.istoriebv.ro (engl.), Mo–So 9–17 Uhr.

Ethnographisches Museum (Muzeul de Etnografie), Bulevardul Eroilor 21 A, www.etnobrasov.ro (rum.). Mit Zweigstellen in Rupea und Săcele, zeigt eine Sammlung von Trachten, Webarbeiten und anderen Gegenständen aus den Bauernhäusern der Umgebung.

Kunstmuseum (Muzeul de Artâ), Bulevardul Eroilor 21, www.muzeulartabv.ro (rum.). Di–So 10–18 Uhr. Ständige und temporäre Ausstellungen.

Hausmuseum der Familie Mureșianu (Casa Mureșenilor), Piața Sfatului 25, www.muzeulmuresenilor.ro (dt.). Di–Fr 9–17 Uhr, Sa/So 10–17 Uhr. Sehenswertes Stadthaus, Kulturprogramm.

Einkaufszentrum Star, gegenüber der Fußgängerzone. Mo–Sa 9–20 Uhr, So 10–15 Uhr. Dahinter liegt der Stadtmarkt.

Weinhandlung Casa de vinuri, Marius Câțu, Str Ciaconu Coresi 6, Tel. 47-78 00, mobil 07 42/11 15 55, marius@gmail.com. Netter Weinkeller in einem Altbau der Altstadt, in dem offener Wein vom Fass probiert werden kann, preiswert.

Feste Cerbul de Aur (Goldener Hirsch), Schlagerfestival in der gesamten Stadt im August.

Kirchenburgen und Burgruinen im Burzenland

Das Burzenland/Țară Bîrsei/Barcaság trägt seinen Namen vom Burzenbach, der nördlich von Brașov verläuft und in den Olt (dt. Alt) mündet. Einst bestanden hier dreizehn freie Gemeinden, die Ende des 12. Jahrhunderts dem ungarischen Herrschaftsbereich einverleibt wurden. 1211 wurde das Gebiet vom ungarischen Herrscher Andreas zur Verteidigung den Deutschordensrittern anvertraut. Es ging ein Aufruf an Freiwillige, auch aus Flandern, den Niederlanden, dem Rheinland und anderen Gebieten, zur Besiedlung des Burzenlandes. Man begann mit der Errichtung von festen Plätzen. Doch bald überschritten die Ritter ihre Rechte; Sie errichteten nicht nur hölzerne, sondern auch steinerne Burgen, ließen eigene Münzen prägen und erweiterten eigenmächtig die Grenzen ihres Besitzes. Andreas widerrief daraufhin im Jahr 1223 seine Schenkung und zwang die Ordensritter zwei Jahre später mit Waffengewalt, das Land zu verlassen. Das Vakuum füllten die Sachsen. Unter den Ordensrittern war eine stattliche Anzahl von Burgen entstanden, in deren Schutz bäuerliche Siedlungen gegründet wurden, die sich zu blühenden Ortschaften entwickelten. Die Burgen wurden durch den Mongoleneinfall größtenteils zerstört. Erhalten, wenn auch in veränderter Form, blieb nur die Törzburg (Castel Bran), die zusammen mit der Rosenauer Burg Schutz zur walachischen Seite bot. Die Hauptburg war die Marienburg am Olt, benannt nach der Muttergottes, der Schutzpatronin des Ordens.

1225 wurde das Burzenland zum Komitat, an dessen Spitze ein Szeklergraf stand. Im 15. Jahrhundert erfolgte der Anschluss an die Nationsuniversität.

▲ Karte S. 62

Burghüterschild in Viscri

Geographisch stellt das Burzenland eine Binnensenke innerhalb des Karpatenborgens dar. Es lässt sich mit den Orten Feldioara im Norden, Râșnov im Südwesten und Prejmer im Südosten eingrenzen. Durchs Burzental führt eine Erdgasleitung, deren Pumpen die Landschaft durchziehen.

Im Kreis Brașov befindet sich fast in jeder Ortschaft eine reformierte Kirche, mal mit einer Bewehrung, mal ohne Bewehrung. Unter dieser Vielzahl an Kirchenburgen sind zwei besonders sehenswert: Prejmer und Härman.

■ Prejmer

Prejmer (dt. Tartlau, ung. Prázsmár), die östlichste siebenbürgisch-sächsische Siedlung liegt 18 Kilometer nordöstlich von Brașov an der Straße nach Buzău. Ihre Kirchenburg gehört seit 1999 zum UNESCO-Weltkulturerbe.

Im Jahr 1240 wurden vier Burzenländer Gemeinden, Feldioara, Sânpetru, Hărman und Prejmer, dem Zisterzienserorden verliehen. Im Jahr 1278 plünderten die Tataren den Ort, 1552 zerstörten ihn die Moldauer Fürsten, konnten aber die Kirchenburg dabei nicht einnehmen. Belagerungen und Plünderungen durch Türken, Tataren, Moldauer, Walachen, Kosaken und die Kuruzen (ungarische Aufständische im Habsburger Reich) prägten das 17. Jahrhundert.

Bereits 1218 war mit dem Bau der **Heiligkreuzkirche**, vermutlich im Auftrag des deutschen Ritterordens, begonnen worden. Es handelt sich dabei um einen byzantinisch beeinflussten Zentralbau in Form eines griechischen Kreuzes. Die Vertreibung des Ritterordens führte zur Bauunterbrechung. Nach der Unterstellung des Ortes unter das Kerzer Patronat wurde der Bau in der Zisterziensergotik fortgesetzt. Dies wird deutlich am spätgotischen Netzgewölbe, den Radfenstern, den Bogenfriesen, den Bogenformen und den Spitzbogenfenstern mit Maßwerk, von denen sich zwei genau wie in Kloster Kerz hinter dem Altar befinden. Die Außenmauern an den polygonalen Apsiden wurden durch Strebepfeiler abgestützt. Reste von den gotischen Wandmalereien wurden an den Innenwänden entdeckt.

Der massive **Vierungsturm**, der Einbau einer Wendeltreppe und die Verlängerung des Westarmes mit dem Einzug der Empore gehen auf den Umbau des 15. Jahrhunderts zurück. Auf vier Schlusssteinen im Westteil ist das Wappenschild Tartlaus mit den Buchstaben I.B.P. und der Jahreszahl 1512 zu sehen. Anschließende Veränderungen betrafen die nördliche Seitenkapelle; im Laufe der Jahrhunderte waren mehrere Reparaturen nötig. In den 1960er Jahren restaurierte man die Kirche, wobei frühere Veränderungen teilweise wieder rückgängig gemacht wurden.

Anschließend brachte man den **gotischen Flügelaltar** aus dem Burzenländer Museum hierher zurück. Er war im 19. Jahrhundert durch einen neuen, modischeren ersetzt worden. Der gotische Flügelaltar besteht aus dem Mittelbild mit dem Kruzifix und acht Tafeln, auf denen die Beweinung, Grablegung, Auferstehung, drei Frauen am Grab, Fußwaschung, Abendmahl, Christus vor dem Hohepriester und die Geißelung dargestellt sind. Seit dem 17. Jahrhundert war die Gemeinde im Besitz einer **Orgel**, die im 19. Jahrhundert erneuert wurde.

Die Kreuzkirche ist von einer massiven **Ringmauer** umgeben, die in zwei Bauphasen errichtet wurde. Während der ersten, vermutlich im 13. Jahrhundert, wurde ein ovaler Schutz von drei Metern Stärke angelegt. In einer zweiten Phase wurde dieser ummantelt und durch vier Türme verstärkt. Die Mauern sind heute 12 bis 14 Meter hoch und haben eine durchschnittliche Stärke von viereinhalb Metern. Im oberen Bereich verläuft ein ziemlich breiter Wehrgang, von dem aus die Schießscharten bedient wurden.

Im Inneren des Burgringes befinden sich, auf zwei bis vier Geschosse verteilt, **270 Kammern**, in denen die Familien ihr Hab und Gut unterbrachten. Die heutigen Kammern sind eine Rekonstruktion, die im Rahmen der jüngsten Restaurierungsarbeiten durchgeführt wurde. Der Zugang erfolgte über offene Gänge. Im Abstand von drei Metern wurde eine zweite, niedrige Mauer errichtet, die die Außenecken der Türme miteinander verband. Im Süden befindet sich eine Torwehr. Ein 32 Meter langer, durch mehrere Fallgitter und Eichentore abgesicherter Gang bildete den Eingang zur Burg.

Im 16. Jahrhundert legte man eine **Vorburg** an, die einen hufeisenförmigen Rathaushof umschloss. Ihre Mauern erhielten ebenfalls Schießscharten, Pechnasen und Gusserker.

Die Außenfassade wurde mit Blendarkaden im Renaissance-Stil geschmückt. Über dem Eingang entstand ein Türmchen. Zwischen Vorburg und Südwestturm wurde eine Mauer gezogen, die einen **Zwinger**, auch Bäckerhof genannt, abschließt. In ihm befanden sich Wirtschaftsgebäude und Vorratshäuser sowie eine Bäckerei und eine Pferdemühle.

Die vorbildlich renovierte Kirchenburg beinhaltet ein **Museum sächsischer Volkskunst** und ist Dienstag bis Freitag von 9 bis 17 Uhr, Samstag von 9 bis 15 Uhr und Sonntag von 11 bis 17 Uhr geöffnet; am Montag ist sie geschlossen. Vor der Burg steht ein großer Parkplatz zur Verfügung, und gegenüber diesem Platz befindet sich ein Touristenbüro.

Hărman

Das Dorf Hărman, (dt. Honigberg, ung. Szászhermány) eine der 13 freien Gemeinden des Burzenlandes mit eigener Gerichtsbarkeit, besitzt eine der größten romanischen Kirchen Siebenbürgens.

Im Laufe von drei Jahrhunderten war Hărman immer wieder feindlichen Angriffen ausgesetzt. Zuerst kam der Moldauer Woiwode Stefan, die Burg hielt zwar stand, aber nur 50 Jahre später brannten Ort und Burg ab. Im Kampf zwischen Gabriel Báthory und Kronstadt mussten Ort und Kirche schwere Schäden hinnehmen. Brände und Pest sorgten für weitere Rückschläge. Während der Revolution von 1848 standen sich hier zunächst kaiserlich habsburgische Truppen und Szekler gegenüber, danach Russen gegen Szekler.

▲ Karte S. 62

An der Kreuzung der beiden Hauptstraßen liegt die berühmte Wehrkirche, eine **romanische dreischiffige Basilika** mit einem quadratischen Chor aus dem 13. Jahrhundert. 100 Jahre später wurde ein massiver Westturm angefügt. Sein Erdgeschoss öffnet sich in Spitzbogenarkaden zum Kirchenschiff. Über das Westportal, flankiert von Treppentürmchen, betritt man das Gotteshaus. Im zweiten Geschoss des Turmes befindet sich eine Westempore, darüber zwei Geschosse, die zur Verteidigung mit Schießscharten ausgerüstet wurden, und ganz oben der Glockenstuhl. Die Langseiten der Kirche im Süden und im Norden weisen ebenfalls Eingänge auf.

Im **Inneren** sind Malereireste der vorreformatorischen Ausstattung erhalten: Spruchbänder und Heiligenfiguren. Schwedische Soldaten stifteten 1710 einen Altar, der nur 70 Jahre später durch einen Barockaltar ersetzt wurde. Das Werk des Bildhauers Franz Eberhard und des Malers Mchr aus Kronstadt zeigt die Kreuzigung und im oberen Register Moses und Aaron. Außer dem alten Altar war den Schweden auch die erste Orgel der Kirche zu verdanken, deren Teile bei einer späteren Erneuerung integriert wurden. Karl XII., Gegner des Zaren Peter I., hatte hier zwei Wochen verbracht und mit einem Sack Dukaten gedankt.

Eine Besonderheit ist das **Gestühl für die Frauen**. Die jahrhundertealten Sitzbalken sind ohne Lehnen, weil die Frauen die seidenen bestickten Rückenbänder ihrer wertvollen Trachten schonen wollten. Nur drei Kirchen Siebenbürgens weisen solch ein Gestühl auf. Die Frauen saßen immer in der Mitte, damit sie besser geschützt waren.

Wie viele Siebenbürger Kirchen besitzt auch Hărman **orientalische Teppiche**.

Die besonders schöne Kirchenburg von Hărman

Sie waren Geschenke der Kaufleute, die mit den Tataren handelten. In der Ortschaft gibt es auch eine bis heute produzierende Teppichmanufaktur.

Die Kirche ist von einer **Ringmauer** umgeben, in deren östlichen Teil eine **Kapelle** aus dem 13. Jahrhundert integriert wurde. Über einem Kellerraum liegt die vollständig ausgemalte Kapelle, darüber ein bewohnbarer Raum mit Rauchfang, was auf seine Verwendung als Speckturm hinweist. Die Wandmalereien zeigen Christus in der Mandorla, das Jüngste Gericht, die Kreuzigung, Geburt Jesu, die klugen und die törichten Jungfrauen, die Ausgießung des Heiligen Geistes, bis hin zu Pelikan, Löwe und Einhorn.

Das Bodenniveau um die Kirche herum war 1848 erhöht worden; es erlitt jedoch Schäden durch Feuchtigkeit, so dass man die oberste Schicht des Bodens abtrug und dabei Gräber entdeckte. Im Hof steht das Glockendenkmal von 1926, eine Stiftung Wiens, da die alten Glocken während des Ersten Weltkrieges eingeschmolzen worden waren; daneben ein Denkmal von 1973 für Gefallene des Zweiten Weltkrieges und Deportierte der anderen Seite.

Die Kirche wurde im 13. Jahrhundert zunächst durch eine zwölf Meter hohe Mauer, die heutige **innere Ringmauer**, befestigt. Diese verstärkte man durch sieben viergeschossige Türme, sechs quadratische und einen polygonalen, die alle vor die Mauer gesetzt wurden. Ein weiterer Mauergürtel des 15. Jahrhunderts verband die Türme untereinander und verstärkte somit den inneren Ring. Die Kirchenburg ist von einem Wassergraben umschlossen, dem vermutlich ein dritter Mauerring vorgesetzt war. Reste von Wohn- und Vorratskammern sind an der Südseite vorhanden. Die Ringmauer wurde wie üblich mit Schießscharten und Gusserkern versehen, der zweigeschossige Torturm mit Eichentüren und Fallgittern. Sonntags werden Gottesdienste für die wenigen Verbliebenen abgehalten. Die Kirche ist täglich von 10 bis 12 Uhr und von 15 bis 17 Uhr geöffnet.

Hărman

Pensiunea The Country Hotel, Str. Mihai Viteazu 441, mobil 0740/090987, www.thecountryhotel.info (engl.), mcosnean@gmail.com. DZ 70 Euro. Ein malerisches Ensemble wurde zu einem Gästehaus mit 3 Zimmern.

Pizzeria Althaus, Str. Ștefan cel Mare 295, Tel. 0268/367850. Hausragende Pizza aus dem Holzofen im ehemaligen Sachsenhaus

Orgelbau in Rumänien

Lehrlinge in der Orgelwerkstatt in Hărman

In Hărman ist die Schweizer Stiftung für Orgeln in Rumänien aktiv geworden (Postfach 238, CH-8126 Zumikon, www.ssor.ch). Die Stiftung, 1999 in Zürich ins Leben gerufen, hat im Jahr 2003 auf dem Gelände des ehemaligen Pfarrhauses eine Werkstatt für Orgelbauer und Kunstschreiner begründet. Der Lehrbetrieb dieses mustergültigen Projektes hat die Hilfe zur Selbsthilfe zum Ziel. Man vermittelt handwerkliches Können in zwei Berufen, für die in Rumänien eindeutig Bedarf besteht: Orgelbau und Restauration sowie Schreinerei von Massivholzprodukten. In beiden Fällen ist ausschlaggebend, dass die angestrebte Qualität der Lehrausbildung westlichem Standard entspricht. Das bedeutet, dass 80 Prozent der dreijährigen Ausbildung praktischer Art, d.h. lernen am Objekt, und 20 Prozent theoretische Basis sind.

Eine solche Werkstatt bestand seit dem letzten Weltkrieg in Rumänien nicht mehr. Da die meisten früher im Land tätigen Orgelbauer ausgewandert sind und viele der etwa 500 Orgeln im Land, vorrangig in Siebenbürgen und im Banat, auf die Restaurierung oder den Ersatz warten, ist der Bedarf an gut ausgebildeten Orgelbauern groß. Die Absolventen beabsichtigen somit auch eine selbständige Tätigkeit in dem erlernten Beruf, wobei als Übergang eine mehrjährige Praxis als angestellte Fachkräfte im Lehrbetrieb der Stiftung beiden Seiten hilft. Der Lehrbetrieb wird von Schweizer Fachkräften geleitet. Er ist inzwischen im Lande voll anerkannt, einerseits wegen der Qualität seiner Absolventen, andererseits wegen seiner Produkte.

Dreizehn historische Orgeln wurden seither restauriert und wieder in Betrieb genommen, darunter diejenigen von Hărman und Viscri. Auch ein Auftrag für den Neubau einer großen Orgel wurde in der Werkstatt von Hărman ausgeführt. Es war die erste Orgel, die seit dem Ende des Zweiten Weltkriegs in Rumänien gebaut wurde. Die moderne mechanische Orgel steht heute im Festsaal der Musikhochschule in Bukarest und wurde im Jahr 2008 eingeweiht.

Die Ausbildung von Schreinern konzentriert sich auf qualitätvolle Massivholzprodukte. Wertvolle Möbel, Spezialtüren und -fenster, besonders für die Restaurierung historischer Gebäude, sind typische Produkte dieses Betriebs. Derzeit wird die Erweiterung zur Restaurierung antiker Möbel und wertvoller Holzwerke geplant. Die Schweizer Stiftung will mit ihrem Engagement in Rumänien nicht nur den beiden Nischen-Berufen zu neuem Leben verhelfen, sondern auch einen Beitrag zur Wiedererstarkung des handwerklichen Mittelstandes leisten, der früher entscheidend zum Wohlstand des Landes beigetragen hat.

Sânpetru

Sânpetru (dt. Petersberg) liegt am Fuß des Lempeș (dt. Leimpeschhügels), der zum botanischen Schutzgebiet wurde. Das ehemalige sächsische Dorf wächst nach der Vergrößerung unter den Kommunisten und der Ausdehnung der Neubaugebiete von Brașov langsam mit Brașov zusammen.

Die Kirchenburg von Sânpetru steht mitten im Zentrum. Ihre ursprünglich dreifache Ringmauer blieb nur teilweise erhalten. Wegen Baufälligkeit wurde die alte Kirche schon im 19. Jahrhundert abgetragen und durch einen damals modernen klassizistischen Neubau ersetzt. Aus mittelalterlicher Zeit blieb jedoch eine **Kapelle** mit kostbaren **Wandmalereien** erhalten. An ihren Wänden lassen sich zahlreiche Heilige, der Erzengel Michael, an der Ostwand die Deesis und darüber die Marienkrönung erkennen. Zwei Szenen sind besonders originell: das Messwunder Papst Gregors umgeben von Szenen mit Werken der Barmherzigkeit und die Messe eines Heiligen, infolge dessen fünf erlöste Seelen aus dem Fegefeuer springen. Die Schlüssel zur Kirche erhält man in der Str. Republicii Nr. 643.

Die Kirche von Feldioara

Feldioara

Feldioara (dt. Marienburg, ung. Földvársoll) soll das Verwaltungs- und Wirtschaftszentrum der deutschen Ordensritter gewesen sein. Wer von Brașov anreist, erkennt zwei Anlagen: die Ruine der Marienburg und die eigentliche Siedlung, zu der eine mittelalterliche Kirche gehört. Beide waren durch einen bis heute erkennbaren Graben voneinander getrennt. Nach der Vertreibung des Ordens wurde Feldioara der Abtei Cârța (Kerz) übereignet.

Mehrere Schlachten fanden vor den Toren statt: 1529 besiegte hier der moldauische Woiwode Petru Rareș im Kampf um Siebenbürgen Ferdinand I. von Habsburg. Sein Denkmal steht im Ort. 1612 verlor das gesamte Stadtheer von Brașov unter Führung des Bürgermeisters Michael Weiss sein Leben gegen Fürst Gabriela Báthory. Unter den Opfern waren 39 Studenten der Honterusschule. In Verbindung mit diesem geschichtlichen Ereignis entstand im Jahr 1912 das kürzlich renovierte Studentendenkmal.

Rotbav und Măieruș

In Rotbav (dt. Rothbach, ung. Szászveresmart), direkt an der Fernverkehrsstraße E60, etwas nördlich von Feldioara, steht eine der **ältesten Kirchen des Burzenlandes**, die im 15. Jahrhundert bewehrt wurde. Ihr barockes Inneres ist mit einer schönen Steinkanzel mit Holzbaldachin bestückt. Im Jahr 1603 wurde die Ortschaft kurzfristig vom Moldauer Radu Șerban erobert. Heute gibt es hier Forellenanlagen, und ein netter Hanul lädt unübersehbar zu deftigem Essen ein.

Ein kurzes Stück weiter nach Norden ist es bis Măieruș (dt. Nussbach, ung. Szászmagyarós) am Rande der Munții Pădu-

Das Denkmal für Petru Rareș in Feldioara

rea Bogăţii (dt. Geisterwald). Die reformierte **Saalkirche des 14. Jahrhunderts** ist leider sehr mitgenommen. Von ihrer ehemals qualitätvollen Ausgestaltung zeugt auf der Südseite ein Portal mit leider sehr angegriffenen Steinmetzarbeiten. Sehr sehenswert ist die zierliche **orthodoxe Kirche** mit Außenmalereien inmitten eines verwunschenen Friedhofs.

Ghimbav

Der Weg nach Ghimbav (dt. Weidenbach, ung. Vidombák), acht Kilometer westlich von Brașov, führt über Stupini (dt. Bienengärten), einst Sommerfrische der Sachsen. Ghimbav kann fast als Vorort von Brașov angesehen werden. Es besteht aus einem ländlich geprägten Dorfzentrum mit typischen Sachsenhäusern und einem industrialisierten Teil mit sozialistischen Wohnblöcken. Teilweise mussten alte Sachsenhöfe den Wohnblöcken weichen. Im Zentrum steht die ummauerte **Peterskirche**, deren Ursprünge ins 13. Jahrhundert zurückreichen. Man hat versucht, die Sünden der Vergangenheit etwas zu mildern. So wurde das Gelände um die Burgmauern begrünt und zur Parkzone gemacht. Kleine Geschäfte und Vorbauten verstellen den Blick auf die Kirchenburg. Im Ort ist auch das **alte Rathaus** sehenswert.

▲ Karte S. 62

Codlea

Die Siedlung nordwestlich von Ghimbav gehörte zu den 13, wohl noch vom Orden gegründeten freien sächsischen Gemeinden des Kronstädter Stuhls. Während des Kuruzenaufstandes errang das kaiserliche Heer 1704 bei Codlea einen Sieg. Codlea ist heute eine Stadt, in der seit dem 19. Jahrhundert sukzessive viel Industrie angesiedelt wurde. Sehr sehenswert ist die **Kirchenburg** mit ihrer hohen Mauer, in der noch drei Türme erhalten sind. Sie umschließt eine gotisch umgebaute Saalkirche mit einer besonders wertvollen **Prause-Orgel** von 1783 und einer schönen Holzdecke aus 252 Kassetten, die mit Blumenmotiven bemalt sind.

Den Schlüssel bekommt man im Pfarrhaus in der Str. Lungă Nr. 110.

Die orthodoxe Kirche von Măieruș

Die Burgmauern von Ghimbav

Wanderung zur Schwarzburg

Der **Măgura Codlei/Zeidner Berg** mit 1294 Metern Höhe ist das Wahrzeichen von Codlea. Sein Hauptkamm ist von Norden nach Süden etwa sechs Kilometer lang und rund einen Kilometer breit. Sein höchster Punkt ist bewaldet. Unterhalb des Gipfels liegt, im Wald versteckt, die Ruine der Schwarzburg/Cetatea Neagră, einer Burg des Deutschordens. Hinter der Kirchenburg im Zentrum verläuft die Berggasse. Hier beginnt der Weg zur Ruine, der gut markiert ist. Beim Wasserreservoir der Stadt beginnt der Wald. Von hier ergibt sich ein schöner Blick auf Ortschaft und die Gebirge: Craiului, Postăvarul und Bucegi. Ein leichter Aufstieg führt über den gut markierten Weg durch den Wald, der als Valea cu trei Fântini/Dreibrunnental bekannt ist. Nun gabelt sich der Weg: Ein Serpentinenweg, rotes Dreieck, zweigt ab und führt ebenfalls zum Gipfel. Der Burgweg (Markierung: blaues Dreieck), passiert eine bunte Wiese, die im Frühling von Bärlauch übersät ist. Der Kammweg fängt in 960 Metern Höhe an. Hier weist ein Abzweig den Weg zur Ruine der Schwarzburg/Cetatea Neagră. Ein schmaler Steg (rotes Dreieck) führt über steinigen Boden stetig aufsteigend zum Gipfel, von wo aus sich ein wunderbarer Blick auf Postavaru, Piatră Mare, Bucegi, Craiului und sogar die Munții Făgăraș bietet (2–2,5 Std.).

Burg Râșnov

Die gut erhaltene Burg Râșnov (dt. Rosenau, ung. Rozsnyó) soll auf den Deutschen Orden zurückgehen. Lange drohte sie zu verfallen, bis ein italienischer Privatmann, er ist leider zu jung verstorben, die Burg pachtete und sie zu dem machte, was sie heute ist: ein mit großer Liebe zum Detail und viel Respekt vor der Geschichte saniertes mittelalterliches Ensemble. Ein Besuch ist unbedingt zu empfehlen. In jüngster Zeit machte die Burg mit diversen Auseinandersetzungen zwischen Staat und Pächtern von sich reden. Man kann mit dem Auto nach oben fahren und unterhalb der Burg parken oder das Auto im Ort an der Piață Unirii stehen lassen und zu Fuß einen Treppenweg durch den Wald benutzen. Die Mauern mit den sieben Türmen wurden in den letzten Jahren gesichert und teilweise wiederhergestellt. Von ihnen bieten sich wunderbare Panoramablicke auf das Burzenland und die Gebirgsstöcke von Piatra Craiului und Bucegi. Das Innere der Burg ist gestaltet wie ein kleines mittelalterliches Dorf, in dem verschiedene Handwerksbetriebe ansässig sind und den Besucher in ihre Welt einführen. Gleich links hinter dem Eingang ist ein **Museum** eingerichtet, in dem Dokumente und Exponate zur Geschichte der Burg und ihrer Umgebung ausgestellt werden.

Neuere Forschungen schreiben von einer Burg auf dem Kalksteinfelsen vor der Zeit des Deutschen Ordens. Andere gehen nach wie vor davon aus, dass hier gemäß den Vereinbarungen zwischen dem Deutschen Orden und König Andreas im Jahr 1211 eine Holzburg gebaut wurde. Nach der Vertreibung des Ordens führten die deutschen Gemeinden der Dörfer Râșnov, Cristian, und Vulcan den Steinbau aus und erweiterten ihn zum Schutz gegen Eindringlinge.

Zunächst als reine Verteidigungsanlage gegen von Osten eindringende Kumanen errichtet, entwickelte sich die Burg im Laufe der Zeit als Fluchtort für die Bewohner der Umgebung. So kombinierte man die Verteidigungsanlage mit den Bedürfnissen einer Herberge. Im 16. und 17. Jahrhundert existierten hier mehr als 80 Häuser. Sie lagen neben den Umfassungsmauern und in zwei zentralen Inseln der Burg. Dazu kamen Kapelle, Schule und Wege. Die dauernde Bewohnung endete erst nach 1700, als nach der Entstehung von gesicherten Grenzen die Sachsen in die heutige Stadt hinunter zogen. Die Burg ist täglich von 9 bis 18 Uhr und Samstag von 10 bis 18 Uhr geöffnet.

Die Ortschaft selbst ist durch Neubauten verunstaltet und wird durch Fernverkehr sehr belastet. Weitere Sehenswürdigkeiten sind die orthodoxe **Nikolauskirche** von 1384 und die reformierte **Matthiaskirche** aus dem 13. Jahrhundert.

Die Burg Râșnov

▲ Karte S. 83

Die Törzburg/Burg Bran

Auf einem Kalksteinfelsen, dem Dietrichstein, zwischen den Munții Craiului und dem Bucegi an der alten Passstraße, die das Burzenland mit der Walachei verbindet, steht eine der am besten erhaltenen Burgen Siebenbürgens, Castelul Bran (dt. Törzburg, ung. Tórcsvár).
Der ausschließlich mit Flusssteinen errichtete Bau geht auf die Sachsen von Brașov im Jahr 1377 zurück, denen König Ludwig I. von Ungarn (1342–1382) das Zollrecht verliehen hatte. Die Burg diente zur Überwachung der südöstlichen Grenze des Reiches und des Handelsweges sowie als Zollstelle für den Warenverkehr zwischen der Walachei und dem Burzenland. Unterhalten wurde die Burg aus Einkünften der umliegenden Güter und verwaltet von einem vom König eingesetzten Burgvogt. Die Burg wechselte mehrfach den Besitzer, zeitweilig nahm sie 1395 der Woiwode Munteniens, Mircea cel Bătrâ, ein. Gerne wird sie deswegen mit Vlad Țepeș, dem legendären Grafen Dracula, in Verbindung gebracht, der allerdings nie in der Burg seines Großvaters Mircea war und sie auch nie besaß. Nachdem die Burgvögte sich mehrfach Übergriffe auf die Handelskarawanen erlaubt hatten, erreichten die Kaufleute und Händler von Brașov 1498 die Selbstverwaltung der Burg. Ihre heutige Gestalt erhielt sie im Jahr 1553. Ende des 17. Jahrhunderts verwalteten sie die Habsburger, und im 19. Jahrhundert erhielt sie die rumänische Königin Maria zum Geschenk. Sie ließ sie, neben Schloss Balcic (Bulgarien), zu ihrer zweiten Sommerresidenz ausbauen.
Unterhalb der Burg veranschaulicht ein schönes **volkskundliches Freilichtmuseum** Bauweise und Tradition der Region. Lebendiger aber ist das Treiben um die

Gedenkkreuz unterhalb der Törzburg

vielen Stände, wo viel Volk, darunter Hirten, Großmütter, Nonnen, Mönche und Geschäftsleute ihre Produkte – vom besten rumänischen Käse über Selbstgestricktes bis hin zu Draculafiguren – mit Eifer vertreiben. Die Burg ist eine der am meisten besuchten Sehenswürdigkeiten im Kreis Brașov und täglich geöffnet.
Man hat Zugang über eine monumentale Treppe. Die Räumlichkeiten sind auf vier Stockwerken angelegt. Im Norden liegt der massive **Torturm**. Weitere Türme dienten allen Himmelsrichtungen. Die Schlossbesichtigung führt in die **Privatgemächer Marias**, dabei werden Schlossführer nicht müde, über die Tugenden Marias zu erzählen. Auch kostbare Ausstattungsstücke, darunter

Castel Bran thront hoch über dem Ort

eine gotische Anna Selbdritt (Anna, Maria un der Jesusknabe), und der Kaiser-Ferdinand-Saal mit verschiedensten heraldischen Zeichen an den alten Holzbalken, darunter die Wappen von Sighișoara und Sibiu, werden gezeigt. Testamentarisch verfügte die Königin, ihr Herz in einer Grotte unweit des Schlosses zu begraben; wo es bis 1968 auch aufbewahrt wurde. Eine kleine Kapelle am Anfang des Nationalpark Craiului erinnert daran. Ileana, die Tochter Marias, heiratete ins Haus Habsburg. Ihr Nachfolger ist Dominique, der Erbe von Bran, der in New York lebt und die Burg im Jahre 2006 zurückbekam.

Bran

Gästehaus Vila Jo, John & Ioana Matthews, Str. Principală 365 A, Tel. 0268/316836, mobil 0744/306062, www.jocompany.ro (engl.). Dem ECO-Verband angeschlossene Pension mit 4 DZ, siebenbürgische Küche mit frischen Produkten aus ökologischem Anbau. Von den Zimmern hat man einen Blick auf die Burg.

▶ Karte S. 83

Die Gebirge rund um Brașov

In Brașov wird es einem nie langweilig. Die Gebirge der Süd- und Ostkarpaten, die eine große Auswahl an Wanderungen ermöglichen, säumen den Kreis: Postavărul, Bucegi, Piatra Mare. Man kann zwischen dem Nobelsportort Poiana Brașov über beschauliches Wandern im Piatră Mare bis hin zu spektakulären Aufstiegen im Bucegi wählen. Im Winter sind alpines Skifahren, Snowboarden, Tourengehen, Langlaufen, Schneeschuhwandern mit Spurensuche sowie Eislaufen möglich, im Sommer Reiten, Paragliding, Mountainbiken und Klettern. Man kann Bären Biber und Vögel in freier Wildbahn beobachten.

■ Postăvarul-Massiv und Poiana Brașov

Das kleine Massiv des Postăvarul/Schuler am Rande der Bârsa-Senke liegt im Süden der Stadt Brașov. Es gipfelt im Vârful Postăvarul (Schulerspitze) auf einer Höhe von 1799 Metern. Man findet hier vor allem Kalkstein, Konglomerate und Sandstein. Am Fuß des Postăvarul liegt auf 1000 Metern Höhe der Luft- und Winterkurort Poiana Brașov (Schulerau, Brassó-Poiána) in touristischer Hinsicht eines der am besten erschlossenen Gebiete Siebenbürgens.

Schon im Jahr 1924 hatte man unter der Mitwirkung des Siebenbürgischen Karpatenvereins mit der Entwicklung begonnen, und heute wird der Ausbau der Stațiune Turistică de interes Național mit staatlicher Unterstützung vorangetrieben. Teilweise wurden die als Bauland ausgewiesenen Flächen mit sehr pompösen Tourismuskomplexen bebaut. Hotels über Hotels sind aus dem Boden gesprossen, bereits bestehende wurden renoviert, und ein Ende ist noch nicht abzusehen. Schon unter Ceaușescu standen hier fast 3000 Betten für Wanderer und Skifahrer zur Verfügung. Traurige Berühmtheit erlangte der Postavărul am 2. März 1989, als Cornel Liviu Babeș mit seiner Selbstverbrennung mitten auf der Skipiste auf die Opfer des kommunistischen Regimes aufmerksam machen wollte. In Brașov wurde eine Straße nach ihm benannt. Eine Gedenkplatte in der neuen Holzkirche in Poiana Brașov erinnert an die Tragödie.

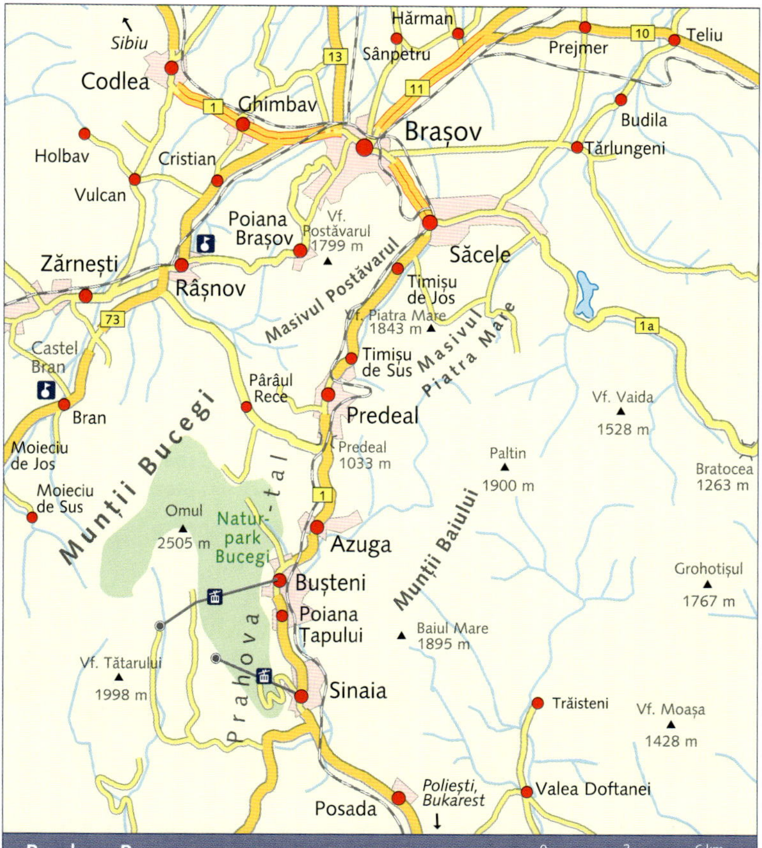

Rund um Brașov

Das südliche Siebenbürgen

Wanderungen rund um den Postăvarul

Man kann das Postăvarul-Massiv auf verschiedenen Wegen von Brașov, Poiana Brașov, Râșnov, Predeal und Timisul de Jos erwandern. In der Region gibt es viele Bären, die sich in Brașov sogar bis an die Mülltonnen der Wohngebiete wagen. Deshalb ist besondere Vorsicht geboten, vor allem bei Dämmerung und in Zeiten, in denen die Bären Nachwuchs haben.

Karte: Descoperă Eco-Romă nr. 5, Postăvaru – Poiana Brașov, 1:25 000, sowie Hartă turistică, Piatra Craiului, Bucegi, Postăvarul, Piatra Mare, Ciucaș, 1:70 000, Dimap-Erfatur; letztere wegen des großen Maßstabs eher als Übersichtskarte über die Wandermöglichkeiten in der gesamten Region geeignet. Gute örtliche Karten bekommt man auch in Predeal, siehe Seite 87.

▸ Poiana Brașov, Zentrum → Izvorul din Pietriș → Poiana Cristianul Mare → Cabana Postăvarul (1604 m) → Postăvarul-Spitze (1799 m)

Markierung: rotes Kreuz, 6 km, 3 Std.

Die Wanderung führt über den Drumul Roșu, einen Forstweg, Der Forstweg beginnt links von der Kabinenbahn. Ein Einstieg ist aber auch hinter der Kirche möglich. Von der Cabana Postavarul, die auch Julius-Römer-Hütte genannt wird und eine gute Küche hat, führt ein Pfad den steilen Abhang zum Hauptgipfel des Postvarul in einem kleinen Sattel hinauf. Der Pfad geht um die Fernseh-Relaisstation herum und führt zu der Postăvarul-Spitze auf 1799 Metern Höhe. Er weist steile Passagen auf und quert ab und zu den Forstweg. Von oben bietet sich ein schöner Blick auf Poiana Brașov, Brașov und das Predealtal sowie die Gebirge Piatra Mare, Bucegi und Craiului.

▸ Poiana Brașov → Poiana Cristianului → Peșteră Râșnoavei → Râșnov

Markierung: blaues Band, 9 km, 3–3,5 Std.

Der Weg beginnt beim Eislaufplatz, folgt dem Poienii-Tal bis zum Zusammenfluss mit dem Sticlăriei. Abzweig nach Norden bis zur Landstraße Poiana Brașov–Râșnov. Dieser folgt er Richtung Râșnov. Abzweig Richtung Süd-Süd-Westen, es folgen Auf- und Abstiege durch Wald und Wiesen bis zur Peșteră Râșnoavei, ab Gabelung blaues Kreuz zur Festung Râșnov, Fortsetzung blaues Band bis Kirche Râșnov.

▸ Cabana Postăvarul → Culmea Spinarea Calului → Cabana Poina Secuilor → Cabana Trei Brezi

Auch im Winter wird in Poiana Brașov einiges geboten

▲ Karte S. 83

Markierung: gelbes Band, 8 km, 4 Std.
Der Weg beginnt hinter der Hütte führt zunächst auf den Gipfel des Postăvarul und an dessen Südflanke abwärts. Bei Nässe nicht zu empfehlen, glatt (Kalkstein, sehr rutschig) und streckenweise steil.

▸ **Poiana Brașov → Pietrele lui Salomon → Scheiviertel → Brașov**
Markierung: rotes Band bis Pietrele lui Salomon, 10–12 km, 3 Std.
Man läuft entlang der alten Straße durch den Wald nach Brașov. Der Einstieg ist am Ortsausgang von Poiana Brașov Richtung Brașov.

Poiana Brașov

Vorwahl: +40/(0)268.
Internet: www.poiana-brasov.com (engl.).

Cabana Postăvarul (Julius-Römer-Hütte), Tel./Fax 0368/101036, www.cabanapostavarul.ru, rolf.truetsch@gmail.com, ganzjährig geöffnet. 32 Zi, DZ mit Bad 170 Lei, ohne Frühstück. Die gemütliche Berghütte ist seit vier Jahren im Besitz der Familie Truetsch, liegt auf 1600 Metern Höhe unterhalb der Bergbahnen und bietet schmackhafte rumänisch-sächsische Küche.
Hotel Ruia, 4 Sterne, Tel./Fax 262444, hotelruia@hotmail.com, www.hotelruia.ro (engl.). Eines der Standardhotels, mit Restaurant.
Hotel Sport, Tel. 4073-30, Fax 36. Das Haus stammt aus der kommunistischen Ära, renoviert, direkt am Lift.
Pensiunea Alex, Tel. 2621-23, Fax -08, receptie@suradacilor.ro, www.suradacilor.ro (engl.). Moderne Pension mit eigenem kleinen Wellness-Bereich.
Feriendorf TraveLand, Tel./Fax 0268/262447, www.traveland.ro (engl.), traveland@brasovia.ro. Weitläufige Anlage mit Apartments.

Restaurant Vanatorul, Tel. 262354, Fax 262412, office@vanatorul.com, www.vanatorul.com. Traditionelles Gasthaus mit vielfältigen Wild-Angeboten.

Gleitschirmfliegen ist im Sommer und Winter möglich. Auf dem Postăvarul, 1799 m, stehen zwei Plätze zur Verfügung. In zwei Richtungen – nach Nordwest, Richtung Poiana Brașov Zentrum, und nach Süden Richtung Valea Timisul/Tömöschtal – wird geflogen. Schirme werden auch ohne Lizenz verliehen. Tel. 417866.
Klettergärten: Pietrele lui Salomon/Salomonsfelsen in der Oberen Vorstadt/Schei und an der Tâmpa/Zinne in Brașov.
Freies Klettern am Südwestgrat des Postăvarul, Felswände der Cheile Râșnoavei/Ödwegklamm, im Durchschnitt 6–9 Seillängen, zwischen 200 und 300 Meter hohe Kalksteinwände.
Bungee Jumping, Cheile Râșnoavei, südlich von Poiana Brașov und von Râșnov zu erreichen, es geht 100 Meter in die Tiefe.
Reiten: Poiana Brașov, Centrul de Echetație, Villa Hope Speranța, Tel. 262161.

Das Prahovatal

Das etwa 20 Kilometer lange Prahovatal wird von den Ortschaften Sinaia, Poiana, Tapului, Bușteni, Azuga, Timisu de Sus und Predeal geprägt. Von diesen gehört nur Predeal zum Kreis Brașov. Das Tal mit Bucegi-Massiv und Postăvarul-Bergen gilt als die Grenze zwischen den Süd- und Ostkarpaten und ist ein beliebtes Wander- und Wintersportgebiet. Die Sommersaison beginnt im Juni und reicht bis in den September.

Die Ortschaften im Prahovatal sind Ausgangspunkt für Wanderungen in die gut erschlossenen Südkarpaten, in denen der Naturpark Bucegi eingerichtet wurde, aber auch in die noch weniger berührten Ostkarpaten, mit den ans Prahovatal heranreichenden Bergen von Baia Mare und Piatra Mare. Das waldreiche Gebiet besticht unter anderem durch einsame Mischwaldgegenden, in denen in großer Dichte Buchen zu finden sind. Man wandert in Höhen zwischen 1000 und 2500 Metern. Die Routen sind gut markiert, überall gibt es Einkehr- und häufig sogar Übernachtungsmöglichkeiten in Hütten, sogenannten Cabanas.

Die Touristenbüros an den Bahnhöfen unterrichten ausführlich über die Wanderwege. Karten sind vor allem in Predeal zu erhalten.

Der Luftkurort Predeal

Predeal liegt an der Bahnstrecke Brașov–Bukarest auf 1110 Metern Höhe und ist der höchstgelegene Wintersportort der Karpaten. Bis zum Ersten Weltkrieg war hier die Grenze zum Königreich Rumänien. Predeal wurde deshalb im Ersten Weltkrieg schwer in Mitleidenschaft gezogen. Der Ort bildet die Wasserscheide zwischen den bewaldeten Tälern des Prahova-Flusses im Süden und dem Timiș (Tömösch-Fluss) im Norden. Vom Frühjahr bis in den Herbst ist es ein guter Ausgangsort für Wanderungen sowohl in die Süd- als auch die Ostkarpaten. Im Winter kommen die Bukarester hierher zum Wintersport: Abfahrtski und Skilanglauf. Die Kabinenbahnen und Lifte wurden modernisiert.

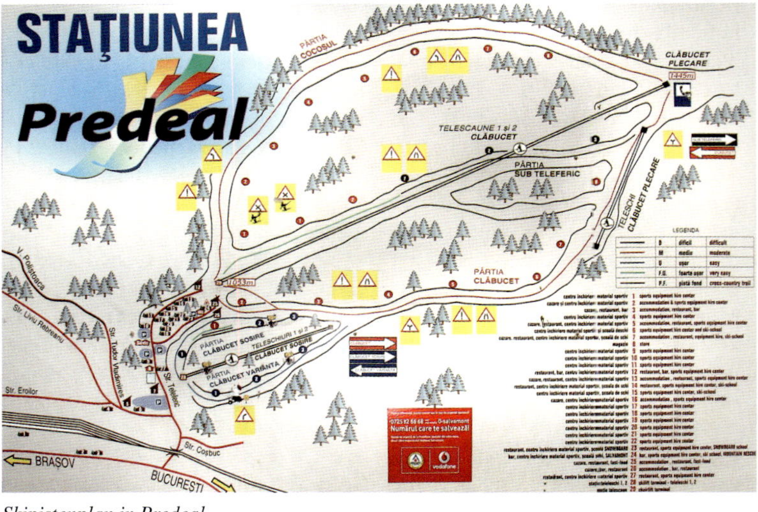

Skipistenplan in Predeal

Karte S. 83

Im Ort ist ein **Nonnenkloster** aus dem 18. Jahrhundert sehenswert. Ein Fußweg führt entlang der Hauptstraße in Richtung Azuga. Die Holzkirche des Klosters Sf. Nicolae Predeal wurde 1819 durch einen Steinbau ersetzt. Er folgt dem klassischen Schema Naos, Pronaos und Narthex. Der Innenraum wurde in Freskotechnik ausgemalt. Der Glockenturm wurde 1826 gestiftet. Im Jahr 1993 hat die rumänisch-orthodoxe Kirche das Kloster Nonnen übergeben, die es bis heute bewirtschaften.

Die klassische Moderne der Architektur hat sich hier mit dem **Bucegi-Sanatorium** von Marcel Iancu etabliert. Es wurde 1936 gebaut. Die Kuren bieten Linderung bei mentalen Krankheiten.

Wanderungen im Prahovatal

Karte: Descoperă Eco-Romă nr. 5, Postăvaru – Poiana Brașov, 1:25 000, sowie Hartă turistică, Piatra Craiului, Bucegi, Postăvarul, Piatra Mare, Ciucaș, 1:70 000, Dimap-Erfatur.

▸ **Predeal → Berghotel Trei Brazi/Drei Tannen**

Markierung: gelbes Band, 3 km, 1,5 – 2 Std.

Diese Wanderung für Einsteiger führt zum Gasthaus Trei Brazi/Drei Tannen. Von der Hauptstraße (E60) zweigt die wenig befahrene, asphaltierte Straße zum Hotel Trei Brazi ab. Zum Berghotel läuft man etwa zwei Stunden. Oben angekommen weitet sich die Landschaft zu freien Lichtungen. Hier nehmen auch Wanderungen Richtung Norden zum Postăvarul ihren Ausgang.

▸ **Cabana Trei Brazi → Poiana Secuilor → Cabana Poiana Secuilor → Culmea Spinarea Calului → Poiana Trei Fetițe**

Markierung: gelbes Band, 13 km, 3,5 Std.

Forstweg nach Nordosten bis zur Poiana Secuilor. Ab da beginnt ein Pfad, der zunächst nur leicht ansteigt, dann aber steiler wird und bis zum Culmea Spinara Calului führt. Von da biegt der Pfad nach Norden, verläuft entlang des Gipfels, der mit Fichten bedeckt ist, und steigt neben einer Felswand ab. Der Aufstieg in Windungen auf den südlichen Postavarul endet bei Poiana Trei Fetițe (1620 m).

▸ **Timisul de Sus → Valea Calului → Cheile Râșnoavei → Cabana Cheia**

Markierung: rotes Dreieck, 9 km, 3 Std.

Am Bahnhof Timisul de Sus beginnt die Markierung zum Calului-Tal. Der Weg setzt sich auf einem Pfad durch den Wald fort bis zum Culmea Spinarea Calului. Abzweig gelbes Band, zum Postăvarul. Fortsetzung rotes Dreieck, Poiana Inului, Forstweg bis zur Cheile Râșnoavei und zur Cabana Cheia.

Predeal

Vorwahl: +40/(0)268.

Touristenbüro: Intrarea Gării 1, Tel./Fax 455330, contact@predeal.ro, beim Bahnhof. Es gibt viel Material über die Wandermöglichkeiten im gesamten Prahovatal. Mo–Fr 9–12.30, 14–18, Sa 9–14 Uhr.

Hotel Hanul Cotul, Donului Str. Timisul de Sus 76, außerhalb an der E60/DN1, Tel. 457255, 0730/368814, www.cotul-donului.ro (engl.). Weniger schick, aber sehr gemütlich.

Hotel Comfort Suites, 5 Sterne, Str. Trei Brazi 33, Predeal, Tel. 45579.

www.predealcomfort-suites.ro (dt.). 32 großzügig geschnittene Zimmer und Suiten, sehr schöner Wellness-Bereich, neuer Komplex auf dem Weg ins Gebirge.

Hotel Orizont, Str. Trei Brazi 6, 505300 Predeal, Tel. 455150 Fax 455472, www.hotelorizont.ro. In dem 136-Betten-Hotel fühlt man sich zwar in die längst vergessen geglaubte kommunistische Zeit zurückversetzt, es bietet jedoch viele Sportmöglichkeiten, Tennisplätze und ein Hallenschwimmbad, einen Diskoclub, der auch von großen Gruppen Jugendlicher an Wochenenden frequentiert wird. Das Hotel liegt abseits der verkehrsreichen Durchgangsstraße.

Pensiunea Tamina, Str. Trei Brazi, 19, Predeal, Tel./Fax 455995, www.tamina.ro. Kleine Privatpension mit 20 Zimmern und großen Gemeinschaftsräumen. Die Gäste bereiten sich ihr Frühstück selbst zu.

Jugendherberge, Hostel Predeal E60/DN1, 3 km vor Predeal, Tel. 311376, www.tineret-prahova.ro (rum.). Übernachtung 10 EUR.

Restaurant Cabana Vânâtorilor, Predeal, Str. Trei Brazi 3, auf dem Weg zum Berghotel Trei Brazi, Tel. 455285, Fax 457036, www.cabanavanatorilor.ro (rum.). Das Restaurant gilt als eines der besten im Prahovatal. Es ist nicht ganz billig, besonders die Wildgerichte sind aber sehr zu empfehlen.

Das Bucegi-Gebirge

Die Munții Bucegi (ung. Bucsec) liegen am östlichen Ende der Südkarpaten und am Westrand des Prahovatals. Die Form des Gebirges erinnert an ein Hufeisen, dessen nach außen abfallende Flanken sehr steil sind. Seine höchste Erhebung ist der Omul mit 2505 Metern Höhe. Geologisch ist es von Kalken, Konglomeraten und Sandsteinen geprägt. Begünstigt durch seine Nähe zur Hauptstadt Bukarest und seine leichte Zugänglichkeit ist das Gebirge touristisch gut erschlossen: Es gibt zahlreiche Hütten, Wander- und Fahrwege, Seilbahnen in Bușteni und Sinaia, Kreis Prahova, und Skilifte in Predeal, Kreis Brașov, Sinaia und Bușteni. Man erreicht das Gebirge am besten von Predeal, Fundata, Moieciu de Jos und de Sus und Bran (S. 81) aus.

Bärenwarnung im Bucegi-Naturpark

▲ Karte S. 83

Bucegi-Naturpark

Der Bucegi-Naturpark erstreckt sich über die Kreise Brașov, Dâmbovița und Prahova mit einer Fläche von 32663 Hektar und Höhen bis über 2500 Metern. Die Topographie des Naturschutzgebietes ist sehr abwechslungsreich. Man findet dort auch eine reiche und vielfältige Flora und Fauna: Edelweiß, Enzian und Männertreu, eine beeindruckende Vogelwelt, darunter Raritäten wie Mönchsgeier, Stein- und Kaiseradler. Im Reservat Apruptul Prahoveanu werden Luchse und Gämsen besonders geschützt. Auch Bären sind im Bucegi zu Hause. Vor ihnen wird auf mehrsprachigen Tafeln öffentlich gewarnt, insbesondere, weil es vermehrt Zwischenfälle gegeben hat. Auch das wilde Campen sollte aus Sicherheitsgründen unterlassen werden. Die Warnungen sind durchaus ernst zu nehmen.

Das Bucegi besticht durch mannigfaltige Karstlandschaften mit vielen Höhlen, darunter Jalomița und Ursului, Schluchten, wie Zănaoaga Mic und Mare, Tälern und steilen Felswänden. Eine besonders schöne Wanderung führt zur Cascadă Urlătoarea, eine andere zum Lacul Bolboci. Berühmte und viel fotografierte Gesteinsformationen sind die ›Sphinx‹ und die ›Babele‹, übersetzt die alten Weiber, deren Formen auch an Pilze denken lassen. Beide wurden zu Naturdenkmälern erklärt. Im botanischen Reservat Colții lui Barbes wird die Iris dacica und im geologischen Reservat Plaiul Hoților werden Fossilien geschützt.

Zwei Drittel des Naturparks sind noch bewaldet, der Rest sind Wiesen und Weiden.

Zugänge zum Naturpark Bucegi bestehen unter anderem über die modernisierten **Kabinenbahnen** von **Sinaia** und **Bușteni**. Achtung, hier bestehen auf Grund des großen Andrangs ganzjährig lange Wartezeiten. Die Kabinenbahn in Bușteni ist im Sommer von 8 Uhr bis 18 Uhr, im Herbst von 9 Uhr bis 17 Uhr in Betrieb. Nur 25 Personen passen in die Kabine, die in einem Zyklus von 20 bis 25 Minuten fährt.

Landschaft im Bucegi-Gebirge

Pârâul Rece

Viele Wanderrouten im Kreis Brașov beginnen in Pârâul Rece, einem Touristenkomplex unabhängiger Pensionen und Hotels, mit Skilift und Skischule auf etwa 1000 Metern Höhe, direkt an der DN 73 A gelegen, die Râșnov mit Predeal verbindet. Hier, abseits der großen Ballungszentren des Tourismus, haben sich entlang der Ebene sehr schöne mittelgroße Pensionen etabliert. Im Tal kann man Radfahren und erreicht schnell ohne Staus die Ausgangspunkte zum Wandern in den Munții Piatra Craiului, Bucegi und Postavărul.

Wanderungen rund um Pârâul Rece

Einige Wege, vor allem im unteren Bereich, befinden sich wegen der intensiven Nutzung durch Lastwagen und Autos in einem beklagenswerten Zustand. Einige Hütten in diesem Bereich sind in Privatbesitz oder gehören der Armee.

Karte: Hartă turistică, Piatra Craiului, Bucegi, Postăvarul, Piatra Mare, Ciucaș, 1:70 000, Dimap-Erfatur.

▸ **Pârâul Rece → Șipote-Sattel → Cabana Diham**

Markierung: roter Punkt, Höhendifferenz 400 m, 3 Std.

Von der Straße Predeal–Râșnov zweigt 2 km südlich von Pârâul Rece ein Fahrweg in Richtung Südwesten ab. Nach 700 m führt die Markierung nach

Das südliche Siebenbürgen

rechts auf den Weg zur Diham-Hütte. Teilweise sind die Wege hier zerstört.

▸ **Cabana Diham → Cabana Poiana Izvoarelor → Cabana Diham**

Markierung: rotes Dreieck, blaues Dreieck, 2,5 Std.

Der leichte Rundweg führt durch dichten Wald, der ab und an den Blick auf den Bucegi freigibt.

▸ **Predeal → Cabana Steaua → Baiului-Sattel**

Markierung: blaues Band, Höhendifferenz 470 m, 3,5 Std.

Von Predeal steigt der Weg nach Westen an und führt über die Gâlma-Mare-Höhe, dann folgt ein Stück entlang der DN 73 A. Über die Muchia Bradetului gelangt man zur Cabana Steaua.

Bucegi-Gebirge

Hotel Valea Cetatii, Râșnov, Valea Cetatii 19, Tel./Fax 0268/230109, www.valeacetatii.ro (rum.). Einladend in der Nähe der Râșnover Festung (s. S. 79) an der Straße nach Poiana Brașov gelegen, im Winter und Sommer geöffnet, große Terrasse.

Pensiunea Tudor, Pârâul Rece, 3 Sterne, Tel./Fax 0268/230900, Tel. 0745/655551, tudor_dogariu@yahoo.com. Schön gelegen, mit allem Komfort, 8 km von den Skipisten und 18 km von Predeal entfernt, an der DN 73A.

Pensiunea Poiană Râșnoavei, 3 Sterne, 5 km von Râșnov entfernt, an der DN 73A, km 15, Tel. 0268/230490, Fax 231161, mobil 0720/900/778, www.poiana-rasnoavei.ro (rum.). DZ 40 Euro mit Frühstück. Sehr freundliches, sauberes und traditionell gestaltetes Haus. Reservierung empfohlen!

Berghütte Cabana Poiana Izvorarelor, südlich von Pârâul Rece, Tel. 074/4566 7290, eine der wenigen Hütten, abseits von Lärm und Trubel, die Übernachtung und Speisen bietet. Im Jahr 2009 wurde die neue, größere Hütte daneben eingeweiht.

Das Piatra-Mare-Gebirge

Die Munții Piatra Mare (dt. Hohenstein, ung. Nagykö Havas) erinnern in ihrem geologischen Aufbau an den Postăvarul und sind nach ihrem höchsten Gipfel dem Piatra Mare mit 1843 Metern Höhe benannt. Besonders sehenswert sind die Schluchten Șapti Scări (dt. 7-Leitern), Tamina und Ursilor (dt. Bärenschlucht). Insgesamt ist das Gebiet weniger frequentiert. Es gibt in der Siedlung Dâmba Morii (dt. Mühlenkamm, ung. Malomdomb) auf 690 Metern Höhe zwischenzeitlich einige Gästehäuser, aber auch Ferienhäuser der Rumänen. Unter Ceaușescu lag hier ein wichtiges touristisches Resort, zwei große Hotelkästen mit Mineralquellen wurden aber glücklicherweise abgerissen. Einige Pensionen und Privathäuser sind hier jetzt wieder angesiedelt, und es werden jährlich mehr. Den Einstieg zum Wandergebiet erreicht man über die DN 1 in Richtung Predeal von der man etwa zwei Kilometer vor Timisu de Jos, bei der Cabana Dâmba Morii, die heute zusehends verfällt, nach links abzweigt. Man läuft die Siedlungsstraße bis zum Wald, dort beginnen die Markierungen.

▸ Karte S. 83

Săcele – eine Csángósiedlung

Die Ortschaft Săcele (dt. Siebendörfer, ung. Hétfalu), etwa sieben Kilometer südöstlich von Brașov, besteht aus einer Reihe zusammengewachsener Dörfer: Patrusate (dt. Vierdörfern, ung. Négyfalu), Baciu (dt. Batschendorf, ung. Bácsfalu), Turcheș (ung. Türkös), Cernatu (dt. Zernendorf, ung. Csernátfalu) und Satulung (dt. Langendorf, ung. Hosszufalu). Außerdem die etwa sechs Kilometer entfernt liegenden Ortschaften: Tărlungeni (ung. Tatrang), Purcăreni (dt. Purchuressen, ung. Pürkerecz) und Zizin (dt. Zuisendorf, ung. Zajzon). Sie alle werden vor allem von Ungarisch sprechenden Csángós und Rumänen bewohnt. Man kann dieses Zusammenwachsen an den Kirchen erkennen, die sich entlang des auf sieben Kilometer Länge angewachsenen Ortes befinden. Es gibt leider zu wenig Halte- und Wendepunkte. Oberhalb von Săcele befindet sich ein kleines Skigebiet mit Sessellift, zwei nette Pensionen und der Campingplatz Dârște.

In der Sieben-Leitern-Schlucht

Wanderungen im Piatra-Mare-Gebirge

Karte: Hartă turistică, Piatra Craiului, Bucegi, Postăvarul, Piatra Mare, Ciucaș, 1:70 000, Dimap-Erfatur.

▸ **Dâmba Morii → Șapti Scări/Sieben-Leitern-Schlucht**

Markierung: gelbes Band, 1,5 Stunden, ca. 3 km.

Durch die beeindruckende Schlucht führen Eisenleitern und Stege, die derzeit in einem schlechten Zustand sind. Verbotsschilder warnen vor der Passage, was die Rumänen keineswegs abhält. Die Schlucht kann durch einen etwas steilen Waldweg umgangen werden, Markierung: roter Punkt.

▸ **Dâmba Morii → Prăpastia Urșilor/Bärenschlucht → Cabana Piatra Mare → Vf. Piatra Mare (1843 m)**

Markierung: rotes Band, 4,5 Std. Höhendifferenz: 1170 m.

Zunächst geht es entlang dem Forstweg Richtung Șapte Scări. Nach 200 Metern Abzweig links, Richtung Südwesten, Der Weg führt durch den Wald mit Lichtungen unweit des steilen Absturzes von Prăpastia Urșilor. Der Pfad ersteigt den westlichen Hang des Piatra-Mare-Gebirges und trifft bei Poiana Livada Mare den Weg der Peștera de Gheață/Eishöhle und erreicht die Cabana Piatra Mare, 1630 m, 2,5 Std. Bis zum Vf. Piatra Mare verläuft der Weg entlang des Kamms und in etwa 1 Std. erreicht man den Gipfel.

▸ **Șapti Șapti Scări/Sieben-Leitern-Schlucht → Cabana Piatra Mare**

Markierung: gelbes Band, 1,5–2 Std., schwierig, Höhendifferenz: 700 m.

Ein steiler Weg führt teilweise durch das steinige Flussbett und teilweise entlang dieses Bettes. Von der Cabana Piatra Mare auf 1654 Metern Höhe hat man einen schönen Blick auf Piatra Mare, Ciucaș, Postăvarul und Bucegi. Die Hütte war zweimal abgebrannt und ist derzeit im Wiederaufbau. In 45 Minuten erreicht man von hier den Gipfel entlang des Kammes.

Piatra Mare

▸ **In Săcele:**

Pensiunea Casa Șoricelu, Str. Bunloc 113, Tel. 0745/154457, Fax 0214/904150, soarece@rdslink.ro. Einfach, ruhig und sehr sauber.

Pensiunea Il Rifugio, 5 km östlich von Săcele an der DN1A, Tel. 0788/83-7475, www.ilrifugio.ro (rum.). Auch geeignet als Jausenstation.

▸ **In Timisul de Jos:**

Jugendherberge, Str. Piatra Mare 32, Tel. 0744/618632, ganzjährig, titus coprean@yahoo.com.

▸ **In Dâmbu Morii:**

Hanul Dâmbu Morii, Hotel und Restaurant, www.hdmbv.ro (rum.), leo nard.ghinet@gmail.com, Tel. 0722/565787, 0730/602396. Ersetzt die alte Cabana und liegt sehr malerisch abseits der Hauptstraße am Fluss, ist aber gut ausgeschildert. 10 Zimmer, Sauna, Fitness-Halle, Pool, schöner Biergarten.

Piatra-Craiului-Gebirge

Die Munții Piatra Craiului (dt. Königstein, ung. Királykö) ist ein rund 22 Kilometer langer Felsengrat, teils zerklüftet, teils mit steilem Karstgebiet. Sein Kamm zieht sich auf einer Länge von 5,5 Kilometer über 2000 Metern Höhe. Seine höchste Spitze ist der La Om-Gipfel/Hirtenspitze mit 2238 Metern Höhe. Das Gebirge besteht vorwiegend aus Jurakalk. Außerdem findet man viele Sedimente.

Das gesamte Gebirge steht unter Naturschutz und ist im **Nationalpark Königstein** (Parcul Național Piatra Craiului) geschützt, den sich der Kreis Brașov und die beiden Kreise der Walachei Dâmbovița und Argeș teilen. Er hat eine Fläche von 12400 Hektar. An seinem nordöstlichen Rand auf Siebenbürger Seite liegen die Ortschaften **Moieciu de Jos**, **Fundata** und **Zărnești** (Zernen) und die Streusiedlungen **Măgura** und **Peșteră**, alles gute Ausgangspunkte zum Wandern. Überall trifft man auf die Schafherden und ihre Schäfer. Der Brânza, der Käse Siebenbürgens schlechthin, wird in ganz Rumänien verkauft. Der höchste Gipfel ist der Große Königstein mit 2238 Metern Höhe. Die etwa 300 Meter hohen Felswände in den Schluchten Cheile Prapastiile Zărneștiului und Cheile

Esel auf einer Hochebene

▲ Karte S. 62

Schlucht im Königssteingebiet

Grădiștei sind **Klettergebiete**, die vom nationalen Kletterverband und privaten Verbänden genutzt werden. Man ist sich selten einig, so dass jeder Verband seine eigenen Kletterrouten markiert.

Leider entwickelt sich Siebenbürgen auch zum Zentrum des Offroadfahrens. Ganz offiziell wird damit geworben. Es fehlen regulative Gesetze, wie andernorts in Europa, und dieses rechtliche Vakuum wird von Offroadanbietern genutzt.

Das Königsteingebirge ist ein Paradies für Botaniker: Unter den zahlreich hier beheimateten Pflanzen seien die endemische Königsteinnelke, der gelbe Enzian, das rote Männertreu, das Edelweiß, die Symbolpflanze des Massivs, und die gelbe Trollblume hervorgehoben. Dichte Rotbuchen, Hainbuchen und Eichenwälder trifft man an. Waldsterben ist hier kein Thema, aber Holzraub findet hier auf einer Fläche von mehreren Hektaren, inmitten des Nationalparks, statt. Dies bereitet den Anwohnern große Sorge.

Die Ornithologen finden eine reiche Vogelwelt vor: darunter Mauerläufer, Wasseramsel, Alpensegler, Zwergeule. Der ausgestorbene Biber wurde wieder eingeführt und wird beobachtet. In **Zărnești** sitzen die Nationalparkverwaltung, die Tourismusinformation und einige Reiseveranstalter der Karpaten. Kompetente Führer begleiten die Touristen gerne. Besonders zauberhaft ist die Region in schneereichen Wintern, in denen das Angebot durch Skitouren und Schneeschuhwandern auf den Spuren von Tieren bereichert wird. Das Gebiet wurde auch als Kulisse von der Filmbranche entdeckt: Filme wie ›Ramstein‹ und ›Unterwegs nach Cold Mountain‹ wurden hier gedreht.

Bären, Wölfe und Luchse

In keinem anderen Land Europas findet man eine so dichte Population von Bären, Wölfen und Luchsen wie in Rumänien. Die Zahlenangaben variieren zwar allerorten, aber man spricht von mindestens 4500 Bären, rund 2500 Wölfen und 1500 Luchsen, die die Wälder der Karpaten durchstreifen. Bären kommen auch bis zum Stadtrand von Brașov, um die Mülltonnen zu entleeren. Darunter sind auch jungeführende Weibchen. Die Tiere zeigen kaum Scheu und halten sich nur wenige Meter von Häusern entfernt auf. Auch die sonst so scheuen Wölfe treibt es in die Stadt, was ein mit Senderhalsband ausgerüsteter Wolf bewiesen hat.

Bären und Wölfe sind in den Karpaten gefährdet: durch die Jagd, mit der immer wieder betuchte Gäste aus westlichen Ländern von sich reden machen; wegen der Abrichtung von Bären für Vorführungen als Tanzbären und durch die Einengung ihres Lebensraumes durch die Abholzung der Wälder, beispielsweise um Brașov, wo sich die Siedlungen immer weiter in Richtung Gebirge fortsetzen. Das Fleisch des Bären ist zudem ein begehrtes Wildbret, geräucherter Bärenschinken gilt als Delikatesse.

Die hohe Dichte an Großraubtieren in den Karpaten führt zudem zwangsläufig zu Konflikten mit der Landwirtschaft. Dieser Problematik hat sich das Projekt ›Carpathian Large Carnivore‹ seit 1993 angenommen. In den Jahren 1993 bis 2003 lief mit Unterstützung der Carpathian Wildlife Foundation ein Forschungs- und Schutzprojekt für Großraubtiere in Osteuropa (www.clcp.ro). Ziel ist, die gemeinsame Zunkunft von Viehahltung und Großraubwild zu gewährleisten. Mit der Durchführung wurde die Wildbiologische Gesellschaft München e.V. unter der Leitung von Christoph Promberger, in Zusammenarbeit mit rumänischen Instituten und Behörden, betraut. In den letzten 15 Jahren wurde im Zusammenhang damit ein stetig wachsender Naturtourismus entwickelt. Herdenschutzmaßnahmen wie Zäune, Sicherung durch die Hirten und Herdenschutzhunde wurden etabliert. Nachts wird das Vieh eingepfercht. Häufig schlafen Herdenschutzhunde und oft auch die Hirten um den Korral herum.

Bei Zărnești wurde vor kurzem ein Bärenschutzgebiet eingerichtet: Libearty. Aufgenommen werden in ihm Bären, die aus den unterschiedlichsten Gründen in private Hände gelangten, wo ihnen ein unwürdiges Dasein bevorstand. Das Gehege ist allerdings kein Zoo, lediglich geführte Spaziergänge sind nur nach Voranmeldung möglich.

Auch Wildkatzen sind noch in den Karpaten zu Hause

Zărnești

Zărnești (dt. Zemen) liegt auf 700 Metern Höhe und mausert sich langsam. Noch vor wenigen Jahren fehlte dem Ort, aufgrund der sozialistischen Industrialisierung und Wohnhausblöcke, jeglicher Charme. Ein gut getarnter Rüstungs- und Munitionskonzern verbarg sich zu kommunistischen Zeiten unter der Erde. Oberirdisch bestanden nur zwei Stockwerke. In der Folge zogen viele Fabrikarbeiter auch aus der Moldau hinzu. Für sie wurden die Plattenbauten in dieser ländlichen Siedlung aus dem Boden gestampft. Die Fabrik ist stillgelegt. Zwischenzeitlich erstrahlen die historischen Gebäude jedoch mit neuem Putz und frischer Farbe, das Zentrum des langgezogenen Ortes hebt sich von den anderen Teilen ab, Geschäfte und sogar ein Café haben sich etabliert. Und nach vielen Jahren der Sanierung ist endlich auch die Durchgangsstraße frisch asphaltiert. Besonders schön ist in Zărnești der wöchentliche Markt. Viele Produkte, vor allem Textilien, kommen aus der Türkei. Man sieht waschechte Typen der Gebirgszonen, viele Moldauer und Roma in ihren schönen Gewändern.

Der Ort ist von Brașov gut mit dem Bus oder Zug zu erreichen (www.zarnesti.net, rum.).

Wanderungen im Nationalpark Königstein

Im Königsteingebiet, in und um Măgura, besteht ein sehr vielfältiges Angebot: Wanderungen mit Spurensuche, Bärenbeobachtung in freier Wildbahn vom Hochstand aus, Wanderungen zu Schäfereien mit Einblicken in die Käseherstellung, Spaziergänge durchs Bärenschutzgebiet, Wanderungen zu den Arealen der wiederangesiedelten Biber den Fledermaushöhlen werden neben Klettern, Hochgebirgswandern und Schneeschuhlaufen geboten.

Karte: Descoperă Eco-Romă nr. 3, Țara Branului, 1:25 000, sowie Hartă turistică, Piatra Craiului, Bucegi, Postăvarul, Piatra Mare, Ciucaș, 1:70 000, Dimap-Erfatur.

▸ Zărnești → Măgura

Markierung: keine, 2 Std.

Am südlichen Ortsende beginnt der Forstweg in Serpentinen durch den Wald.

▸ Zărnești → Zârnester Klamm/Cheile Prăpăstiile Zărneștilor → Cabana Curmătura

Markierung: blaues Band, Höhendifferenz 710 m, 3–3,5 Std.

Zunächst 2 km zur Cabana Gura Râului, danach Forstweg etwa 1,5 km bis zur Fântâna lui Botorog. Man läuft ca. 3 km durch die Schlucht bis zum Zusammentreffen mit dem Vlădușca-Tal. Steiler Aufstieg bis zur Cabana Curmătura.

▸ Zărnești → Poiana Diana → Cabana Curmătura

Markierung: blaues Band, 7,5 Std., Höhendifferenz 1250 m, oberer Teil sehr schwierig.

Zunächst Richtung Plaiul Foii, 400 Meter vom Stadtrand links 2,5 km den Fahrweg entlang bis zur Querung des Crăpătura-Tals. Nach 600 m quert man die Nordschlucht Padina Hotarelor. Durch den Chilia-Sattel erreicht man die Poiana Diana. Aufstieg über felsiges Gelände durch die Quellenschlucht Brâul Caprelor und weiterer Aufstieg in den Șaua Padinii Închise. Von hier 1,5 Std zur Cabana Curmătura.

▸ Peștera → Cabana Folea → Cabana Curmătura

Markierung: gelbes Dreieck, 4 Std, Höhendifferenz, 530 m, Am westlichen Ende des Dorfes Peștera liegt die bewirtschaftete Cabana Folea. Auf einem Karrenweg wandert man bis zum Proiporului-Sattel. Nachdem der Weg die Täler Vlădușca und Mărtoiu gequert hat, trifft man auf den Weg zu Cabana Curmătura.

▸ **Măgura → Dealul Măgura Mic → Bran**

Markierung: blaues Dreieck, 3 Std. Hinter der Streusieclung Măgura beim kleinen Kiosk folgt der Einstieg über eine Wiese mit unzähligen farbenfrohen Blumen, nach einer umzäunten Weide gabeln sich die Wege. Das blaue Dreieck führt nun durch Wald und wieder Wiese Ein steiler Waldweg, von dem sich ein einziger Blick auf die Burg Bran bietet, folgt bis zur Gedenkstätte für Königin Maria in Bran. Entlang der Straße erreicht man die Burg (S. 81).

Nationalpark Craiului

Nationalpark-Verwaltung: Str. Râului 27, Zărnești, Tel./Fax 02 68/22 31 65, www.pcrai.ro (dt.).

Reiseveranstalter: Transylvanjan Wolf geleitet vom Wildnisführer Dan Marin, Gewinner des ›Wanderlust Guide 2007‹, Str. Mitropolit I Metianu 108, Zărnești, mobil 07 44/31 97 08, www.transylvanianwolf.ro. Geboten werden Trekking-Touren, Führungen zur Wildbeobachtung, auf den Spuren der Bären und Kulturausflüge.

Bergrettung: Salvamont Zărnești, Tel. 07 22/73 79 11 und Tel. 07 25/82 66 68.

Polizei Zărnești: 0268/220810.

Pensiunea Vila Hermani, Măgura, Tel. 07 45/51 20 96, 07 40/02 23 84, cnt@rdslink.ro, www.cntours.ro (dt.). DZ 50 Euro. Katharina und Hermann Kurmes haben ihre Naturverbundenheit zum Anlass genommen, in der Heimat von Hermann diese Wohlfühlpension in einer malerischen Streusiedlung hoch oben mit Blick auf Königstein und Bucegi zu etablieren, in der ein abwechslungsreiches Programm gestaltet wird: geführte Wanderungen mit geologischen, botanischen Schwerpunkten sowie Tierbeobachtung von Bären, Bibern und Vögeln. Im Winter wird das Programm mit Schneeschuhwandern und Wanderungen auf Tierspurensuche ergänzt.

Pensiunea Guesthouse Elena, Zărnești, Piatra Craiului Str., 43, Tel./Fax 02 68/22 30 70, mobil 07 44/65 60 43, www.pensiuneaelena.ro (dt.), beatrice24@xnet.ro. DZ, 50 Euro. Die im Jahr 1998 gegründete Pension hat sich dem Öko-Tourismus verschrieben. Ländliche Wohnkultur wird in diesem Haus mit moderner Ausstattung verbunden. Gigi Popa, der Inhaber, nimmt sich viel Zeit für seine Gäste und spielt an manchen Abenden stimmungsvolle Lieder auf seiner Gitarre.

Cabana Plaiul Foii, 864 m, Dan Samoilă, 42 Plätze, Tel. 07 23/03 57 02, dansamoilap@yahoo.com, Anfahrt über Zărnești, elf Kilometer westlich im Tal der Barșa, ganzjährig nach schriftlicher Anfrage.

▸ Karte S. 62

Markt in Zărnești

Das Repser Land

Der Repser Stuhl liegt im höchsten Teil des Siebenbürgischen Hochlandbeckens zwischen Olt und Târnava Mare im Norden des Kreises Braşov. In seinen kleinen Ortschaften, größte Siedlung ist Rupea, haben sich die typischen siebenbürgisch-sächsischen Dorfstrukturen erhalten. Diese sind gekennzeichnet durch dicht aneinander gereiht stehende Bauernhäuser mit Krüppelwalmdächern, deren Höfe durch gemauerte Torbögen mit dem Nachbarhaus verbunden sind, so dass geschlossene Straßenfronten entstehen. Nach hinten war der Hof durch Scheunen und Ställe begrenzt, so dass jeder Bauernhof, wie eine Burg, eine geschlossene Einheit bildete. Im Mittelalter siedelten hier Rumänen und Ungarn, im 12. Jahrhundert folgten Deutsche, deren Bauweise vorbildlich für die Dörfer wurde. So gut wie jede Siedlung besitzt hier eine Kirchenburg.

Rupea

Schon von der Ferne sieht man die auf einem Basaltvulkankegel (578 m) stehende, dem Verfall preisgegebene **Burg von Rupea** (dt. Reps, ung. Köhalom). Die Königsburg soll auf das 11. Jahrhundert zurückgehen und von den umliegenden Dörfern später zur Fluchtburg ausgebaut worden sein. Die Burganlage von größerem Ausmaß besteht aus drei Teilen: untere, mittlere und obere Burg. Nach der Zerstörung durch die Türken wurde die Burg während der folgenden 200 Jahre stetig ausgebaut. Insbesondere wurde sie mit polygonalen Bastionen ausgestattet, ferner auch mit einer Kapelle. Von einst neun Türmen blieben sechs erhalten. Man erreicht die Burg über einen steilen Fußweg. Vor der Burg befindet sich ein Friedhof, der heute noch genutzt wird. Dorfbewohner haben sich am Eingang zur Burg eine Bleibe eingerichtet und hüten die letzten Reste. Zwischenzeitlich soll die Burg an einen Privatmann verkauft worden sein, der neue Pläne hat.

Im Ort steht die **gotische Jakobuskirche**, die einst von einem Bering umgeben war. Im Innern werden zwei der ältesten spielbaren Orgeln Siebenbürgens aufbewahrt: eine von 1726, die von einem unbekannten Meister stammt, und diejenige aus Drauşeni. In den Nachbargemeinden von Rupea kann man zahlreiche Kirchenburgen besichtigen.

▲ Karte S. 62

Homorod

Eine kleine Nebenstraße führt von Rupea nach Homorod (dt. Hamruden, ung. Homórod), eine der Sachsengemeinden im Repser Stuhl. Ursprünglich hieß die Siedlung St. Petersdorf, den Aposteln Peter und Paul war ihre Kirche geweiht. In den Quellen tauchte später der Name Hamrudia auf, der sich vom Wort Hom(m) von ›gerodet‹ ableiten lässt. Die gerodete Erde entwickelte sich zu einer stolzen und reichen Siedlung, in der man nicht nur von der Landwirtschaft lebte. Bekannt waren die Gestüte, in denen Oldenburger Rosse gezüchtet wurden.

Ein interessanter, wenn auch stark mitgenommener Kirchenbau erwartet den Besucher. Den Schlüssel zur Kirche holt man sich im Haus Nr. 374. Die letzten Siebenbürger Sachsen hüten die Kirche wie einen kostbaren Schatz. Dank ihrer Initiative konnten mit Unterstützung des deutschen Botschafters in Rumänien erste Sicherungs- und Erhaltungsmaßnahmen eingeleitet werden. Dadurch konnten die verfallenden Wehrgänge erhalten werden. Die Kirche bedarf dennoch dringend weiterer Unterstützung.

Die trutzige Kirche präsentiert sich heute als Kirche zwischen zwei Türmen, deren Chor nach Süden ausgerichtet ist. Sie war von einer doppelten Ringmauer umgeben, deren äußere abgetragen wurde. Der Kirchenbau selbst stammt aus dem Jahr 1270 und hatte den Chor und Altar zeitgemäß im Osten. Dieser Ostchor des ersten romanischen Baus wurde in späterer Zeit in einen Wehrturm umgewandelt. In ihm befinden sich Reste alter Wandmalereien in mehreren Schichten, die teilweise gut erhalten sind. Dargestellt waren Szenen aus dem Leben Christi: die Gefangennahme, das letzte Abendmahl und die Kreuzigung. Letztere wurde im Jahr 2001 von dreisten Dieben gestohlen.

Im Inneren der heutigen Kirche sieht man Teppiche, darunter auch solche des ortsansässigen Frauenvereins. Der Glockenturm ist 29 Meter hoch, jede seiner Seiten elf Meter lang und seine Mauern vier Meter dick. In ihn wurden Löcher für die Glockenseile gebrochen, da der Glöckner nicht mehr die Treppe hochsteigen konnte.

Die trutzige Kirche von Homorod

Hoghiz und Ungra

Hoghiz (dt. Warmbrunn, ung. Héviz) liegt, strategisch geschickt, am Olt und am Beginn des Überganges vom Perşani-Gebirge, direkt an einer der beiden wichtigen Straßen ins Burzenland. Im Mittelalter geriet die Gemeinde in Untertänigkeit mehrerer Adelsfamilien, deren **Schlossruinen** in der unmittelbaren Umgebung stehen: Burg Kálnoky aus dem 12./13. Jahrhundert, Hallerschloss, anstelle eines Vorgängers, und Valenta-Schloss, beide aus dem 16. Jahrhundert. Im Ort selbst stehen die reformierte gotische Kirche mit Renaissance-Elementen und eine unitarische Kirche der hier vorwiegend lebenden Ungarn.

Bei Ungra (dt. Galt, ung. Ugra) befand sich das römische Militärlager Pons Vetus. Im Jahr 262 nach Christus sollen sich an der römischen Oltbrücke Goten und Gepiden eine Schlacht geliefert haben. Die Kirchenburg von Ungra (dt. Galt, ung. Ugra) steht auf einer Anhöhe und wurde unter Nutzung römischer Spolien gebaut. Von ihr bietet sich ein schöner Blick auf das Olttal. Caţa (dt. Katzendorf, ung. Kaca) war einst für seine vielen Pferde und die schönen Holzmalereien bekannt. Die stattliche romanische Basilika wird von ihrem doppelten Bering mit vier Meter hohen Mauern verborgen, von dem drei Wehrtürme erhalten blieben.

Drăuşeni

Drăuşeni (dt. Draas, ung. Homoród Daróc) wurde im Andreanum als nordöstlichste Siedlung der Sachsen genannt. Dahinter beginnt das Siedlungsgebiet der Szekler, dessen Markierung ein in die Erde gerammter, stilisierter Schwertgriff ist. Durch das Wiener Diktat von 1940 fiel der Ort mit dem sogenannten Szeklerzipfel von Rumänien an Ungarn. Im September 1944 flohen die Deutschen, und nur wenige kehrten zurück, so dass die Siedlung zunehmend von Szeklern geprägt ist. Die Ortschaft war berühmt für die Draaser Keramik. Werkstätten und Verkaufsstände kann man anders als in Corund aber heute kaum mehr finden. Schon von weitem geben die relativ niedrigen Wehrmauern den Blick auf eine Kirche mit einem massiven quadratischen Westturm und dem Kirchenschiff frei. Die Kirche ist außergewöhnlich sorgfältig aus Sandstein und Basalt gearbeitet. Glücklicherweise wird nun das Dach völlig neu gedeckt. Der Abschluss der Sanierungen wird 2011 erwartet. Gelegenheit zur Besichtigung bietet sich um 12 Uhr, wenn der Glöckner zum Läuten kommt. Die spätromanische Pfeilerbasilika Sankt Nikolaus, deren Bering mit Türmen vollständig erhalten blieb, ist für drei Dinge berühmt: das sagenumwobene Draaser Schwert, eine Repräsentationswaffe, mit dem die Siedler der Legende nach ihre Treue gegenüber dem König beschworen, und das auf Befehl der nationalsozialistischen Volksgruppenführung als Geschenk an Himmler überreicht wurde und seit dem Ende des Zweiten Weltkriegs verschollen ist, die bedeutenden Steinmetzarbeiten im Portal, die Schlusssteine und Kapitelle sowie die Fragmente von Wandmalereien aus dem 14. Jahrhundert. Sie wurden im Jahr 1977 freigelegt und zeigen unter anderem Disputationsszenen von Heiligen mit Philosophen, die heilige Katharina mit dem Rad, die Kreuzigung und die Kreuzabnahme.

Beia und Fişer

In Beia (dt. Meeburg, ung. Homorodbéne) und Fişer (dt. Schweischer ung. Sövényszeg) steht je eine Kirchenburg, die mehr oder weniger große Veränderungen erfahren haben. Am wenigsten

▲ Karte S. 62

In Drăuşeni

erinnert die Kirche von Fişer auf der Anhöhe an den Ursprungsbau. Die Sachsen haben Fişer eine neue Kirche in der Ebene errichtet, weil der Weg zur Kirche vielen zu beschwerlich wurde. Jede der Kirchen besaß einen Flügelaltar. Zwei wurden gestohlen und wieder gefunden, der von Beia wurde vorsichtshalber in die Bergkirche Sighişoara gebracht.

Roadeş

Fast übersieht man den Abzweig von der E60 zur ursprünglich freien sächsischen Gemeinde im Osten des ehemaligen Königsbodens, nahe dem Szeklergebiet. Hoch oben auf einer Bergnase thront über dem Dorf Roadeş (dt. Radeln, ung. Rádos) die immer noch stattliche Kirchenburg. Eine erste schlichte Johanneskirche wurde im 14. Jahrhundert erbaut und im 15. Jahrhundert wehrtechnisch umgebaut. Davon blieb die Ringmauer mit fünf Wehrtürmen und je einer Vorburg im Süden und Osten fast vollständig erhalten. Seit 1533 war im Innenraum ein kostbarer Flügelaltar aufgebaut, der mit jenem aus Fişer 1998 gestohlen und nach Interpolsuche bis auf eine Altartafel wiedergefunden wurde. Er kehrte aus Sicherheitsgründen nicht mehr zurück, sondern wird im kirchlichen Museum in Sibiu aufbewahrt.

Peter Maffay ist gebürtiger Siebenbürger und wurde in Brod (dt. Brenndorf) geboren. Schon seit vielen Jahren engagiert er sich sehr stark für seine alte Heimat. Er drehte einen Film über die Region, den die ARD 1998 zeigte. Nun hat Peter Maffay die Burg von Roadeș für 20 Jahre von der evangelischen Gemeinde gemietet. In ihr wird ein therapeutisches Ferienheim für körperlich und seelisch erkrankte Kinder entstehen. Mit der Zuführung zu einer neuen Bestimmung kann die Burg vor dem Verfall bewahrt werden. Das Ferienheim wird vernetzt mit seinem Ferienheim auf Mallorca, das von der Peter-Maffay-Stiftung (www.petermaffaystiftung.de) geleitet wird.

Bunești, Criț und Archita

Bunești (dt. Bodendorf, ung. Szászbuda), direkt an der Hauptstraße gelegen, besitzt eine gotische Kirche mit leider immer blasser werdenden Wandmalereiresten im Chor. Die Kirche muss dringend saniert werden.

Criț (dt. Deutschkreuz, ung. Szászkeresztúr) gehörte bis 1474 zu Kerz. Im Dorf mit Brunnen steht die langsam zerfallende Kirchenburg.

Hoch thront die Kirche über Meschendorf

Eine kaum besuchte, trutzige Kirchenburg steht in Archita (dt. Arkeden), die man über einen Schotterweg, der von der DN 13 Sighișoara-Brașov abzweigt, erreicht. Auffällig ist hier der gut erhaltene doppelte Bering mit sieben von ehemals neun Türmen. Die Schlüssel zur Kirche bekommt man im Haus Nr. 320.

Meșendorf

Sehr sehenswert ist das abseits der Hauptstraße gelegene stattliche Meșendorf (dt. Meschendorf, ung. Mese). Im Dorf wird mit Bioprodukten geworben. Die Wehrkirche steht auf einer Anhöhe oberhalb der Dorfstraße. Ab 14 Uhr ist der Schlüssel in der Hausnummer 102 zu erhalten. Die gepflegte Kirche mit weit herunter gezogenem Satteldach, unter dem sich ein Wehrgeschoss und Schießscharten bis heute erhalten haben, ist von einem doppelten Bering umgeben. Im Inneren ist der aus einer Wegenstein-Orgel um 1653 geschaffene **Flügelaltar** hervorzuheben. Bei seiner Gestaltung hat man sich an die gotische Manier gehalten. Seine Werktagsseite zeigt Szenen der Passion Christi. Von Meșendorf führt ein markierter Weg (rotes Band) ins Nachbardorf. **Dacia** (dt. Stein, ung. Garát) besitzt eine romanische Basilika mit einem erkennbar jüngeren Westturm von 1850, weil der alte einem Erdbeben zum Opfer gefallen war. Von der ehemaligen Ringmauer blieb nichts erhalten.

Von hier kann man sechs Kilometer zur **Cabana Trei Stejari** wandern, wo Speisen, Übernachtung, Ausritte und Jagden möglich sind (Cabana Trei Stejari, M. Stancani, Tel. 07 42/19 14 29, 07 88/05-90 81, office@caban3stejari.ro).

Das Weltkulturerbe von Viscri

Wer Dorfidylle erleben möchte, fährt nach Viscri (dt. Deutschweißkirch, ung. Szászfehéregyháza). Hier steht eine der malerischsten und am besten erhaltenen Kirchenburgen Siebenbürgens. Seit dem Jahr 1999 steht sie in der Liste des Weltkulturerbes. Kein Ortsschild macht erkennbar, dass man in Viscri ist. Aber an der Dorfstraße, die nach oben zur Kirchenburg führt, steht ein deutliches Burghüterschild, das auf die Nr. 141 weist, wo man den Schlüssel zur Burg bekommt.

Im Dorf hat sich der ›Mihai Eminescu-Trust‹ sehr engagiert, so ist ein behutsamer Tourismus entstanden. Man findet einige familiäre **Pensionen** und **Gästehäuser** und sogar ein Café. Unterhalb der Kirchenburg ist das **Tourismusbüro**, das gerne behilflich ist.

Im Dorf leben noch 25 Sachsen, auch die Bürgermeisterin ist Sächsin, 75 Rumänen und 380 Roma. Leider liegen große landwirtschaftliche Flächen der Umgebung brach. Nach der Wende erhielten die Sachsen einen Teil ihres ehemaligen Grundbesitzes zurück, aber es waren keine zusammenhängenden Flächen, so dass sich die Landwirtschaft nicht mehr lohnte. Die Rumänen bewirtschaften das Land traditionell nicht, sie halten eher Schafe und Rinder.

Die Kirchenburg Viscri

Schönes Holzgestühl im Inneren der Kirche

Hinter Bäumen verborgen steht auf der Anhöhe die **Kirchenburg**, von einer Ringmauer umgeben. Ihren Westturm, als reiner Wehrturm angelegt, können Mutige besteigen. Die Geschichte der Kirche geht vermutlich auf die Szekler zurück, die hier im Mittelalter zunächst gesiedelt hatten. Baute man andernorts um diese Zeit eher Basiliken, so liegt hier der Bau einer Saalkirche vor. Ihr Inneres ist vollständig aus Holz gestaltet, weswegen eine erhöhte Brandgefahr herrscht. Zur Kirche gehört ein kleines **Museum**, in ihm sind liebevoll zusammengetragene Relikte des sächsischen Handwerks, der Landwirtschaft, wie der Imkerei, und des Brauchtums, beispielsweise alte Brandzeichen, ausgestellt. Jedes Dorf hatte sein eigenes Brandzeichen, dasjenige von Viscri waren drei Kreuze und der Halbmond.

Die Teilnahme am sonntäglichen Gottesdienst in Viscri ist ein besonderes Erlebnis, denn er findet nur bei Kerzenlicht statt, da es in der Kirche keine

▲ Karte S. 62

Elektrizität gibt. Ein Pfarrer aus Oldenburg betreut seit acht Jahren vier Gemeinden. Besonders stolz ist man auf die **Orgel**, die dank einer Schweizer Stiftung und ihrer Werkstatt in Hărman (S. 76) renoviert werden konnte.

Das Gebiet um Făgăraș

Făgăraș ist der Name eines Gebirges der Südkarpaten und auch der Stadt mit einer bedeutenden mittelalterlichen Burg und einem Verwaltungsbezirk im ungarischen Königreich, der vielfach seine Zugehörigkeit wechselte: Von 1369 bis 1464 verlieh die ungarische Krone das Gebiet um Făgăraș mit sächsischen Siedlern den Woiwoden der Walachei, die es als Refugium vor den Türken nutzten. Das Lehen blieb jedoch stets ein Teil Siebenbürgens. Zwischen 1469 und 1528 befand sich der Distrikt an der Handelsstraße zwischen Brașov und Sibiu in der Hand der Sieben Stühle. Ein Intermezzo waren die Jahre 1534 bis 1540, in denen sich der Woiwode Stefan Majlath vergebens bemühte, hier ein walachisches Fürstentum zu etablieren. 1690 starb Michael Ápafi, und nur wenig später fiel der Distrikt unter die Kammerverwaltung der Habsburger. Sie hoben die bis dahin gültigen, einst von der ungarischen Krone erteilten Privilegien auf. 1765 bis 1871 gehörte der Distrikt zur Sächsischen Nation. Nach der Einrichtung der Siebenbürgischen Militärgrenze hatte das II. Bataillon des 1. Walachischen Grenzregiments seinen Sitz von 1761 bis 1851 in Recea bei Făgăraș. Während der josephinischen Verfassungsreform wurde der Distrikt in seinen Grenzen verändert. Nach 1876 bildete der Distrikt ein eigenes Komitat mit Făgăraș als Vorort.

Das Făgăraș-Gebirge markierte jahrhundertelang die Grenze zwischen Osmanischem und Habsburgischem Reich. Nach dem Zweiten Weltkrieg widerstanden im Gebirge die Partisanen den Kommunisten. Vielfach kann man beim Wandern Relikte der Grenzziehung erkennen.

Die Stadt Făgăraș

Die Geschicke der Stadt sind eng mit der von einem Wassergraben umgebenen **Steinburg** verbunden. Ihr soll ein hölzerner Vorgänger vorausgegangen sein. Die heutige Burg wurde vielfach verän-

Straße über das Făgăraș-Gebirge

dert und renoviert. Ihre Form, ein unregelmäßiges Viereck, umgeben von einer mächtigen Burgmauer, geht auf 1650 zurück. Als 1573 Burg und Distrikt in den Besitz der siebenbürgischen Fürsten übergingen und fast ununterbrochen blieben, diente die Burg von Făgăraș teilweise als fürstliche Residenz. Gabriel Bethlen ließ sie im Stil der Renaissance umgestalten. 100 Jahre später legte man außerhalb des Grabens eine schützende Ziegelmauer an, die nicht mehr erhalten ist. Fürst Michael I. Ápafi richtete hier in den Jahren 1661 bis 1690 sogar den Verwaltungssitz des Fürstentums ein. Im Rittersaal der Burg tagten vier Sitzungen des siebenbürgischen Landtages. In österreichischer Zeit waren in der Burg stets Militäreinheiten stationiert, wiederholt diente sie auch als Kriegsgefängnis. Unter den Kommunisten nutzte man sie als Gefängnis für politische Häftlinge. Heute ist dort ein **Historisches Museum** untergebracht, das über die Geschichte, Ethnographie und Kunst der Umgebung informiert. Besonders hervorzuheben ist eine wertvolle Hinterglasikonensammlung. Das Museum ist Dienstag bis Freitag, von 8 bis 18 Uhr, und Samstag und Sonntag, von 9 bis 17 Uhr, geöffnet. Am Montag ist es geschlossen.

Gleich beim Hineinfahren in die Stadt wird man einer **orthodoxen Kirche** gewahr, die das Zentrum neuerdings dominiert und eine der vielen, in Serie entstehenden Neubauten der orthodoxen Kirche darstellt.

Dabei sind andere Kirchen in der Stadt viel sehenswerter. Neben der **unierten Kirche**, Făgăraș war von 1710 bis 1740 Sitz des griechisch-katholischen Bischofs, und von 1740 der reformierten Kirche, ist besonders die rumänisch-orthodoxe **Nikolauskirche**, eine Stiftung des Constantin Brâncoveanu, hervorzuheben. Ihre Malereien werden durch eine verglaste Vorhalle geschützt. Im Inneren werden kostbare Bücher aufbewahrt. Sie ist täglich von 8 bis 16 Uhr geöffnet.

▲ Karte S. 62

■ Die Umgebung von Făgăraș

Außerhalb von Făgăraș befindet sich das Anbaugebiet der roten Zwiebeln. Im Herbst werden diese an zahllosen Verkaufsständen in Bündeln zum Kauf angeboten.

Und in den kleinen Ortschaften abseits der Hauptstraße sind noch viele Kirchen, die teilweise vollständig erhalten, teilweise jedoch leider nur noch als Ruine zu entdecken sind. Sehenswert sind die **Kirche von Șincu Mare** (dt. Großschenk, ung. Nagysink) mit einem gotischen Altar, der den ungläubigen Thomas und die 14 Nothelfer zeigt, und auch die romanische Kirche des von Ungarn besiedelten Dorfes **Hălmeag** ist sehenswert.

Sâmbăta de Jos (Untermühlendorf, ung. Alsószombatfalva) war im 18. Jahrhundert im Besitz des griechisch-katholischen Bischofs von Siebenbürgen. Im Jahr 1850 ging es in den Besitz des Barons Samuel von Brukenthal über, der das Schloss im Dorf barock umbauen ließ und ein über die Grenzen hinaus bekanntes Gestüt etablierte. Vom Dorf beginnt der Weg ins Sâmbăta-Tal und zu den Wanderrouten in das Făgăraș-Gebirge.

Sâmbăta de Sus (dt. Obermühlendorf, ung. Felsöszombatfalva) liegt auf dem Weg zum Brâncoveanu-Kloster. Es gehörte im späten Mittelalter zum Făgărașer-Distrikt, mit dem im späten Mittelalter die Woiwoden der Walachei belehnt worden waren. So erklärt sich die Klosterstiftung außerhalb der Ortschaft durch Mitglieder aus dem Hause

der Familie Brâncoveanu. Im Dorf selbst steht die orthodoxe Kirche, eine Stiftung von Nicolae und Manolache Brâncoveanu von 1784. Constantin Brâncoveanu unterhielt hier im 17. Jahrhundert ein Schloss, das von Grigore Brâncoveanu um 1800 umgebaut wurde.
Unweit von Sâmbăta de Sus trifft man im Dorf **Lisa** auf La Valtori, eine mit Wasser angetriebene Mühle. Von **Breaza** (Frauendorf) führt ein Wanderweg zur Ruine der Cetatuia Negru Vodă und zur Cabana Urlea. In **Șona** findet man 20 bis 30 Meter hohe Steinpyramiden auf einer natürlichen Erdterrasse, und in **Șinca Veche** (dt. Alt-Schenk, ung. Osinka) die Uristelor-Kirche unterhalb des Plesu-Hügels, mit Andachtsraum und Altären sowie Skulpturen aus Sandstein.

Das Brâncoveanu-Kloster

Das Kloster von 1631 besticht durch seine Einbettung in eine wunderbare Landschaft. Vermutlich stiftete der Bojar Preda Brâncoveanu eine erste Holzkirche, die dank der Förderung des Woiwoden Constantin Brâncoveanu 1696 in Stein erneuert und Maria Himmelfahrt geweiht wurde. Von Anbeginn beherbergte das Kloster eine Schule für orthodoxe Geistliche, die es im mittelalterlichen Siebenbürgen kaum gab. Während der Habsburgerzeit und der damit verbundenen Bestrebungen zu einer Union von katholischer und orthodoxer Kirche nahm das Kloster mit seiner Schule eine Mittlerrolle zwischen der orthodoxen Walachei und dem katholisch beherrschten Siebenbürgen ein.
Das Kloster wurde vielfach zerstört, zum Beispiel 1785 durch österreichisches Militär. Im Jahr 1812 kam die Brâncoveanu-Domäne in den Besitz griechischer Kaufleute aus Brașov und nach der Agrrareform im Jahre 1922 an die orthodoxe Metropolie Sibiu, die Instandhaltungsmaßnahmen in die Wege leitete. Vor nicht allzu langer Zeit wurde das Kloster vollständig wieder aufgebaut.
Zum Kloster gehören eine Schule, ein Kindergarten und ein **Museum** mit einem reichen Bestand an Hinterglasikonen. Die älteste gemalte Ikone im Museumsbestand stammt von 1560. Außerdem werden hier kostbare Handschriften, auch eine von 1560, aufbewahrt. Dem Museum ist eine Glasmalereiwerkstatt angeschlossen. Heute leben hier 40 Mönche.
Im Zentrum der Anlage steht die Kirche im sogenannten Brâncoveanu-Stil, die sich im Grundriss von Apsis, Naos und Narthex an ihr Vorbild, die Klosterkirche von Horezu, anlehnt. Die Trennung zwischen Narthex und Naos ist durch eine dreibögige Arkatur gestaltet. Die Kirche ist gemäß dem Kanon, der sich an byzantinischen Vorbildern orientiert, vollständig ausgemalt. Eine gemauerte

Kloster Brâncoveanu

Ikonostase mit Ikonen der Kirchenfeste und Alabasterfenster im Tambour schmücken den stimmungsvollen Innenraum. Im Garten erinnert eine Büste über einem Kenotaph an den Stifter Brâncoveanu. Außerhalb der Mauern befinden sich eine Nebenkapelle auf dem Friedhof und Forellenteiche.

Wandern im Făgăraș-Gebirge

Die Wanderungen im Făgăraș-Gebirge gehören mit Höhen bis zu 2535 Metern zu den schwierigen Routen in den Karpaten. Gute Ausrüstung ist hier unabdingbar. Ausgangsorte im Kreis Brașov sind Ucea de Jos, Sâmbăta de Sus, Sebeș, Voila, Victoria (ung. Viktoriaváros, Breaza (dt. Frauendorf), Șinca und Dejani (dt. Dannsdorf, ung. Dezsán). Zahlreiche Hütten ermöglichen Mehrtageswanderungen, die meisten sind nur im Sommer geöffnet.

Karte: Hartă turistică, Munții Fă-gărașului, 1:60 000, Dimap-Erfatur.

▸ Victoria → Cabana Turnuri (1550 m)
Markierung: rotes Dreieck, 4–5 Std.
Im 33 km westlich von Făgăraș gelegenen Dorf Victoria beginnt der Aufstieg zur Cabana Turnuri. Die Hütte hat 30 Plätze, Tel. 07 42/08 47 79, turnuri@yahoo.com, Hüttenwärterin Corina Iosif.

▸ Victoria → Cabana Podragu (2136 m)
Markierung: rotes Dreieck, 7,5 Std.
Dieser Aufstieg führt zur höchstgelegenen Hütte der Karpaten. Von hier sind spektakuläre Wanderungen für geübte Bergsteiger mit hohem Schwierigkeitsgrad möglich. Die Hütte hat 60 Plätze, www.podragu.ro (dt.), corina.iosif@gmail.com, geöffnet von Juli bis Oktober.

▸ Sâmbăta de Sus → Cabana Popasul Sâmbăta (730 m)
Markierung: rotes Dreieck.
Von diesem Dorf nördlich des Brâncoveanu-Klosters kann man in mehreren Etappen entlang des roten Dreiecks Richtung Süden eine Reihe von hintereinander gelegenen Berghütten erreichen. Die erste ist die Cabana Popasul Sâmbăta, 47 Plätze, Cosmin Cornea, Tel. 02 68/24 19 27, 07 44/ 56 34 58.

▸ Cabana Popasul Sâmbăta → Cabana Floarea Reginei (775 m)
39 Plätze, Alexandru Simon, Tel. 02 68/24 10 00, 07 22/86 40 66.

▸ Cabana Floarea Reginei → Cabana Valea Sâbetei (1401 m)
70 Plätze, Adrian Jurcovan, Tel. 02 68/ 24 16 97, 07 33/64 58 81

▸ Cabana Valea Sâbetei → Refugiul Sâmbăta (1420 m)
18 Plätze, Tomas Bross, Tel. 02 68/ 24 19 40, 07 26/68 66 92, sehr gemütliches Holzhaus, ganzjährig geöffnet.

Făgăraș

Pensiunea Vanessa, 3 Sterne, Făgăraș, Stadtzentrum, Piață Republicii 15, Tel. 02 68/21 59 89, www.pensiuneavanessa.ro. Ansprechend und ruhig, nicht weit von der Burg.

Reitzentrum Equus Silvania, Șinca Noua, Kontakt: Christoph Promberger, Tel. 02 68/22 86 01 www.equus-silvania.com, christoph@deltanet.ro. Reitstall mit Pension für Reitanfänger und anspruchsvolle Reiter.

Complexul Turistic Sâmbăta, Sâmbăta de Sus, 670 m, Gh. Solomon Husea, 24 Plätze, Tel. 02 68/24 19 27, 07 44/ 56 34 58.

▸ Karte S. 62

Kreis Sibiu

Pulsierende pittoreske Städte, eine ungeheure Dichte an Kirchenburgen, malerische rumänische Dörfer, viel Brauchtum und Feste sowie das Siebenbürgische Hochland gerahmt vom majestätischen Făgăraş-Gebirge erwarten die Besucher im Kreis Sibiu.

Die Stadt Sibiu

Sibiu (dt. Hermannstadt, ung. Nagyszeben), die Hauptstadt des gleichnamigen Kreises, liegt auf den Terrassen des Cibinflusses. Mit 154 000 (2007) Einwohnern hat die Stadt einen eigenen Flughafen mit nationalen und internationalen Flugverbindungen, unter anderem nach München und Wien. Mit der Bahn erreicht man die Stadt über Deva oder Râmnicu Vâlcea. Die Unternehmen ›Atlassib‹ und ›Titan-Trade‹ sorgen für den Transport per Bus. Die Stadt liegt an einer frequentierten Hauptverkehrsader, der DN 1, die Siebenbürgen mit Rumäniens Hauptstadt Bukarest verbindet. Der lange geplante Umgehungsring wurde bis heute nicht fertiggestellt.
Schon immer war Hermannstadt ein Bildungszentrum. Humanistische Gelehrte wie Niclaus Olahus und Konrad Haas, der Erfinder der Stufenrakete, waren große Söhne der Stadt. Für das Jahr 2007 wurde dieses geschichtsträchtige Kulturzentrum zusammen mit der Stadt Luxemburg zur Europäischen Kulturhauptstadt erklärt. Im Zuge dessen wurde in einem beispiellosen Einsatz in nur wenigen Jahren die Altstadt grundlegend saniert. Bürgerhäuser, Kirchen und Plätze erstrahlen in wahrhaft neuem Glanz. Das Stadtbild, schon immer malerisch, ist fast nicht mehr wiederzuerkennen. In und um Sibiu wurde viel in komfortable Unterkünfte, den Ausbau der Straßen und den Ausbau des Flughafens investiert.

Stadtgeschichte

Diese älteste Siedlung der Siebenbürger Sachsen am nördlichen Fuß der Südkarpaten wurde von Hermann von Nürnberg im 12. Jahrhundert gegründet und im Zuge des verheerenden Mongolensturmes im Jahre 1241 zerstört. Sie erholte sich bald wieder, erhielt Stadtrecht im 14. Jahrhundert und entwickelte sich zu einem der wichtigsten Handelsplätze der Region. Drei Ringmauern umgaben die mittelalterliche Stadt, de-

Der Kreis Sibiu im Überblick

Name: Judeţul Sibiu (ung. Szeben Megye).
Lage: im Süden Siebenbürgens.
Hauptstadt: Sibiu (dt. Hermannstadt, ung. Nagyszeben).
Landschaften: Siebenbürgisches Hochland, Südkarpaten mit Făgăraş und Munţii Cindrel.
Fläche: 5432 qkm.
Einwohner: 425 724 (2009), vorwiegend Rumänen, Roma, wenig Ungarn und Deutsche.
Empfehlenswerte Aktivitäten: Alpines Wandern in den Südkarpaten, Besuch von traditionsreichen Schäferdörfern, Fahrt zu beeindruckenden Kirchenburgen in den Tälern des Olt und des Harbach. Aufenthalt in Sibiu, der Europäischen Kulturhauptstadt 2007 mit ihrem malerischen Zentrum.
Bemerkenswert: einstiges Zentrum der Siebenbürger Sachsen.
Internet: www.sibiu.ro.
Vorwahl: 02 69.
Autokennzeichen: SB.

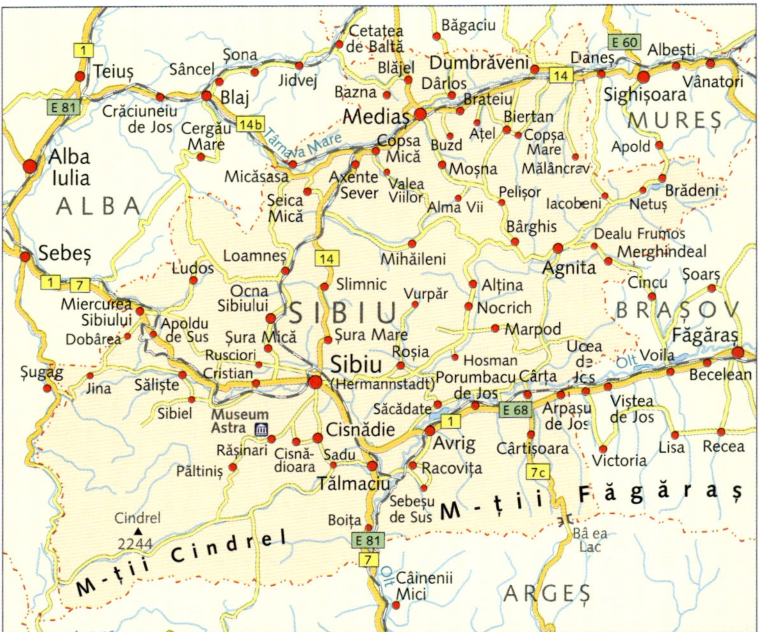

Kreis Sibiu

ren Befestigungsanlagen lange den Eroberungsversuchen der Türken standzuhalten vermochten.

Seit dem 15. Jahrhundert nahm Sibiu auch auf politischer Ebene eine Führungsposition: Es wurde Versammlungsort der sächsischen Nationsuniversität und des von den Sachsen gewählten Comes (Nationsgrafen). Im Jahr 1536 erfolgte der Übertritt zum Augsburger Bekenntnis. Die Lehren Luthers hatten rasche Verbreitung gefunden. Brände und die Pest setzten der Stadt in diesem Jahrhundert arg zu.

Nach der Eingliederung Siebenbürgens in die Habsburger Monarchie im Jahr 1688 leisteten die Stände in Sibiu den Treueeid auf Kaiser Leopold I., und Sibiu wurde Garnisonsstadt. Zweimal, zwischen 1703 und 1791 und von 1849 bis 1867, war Sibiu Hauptstadt des Großfürstentums Siebenbürgen. Diese Stellung ging erst nach der Vereinigung Siebenbürgens mit Ungarn verloren.

Bis zum Ende des 18. Jahrhunderts behielt Sibiu den Charakter einer rein siebenbürgisch-sächsischen Stadt. Unter Joseph II. wurde das ausschließliche Bürgerrecht für die Sachsen aufgehoben, das nun auch die bis dahin in den Außenbezirken lebenden Rumänen erhielten. Sibiu entwickelte sich daraufhin zu einem geistigen Zentrum der Rumänen: Der rumänische Kulturverein ›Astra‹ wurde 1861 gegründet, das rumänisch-orthodoxe Bistum, das 1864 in den Rang einer Metropolie erhoben wurde, ließ sich in Sibiu nieder.

Der letzte Landtag vor der Union mit Ungarn fand 1863 in Sibiu statt. An ihm nahmen erstmals die Rumänen teil und wurden als vierte Nation anerkannt. Mit der Auflösung der Nationsuniversität gingen politische Funktionen von Sibiu verloren. Ein kleiner Trost war die Verlegung des lutherischen Bistums von Biertan nach Sibiu.

Im 19. Jahrhundert wurden die Befestigungen um die großen Tore geschleift, die Vorstädte wurden ausgebaut oder modernisiert. Bis zum 20. Jahrhundert ließen sich hier viele Juden nieder. Ihre Synagoge von 1899 steht bis heute. Während des Rückzugs der Deutschen 1918 hielt sich Kurt Tucholsky kurzfristig in Sibiu auf und beschrieb es folgendermaßen: »Hermannstadt ist entzückend: bestes, altes, gutes Deutschland. Winklige Gassen, eine wundervolle Bevölkerung, sehr gutes Essen, nicht zu vergessen. Wir sprachen mit den Deutschen, die dort seit langen Jahrhunderten sitzen. Sie sprechen einen Dialekt, der ein wenig an das Alemannische anklingt, und manche

Seit einigen Jahren wird viel in die touristische Infrastruktur investiert

Szeklerkuchenverkauf in Sibiu

Worte waren zu verstehen. ... Es waren unvergessliche Tage.«

Nach dem Zweiten Weltkrieg entstanden um die Stadt herum Industrieansiedlungen. Seit der Wende hat sich das Zentrum der Roma hier etabliert: Sowohl ein Kaiser als auch ein Romakönig wurden gewählt. Nur wenige Siebenbürger Sachsen sind heute noch ansässig, etwa 1500. Das Deutsche Forum bemüht sich, die Deutschen in Sibiu zum Bleiben zu bewegen. Der deutschstämmige Bürgermeister Klaus Johannis ist bei allen Bevölkerungsgruppen gleichermaßen angesehen, er wurde 2008 zum dritten Mal in Folge gewählt.

Die Unterstadt

Die mittelalterliche Stadt besteht, wie Sighișoara, aus Ober- und Unterstadt. Einst waren in der nördlich gelegenen Unterstadt (rum. Orașul de Jos) die Handwerker und Soldaten aus dem gesamten Habsburger Reich ansässig. Verächtlich von den Vornehmen der Oberstadt als Kucheldeutsch (Küchendeutsch) bezeichnet, symbolisierte ihre Sprache einen Schmelztiegel vieler Zugereister, was sich in Sätzen wie: »Wart mich an Eck« ausdrückte. Von all dem ist heute nicht mehr viel zu spüren. Über mehrere Treppenwege, mit Blicken auf die malerische Dächerwelt, erreicht man die Unterstadt: den **Pasajul Scărilor** beim Historischen Museum an der alten Stadtmauer, die Pempflinger Stiege aus dem 19. Jahrhundert, die **Sagtreppe** hinter der evangelischen Kirche und den **Bürgerstieg** des 13. Jahrhunderts an der Piață Mică. In der Unterstadt mit viel alter Bausubstanz liegt der große **Stadtmarkt** mit seinem üppigen, farbenfrohen Angebot. Für jeden Geschmack ist etwas dabei.

Die Piață Mare

Herz und Zentrum der alten Gründung ist die **Oberstadt** (rum. Orașul de Sus, ung. Felsöváros). Die Fußgängerzone Strada N. Bălcescu verbindet sie mit der neuen, im letzten Jahrhundert erweiterten Stadt. Einst lebte in dieser Oberstadt die gebildete, überlegene Schicht. Im wesentlichen machen drei Plätze den historischen Teil aus: die Piață Mică, die Piață Mare (vormals Republicii) und die Piață Huet.

Im Zentrum der Piață Mare (dt. Großer Ring) steht das Denkmal für den rumänischen Gelehrten **Gheorghe Lazăr** (19. Jahrhundert); darunter wird mit einer Gedenktafel der Opfer von 1989 gedacht. Der Platz vermittelt eine große Geschlossenheit, die Einmündungen der Straßen führen fast unmerklich zu den

Auf der Piață Mare

Karte siehe hintere Umschlagklappe

In der Unterstadt

anderen Plätzen. Im Norden reihen sich das **Hotel zum römischen Kaiser** von 1895, das **Brukenthal-Palais** (siehe Seite 115), die **Bahnkreditanstalt** aus dem Neobarock, die römisch-katholische **Dreifaltigkeitskirche** (rum. Biserica romanocatolică parohială Sfanta Treime), das **Jesuitenkolleg**, in dem sich heute der Bischofssitz mit Landeskonsistorium befindet, und der **Ratturm** aneinander.
Die katholische **Dreifaltigkeitskirche** fügt sich mit ihrer Südflanke vollkommen in die Häuserzeile ein. Ihr mächtiger Westturm korrespondiert mit dem Ratturm (Turnul Sfatului), dem Wahrzeichen der Stadt. Die Jesuiten legten den Grundstein in den Jahren 1726 bis 1733. Wie viele Jesuitenkirchen ist auch diese eine Wandpfeilerkirche mit drei Jochen, einem eingezogenen Chor und einer Empore. Die Kirche konnte ihr ursprünglich barockes Aussehen bewahren. Im Chor befindet sich das Grabmal für General Otto Ferdinand Graf von Abensperg, ein Werk des Klausenburgers Anton Schuchbauer von 1751. Das Hochaltarbild ist ein Werk des Wiener Malers Anton Steinwahl. Die Gottesdienste finden in den drei Sprachen Deutsch, Ungarisch und Rumänisch statt.

■ Piață Huet

Von der Piață Mare spaziert man zur Piață Huet (vorher Grivița), benannt nach Albert Huet (von Hutter), dem 1567 verstorbenen Sachsengrafen. Drei Monumente bestimmen den Platz: das Brukenthal-Gymnasium gegenüber der Kirche, die evangelische Stadtpfarrkirche (Biserica evanghelică) und das Denkmal von Georg Daniel Teutsch (1817–1893). Teutsch hat als Bischof der siebenbürgisch-sächsischen Kirche die sächsische Nation erfolgreich gegenüber der ungarischen Regierung vertreten.

■ Die Stadtpfarrkirche

Die Südflanke der Stadtpfarrkirche, die mit ihrem Eingang zur Piață Huet liegt, wirkt mit ihren steilen Giebeln wie eine mittelalterliche Häuserzeile, wäre da nicht der alles überragende Westturm. Links neben dem Eingang steht als letzte Hinzufügung der zierliche Wendeltreppenturm mit einem Renaissancerahmen. Der Bau wurde im Jahr 1320 als Marienkirche in der Hochgotik begonnen und bis 1520 in drei Etappen fertiggestellt. Dem Plan nach ist die Kirche eine dreischiffige Basilika mit Querschiff und polygonalem Chorabschluss. Bei Grabungen hat man einen romanischen Vorgängerbau entdeckt, dessen Reste jedoch nicht in den Neubau integriert wurden.

Die Westseite begrenzt ein 1452 angeschlossener Bau, die sogenannte **Ferula**. In ihr ist eine große Anzahl bedeutender Grabsteine führender siebenbürgisch-sächsischer Persönlichkeiten aus dem 16., 17. und 18. Jahrhundert zu sehen: darunter Albert Huet (1567), Petrus Haller von Hallerstein (1569) und angeblich auch das Grabmal des walachischen Fürsten Mihnea des Schlechten (1508–1510), um den sich zahlreiche Legenden ranken.

Die Stadtpfarrkirche überragt Ober- und Unterstadt

Man betritt die Kirche durch das Süd- oder Nordportal. An der Südseite ist eine Empore eingezogen, die mit einem schönen Netzgewölbe geschmückt ist. Das nördliche Langhaus zieren prächtige barocke Epitaphien. Höhepunkt der Ausstattung ist zunächst das **bronzene Taufbecken** von 1438. Becken, Knauf und Fuß tragen 228 kleine Reliefs, teils mit Ornamenten, teils mit allegorischen Figuren und Szenen aus dem Alten und Neuen Testament verziert. Unter den Darstellungen fallen besonders die der orthodoxen Liturgie entnommenen Szenen der Verklärung und Maria Entschlafen auf.

Auch die **Wandmalerei der nördlichen Chorwand** verdient Beachtung: Dargestellt ist die Kreuzigung, eingerahmt von architektonischen Elementen. Unten knien zu Seiten des Schmerzensmannes die Stifter, darüber sind der heilige Stephan und der heilige Ladislaus und oben Christus als Ecce Homo mit Gottvater zu sehen. Die Themen der Bekrönung sind die Geburt, die Taufe und die Himmelfahrt Christi. Die Inschrift in der Oberleiste der Einrahmung weist auf Johannes de Rozenaw (Rosenau) aus dem Jahr 1445 hin. Die Malerei wurde 1650 übermalt und teilweise sogar ergänzt. Beispielsweise wurde die Reitergruppe im Hintergrund der Kreuzigungsszene in dieser Zeit hinzugefügt.

Die Stadtpfarrkirche ist täglich ab 9 Uhr geöffnet, jeden Mittwoch finden Orgelkonzerte statt. Der Turm kann von 9 bis 16 Uhr bestiegen werden.

▲ Karte siehe hintere Umschlagklappe

An der Piață Mică, rechts das Luxemburg-Haus mit Buchhandlung

Die Piață Mică

Von der Piașă Huet kommt man über die Lügenbrücke (Podul Minciunilor) aus dem 19. Jahrhundert zur Piață Mică (Kleiner Ring). Dies war einst der Marktplatz der Handwerker, umrahmt von Wohnhäusern und den prächtigen Häusern der Zünfte. Direkt hinter der Lügenbrücke liegen die ehemaligen **Fleischerlauben**, heute das Haus der Künste. Im **Luxemburg-Haus** mit der Nr. 16 befindet sich ein Informationszentrum mit Laden, in dem man Stadtpläne und Literatur bekommt.

An der Nordseite kommt man durch die Arkaden des **Ratturmes**, der Teil der zweiten städtischen Befestigung war, wieder zum Großen Ring. Der Ratturm (Turnul Sfatului) wurde 1585 durch ein Erdbeben zerstört, wieder aufgebaut und erhielt 1826 ein Zwiebeldach. Auf einer Erinnerungstafel ist der Besuch von Prinz Charles von 1998 festgehalten, der sich über den ›Mihai Eminescu Trust‹ sehr stark für Siebenbürgen engagiert. Im Haus mit der Nummer 26 ist ein interessantes **Apothekenmuseum** untergebracht.

Stadtmauer

Vom Großen Ring ist es nicht weit zur Ursulinenkirche und zur Franziskanerkirche. Von hier führt eine schmale Gasse zur Stadtmauer (Strada Cetății, dt. Harteneckgasse) mit wieder hergestelltem hölzernem Wehrgang, der Hallerbastei (Bastionul Haller) und den Türmen Dicker Turm (Turnul Gros), Zimmermannsturm (Turnul Dulgherilor), Töpferturm (Turnul Olarilor) und Armbrusterturm (Turnul Archebuzierilor), später Tuchmacherturm. Die Stadtbefestigung von Sibiu wurde in zwei Etappen angelegt und bestand einst aus 39 Wehrtürmen, vier Bastionen, zwei Plattformen und vier Stadttoren. Die erste Etappe dauerte vom 13. bis 15. Jahrhundert. Im 16. und 17. Jahrhundert wurden nach Vaubanschen Prinzipien vor die Mauern

Der Ratturm steht zwischen Großem und Kleinem Ring

Deckenmalerei in der orthodoxen Kirche

Wallanlagen und Bastionen gesetzt. Heute befindet sich dort eine begrünte Zone, die ein beliebter Treffpunkt für Jung und Alt ist.

Die orthodoxe Kirche von Sibiu

Sibiu ist nicht nur der Sitz des evangelischen Bischofs, sondern auch Metropolie der rumänisch-orthodoxen Kirche. Sie bewohnt ein Gebäude aus den Anfängen des 19. Jahrhunderts, das anstelle des ehemaligen Toldalagi-Palais entstand. Außerdem ist in diesem Gebäude ein theologisches Institut eingerichtet. Gegenüber der Metropolie steht die Hauptkirche der Siebenbürger orthodoxen Rumänen. Sie ist von weither an ihren schönen Kuppeln zu erkennen. Der orthodoxe Bischof Andrei Şaguna initiierte 1864 den Sakralbau. Die heutige Kirche stiftete der Metropolit Toldalagi Ioan Metianu, den Entwurf schufen Virgil Nagy und Josef Kammer aus Budapest. In nur vier Jahren entstand dieser prächtige Bau mit Jugendstilanklängen als vereinfachte Replik der Hagia Sophia von Konstantinopel: ein überkuppelter Zentralbau mit zwei Türmen. Das Innere erstrahlt nach der jüngst erfolgten Restaurierung in neuem Glanz. Die ältesten Malereien stammen von Octavian Smighelschi, andere wurden erst 1957 durch Johann Köber und Anastase realisiert. Die Darstellungen folgen dem Kanon der orthodoxen Kirche. Die Mosaiken wurden in Münchner Werkstätten geschaffen. Jeden Sonntagmorgen wird der Gottesdienst von einem ausgezeichneten Chor begleitet (10 Uhr).

Die Museen in Sibiu

In der Strada Mitropoliei 30 befindet sich im Astra-Park das **Teutsch-Haus**. Neben dem Zentralarchiv der Evangelischen Landeskirche ist hier das landeskirchliche Museum untergebracht. Es gibt zudem Räume für wechselnde Ausstellungen und Veranstaltungen und das Büchercafé ›Erasmus‹ mit Schwerpunkt auf Büchern in deutscher und rumänischer Sprache.

Die 1912 erbaute **Johanniskirche** ist nun wieder der Öffentlichkeit zugänglich. In ihr befinden sich zwei der wertvollsten spätgotischen siebenbürgisch-sächsischen Flügelaltäre die aus den

▸ Karte siehe hintere Umschlagklappe

Dorfkirchen Fişer und Roadeş entwendet wurden und auf Umwegen nunmehr in der Johanniskirche einen sicheren Standort gefunden haben.
Das bedeutendste Museum der siebenbürgischen Kulturmetropole ist das **Brukenthal-Museum**, eine Stiftung des Barons Samuel von Brukenthal an das Hermannstädter Gymnasium. Der Gouverneur und Freund Maria Theresias trug während seines langen Lebens eine berühmt gewordene Gemäldesammlung zusammen. Einige der 462 Bilder europäischer Meister wanderten nach dem Krieg, ungeachtet anderslautender testamentarischer Verfügung, nach Bukarest. 19 Gemälde, darunter ein Antonello da Messina sowie Werke von Hans Memling, van Eyck und Breughel, wurden erfreulicherweise zwischenzeitlich zurückgegeben. Das Stadtpalais, heute frisch renoviert, wurde 1778 bis 1785 von einem unbekannten Meister erbaut. Im Obergeschoss befanden sich einst die Empfangsräume. Brukenthal selbst richtete im Palais die Kunstsammlung ein und machte sie 1817 der Öffentlichkeit zugänglich. Die Sammlung wurde im Zuge der Renovierung neu angeordnet. Sie beherbergt, neben Gemälden der flämischen und holländischen Schule sowie deutschen, französischen und spanischen Meistern, auch bedeutende Werke rumänischer Künstler des 19. und 20. Jahrhunderts, darunter von Theodor Aman (1831–1891), Lucian Grigorescu, Ştefan Luchian und Theodor Pallady. Auch die österreichische Malerei des 16. bis 19. Jahrhunderts ist vertreten. Ferner gibt es Plastiken und Reliefs von Tullio Lombardo und Werke aus der Giovanni da Bologna Schule. Kunsthandwerkliche Gegenstände, wie Öfen, Möbel, Truhen, Kristallleuchter, sind zu sehen. Der Rundgang beginnt im ersten Obergeschoss. Gleich im Treppenhaus kann man das heutige Sibiu mit einer alten Ansicht von Franz Neuhausser vergleichen. Palais und Sammlung werden heute von der Stiftung Samuel von Brukenthal betreut.

Die ›Dicke Margarethe‹ ist ein Teil der alten Stadtbefestigung

Weitere Sehenswürdigkeiten in Sibiu

Die **Ursulinenkirche** (dt. Biserica Ursulinelor) war Bettelordenskirche des 1474 gegründeten Dominikanerklosters. Nach der Reformation wurden die Klöster in den Sachsenstädten aufgehoben. Mit den Habsburgern begann eine Rekatholisierung. Die Ursulinen übernahmen 1753 das Kloster, richteten in ihm eine Mädchenschule ein und gestalteten die gotische Kirche im Barockstil um. Aus der Gotik blieben die Sakristei und eine Nebenkapelle im linken Seitenschiff, das Portal, Fenster und Stützen erhalten hat. Das Innere wurde mit drei neuen Altären geschmückt: Der Hauptaltar zeigt die Marienkrönung, auf dem rechten Nebenaltar erscheint die heilige Ursula Angela Merici. Darüber ist der heilige Emerich zu sehen. Und der Altar im linken Seitenschiff zeigt Angela Merici beim Unterrichten von Schülerinnen. Das Geschehen verfolgt von oben der heiliggesprochene ungarische König Stefan. Im Triumphbogen, der den Chor vom Schiff trennt, erinnert eine Inschrift an die Gönnerin Maria Theresia und das Jahr 1774. Seit dem Jahr 1997 werden in der Kirche Gottesdienste für die römisch-katholische und die griechisch-katholische Gemeinde abgehalten.

Die **Franziskanerkirche** (Biserica Franciscană) in der Strada Șelarilor 12–14, mit ihrer Pietà im sogenannten ›Weichen Stil‹, stammt ebenfalls aus dem 15. Jahrhundert.

In der **Capela Sfânta Cruce** (Kreuzkapelle) beim Bahnhof steht eine kostbare, überlebensgroße Steinplastik, die aus einem Monolith gehauen ist: Sie stellt Christus, umgeben von Maria und Johannes, dar und wurde von Peter Landregen 1417 geschaffen. Vermutlich war sie für die Dominikanerkirche gearbeitet worden.

Im **Theresianum-Viertel** (rum. Cartierul Terezian) steht eine Theresienkirche im sogenannten Zopfstil aus dem 18. Jahrhundert.

Das Landlerdorf Turnișor

Das eingemeindete Turnișor (dt. Neppendorf, ung. Kistorony) liegt am Zibinfluss im Westen von Sibiu nicht weit vom Flughafen. Im 18. Jahrhundert wurden hier wie auch in den Gemeinden Cristian (dt. Großau) und Apoldo de Sus (dt. Großpold) Protestanten aus Österreich, sogenannte Landler, angesiedelt. Diese haben sich bis heute ihr Brauchtum in Tracht und Sprache bewahren können, das sich von dem der Sachsen maßgeblich unterscheidet. Ein **Landlermuseum** wurde in der Ortschaft eingerichtet.

▲ Karte siehe hintere Umschlagklappe

Straßenbahn zum Freilichtmuseum

Außerdem ist Turnișor immer mal wieder wegen der Roma in die Schlagzeilen geraten: der Roma-König Florin Ciobăn wurde 1954 hier geboren, und der Roma-Kaiser unterhält hier einen prunkvollen Palast. Im Jahre 1997 wurde in Turnișor der Grundstein zur evangelischen Akademie EAS gelegt.

Freilichtmuseum Astra

Im Süden von Sibiu, nur sieben Kilometer außerhalb der Stadtgrenze, befindet sich das Muzeul Civilizației Populare Tradiționale ASTRA im sogenannten Jungen Wald (dt. Pădurea Dumbravă, ung. Fiatalerdö). Man erreicht es mit dem Fahrrad über die Calea Dumbrăvii in Richtung Rășinari oder benutzt den öffentlichen Bus Nr. 13, der im Stundentakt verkehrt. Tickets sind im Bus erhältlich, Haltestellen u.a. am Busbahnhof und an der Piață Teatrului/Ecke B-dul Corneliu Coposu. Auch eine historische Straßenbahn fährt vom Bahnhof zum Museum. Das Museum, ein beliebtes Ausflugsziel der Hermannstädter, ist im

Sommer täglich von 10 bis 20 Uhr und im Winter täglich von 9 bis 17 Uhr geöffnet. Es besteht auch die Möglichkeit zu nächtlichen Besuchen bei besonderer Beleuchtung, allerdings nur nach Voranmeldung.

Das Museum wurde 1963 gegründet und bietet auf 96 Hektar in die Landschaft eingebettete, traditionelle Gehöfte, Kirchen, Handwerkerstätten und Gasthäuser. Eine Besonderheit stellt die Mühlensammlung dar. Dreiunddreißig Getreidemühlen unterschiedlicher Konstruktion, von der Handmühle, zur Wasser- und Windmühle, einschließlich einer durch Pferdekraft betriebenen Mühle, sind hier zu sehen. Besonders interessant ist das Beispiel eines Pochwerkes aus Roșia Montană. Das Freizeitprogramm lässt sich beliebig durch Kahnfahrten auf dem See, Kutschen- und Schlittenfahrten, Kegeln, orthodoxe Gottesdienste und festliche Veranstaltungen, wie Hochzeiten, variieren. Das Museum veranstaltet jährlich Anfang August das Festival der rumänischen Volkskunst, Mitte August den Jahrmarkt und Ende August den Kunsthandwerkermarkt (www.muzeulastra.ro, Str. Calea Rășinari, Tel. 0269/252999 und 242599).

i Sibiu

Vorwahl: +40/(0)269.

Touristeninformation Sibiu: Stadtmitte, im Rathaus, Str. Samuel von Brukenthal 2, Tel. 208913, Mo–Fr 9–17, Sa 9–13 Uhr, www.sibiu.ro (dt.), infoturism@sibiu.ro. Weitere Informationen stehen am **Flughafen** und am **Bahnhof** zur Verfügung.

Touristinformation Sibiu Astra Freilichtmuseum, Str. Calea Rășinari, Tel. 252913.

Kultours Touristik, im Luxemburg-Haus am Kleinen Ring/Piață Mică 16, Tel. 216854, www.kultours.ro. Stadtführungen (auch auf Deutsch), Tagestouren in die Umgebung, umfangreiches Informationsmaterial, Stadtpläne, Wanderkarten, Bücher, Postkarten.

Romsilva (Silvică Sibiu) erteilt Auskünfte rund ums Wandern, Jagen, Fischen, Calea Dumbrăvii 140, Tel. 242411, 240502, 211854, Fax 214970, www.dssibiu.ro (rum.).

Erasmus Büchercafé, Jens und Liana Kielhorn, Str. Mitropoliei 30, www.buechercafe.ro (dt.).

Samuel-von-Brukenthal-Stiftung, Piață Huet 2, Tel./Fax 211203, www.brukenthal.org (dt.).

Fahrradverleih: in den Hotels, in der Jugendherberge und im Luxemburg-Haus.

Die Anreise mit dem Flugzeug ist über München mit Carpatair oder Tarom möglich. Der Flughafen liegt einige Kilometer westlich der Stadt. Es gibt eine Schnellbuslinie zwischen Flughafen und Bahnhof.

Vom östlich des Stadtzentrums gelegenem Bahnhof Sibiu aus hat man gute Zugverbindungen nach Brașov, București, Alba Iulia, Deva und Cluj-Napoca, aber auch nach kleinen Gebirgsorten wie Avrig, Porumbacu de Jos, Ucea, Viștea, Voila, Făgăraș, alles Orte, die Ausgangspunkte für Wanderungen ins Gebirge sind.

Der Busbahnhof (Autogara Sibiu) liegt am Bahnhofsvorplatz. Die Anreise mit

dem Bus ist von vielen europäischen Ländern möglich, folgende Unternehmen bieten Verbindungen an: **Atlassib** (www.atlassib.ro, dt.) **Transmixt** (www.transmixt.ro, rum.) und **Titan Trade** (www.titantrade.ro, rum.).
Am Bahnhofsvorplatz starten auch die innerrumänischen Busse in alle Richtungen. Sie verbinden Sibiu mit Făgăraș, Avrig, Porumbacu de Jos, Sebeșul de Sus, Cârtișoara.
Ebenso gibt es Minibusverbindungen in die umliegenden Orte, aber auch in weiter entfernte rumänische Städte.

Hotel Împăratul Romanilor, 3 Sterne, Strada Bălcescu 4, Tel. 216500, Fax 213278, www.imparatulromanilor.ro. EZ 60 Euro, DZ 90 Euro. Das Hotel, direkt im Stadtzentrum in einem renovierten Gebäude der Jahrhundertwende, hat eine schöne Atmosphäre und ein gutes Restaurant. Ein bewachter Parkplatz steht zur Verfügung.
Hotel Korona, Str. Luptei 8, Tel. 0269/225533, www.pensiunea-korona.ro (rum.). Das sympathische Hotel liegt abseits vom Zentrum, ist schlicht, sauber und ruhig. Es gibt ein beliebtes Restaurant mit guter traditioneller Küche.
Pensiunea Casa Luxemburg, Piață Mică 16, Tel./Fax 216854, www.casaluxemburg.ro (dt.). Das Haus konnte dank der Unterstützung Luxemburgs aufwendig renoviert werden. Neben einem Café werden wenige, liebevoll gestaltete Gästezimmer vermietet.
Jugendherberge der Altstadt, Piață Mică 26, Tel. 216445. www.hostelsibiu.ro. Die äußerst liebevoll geleitete Jugendherberge mitten im Zentrum bietet 25 Betten und einfache, aber moderne Gemeinschaftsbäder und Aufenthaltsräume.

Crama Sibiul Vechi, Strada Papiu Ilarian 3, Tel. 210461, 12–24 Uhr. Ein Kellerrestaurant mit rustikaler Ausstattung, typischer Küche und traditioneller Musikbegleitung, man sollte unbedingt reservieren.
Restaurant und Weinkeller Pivnița de Vinuri, Str. Turnului 3, Tel. 210319. Gepflegtes Ambiente in renovierten Kellergewölben der Altstadt.
Atrium Classic Café, Piață Mică 16, am Abend Pianomusik, 10–3 Uhr.
Café del Sol, Piață Mică 24, Kultur und Café, 12–24 Uhr.
Imperium Pub, Str. Nicolae Bălcescu 24, vielfältiges Getränkeangebot, Live-Musik, vor allem Jazz. 11–2 Uhr.
Liquid Club, Str. Dobrun 1, Do–So 22–6 Uhr, einheimische und ausländische Diskomusik.

Nationalmuseum Samuel von Brukenthal, Piață Mare 4–5, Tel. 217691, Di–So 10–18 Uhr, www.brukenthalmuseum.ro.
Geschichtsmuseum im Altembergerhaus, Str. Mitropoliei 2, Tel. 218143, Di–So 10–17 Uhr. Das Museum präsentiert seit 2007 in einer Dauerausstellung ein antikes und mittelalterliches Lapidarium, Waffen und Rüstungen, Dokumentationen der Zünfte von Sibiu, Gläser und Schmuck.
Apothekermuseum, Piață Mică 26, Tel. 218191, Di–So 10–16 Uhr.
Naturhistorisches Museum, Str. Cetății, Tel. 101782. Das Museum beherbergt die Herbarien der bedeutendsten Botaniker, die Siebenbürgen bereist und besammelt haben. Di–So 10–17 Uhr.
Jagdmuseum August von Spiess, Str. Școala de Înot 4, Tel. 101784, www.

▶ Karte siehe hintere Umschlagklappe

brukenthalmuseum.ro. Di–So 10–16 Uhr.

Nationaler Museumskomplex Astra, umfasst das Völkerkundemuseum Franz (Piață Mică 11), eine Bibliothek (Str. G. Barițiu,am Astra-Park), sowie ein Freilichtmuseum südlich der Stadt (Str. Calea Rășinari), Tel. 218195, www.muzeulastra.ro. Di–So 10–18 Uhr.

Sächsisches Volkskundemuseum Emil Sigerus, im Casa Artelor, Piață Mică 20–21, Tel. 436960.

Parcul Tineretului/Jugendpark, am ehemaligen Krautmarkt, Klettermöglichkeit an neu installierter Kletterwand am östlichen Ende des B-dul Corneliu Coposu.

In den Sommer- und Herbstmonaten bietet die Stadt ein umfangreiches Kulturprogramm: Jazz, Theater, Film, Rockmusik.

Sibiu-Jazz-Festival, im Mai, www.sibiujazz.eu.

Sibiu Internationales Theaterfestival, im Mai und Juni, www.sibfest.ro.

Sibiu Artmania, im Juli, drei Tage Rock, Getöse, Freiheit, Kunst, www.artmaniafestival.ro (dt.).

Mittelalter-Festival Cetăți Transilvăne, letztes Wochenende im August, www.cetatitranssilvane.eu.

Internationales Festival Jazz and More, im Oktober, www.jazzandmore.ro (rum.).

Astra Filmfest, im Oktober, www.astrafilm.ro (rum.); Motto: der Dokumentarfilm als Mittel der kulturellen und interkulturellen Begegnung.

Töpfermarkt, erstes Wochenende im September auf der Piață Mare.

Internationales Folklorefestival Cântecele Munților, 1–6. August. Hier werden Volkslieder, Volkstanz, Trachtenumzüge und ein großer Markt mit traditionellen Erzeugnissen geboten.

Die Umgebung von Sibiu

In unmittelbarer Umgebung von Sibiu liegen unzählige Dörfer mit schönen Kirchenburgen und Mineralquellen.

In **Cristian** (dt. Großau, ung. Keresztény-sziget), einem typischen Sachsendorf am Cibin, steht die Servatiuskirche, deren gotische Umgestaltung vom berühmten Hermannstädter Baumeister Andreas Lapicida geleitet wurde. Während der aufkeimenden Kuruzenunruhen fand in der Kirche 1690 ein siebenbürgischer Landtag statt, bei dem Emmerich Thököly zum Fürsten ausgerufen wurde. Die Kirchenburg dient heute als Museum für gesichertes Kulturgut der sich auflösenden lutherischen Gemeinden.

Wie Cristian wurde auch **Apoldu de Sus** (dt. Großpold) zur Heimat für zwangsumgesiedelte Landler, hier vorwiegend aus dem Salzkammergut. Die Gemeinde lebte lange vom Obst- und Weinbau.

Miercurea Sibiului (dt. Reussmarkt, ung. Szerdahely) im Unterwald war zunächst von Szeklern, später von deutschen Siedlern geprägt. Auf der Nordseite des großräumigen Marktplatzes steht die von einer Mauer umgebene Mathiaskirche. Ihre Wehrgänge mit integrierten Vorratskammern sind noch gut erhalten. Ebenso die hölzernen Vorratstruhen für das Korn. Miercurea Sibiului ist Geburtsort des rumänischen Bildhauers Corneliu Medrea (1888–1964), dem am Marktplatz mit einer Büste gedacht wird.

Dobârca (dt. Dobring, ung. Doboka) liegt im Süden von Miercurea Sibiului und besitzt eine mehrfach umgebaute Kirchenburg.

Rusciori (dt. Reußdörfchen ung. Roszecsür) ist ein Dorf mit einer interessanten Geschichte. Als im Mittelalter die Bogumilen wegen ihres Glaubens Bulgarien verlassen mussten, kamen viele von Vidin aus bis nach Siebenbürgen, wo sie hier und nachweislich in Bungard (dt. Baumgarten, ung. Bongárd) und Cergăul Mic (dt. Kleinschergied, ung. Bolgárcserged) eine neue Heimat fanden. Ihre Nachkommen nahmen im Laufe der Zeit den lutherischen Glauben an, sprachen Rumänisch und Bulgarisch; sie bezeichneten sich aber verschiedentlich als Sachsen.

Şura Mică (dt. Kleinscheuern ung. Kiscsür) ist ein Agrarzentrum und selbstverständlich im Besitz einer Kirchenburg.

Straßendörfer im Norden von Sibiu

Die DN14 führt von Sibiu nach Mediaş. An dieser Strecke liegen viele sächsische Dörfer mit Kirchenburgen, aber auch Industrie, die teilweise verrottet ist. Leider haben viele Straßendörfer ihre Einheitlichkeit und besondere Prägung eingebüßt, weil wahllos, willkürlich und ohne Gefühl für hiesige Traditionen unpassende Neubauten in die Straßenzeilen eingefügt wurden.

Dies ist auch auffällig in **Şura Mare** (dt. Großscheuern, ung. Nagycsür), einer ehemals deutschen Siedlung. Historisch bedeutsam war der 6. August 1849, an dem hier vor Ort den ungarischen Revolutionstruppen unter General Bem jene entscheidende Niederlage zugefügt wurde, die zum Zerfall seines siebenbürgischen Heeres führte. Abseits der Hauptstraße steht die dreischiffige romanische Basilika mit gotischen Umbauten und einer Bewehrung. Im Inneren sind ein schönes gotisches Gewölbe und das reich bemalte Gestühl zu sehen. Außerdem werden farbige Gestühle aus Drăuşeni hier verwahrt.

Slimnic (dt. Stolzenburg, ung. Szelindek) war eine der frühen deutschen Siedlungen, die sich bis heute mit ihrer großen Bauernburg des 13. Jahrhunderts von ferne her bemerkbar macht. Ihre Ruinen können begangen werden. Unterhalb der Burg steht die ummauerte gotische Bartholomäuskirche.

Ruşi (dt. Reußen, ung. Rusz) ist ein Name slawischen Ursprungs. Im ehemaligen Hörigendorf stand eine ältere evangelische Kirche, die 1782 erneuert wurde.

Die Burgruine von Slimnic

▲ Karte S. 108

Ocna Sibiului

Von Sibiu bietet sich ein Schlenker ins zwölf Kilometer Richtung Nordwesten entfernte Ocna Sibiului (dt. Bad Salzburg, ung. Vizakna) an. Das am 2. September 1846 offiziell eröffnete Kurbad wird von der **Jugendstilarchitektur** des ungarischen Architekten Ödon Lechner geprägt.

Sehenswert ist die orthodoxe **Erzengelkirche**, eine Saalkirche, die Michael der Tapfere anstelle einer älteren Holzkirche stiftete. In ihr befinden sich Malereien von 1723.

Die versteckt liegende **reformierte Kirche**, eine dreischiffige Basilika mit gotischem Chor und Netzgewölbe, stammt aus der Zeit vor dem Tatareneinfall. Sie gilt einschließlich der sie umgebenden Burgmauer als eines der ältesten Baudenkmäler Südsiebenbürgens. Ihr Bau wurde während des Tatarensturms 1240 unterbrochen und erst im Jahr 1280 beendet. Im Jahr 1441 nutzten sie die Mezid-Beg-Truppen, die Sibiu belagert hatten, als Magazin. Johann Hunyadi vertrieb die Türken, die daraufhin die Kirche in Brand steckten. 1506 entstand ein gotischer Neubau. Eine Kostbarkeit der Kirche ist ein **romanisches Relief** über dem Eingang auf der Südseite. Es stellt zwei Leoparden dar, zwischen denen sich ein mit lilienförmigen Blättern stilisierter Baum, ein Lebensbaum, befindet. Im Inneren der Kirche blieben unter dem Verputz **Malereien** erhalten. Eine zeigt den Verrat des Judas, eine andere die Kreuzigung und eine dritte die Grablegung. Im Jahre 1596 ging die Kirche in den Besitz der reformierten Gemeinde über. Nach der Reformation nutzten sächsische Lutheraner und ungarische Calvinisten die Kirche gemeinsam.

Besondere Anziehungskraft haben die **Salzseen**. Reiche Salzvorkommen wurden hier seit vorgeschichtlicher Zeit bis ins 20. Jahrhundert gefördert. Als man die Förderung im Jahr 1930 einstellte, ließ man die Gruben offen. Sie stürzten ein, was zur Entstehung von 15 Salzseen führte. Unter ihnen wurde der **Lacul fără fund**, der See ohne Grund, wegen dem hier anzutreffenden Heliothermie-Phänomen zum Naturschutzgebiet erklärt. Durch Salzschichtung ist das Wasser in der Lage, Wärme, die durch Sonneneinstrahlung entsteht, bis in den Winter zu speichern. Zum Baden und Kuren laden ein: der 20 Meter tiefe **Tököly-See**, mit einem Salzgehalt von 310 Gramm pro Liter und der **Schwalben- oder Avram-Iancu-See**, mit 126 Metern das tiefste Gewässer am Ort. An seiner Oberfläche hat man Temperaturen von 30 °C, in zwei Meter Tiefe von 46 °C gemessen. Nach dem Zweiten Weltkrieg war der Badebetrieb verstaatlicht und 1997 eingestellt worden; 2006 wurde das Bad offiziell neu eröffnet. Seitdem stehen Badepavillon und der Kurkomplex mit Hotels wieder zur Verfügung.

Jugendstil-Badeanstalt in Ocna Sibiului

Ocna Sibiului

Touristeninformation, Str. Mihai Eminescu 1, Tel. 02 69/54 11 77, www.ocnasibiului.ro (dt.).

Kurkomplex Ocna Sibiului, Tel. 02 69/57 73 48, rezervari@ocnasibiului.ro. Der Komplex fällt sofort durch seine Jugendstilbauten auf.

Hostel Perla, Str. Băilor 19 A, Tel. 02 69/21 56 29.

Cisnădie

Die einst reiche sächsische Siedlung Cisnădie (dt. Heltau, ung. Nagydisznód) etwa zehn Kilometer südlich von Sibiu konnte ihren ursprünglichen Charakter bewahren. Schmucke, renovierte Häuser flankieren die Hauptstraße. Seit der Frühzeit betrieb man hier Landwirtschaft und Handwerk, vor allem das Schmiedehandwerk und die Wollweberei. Enge Handelsbeziehungen wurden seit der Frühzeit zur Walachei gepflegt. Die jüngste wirtschaftliche Entwicklung ist allerdings vom Zusammenbruch der ortsansässigen Textilindustrie geprägt.

Ein **Kriegsgräberfriedhof** erinnert an die rumänischen Opfer des 27. September 1916, deren Heer von General von Falkenhayn hier aufgerieben wurde. Im Ort bestand von 1944 bis 1955 ein sowjetisches Gefangenenlager. Außerdem fand 1959 ein Schauprozess gegen deutsche Jugendliche statt, der als Heltauer Prozess in die Geschichte einging.

Im Zentrum steht die ehemals der heiligen Walpurga geweihte **Kirche**, deren gotischer Turmhelm weithin zu sehen ist. Die Kirche romanischen Ursprungs wurde im 15. Jahrhundert zur gotischen Kreuzkirche und Kirchenburg mit dreifacher Ringmauer umgebaut. Jeder Ring wurde mit einem Wehrgang ausgerüstet. Zwischen dem ersten und zweiten Ring lag der Wassergraben. Zeitgleich entstanden die Verteidigungstürme und die auf Steinbögen ruhenden Wehrgänge. Wohnhäuser sind dem Komplex vorgebaut. Der Westturm erhielt sein heutiges Aussehen 1792, wurde aber wiederholt durch Blitzeinschlag geschädigt.

Das Innere präsentiert sich als typisch siebenbürgische Kirche mit umklappbaren Holzbänken und einer später hinzugefügten Holzempore. Im gotischen, eingezogenen Chor befanden sich einst Wandmalereien.

Der Kirchenschatz Vasa Sacra, während der Reformation versteckt und 1795 geborgen, beinhaltet Preziosen aus getriebenem, vergoldeten Silber. Die Schätze befinden sich heute im Brukenthal-Museum in Sibiu Weniges bleibt in Siebenbürgen zwischenzeitlich vor Ort, weil die Sicherheit der Kunstwerke nicht mehr gewährleistet werden kann. Den Kirchenschlüssel bekommt man bei Robert Bell, Str. Cetății Nr. 1–3, Tel. 02 69/56 45 97.

In der Kirche von Cisnădie

▶ Karte S. 108

Cisnădioara

Oberhalb der Ortschaft Cisnădioara (dt. Michelsberg, ung. Kisdisznód), inmitten eines Obstanbaugebietes, steht die schlichte, romanische **Michaelskirche**. Bei guter Sicht erschließen sich vom Ort atemberaubende Ansichten der Munții Făgăraș mit der Kirchenburg im Vordergrund. Den Schlüssel zur Kirche erhält man direkt in jenem Haus, wo der Fußweg zur Kirche beginnt. Die Michaelskirche entstand vor dem Mongoleneinfall im Jahr 1241 als Basilika mit offenem Dachstuhl, der hier in Bruchsteinmauerwerk ausgeführt ist. Sie ist die einzige erhaltene Wehrkirchenanlage aus der ersten Entstehungsphase solcher Burgen. Laut einer Urkunde wurde sie im Jahr 1223 der Abtei in Cârța geschenkt und ging nach deren Auflösung in die Hand der Stadt Sibiu. Auf dem Gelände, das Ende des 13. Jahrhunderts mit einer Mauer umgeben wurde, liegt noch immer ein Vorrat mächtiger Steinblöcke, die in Krisenzeiten auf den Feind hinabgerollt wurden. Das Westportal, nach dem Einfall der Mongolen errichtet, gilt als eines der ältesten Steinmetzarbeiten in Siebenbürgen. Im Chor wurde eine Gedenkstätte für die gefallenen Deutschen und Österreicher im Ersten Weltkrieg geweiht.

Da die Ortschaft über wenig Ackerboden verfügte, beschäftigte man sich mit Obstbau, Korbflechten und Fassbinden, für die vom 16. bis 18. Jahrhundert eigene Zünfte bestanden. Auch das Weben hatte einen hohen Stellenwert. Ende des 19. Jahrhunderts avancierte das Dorf zur beliebten Sommerfrische für die reicheren Bürger von Sibiu, Villen entstanden. Das Elim-Heim der lutherischen Landeskirche existiert bis heute. Im Jahr 2008 wurde ein neues **Dorfmuseum** eröffnet.

i Cișnadie

Touristeninformation, Str. Cetății 1, Tel. 02 69/56 12 36, info_cisnadie@sibiu-turism.ro, www.cisnadie.ro.
Textilmuseum, Str. Apărări 2, Tel. 04 28/85 60 27. Mo–Sa 8–16 Uhr.

Cisnădioara

Pensiunea Sub Cetate, Tel./Fax 02-69/56 25 76, mobil 07 40/22 00 49, subcetate@sinecon.ro. Nette Familienpension mit kleinem Biergarten.

Das Freizeitgebiet Măgura im Valea Tocile

Nur zwölf Kilometer von Sibiu entfernt befindet sich das relativ junge Freizeitgebiet Măgura (dt. Götzenberg) zwischen den Ortschaften Cisnădie und Sadu (dt. Zoodt). Markierte Wanderwege, zwei Mountain-Bike- sowie ATV-Trassen, zwei beleuchtete Skipisten, Startplätze für Paraglider, Motorsegeln und Fliegen mit Ultraleichtflugzeugen bieten abwechslungsreiche Möglichkeiten, ganz besonders für junge Leute. Wettbewerbe werden angeboten.

›XVenture‹ bietet Fahrten mit Enduro, Allrad, ATV- und Snowmobilfahrzeugen sowie Heliski, Tel. 07 31/27 08 88, www.xventure.net.

›Mountyride‹ veranstaltet Bergwanderungen, Radtouren, Kajak- und Kanufahrten, ist Kletter-und Skischule und verleiht Ausrüstungen, Tel. 07 22/40 89 33,

Wandern und Skilaufen in den Munții Cindrel

Im Umland von Sibiu lädt eine beeindruckende Landschaft zum Wandern, Skisport, Fahrradfahren, Pilze- und Beerensammeln und Kuren ein. Höchster Gipfel der Munții Cindrel (dt. Zibingebirge) ist der **Cindrel** mit 2244 Metern, der berühmteste Ort ist **Păltiniș** (dt. Hohe Rinne), ein Höhen-Luftkurort und Wintersportgebiet von Sibiu, das bereits im 19. Jahrhundert erschlossen wurde. Eine Nebenstraße führt gute 30 Kilometer südlich von Sibiu zunächst durch die Schäferdörfer (s.u.). Das letzte große Dorf ist **Rășinari**. Anschließend beginnt eine serpentinenreiche Strecke zum Luftkurort Păltiniș in 1443 Metern Höhe.

Entlang der Strecke haben sich eine ganze Reihe Hotels und Pensionen angesiedelt. Das Skigebiet ist klein, bietet eine 1200 Meter lange Skipiste mit 240 Metern Höhendifferenz, einen Sessellift und mehrere Schlepplifte. Daneben kann man Langlaufsport betreiben und Skitouren unternehmen. Im Sommer und Herbst kann man auf markierten Wegen wandern. Außerdem kann man zum Paragliding starten.

Wanderung im Cindrel-Gebirge

▸ **Păltiniș → Șanta → Poiana Lupilor → Grădina Oncești → Vf. Oncești (1713 m)**

Markierung: rotes Band, 3–4 Stunden.

Von Păltiniș geht man auf gleichbleibender Höhe bis Șanta, nach ca. 1 Std. kommt man am Försterhaus vorbei. Es folgt ein leichter Anstieg bis nach Poiana Lupilor (Wolfslichtung), wo man auf den Hauptkammweg trifft. Ein steiler Aufstieg führt zum Grădina Oncești (Oncești-Garten). Ein Abzweig nach rechts verlässt die Markierung rotes Band und führt bis zu einem Forstweg, der in einem leichten Anstieg zur Skipiste führt. Von dort kann man entweder mit dem Sessellift abfahren oder den Abstieg zu Fuß entlang der Lifttrasse beginnen.

▸ Karte S. 108

Păltiniș

Hostel Trecătoaraea Cerbilor, Tel. 0740/313610, sibiu@e-tineret.ro.
Pensiunea Perla Păltinișului, 4 Sterne, Tel. 0269/502200, www.perla-paltinisului.ro (dt.). Hier werden Mountainbiketouren, ATV, Kajak, Tennis, Fußball, Paintball, Billard organisiert.

Die Schäferdörfer um Sibiu

Die Schäferdörfer (rum. Mărginimea, Szeben-Hegyalja) liegen am Übergang vom Cindrel-Gebirge zur Niederung von Sibiu. Im Mittelalter war die Region immer mal wieder an die Woiwoden der Walachei vergeben worden, wie im 15. Jahrhundert an Mircea cel Bătrân. Hier lebten und leben viele Schäfer, die sich von der traditionellen Schafzucht auf den alpinen Weiden ernähren. 18 Hirtendörfer werden dazu gezählt, die sich von Boița (dt. Ochsendorf, ung. Boica) bis zu dem in etwa 1000 Metern Höhe gelegenen Jina (dt. Schinna, ung. Zsinna) erstrecken. Bekanntere unter ihnen sind Tălmaciu (dt. Talmesch, ung. Nagytalmács), Sibiel (dt. Budenbach) und Săliște (dt. Großdorf, ung. Szelistye). Gelegentlich werden darüber hinaus auch Cisnădie und Cisnădioara dazugezählt. Seit alters her werden in dieser Region überlieferte Traditionen der Hirten, ihre Bräuche und Lieder gepflegt. Die Menschen sind Meister in der Bearbeitung von Wolle, Leder und Holz. Sie begeistern mit ihrer Kunst der Hinterglasmalerei und ihren vorwiegend schwarz-weißen Trachten, die sie vor allem zu traditionellen Festen tragen.

Tilicșa

Tilicșa, seit prähistorischer Zeit besiedelt, erhielt unter den Dakern den Namen Sacidava und eine Burg. Die Römer bezeichnete die Siedlung als Tiliscum, woraus unter den Slawen Telesca wurde. Die gesicherten Ruinen der Dakerburg und eine mittelalterliche Ruine können gemütlich erlaufen werden.

Răşinari

Răşinari, ein größeres Dorf am Fuß des Cindrel-Gebirges, soll von rumänischen Harzsammlern und Hirten unweit einer großen Grenz- und Fliehburg der Bürger von Sibiu entstanden sein. Hier findet man heute die Gedenkstätten für Émile Cioran und Octavian Goga (1881–1931) sowie das Grab des griechisch-katholischen Bischofs Dionisie Novacovici in der alten mit Wandmalereien geschmückten Paraskevakirche. In der neuen orthodoxen Kirche mit Friedhof fand der bedeutende Metropolit Andrei Şaguna 1904 seine letzte Ruhe. Von Răşinari aus besteht die Möglichkeit nach Păltiniş aufzusteigen.

Sibiel

In **Sibiel** fühlt man sich in die Vergangenheit zurückversetzt. Besonders sehenswert ist hier das pittoreske Museum für alte rumänische Hinterglasikonen. Im gut erhaltenen Dorfkern finden regelmäßig Folkloreveranstaltungen und traditionelle Volksfeste statt, und zu den Resten der Festung Salgo lässt sich von hier aus schön wandern.

Sălişte

Sălişte (dt. Grossendorf) gehörte zu jenen walachischen Orten, die Nicolaus von Talmesch einst dem König zurückerstattete. Zusammen mit Galeş (dt. Gallusdorf), Vale (dt. Grabendorf), Cacova (dt. Krebsbach und Sibiel (dt. Budenbach) bildete Sălişte das sogenannte Hamlescher Lehen (Lehen von Amnaş), das einschließlich Amnaş (dt. Hamlesch) zuerst dem walachischen Wowoden Vlaicu und im Jahr 1383 dem siebenbürgischen Bischof Gobelinus vergeben wurde. Erst um 1428 ging es wieder in die Hand der walachischen Woiwoden zurück, wo es von Mircea d. Älteren bis zu Laiota Basarab blieb. Matthias Corvinus schließlich vergab 1472 das Lehen

Bei Păltiniş im Cindrel-Gebirge

den sächsischen Stühlen. Bis in die Zwischenkriegszeit stand hier eine der ältesten Steinkirchen Rumäiens. Zwei barocke Kirchen aus dem 18. Jahrhundert blieben erhalten. In Săliște und Gura Râului (dt. Auendorf) haben sich Agro-Tourimusbetriebe etabliert, die ökologischen Anbau bieten.

Șelimbăr

Șelimbăr (dt. Schellenberg, ung. Sellenberk) liegt vor den Toren von Sibiu und wurde berühmt durch die Schlacht am 28. Oktober 1599, in der walachische Woiwode Michael der Tapfere den siebenbürgischen Fürsten Andreas Báthory unter Generalleutnant Gáspar Kronis besiegte. Der Sieger besetzte daraufhin den fürstlichen Hof in Alba Iulia, während der in Richtung Polen fliehende Andreas Báthory bei Sândominic getötet wurde. Michael wurde nun der kaiserliche Statthalter Rudolfs II. und ließ sich zum siebenbürgischen Fürsten ausrufen. Eine relativ gut erhaltene Basilika mit barocker Innenausstattung steht im Ort.

Schäferdörfer

Vorwahl: +40/(0)269.

Touristeninformationen gibt es in Rășinari, Str. Sibiului, Tel. 557200, in Sibiel, Str. Principală 298, Tel. 552560, und Săliște, Piață Junilor 2, Tel. 553512, www.saliste-sibiu.ro (rum.).

Übernachtungsmöglichkeiten stehen in familären Gästehäusern in fast jedem dieser Dörfer zur Verfügung. Unter anderen in Rășinari das **Gästehaus Badiu**, Str. Octavian Goga 786, Tel. 557359, in Săliște die **Pension Casa cu Livada**, Str. Steaza 16, Tel. 553740, in Sibiel das **Gästehaus Reghina**, Str. Principală 290, Tel. 552559.

In der Region gibt es zahlreiche kunsthandwerkliche Werkstätten und Museen:

Galeș, Volkskundliches Museum Maria Costăchescu, Tel. 553979, Mo–Fr 8–16 Uhr.

Jina, Volkskundliche Sammlung Jina, Nr. 428, Tel. 532142, tgl. 8 –14 Uhr und 16–20 Uhr.

Rășinari, Werkstatt des Malers Vasile Frunzete, Nr. 335, Tel. 557037, Mo–Fr 10–12 Uhr und 15–18 Uhr kann man dem Maler bei der Herstellung seiner naiven Bilder zuschauen.

Rășinari, Volkskundliches Museum, Str. Muzeului 184, Tel. 557717.

Sibiel, Ikonenmuseum Preot Zosim Oancea, Str. Bisericii 329, Tel. 552536, Mo–Fr 8–16 Uhr.

Săliște, Kulturmuseum Vila Peligrad, Piață Eroilor 8, Tel. 0269/42883, Mo–Fr 8–16 Uhr.

Săliște, Museum des orthodoxen Stadtpfarramtes, Piață Eroilor, 6, Tel. 0269/553304, Mo–Fr 8–16 Uhr.

Săliște, Radu Ilies Hutmacherwerkstatt, Str. București 21, Tel. 553308, Mo–So 10–18 Uhr. Radu stammt aus einer Hutmacherfamilie die seit Generationen dieses Handwerk ausübt. Sein Vater Virgil engagierte sich nach 1989 für die Wiederbelebung des Vereins für Kunsthandwerker.

Sibiel, Gästehaus und Hinterglasmalerei-Werkstatt, Str. Principală 325, Tel. 552573, Mo–So 10–18 Uhr. Adriana Olțean malt seit 20 Jahren Hinterglasikonen und unterhält ein kleines Gästehaus.

Sibiel, Eugenia Pau und ihre Enkelin Aurelia unterhalten eine kleine Werkstatt für **Hinterglasmalerei** und **ge-**

▶ Karte S. 108

webte Textilien. Außerdem werden Gäste in Eugenias **Gästehaus Bunica** herzlichst willkommen geheissen. Hier kann man selbst gemachten Apelsaft und Himbeersirup verkosten.
Tilișca, Weberei, Doina Petrea webt seit ihrem 15. Lebensjahr und hat im Ort eine kleine Werkstatt, die besichtigt werden kann. Str. Școlii 484, Tel. 55 42 44, Mo–So 10–18 Uhr.

Volksfeste:
Tălmăcel, Udatul Ionilor, 7. Januar.
Gura Râului, Fest der Alpenrose, Juli.
Tilișca, Hirtenfest, 15. August.
Rășinari, Käse- und Țuica-Fest, Ende August.
Jina, Folklorefestival Sus pe muntele din Jina, Juli.

Țara Oltului– das Altland

Die Țara Oltului (dt. Altland) liegt nördlich der Făgăraș-Berge in der Au des Flusses Olt (dt. Alt), wo in ländlichen Siedlungen schöne Bauwerke stehen und eine ethnographisch interessante Bevölkerung lebt. Bei Arpașu de Jos tritt der Olt in den Kreis Sibiu ein. Entlang des Olts, der mehrfach aufgestaut wurde, erreicht man zahlreiche Ortschaften mit interessanten Kirchenburgen.

Die Zisterzienserabtei Cârța

Am linken Ufer des Olt stand einst eine reiche Zisterzienserabtei. Um diese Abtei hat sich das Dorf Cârța (Kerz/Kerc) entwickelt. Umzäunt und von einem schönen Garten umgeben, liegen die immer noch beeindruckenden Reste der ehemaligen Klosteranlage. Den Schlüssel zur Anlage holt man sich im dahinter liegenden Pfarrhaus, wo es auch Ansichtskarten zu kaufen gibt.
Cârța war südöstlichster Vorposten des Zisterzienserordens. Die mittelalterliche Anlage entstand als Tochterkloster des Zisterzienserklosters Igriș (dt. Egresch, ung. Egres) im rumänischen Banat, von dem leider nichts mehr erhalten geblieben ist. Die Entstehung von Cârța wird auf Schenkungen durch König Andreas Anfang des 13. Jahrhunderts zurückgeführt. Nach dem Mongoleneinfall 1241 und den Verwüstungen durch die Türken im Jahr 1421 wurde das Kloster jeweils erneuert. Als jedoch unter dem Wiener Abt Reymund Bärenfuß die Sittenlosigkeit überhand nahm, löste es König Matthias Corvinus auf. Die Besitzungen fielen an die Stadtpfarrkirche von Sibiu.
Den Zisterziensern, Experten der Landwirtschaft, ist die Urbarmachung der umliegenden Wildnis zu verdanken. Die katholische Mission der Zisterzienser fand hier in einem Gebiet statt, in dem die Gotik weitgehend unbekannt war. Dies hatte baukünstlerisch bahnbrechende Wirkung für Siebenbürgen.
Die nur noch **in Ruinen erhaltene Kirche** der Frühgotik war einst 54 Meter lang. Ihr Chor wurde für den Einbau der protestantischen Kirche im 16. Jahrhundert genutzt. Im Original sind der Chor, die Vierung, ein Teil des Querschiffes, die Außenwände vom Seitenschiff, drei Pfeiler vom Hauptschiff, der Torturm und die Ruinen der ehemaligen Klostergebäude erhalten. Im ehemaligen Hauptschiff der Kirche befindet sich seit 1928 ein **Friedhof** mit Gräbern von deutschen Gefallenen des Ersten Weltkrieges.
Săcădate (ung. Oltszakadát) gehörte einst zur Domäne von Kerz. Hier steht eine frühe romanische Kirche, deren stark verwittertes romanisches Westportal eine Idee von der hohen Kunstfertigkeit der Steinmetze gibt.

Avrig

Nur wenige Kilometer von Sibiu entfernt liegt Avrig (dt. Freck, ung. Félek) wo bis heute die Glasindustrie, einst von Böhmen hierher gebracht, angesiedelt ist. Der Gouverneur Samuel von Brukenthal unterhielt neben seinem Stadthaus in Sibiu, seinem Gestüt in Sâmbata de Jos hier in Avrig unweit vom Oltufer und am Fuße der Südkarpaten eine Sommerresidenz mit einem Mustergut mit Tierhaltung, Gemüseanbau und Obstgärten. Hier verbrachte er seinen Lebensabend, hier frönte er seiner Liebe zur Botanik. Berühmtheit erlangten die weißen Büffel von Gut Avrig. Nach zähem Ringen erhielt die evangelische Kirche den ehemaligen Brukenthalbesitz in Avrig zurück, den sie wie andere Objekte aus dem Brukenthalerbe der Samuel-von-Brukenthal-Stiftung unterstellte.

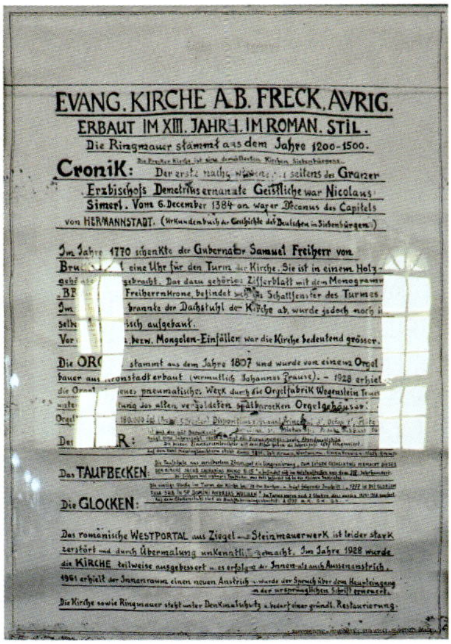

Tafel in der Kirche von Avrig

Das **Schloss** in Avrig, gerne als Versailles Siebenbürgens bezeichnet, präsentiert sich heute eher als traurige Bilanz eines würdelosen Umgangs mit Kulturgütern. Eine grundlegende und qualitativ anspruchsvolle Sanierung konnte bisher nicht umgesetzt werden. Das Schloss ist eine typisch barocke Dreiflügelanlage, außen schlicht, zum Ehrenhof prächtiger, die sich zu einem französischen Garten öffnet. Eine Freitreppe führt über verschiedene Ebenen zu einer Brunnenanlage und geometrisch angelegten Beeten, Wegen und Alleen in den zwölf Meter tiefer liegenden Parkteil. Daran schließt sich der englische Garten mit geschwungenen Wegen, Wasserläufen und kleinen Plätzen an. Vor der Orangerie lag ursprünglich der holländische Garten, in dem Gemüse, exotische Früchte und Gewürze wie Ananas, Zitronen, Kaffee und Kakao sowie Pfeffer und Muskat gezogen wurden. Im Innern befanden sich eine umfangreiche Bildergalerie und ein Speisesaal mit Landschaftsmalereien von Johann Anton Steinwald.

Das Schloss von Avrig

▲ Karte S. 108

Rund 70 Jahre nach dem Tod des Barons erlosch die erbberechtigte Linie der Familie. Die Besitzungen gingen durch etliche Hände, bis sie schließlich 1908, seinem Testament folgend, an die evangelische Kirche von Sibiu gelangten. Diese richtete ein Erholungsheim ein, das 20 Jahre später um eine Kneippsche Kaltwasserheilanstalt erweitert wurde.

Nach dem Zweiten Weltkrieg wurde das Anwesen verstaatlicht und als Lungensanatorium genutzt. Unterlassene Pflege und unsachgemäße Eingriffe aller Parteien haben Park und Gebäude nachhaltig geschädigt. Die Parkanlage mit einer Fläche von 15,5 Hektar steht seit 1990 unter nationalem Denkmalschutz. Ein Parksanierungsprogramm wurde erstellt, im Zuge dessen ein Obstgarten mit alten siebenbürgischen Obstsorten angelegt wurde. Leider wurden auch Experimente gemacht, denen beispielsweise die über 150 Jahre alten Platanen im französischen Garten zum Opfer fielen. In der ehemaligen Orangerie wurden zwischenzeitlich Gästezimmer eingerichtet. Die Ausführung der Sanierung hat jedoch etwas Provisorisches an sich. Parallel zur öffentlichen Nutzung sollen Teile der Gebäude an Investoren oder Pächter vergeben werden, die sich verpflichten, die Anlage im Sinne des Denkmalschutzes zu sanieren und zu nutzen. Gerne wäre die Einrichtung eines Hotels gesehen.

In der Ortsmitte steht die denkmalgeschützte, stark renovierungsbedürftige, **evangelische Kirche** aus dem 13. Jahrhundert von Resten der Ringmauer umgeben. Besonders kostbar waren die Steinmetzarbeiten des Westportals, die leider dem Zerfall preisgegeben sind. Der Schlüssel zur Kirche befindet sich bei der Familie, die unmittelbar im Kirchhof wohnt. In Avrig wurde der große Gelehrte und Pädagoge Gheorghe Lazăr (1779–1823) geboren; seiner wird im Museum gedacht.

Es gibt einen **Brukenthal-Kulturwanderweg**, der ins vier Kilometer entfernte Săcădate führt.

Avrig

Vorwahl: +40/(0)269.

Touristeninformation: Str. Gheorghe Lazăr 3, Tel. 523 63, info_avrig@sibiuturism.ro.

Pensiunea Balada, im Tal des Flusses Avrigul (Valea Avrigului), Tel. 07 44/ 68 58 03, pensiunea_balada@yahoo.com, www.pensiuneabalada.ro (rum.), Reitmöglichkeit.

Schutzhütte Sărătura Cerbului, im Valea Avrigului, Tel. 52 37 52.

Pensiunea Casa din prund, im 5 km östlich gelegenen Porumbacu de Sus, Tel. 52 27 70, octavian.carstea@yahoo.com.

Camping Salcia Bătrână, in Cârța, Str. Prundului 311, Tel. 52 13 47.

Stadtmuseum Avrig, Str. Gh. Lazăr 3, Tel. 52 31 63, Besichtigung nur nach Anmeldung.

Pasul Turnul Roșu, der Oltdurchbruch

Ab Avrig wendet sich der Flusslauf des Olt nach Süden, wo er eindrucksvoll die Karpaten durchbricht. Sein Lauf über die Grenze von Siebenbürgen wird von der Bahntrasse in die Walachei, und einer Nebenstraße begleitet, die auf das 19. Jahrhundert zurückgehen. Auf Siebenbürgischer Seite erreicht man zunächst **Racovița**, eine Siedlung, die ab 1761 Teil der habsburgischen Militärgrenze war.

Von **Sebeșu de Sus** (dt. Ober-Schewesch, ung. Felsösebes) lassen sich Wanderungen in die Südkarpaten unternehmen. Beliebt ist der Aufstieg zur Cabana Suru auf 1130 Metern Höhe.

Auf einer Terrasse in den Flussauen liegt **Turnu Roșu**, das seit 1964 diesen Namen trägt und früher Porcești (dt. Schweinsdorf, ung. Porcsesd) hieß. Matei Basarab, Woiwode der Walachei von 1632 bis 1654, brachte der Walachei nicht nur eine längere Friedenszeit, sondern stiftete hier nördlich der Karpaten auch eine orthodoxe Kirche, in der er mit seiner Frau malerisch verewigt wurde.

Südlich von Turnu Roșu, auf einer der Flussterrassen, befindet sich ein **geologisches Naturreservat** (Calcarele eocene de la Turnu Roșu), in dem man Fossilien finden kann.

Eine Brücke über den Olt, bis 1918 Grenzstation zwischen Ungarn und Rumänien, führt nach **Tălmaciu** (dt. Talmesch, ung. Nagytalmáts), eine sächsische Gründung um 1200. Sie gehörte kirchlich zu Sibiu und rechtlich zur ungarischen Krone. Immer wieder musste man sich hier der walachischen Interessen erwehren; zum Beispiel 1396, als der Woiwode Vlaicu sich Zugang zur Făgăraș-Region verschaffen wollte. Während des Ersten Weltkriegs war Tălmaciu 1916 wiederholt Kriegsschauplatz, als die Rumänen nach Siebenbürgen drängten. Es gibt hier natürlich auch eine **mittelalterliche Kirche** mit einem Bering.

Boița (dt. Ochsendorf, ung. Boica) entstand unweit des Legionslagers Caput Stenarum der römischen Kaiserzeit. Mehrere **Befestigungs- und Burgreste** des Mittelalters dokumentieren hier am Oltdurchbruch die Anstrengungen um die Landesverteidigung Siebenbürgens: die Cetatea Coroanei (dt. Landskrone), die Cetatea Turnul Roșu (dt. Roter Turm, ung. Vörös Torony) und die Cetatea Lotrioara (dt. Lauterburg), als die südlichste Anlage, gehören zu jenen Wehranlagen, die 1453 zur Abwehr der Osmanen errichtet wurden.

▲ Karte S. 108

Das Harbachtal auf einer Informationstafel

Das Harbachtal

Das Valea Hârtibaciul (dt. Harbachtal, ung. Hortobágy folyo) untersteht dem Programm Natura 2000. Der Fluss Hârtibaciu entspringt in den Südkarpaten bei Bărcuț (dt. Bekokten, ung. Báránykút) im Kreis Brașov und mündet nach 88 Kilometern durch das Siebenbürgische Hochland in den Olt. Entlang seinem Verlauf wurden zahlreiche Sachsensiedlungen gegründet, deren prägnantestes Zeugnis die Kirchenburgen sind. Eine gute und wenig befahrene Straße führt durch das Tal, das sich daher auch mit dem Fahrrad erkunden lässt. Es bestehen jedoch nicht in allen Siedlungen Übernachtungsmöglichkeiten.

Agnita

Größte Ortschaft des Harbachtals ist Agnita (dt. Agnetheln, ung. Szentágota) mit 12 000 Einwohnern. Am Ufer des Harbachflusses steht die **mittelalterliche Kirchenburg**, mit der der heiligen Agneta geweihten Kirche. Die gotische Hallenkirche entstand anstelle eines Vorgängers im 15. Jahrhundert und ist von Resten ihrer ehemals dreifachen Ringmauer sowie vier heute isoliert um den Kirchenbereich stehenden Türmen umgeben. In der Kirche wird seit dem Jahr 2004 die Orgel von Apoș und ein Altar aus Veseud aufbewahrt. Die Schlüssel bekommt man im Pfarrhaus (Str. Noua Nr. 14, Tel. 02 69/51 09 34). Im 19. Jahrhundert begann hier die Industrialisierung, und der Ort wurde an die Schmalspurbahn angeschlossen.

Ethnographisch ist Agnita berühmt für seine Keramik und den **Urzelnlauf**, einen der vielen Umzüge während des Faschingstreibens. Während des Umzugs am Aschermittwoch ziehen maskierte Gestalten mit Zottelkleidung, Peitschen und Kuhschellen durch die

Kommunistische Spuren in Agnita

Stadt. Bei den ungarischen und rumänischen Mitbewohnern hieß es dann, dass die Sachsen am Überschnappen seien (»când se prostesc sașii«). In einem Barockbau ist das **Harbachtal-Museum eingerichtet**. In der unmittelbaren Umgebung stehen viele schöne Kirchenburgen.

Kirchenburgen im Harbachtal

Brădeni (dt. Henndorf, ung. Hégen) liegt am Oberlauf des Harbachs, der hier zum Lacul Brădeni aufgestaut wurde. Eine massige, turmlose Saalkirche aus Bruchsteinen steht inmitten des Dorfes, ummauert und bewehrt im 15. Jahrhundert. In ihr hatten sich eine Reihe sogenannter Stollentruhen erhalten, die zur Aufbewahrung von Kirchentrachten, Pelzen und später auch von Lebensmitteln dienten. Sie befinden sich heute in Sighișoara in der Bergkirche. Die malerische Kirche wurde grundlegend saniert und besitzt ein **Dorf- und Heimatmuseum**.

Westlich des Sees, fast einander gegenüber, liegen **Netuș** (dt. Neithausen, ung. Néthus), erkennbar am imposanten Wehrturm und Resten einer Ringmauer, und **Noiștat** (dt. Neustadt, ung. Újváros), das als Vorwerk von Movile gegründet wurde, um die Harbachbrücke, die zum Weidegebiet der Szekler führte, zu bewachen. Hier steht eine evangelische Kirche mit Bergfried.

Der Name der etwas südlich gelegenen Siedlung **Movile** (dt. Hundertbücheln, ung. Szászhálom) leitet sich von 100 Haufen oder 100 böchl ab, nach den sie umgebenden Dutzenden von Hügeln. Die Kirchenburg auf der Anhöhe wurde durch zwei Wehrtürme gesichert.

Iacobeni (dt. Jakobsdorf, ung. Jakabfalva), eines der wenigen Angerdörfer Siebenbürgens, liegt in einem Seitental des Harbachtals an der Kreuzung von zwei Bächen. Hier leben heute viele Roma. Das mittelalterliche sächsische Ensemble, bestehend aus Kirchenburg, Schule und Pfarrhaus, wurde an die Ordensgemeinschaft der Salesianer Don Bosco verpachtet, die das Kircheninnere mystisch umgestaltet hat.

Stejărișu (dt. Probstdorf, ung. Prepostfalva) wurde wegen der Überschwemmungen des Harbachs hierher verlegt. Die Kirche mit Bewehrung geht auf das 14. Jahrhundert zurück.

Die Kirchenburg Dealu Frumos

Das Museum in Bradeni

Die Kirchenburg **Dealu Frumos** (dt. Schönberg, ung. Lesses) ist besonders sehenswert, vor allem wegen ihrer Ummauerung mit vielen Türmen, der Bastionen mit weit heruntergezogenen Pultdächern, die ihr einen ausgeprägten Verteidigungscharakter verleihen, und ihrer Mischbauweise aus Stein und Fachwerk. Den Schlüssel findet man bei Hedwig Herbert, Nr. 131, Tel. 0269/517585.

Merghindeal (dt. Mergeln, ung. Morgonda) hat eine im 15. Jahrhundert zur Wehrkirche umgebaute romanische Pfeilerbasilika mit erhaltenen Mauern mit drei Türmen.

Die Kirchenburg von **Bruiu** (dt. Braller, ung. Brulya) steht heute ohne ihre zwei Ringmauern in der Dorfmitte. Ihr kostbarer Altar wurde aus Sicherheitsgründen nach Cișnadie überführt.

Die romanische Kirche von **Veseud** (dt. Zied, ung. Vesszöd), um 1500 wehrbar gemacht und mit Bering umgeben, wird leider dem Verfall preisgegeben.

Die sächsische Siedlung **Bârghiș** (dt. Bürgisch, ung. Bürkös) war nach ihrer Verwüstung im 17. Jahrhundert mit Rumänen und Ungarn besiedelt worden, die hier ihre Kirchen hatten.

▲ Karte S. 108

Apoș (dt. Abtsdorf, ung. Apátfalva) gehörte im Mittelalter der Abtei Cârța, danach zu Sibiu. Heute steht hier nur noch die turmlose Saalkirche ohne ihre Bewehrung. Im eingezogenen Chor befindet sich ein neogotischer Altar mit einer Kreuzigung von Carl Dörschlag.

Das ehemalige freie sächsische **Pelișor** (dt. Magarei, ung. Magaré) liegt in einem Seitental des Harbachs. Auf dem Berg über dem Dorf steht die Kirchenburg mit der leider nicht mehr genutzten evangelischen Kirche. Immerhin wurde das Kirchendach von Berliner Architekturstudenten gesichert. Dahinter liegt der Friedhof. Die Johann-Prause-Orgel steht seit 1995 in Bukarest.

Alma Vii (dt. Almen, ung. Szászalmas) liegt abseits von Târnava Mare und Hârtibaciu und eingebettet in Obstplantagen im Valea Răul Calva (dt. Kaltbachtal). Auf einem Plateau über dem Dorf steht malerisch die Kirchenburg. Eine kleine turmlose Saalkirche vom Anfang des 14. Jahrhunderts wurde 100 Jahre später am Chor um zwei Wehrgeschosse erhöht und mit einer polygonalen Ringmauer mit Türmen aus Flusssteinen und Ziegeln versehen.

Alțâna (dt. Alzen, ung. Alcina) ist mit der Grafenfamilie Gerendi verbunden. Deren Geschichte begann bereits 1291 mit dem Kaufvertrag der Familienmitglieder Stefan und Gerlach und endete 1593. Vom 14. bis 16. Jahrhundert bemühte sich die Grafenfamilie von Alțâna mit Erfolg um den Sitz des Königsrichteramt, den die Nationsuniversität 1620 jedoch endgültig nach Nocrich verlegte. Im Mittelalter war der Ort eine freie und reiche Gemeinde mit einer romanischen dreischiffigen Basilika, die zur Hallenkirche umgebaut und von einem Bering mit je einem Turm von Nord nach Süd umgeben wurde. Ihr neogotischer Turm, der den mittelalterlichen Westturm ersetzte, ist von weither sichtbar. Eine Gedenktafel erinnert an den Tod der kleinen Despina, Tochter von Jakob Paleolog und seiner Frau Eufrosina. Sie waren Abkömmlinge der berühmten byzantinischen Paleologen-Familie, die nach dem Fall Konstantinopels 1453 vertrieben und im Laufe eines Jahrhunderts über Kreta, Italien, Deutschland und Polen schließlich nach Siebenbürgen kamen. Jakob Paleolog, ein großer Humanist, der mit den deutschen Reformatoren in Kontakt stand, war vom Reformator Heltal aus Cluj eingeladen worden. Dort überraschte eine Pestepidemie die Familie und vertrieb sie nach Alțâna, wo sie vermutlich beim Grafen Gerendi zu Gast weilten und ihr Töchterchen veloren. Jakob Paleolog schrieb hier an seinem Werk ›Disputatio scholastica‹. Sehenswert ist die Orgel von Johannes Hahn aus dem Jahr 1780 auf der steinernen Empore und eine vorreformatorische Glocke mit Inschrift ›o rex glorie veni cum pace‹. Der Zugang erfolgt über einen gedeckten Treppensteig. Im Ort gibt es eine kleine Privatsammlung ländlicher Objekte, Hauptstraße 557, Ștefan Vaida, Tel. 07 42/23 65 57.

Ungewisse Zukunft: Pelișor

Von Alțâna kann man eine Wanderung nach Ghijasa de Jos/Untergesäß machen (ca. 7 km, 1,5 Std., Landstraße). Dort gibt es eine sehenswerte orthodoxe Kirche mit malerisch gelegenem Friedhof. Der Kulturpfad Brukenthal verläuft über den Kirchenhügel mit Friedhof weiter in Richtung Vurpăr/Burgberg.

Nocrich (dt. Leschkirch, ung. Újegyház) war die kleinste Gemeinde im ehemaligen Leschkircher Stuhl im Kreis Sibiu. Im Streit um den Sitz des Stuhlgerichts wurde letztendlich zu Gunsten von Nocrich entschieden. Nocrich ist der Geburtsort des erfolgreichen Gouverneurs Samuel von Brukenthal (1774–1787). Im südlichen Zwinger der alten Kirchenburg vom 16. Jahrhundert mit ehemaliger Ladislauskirche wurde 1803 eine neue lutherische Kirche im Empirestil errichtet. Ihre Fassade ist zur Bushaltestelle und zur Durchgangsstraße ausgerichtet. Macht man sich die Mühe, die Dorfstraße um die Kirche herum zu laufen, wird man überrascht von der mittelalterlichen Bewehrung mit vier der ehemals sieben Türme. Das Geburtshaus von Brukenthal verfällt leider.

Die Siedlung **Marpod** wurde 1349 erstmals unter dem Namen Meyerpoth erwähnt. Das Dorf war einst für sein Traditionsbewusstsein und seine schönen Trachten berühmt. Die romanische Marienkirche war im 13. Jahrhundert begonnen, mehrfach zerstört und 1669 wieder aufgebaut worden. Dabei entstanden auch die Ringmauer und vier Ecktürme, von denen nur einer stehen blieb. Ihr heutiges Aussehen erhielt die Marpoder Kirche 1785 bis 1798, wobei das westliche Joch mit Glockenturm im Westen angefügt wurde. Im Süden der Wehranlage wurde das alte Rathaus angeschlossen. Sehenswert sind die Turmuhr von 1799, die Johannes-Hahn-Orgel von 1762 und ein Altar aus dem 19. Jahrhundert mit einem Mittelbild von Hans Hermann 1926, das die Kindersegnung zeigt.

In der Gegend von **Ilimbav** (dt. Eulenbach, ung. Ilenbák) wird Erdgas gefördert. 1375 wurde ein Graf Nikolaus de Velenbach erwähnt und später die Ortschaft Eulenbach. Aus dem 15. Jahrhundert wurde berichtet, dass die Ortschaft durch Verwüstungen und Seuchen stark dezimiert und eine neue Besiedelung

Die Sachsensiedlung Hosman

Karte S. 108

In der schönen Kirche von Roșia

durch Rumänen stattgefunden hat. Auf einer kleinen Anhöhe steht eine sehenswerte orthodoxe Holzkirche.

Die Sachsensiedlung **Hosman** (dt. Holzmengen, ung. Holczmány) liegt auf dem linken Harbachufer. Von hier hat man oft einen schönen Blick auf die Karpaten. Auf einer Bergnase stehen Kirchenburg und Pfarrhaus. Die Kirche mit einem sehr schön erhaltenen romanischen Portal wurde durch einen doppelten Bering geschützt. Der Torturm ist noch immer durch ein Fallgitter aus eisenbeschlagenen Eichenpfählen gesichert, und auch der Speckturm wird noch heute entsprechend seiner Bestimmung genutzt. Im benachbarten Pfarrhaus wurde eine Europäische Jugendbegegnungsstätte eingerichtet. Burghüter ist Helmut Michaelis, Nr. 344, Tel. 02 69/58 32 47, Kontakt für die Begegnungsstätte: Winfried Ziegler Tel. 07 45/49 39 86

Der Ort **Roșia** (dt. Rotberg, ung.Veresmart) war im Mittelalter vom Grafengeschlecht der Rothberger geprägt. Hier steht eine dreischiffige romanische Basilika aus dem 13. Jahrhundert, die einen Westturm besitzt und von einer Mauer umgeben ist. Den Schlüssel erhält man bei der Burghüterin, die auf der Westseite wohnt.

Vurpăr (dt. Burgberg, ung. Vurpód) ist eine größere weitgezogene Siedlung mit einer evangelischen Kirche auf der Anhöhe, mit einem Westturm aus dem 18. Jahrhundert. Man würde auf den ersten Blick nicht vermuten, dass es sich tatsächlich um eine der ältesten romanischen Kirchen Siebenbürgens handelt.

In **Nou** (dt. Neudorf, ung. Szászúifal) bei Roșia findet man eine evangelische Kirche der Romanik, die später wehrtechnisch verändert wurde.

Auch in **Daia** (dt. Thalheim, ung. Domány) bei Roșia steht eine romanische Basilika, turmlos mit vier Jochen, einem gotischen polygonalen Chor und umgeben von Mauerresten. Das romanische Westportal wurde im 16. Jahrhundert vermauert, und im Barock wurde die Innenausstattung erneuert. Die schweizerisch-rumänische Stiftung Papageno unterhält hier ein Kinderheim, in dem man den Schlüssel zur Kirche erhält (www.verein-papageno.ch).

Harbachtal

Volkskundliches Museum Harbachtal (Muzeul Văii Hârtibaciului), Agnita, Str. 1. Decembrie 1918, Nr. 29, Tel. 02 69/51 27 59, Di–Sa 8–16 Uhr.

In Alțâna: Gästezimmer bei Ioan Monda, Str. Unghiul de Sus, Tel. 02 69/42 71 45.

In Marpod: Pensiunea Harbach, 3 Sterne, Tel. 07 41/31 11 23, Alexandra Oltenacu, 11 Zimmer, direkt am Dorfeingang.

Das Făgăraş-Gebirge

Das Făgăraş-Gebirge (dt. Transsylvanische Alpen) ist Bestandteil der Südkarpaten. Im Westen wird es durch den Olt vom Cindrelmassiv getrennt und im Osten von den Munţii Piatra Craiului begrenzt. Das Făgăraş-Gebirge weist die **höchsten Gipfel der Karpaten** auf, allein acht sind mehr als 2000 Meter hoch. Höchster Berg der Karpaten und ganz Siebenbürgens ist der **Moldoveanu** mit 2544 Metern, gefolgt von Negoiu (2535 m), Şerbota (2331 m), Scara (2306 m) und Podragu (2462 m). Die nördliche, Siebenbürgen zugewandte Flanke ist steiler, während die südliche zur Walachei längere und graduell ansteigende Hänge aufweist. Es gibt viele kleinere und größere **Gebirgsseen**, wovon der Bâlea mit 4,6 Hektar der größte, der Podragu mit 15,5 Metern der tiefste und der Lacul Mioarelor auf 2282 Metern der höchstgelegene ist.

Im Făgăraş herrscht **alpines Klima**, das rauher als andernorts in den Karpaten ist. Von elementarer Bedeutung ist es zu wissen, das in dieser Region bis weit in den Juni noch Schnee liegen kann, was

Forellenzucht bei Arpaşu de Jos

▲ Karte S. 108

Wanderungen erschwert. Außerdem kommt es hier zu den meisten Lawinenabgängen der Karpaten.

Flora und Fauna sind mannigfaltig. Am reichhaltigsten ist die Vegetation im subalpinen und alpinen Bereich oberhalb von 1800 Metern Höhe. Überall sieht man die Alpenrose (rum. Buşor de muale) wachsen, in niedrigeren Lagen blüht sie im Juni, in höheren im Juli. Im oberen Höhenbereich trifft man mit viel Glück auf Gämsen, die in den Karpaten etwas größer als ihre Verwandten in den Alpen sind. Nicht nur das wieder angesiedelte Murmeltier ist im Făgăraş leider sehr bedroht, auch die Population an Wölfen ist stark zurückgegangen. Auffällig ist, dass es hier wenig Schutzgebiete gibt. Ausnahmen sind das Schutzgebiet für alpine Pflanzen um den Bâlea-Lac, die Narzissenwiese von Vad, das Jagdgebiet im Valea Arpaşul und das geologische Reservat bei Turmul Roşu.

Das Făgăraş-Gebirge ist auf der Nordseite touristisch relativ gut erschlossen. Allein 16 **markierte Touren** führen von Norden her auf den Hauptkamm. Es gibt hinreichend Zufahrtsstraßen und zunehmend Übernachtungsmöglichkeiten. Auch wenn manche alte Unterkunft aufgegeben oder abgebrannt ist, sind doch gerade in jüngster Zeit viele Privatpensionen entstanden. Auf der Südseite arbeitet man in jeder Hinsicht an Verbesserungen. Die Mehrzahl der Wanderwege von siebenbürgischer Seite aus beginnt zwischen Sibiu und Făgăraş, einer beginnt bei Zărneşti (S. 95).

■ Die Făgăraş-Hochstraße

Über das Gebirge führen zwei Pässe in die Walachei, das Altreich Rumäniens. Ein Weg quert den Oltdurchbruch, der andere führt über die hochalpine Nationalstraße DN 7C, eine atemberaubend

Blick von Sibiu auf das Făgăraş-Gebirge

eindrucksvolle Strecke zwischen den Gipfeln Moldoveanu und Negoiu hindurch, die das Olttal im Norden, Siebenbürgen, mit dem Argeştal im Süden, mit der Walachei verbindet. Allein der Straßenbau unter Ceauşescu in den 1960er Jahren, mit Gefangenen und Militär erzwungen, ist spektakulär. Am 20. September 1974 wurde die Făgăraş-Transversale (rum. Drumul Transfăgărăşan), mit einer Länge von 90,2 Kilometern eröffnet. Die angeführten militärischen Begründungen für dieses Straßenprojekt sind sehr umstritten.

Der Anstieg beginnt wenige Kilometer hinter **Cârtişoara**, einer Ortschaft die aus den Siedlungen Oprea Cârţişoara (dt. Kleinkerz) und Streza-Cârţişoara (dt. Oberkerz) zusammengewachsen ist. Liebenswert ist das kleine **volkskundliche Museum** und **Gedenkhaus für Badea Cârţan** (1849–1911), der zu Fuß nach Rom gepilgert sein soll, um die Rumänen in Italien bekannt zu machen (Str. Principală 539, Tel. 0269/521600, täglich 9–16 Uhr). Hinter dem Ort wurde ein neues Nonnenkloster eröffnet.

Entlang der Passstraße gibt es einige Hotels und Pensionen. Der Übergang über den **Pasul Bâlea Lac** auf einer Höhe von 2014 Metern ist wegen schwieriger Wetterbedingungen nur in den Sommermonaten geöffnet. Den **Gletschersee Bâlea Lac** erreicht man im Winter daher nur von der Nordseite des Massivs über eine Kabinenseilbahn ab Berghotel ›Bâlea Cascada‹.

Nach der Passhöhe folgt ein 887 Meter langer **Tunnel** durch den Karpatenkamm in die Walachei. Eine ebenso eindrucksvolle Strecke führt zunächst in Serpentinen nach unten, an der 18 Kilometer langen Ostseite des **Vidraru-Staussees** vorbei, nach Curtea Argeş. Der Stausee ist mit seiner 307 Meter langen und 166 Meter hohen Staumauer der größte Stausee Rumäniens, gespeist aus vielen Gebirgsbächen und dem Fluss Argeş.

Wanderungen im Făgăraş-Gebirge

Karte: Hartă turistică, Munţii Făgăraşului, 1:60 000, Erfatur-Dimap. Anfahrt zu den Hütten siehe oben.

▸ **Cabana Poiana Neamţului → Cabana Bărcaciu**

Markierung: rotes Kreuz, 2,5–3 Std.

Gleich bei der Hütte beginnt ein breiter Forstweg durch den Wald, der später zum Saumpfad wird und steil bergauf führt. Zu Beginn sind Weg und Markierung häufig von Holztransportern geschädigt.

▸ **Cabana Bărcaciu → Cabana Negoiu**

Markierung: roter Punkt, 3 Std.

Der Weg quert die Täler Puha und Şerbota. Man läuft auf- und abwärts und quert viele Wasserläufe, was bei Regen und Schneeschmelze, je nach Wasserstand, nicht immer einfach ist.

▸ **Cabana Negoiu → Suru-Gipfel (2146 m)**

Markierung: blaues Kreuz, 9 Std.

Etwa 100 Meter von der Hütte entfernt beginnt der Einstieg. 26 Brücken aus Eisen und Holz sichern den Weg zum Gipfel und helfen die Täler zu überwinden. Die ersten Brücken sind innerhalb einer Stunde erreichbar, bei Schnee ist die Wanderung nicht zu machen.

▸ **Cabana Negoiu (1546 m) → Şerbota-Gipfel (2331 m)**

Markierung: blaues Band, 4 Std.

Zunächst führt der Weg durch den Wald, danach nur über freies Feld, überall wachsen Wacholder und Preiselbeeren. Weiter dem Grat entlang, begleitet von den Gipfeln des Suru und Negoiu. Vom Gipfelkreuz hat man einen weiten Blick in die Walachei auf den Stausee Vidraru.

i Făgăraş-Gebirge

Bergrettung: Salvamont Sibiu, Str. N. Câmpului 11–13, Tel. 02 69/21 64 77, 07 32/14 01 44, Notruf-Nr. 112, www.salvamontbalea.ro (rum.)

Sportklub Air Adrenaline, ein Klub für Paraglider und Motorsegler, www.airadrenaline.ro, Tel. 07 23/55 47 92, dan-co@xnet.ro.

Bergwanderklub Amicii Munţilor Sibiu, geboten werden geführte Fahrradtouren und Bergwanderungen, Tel. 07 45/69 24 66, cipigavo@yahoo.com, www.amiciimuntilor.ro (rum.).

Reiseveranstalter Inter Pares, Aktivtourismus, Klettern, Radfahren, Wandern, Floßexpeditionen im Olttal, Kajak- und Kanufahren, Ski-Langlauf, Schneeschuhwanderungen. Tel. 02 68/22 86 10, office@inter-pares.ro.

In Arpaşu de Jos: Complex Turistic Albota, Tel. 07 43/32 10 15, www.albota.sobis.ro (dt.). Die großzügige Anlage, mit schlichten, praktisch eingerichten Zimmern liegt inmitten einer Forellenzucht. Man kann hier reiten, wandern, angeln.

Im Făgărăş-Gebirge sind mehr als 50 Wanderwege markiert, **zahlreiche Hütten** im Gebirge bieten Übernachtungsmöglichkeiten:

Cabana Poiana Neamţului, 706 m, Iuliana Stoica, 30 Plätze, Tel. 07 88/59 26 00, 02 69/52 32 62, iliestoica@

Im Museum von Cârţişoara

yahoo.com, 14 km südöstlich von Avrig in den Bergen. Das Haus liegt an der ehemaligen Grenze des Habsburger Gebietes zum osmanisch-walachischen Reich. Die Küche von Iuliana Stoica ist phantastisch. Die Hütte erreicht man von Avrig über einen Forstweg von ca. 14 Kilometern mit dem Pkw oder zu Fuß (Markierung: rotes Kreuz).

Cabana Bărcaciu, 1550 m, 52 Plätze in zwei Schlafsälen, Tel. 07 40/05 98 05, www.barcaciu.ro (dt.). Man wandert oder fährt von Avrig auf dem Forstweg 14 Kilometer nach Poiana Neamțului, von dort zu Fuß (rotes Kreuz) weiter. Die Hüttenwirtin Mariana Coana spricht etwas Deutsch, bietet Getränke, aber keine Speisen an. Von der Hütte hat man ein schönes Panorama auf die Bergwelt. Von hier sind markierte Wanderungen unter anderem zum Avrig-See (2011 m, blauer Punkt, 3–4 Std.), Negoiu-Gipfel (rotes Kreuz, roter Punkt, 2 Std.), Scara-Gipfel (2306 m, rotes Kreuz, 3 Std.) und weiter zur Negoiu-Hütte möglich.

Cabana Negoiu, 1546 m, Hüttenwart Șerban Pitaru, Tel. 07 44/57 38 75, ganzjährig, www.negoiu.ro (dt.). Man erreicht die Hütte über Porumbacu de Sus, wo ein 22 Kilometer langer Forstweg (schlechter Schotterweg) beginnt. Anschließend erfolgt der Aufstieg zur Hütte (blaues Dreieck, 1,5 Std.) Die Hütte bietet 140 Schlafplätze in Gemeinschaftsräumen, wenige Duschen, einige DZ, Zelten wird vor der Hütte erlaubt, Warmwasser und Küche gibt es nur nach Voranmeldung.

Cabana Bâlea Cascadă, 1234 m, 73 Plätze, Ilie Rotaru, Tel. 02 69/52 42 55, 07 24/24 44 63, Fax 02 69/21 17 03. Anreise mit dem Bus oder Pkw über die Făgăraș-Transversale, bis zum Wasserfall, direkt bei der Seilbahnstation.

Cabana Paltinu, 2044 m, 42 Plätze, Liviu Turcu, Anreise mit dem Auto über die Făgăraș-Transversale bis km 116,920, Tel. 02 69/217 03, baleaturism@crtnet.ro. In der Hütte befindet sich ein Wellnessbereich.

Berghotel/Restaurant Cabana Bâlea Lac (Bulea See), 2034 m, Hüttenwirte Regine und Günter Klingeis, Tel. 07 45/07 26 02, Fax 03 72/71 16 67, www.balealac.ro (rum.). Anreise mit dem Bus oder Pkw über die Făgăraș-Transversale. Komfortables Berghotel mit Restaurant, 100 Schlafplätze, auch DZ und EZ, ganzjährig geöffnet. Anfahrt im Winter bis Cabana Cascadă und weiter mit der Gondel. Das Hotel vermittelt Skilehrer und Wanderführer und vermietet Mountain-Bikes und ATV-Fahrzeuge. Von hier sind viele schwierige und lange Wanderungen auf die Gipfel des und der Besuch der Eiskirche mit Gottesdienst am 2. Märzsonntag möglich.

Refugiul Salvamont Bâlea, 2050 m, 20 Plätze, Kontakt: Teodor Tulpan, Asociația Salvatorilor Montani Sibiu, Tel. 07 44/69 92 22, 07 43/06 30 85, asmsibiu@yahoo.com, geöffnet Sa/So.

Mediaș

▸ Karte S. 108

Am Unterlauf der Tărnava Mare (dt. Große Kokel) liegt das kleine Städtchen Mediaș (dt. Mediasch, ung. Medgys) mit 70 000 Einwohnern. Aus einer römischen Siedlung beim Kreuzweg (per medias vias) wurde der Ort erst nach 1235 von deutschen Siedlern in Besitz genommen und ausgebaut. Den Charakter einer mittelalterlichen deutschen Stadt mit Schindeldächern und Giebelbalken mit Bibelsprüchen konnte sich der historische Kern, der fast ausschließlich Fußgängerzone ist, bewahren. Das Stadtbild wird geprägt vom Kirchenkastell mit seinen Mauern und Türmen. Am Rande des Zentrums steht die **Synagoge**, die dank des ›Mihai Eminescu Trust‹ saniert werden konnte. Das Wahrzeichen der Stadt ist der fast 70 Meter hohe **Trompeterturm** (Tramitertum) vom sächsischen Wort Tramit, die Trompete, abgeleitet. Wie in Sighişoara weisen auch hier die vier Ecktürmchen auf die Hochgerichtsbarkeit hin, das heißt, die junge Stadt Mediasch konnte Todesurteile aussprechen und vollstrecken.

Bis zum Jahr 1910 entwickelte sich die Stadt nur innerhalb ihrer mittelalterlichen **Stadtmauern**. Diese Mauern hatten eine Länge von 2,4 Kilometern, wovon 1,4 Kilometer erhalten blieben. Mit der Entdeckung von Erdgas in der Umgebung begann die Ausdehnung. Fabriken und Wohnblocks wurden gebaut. Auch heute noch zieht sich ein Kranz industrieller Anlagen um das kleine Städtchen. In den Gassen der Altstadt hört man nur noch wenig sächsisch. Die Wende von 1989 haben viele zur Ausreise genutzt. Der **Marktplatz** mit schönen alten Patrizierhäusern wird vom Kirchenkastell an der Nordseite überragt. Parallel mit der Kirche wurden die Befestigungsanlagen gebaut, wobei der zum Teil doppelte Mauerring mit den starken Türmen entstand.

Das Kirchenkastell

Das Kirchenkastell (rum. Biserica Sfânta Margareta) ist die einzige erhaltene Stadtkirchenburg Siebenbürgens.

Den Kirchhof betritt man unter dem **Tor- oder Glockenturm** mit seinem hölzernen Wehrgang. Geht man auf der Nordseite weiter, trifft man links auf die 1713 erbaute **alte Schule**. Ihr Gebäude

Der Trompetenturm der Margarethenkirche

schließt den fünften Wehrturm ein, der 1888 bis unter das Schuldach abgetragen wurde.

Weiter nach Osten steht der sogenannte **Seiler- oder Speckturm** mit regelmäßig angeordneten Gusslöchern. Er wird bis heute zum Trocknen von Schinken genutzt.

Anschließend folgt das **Geburtshaus von Stefan Ludwig Roth** (1796–1849). Der Schüler Pestalozzis, Professor, Pfarrer und fortschrittlicher Denker, galt als führende Figur der um Gleichberechtigung kämpfenden Bewegung im 19. Jahrhundert. Er wurde während der Wirren der Revolution von 1848/49 vom Regierungskomissar Ladislaus Csány wegen Landesverrates zum Tode verurteilt und erschossen. In seinem Denken wollte er allen gerecht werden: »Mit meiner Nation habe ich es wohlgemeint, ohne es mit den anderen Nationen übel gemeint zu haben…«.

Schön restauriertes Haus in der Altstadt

An der Ostseite der Kirche stehen das **Pfarrhaus** aus der ersten Hälfte des 16. Jahrhunderts und unmittelbar daneben der **Marienturm**. Sein Name ist von der im Erdgeschoss liegenden Marienkapelle abgeleitet. Sie ist mit Malereien geschmückt und diente wohl den Geistlichen, die nicht der Reformation beitreten wollten. Unser Rundgang durch die Kirchenburg endet mit dem überdachten Treppenaufgang auf der Südseite, der eine direkte Verbindung zum Markt herstellte. Hier ist der Mauerring doppelt und verstärkt durch den Schneiderturm, in dem ein Heimatmuseum untergebracht wurde.

Das heutige Gotteshaus, die **Margaretenkirche**, erhebt sich auf zwei Vorgängerbauten, die für die wachsende Gemeinde im Mittelalter zu klein geworden waren und deshalb abgetragen wurden. Im Jahr 1440 begann man mit dem Bau des heutigen hohen spätgotischen Chores. Im Anschluss darauf folgte das dreischiffige, zunächst basilikal gestaltete Kirchenschiff, wofür das nördliche Seitenschiff der Vorgängerkirche eingebunden wurde. Das südliche, mit dem Neubau errichtete Schiff zog man anschließend so hoch wie das Mittelschiff, und es entstand eine Halle. Im 19. Jahrhundert erhielt die Kirche eine Empore. Die zeitlichen Abstände der Bauglieder vermochte nicht die harmonische Innenraumwirkung zu trüben. Im Chor und Mittelschiff finden wir ein Netzgewölbe, in den beiden Seitenschiffen hingegen Kreuzgewölbe.

Eine Besonderheit stellen die schön verzierten **Schlusssteine** an den Kreuzungspunkten der Gewölberippen dar. Im Mittel- und Seitenschiff sieht man auf ihnen Wappenschilder, die auf die Stifter hinweisen, aber auch Wappen von Gebieten, Ortschaften und Zünften. An ihnen kann man die Geschichte der Stadt Mediaș und ihrer Umgebung ablesen. Die drei französischen Königslilien stehen für das Haus Anjou. Karl Robert von Anjou hatte der Stadt und dem

Tafel des gotischen Flügelaltars in der Margaretenkirche

▲ Karte S. 108

Mediascher Stuhl die alten Rechte, derer sie der Siebenbürger Woiwode beraubt hatte, wiedergegeben. Das alte Stadtwappen von Mediaș versinnbildlicht eine offene rechte Hand mit Halbmond und Sternen, auf dem neuen hält die Hand einen Rebstock. Auf dem Wappen der Marktgemeinde Birthälm ist die Schwurhand zu sehen.

Im ältesten Teil der Kirche, dem nördlichen Seitenschiff, an den Laibungen der Arkaden und im Mittelschiff sind **Wandmalereien** zu sehen. Sie gehen auf den Vorgängerbau des Jahres 1420 zurück. Am nördlichen Schiff erkennt man von links nach rechts den ungläubigen Thomas, die Weisen aus dem Morgenland, den heiligen Ludwig (IX.) auf dem Thron, was vielleicht Bezug zu Ludwig von Anjou nehmen könnte, der Siebenbürgen damals regierte; ferner die Heiligen Bartholomäus, Katharina von Alexandria und Barbara sowie den gekreuzigten Christus. Erst während der Restaurierung in den 1970er Jahren wurden sie freigelegt.

Im **Chorraum** hat man ehemalige Grabplatten aufgestellt, sie befanden sich ursprünglich im vorderen Teil der Kirche, die als Grabstätte bedeutender Persönlichkeiten diente.

Das älteste Ausstattungsstück ist das kelchförmige, aus Glockenmetall gegossene **Taufbecken** aus der alten Kirche. Das Becken lässt sich auseinander nehmen; im Winter wurde es beheizt.

Der Stolz der Kirche ist der **gotische Flügelaltar** von 1490. Während des Bildersturmes der Reformation waren die Reliefs der zwei schwenkbaren Schreintüren und die hölzernen gefassten Vollplastiken entfernt worden. Ein Teil der Skulpturen wurde 1992 durch die Auferstehungsgruppe des Wiener Künstlers A. Pichler ersetzt. Die Werktagsseite

Die Deutsche Schule in Mediaș

(geschlossene Flügel) zeigt auf acht Altarbildern die Passion Christi. Auf der Kreuzigungstafel ist im Hintergrund an Stelle von Jerusalem die Stadt Wien dargestellt. Man vermutet als Künstler einen Maler im Umfeld des sogenannten Schottenstift-Meisters von Wien.

In der Kirche wurden **weitere Altäre** aus anderen Kirchen aufgestellt, die aus konservatorischen, aber auch aus sicherheitstechnischen Gründen hier besser betreut werden können. Dazu gehören der Johannesaltar aus Nemșa (dt. Nimesch) von 1520 und der Altar aus Dupuș (dt. Tobsdorf, ung. Táblás), einer der kleinsten Siebenbürger Altäre von 1522.

Die Kirche war Zeuge wichtiger geschichtlicher Ereignisse. Im Jahr 1572 versammelte sich die Synode der sächsischen Geistlichkeit, um das Augsburger Bekenntnis anzunehmen. Mehrere Landtage wurden hier abgehalten, und 1848 wurde hier der erste sächsische Jugendbund gegründet.

Die Kirche ist Montag bis Samstag von 10 bis 18 Uhr geöffnet, am Sonntag nur vormittags. Die Kirche wird tageweise von Schülern des deutschen Gymnasiums betreut.

Mediaș

Vorwahl: +40/(0)269.

Tourismus-Büro: Str. Piață Corneliu Coposu 3, Tel. 80 38 85, info_medias@sibiu-turism.ro, www.primariamedias.ro (rum.). Vor dem Torborgen zur Kirchenburg, in der deutschen Schiller-Buchhandlung. Auch Fahrräder können hier geliehen werden. Gegenüber lockt ein Café mit köstlichen Süßigkeiten.

Wer nicht mit dem Pkw unterwegs ist, kann auf die öffentlichen Busse oder Minibusse zurückgreifen. Die Minibusse fahren vor allem an Werktagen. Haltestellen befinden sich am Bahnhof.

Hotel Traube, 3 Sterne, Piață Regele Ferdinand I., 16, Tel. 84 48 98, Fax 84 47 32, www.daforaturism.ro (dt.). DZ 60 Euro. Seit vier Jahren stehen in dem historischen Haus mitten im Zentrum sehr schöne Hotelzimmer zur Verfügung.

Landeskirchliches Museum der Evangelischen Kirche, Str. Mitropoliei 30, Tel. 84 12 99.

Städtisches Museum Mediaș, Str. Mihai Viteazu, 46, Tel. 84 12 99, Di–So 9–17 Uhr.

Gedenkhaus Stephan Ludwig Roth, Str. Johannes Honterus 10, Tel. 02 69/84 12 99. Besichtigungen nur in Rücksprache mit dem Städtischen Museum. Di–So 9–17 Uhr.

Gedenkhaus Hermann Oberth, Str. Hermann Oberth 23, Tel. 84 11 40, Mo–Fr 7–15 Uhr. Ausstellung für den in Hermannstadt geborenen Raumfahrtpionier.

Die Umgebung von Mediaș

Moșna (dt. Meschen, ung. Szász-Muzsna), zehn Kilometer südlich von Mediaș gehörte zum Bezirk der sogenannten Zwei Stühle und kämpfte mit Mediaș um die führende Position. Zeuge dieser Zeit ist die ehemalige Marienkirche, in Form einer Basilika begonnen und durch einen Umbau von 1485 zur gotischen Hallenkirche gemacht. Sie besaß bemerkenswerte Steinplastiken. Ihr Erhalt ist stark gefährdet.

Nördlich von Mediaș liegen die Siedlungen **Velț** (dt. Wölz, ung. Wölc) und Boian (dt. Bonnesdorf, ung. Alsóbajom). In Velț steht auf dem Dorfplatz eine turmlose evangelisch-gotische Saalkirche, die nach dem Erdbeben von 1880 neu aufgebaut wurde.

▲ Karte S. 108

Boian war im Gegensatz zu Velț bis zur Aufhebung der Leibeigenschaft eine untertänige Gemeinde, die Frondienste zu leisten hatte. Seit 1395 gehörte sie zur Besitzung von Cetatea de Baltă, wo ein Kastellan die königliche Burg befehligte. Im Jahr 1498 vergab Mathias Corvinus die Siedlung an Stefan den Großen, Fürst der Moldau, zum Lehen. Aus dieser Zeit stammt die Kirchenburg mit dem Moldauer Wappen, die um die turmlose Saalkirche von 1402 errichtet wurde. Im Chor wurden Wandmalereireste freigelegt, die unter anderem das Thema der 40 Märtyrer von Sebaste zeigen. Die Kirchenburg ist dank zahlreicher Restaurierungen und ihren harmonischen Proportionen sehenswert.

Die Kirche von Moșna (Meschen)

Der Kurort Bazna

Die Ortschaft Băile Bazna (rum. Băile Bazna, Bad Baaßen, ung. Felsöbajom) ist rundherum liebenswert. Auf einer Bergnase des Ortes steht eine kürzlich renovierte **Kirchenburg**. Sie wird von der Schule und dem Pfarrhaus gerahmt, ihr Torturm dient als Glockenturm. Im Inneren wird eine bedeutende Barockorgel verwahrt. Die Kirche kann nach telefonischer Anmeldung besichtigt werden (Albert Binder, Haus 121, Tel. 074/85 01 01, oder Eugen Loo, Haus 465, Tel. 02 69/8502 84).

Bei Bazna wurde ein Frauengrab aus der 2. Hälfte des 5. Jahrhunderts entdeckt. Die Fundstücke der Getenzeit sind im Historischen Museum von Bukarest zu sehen.

Im Ort und in der Umgebung werden einerseits Erdgasvorkommen gefördert, andererseits ist der Ort berühmt für die Viehzucht, vor allem für das Bazna-Schwein, eine besondere Schweinerasse. Heute sieht man eher große Büffelherden.

Das Städtchen war Im 19. und 20. Jahrhundert ein berühmter Kurort. An diese Glanzzeit soll heute wieder angeknüpft werden. Der **Balnear Complex Expro** bietet Anwendungen mit jod- und bromhaltigen Quellen. Die Anlage wurde renoviert und im Jahr 2007 wieder eröffnet. Er hält einem Vergleich mit westlichen Kurbädern unbedingt stand. Die Ortschaft liegt abseits der großen Verkehrsanbindungen, nicht weit von kulturellen Zentren, und bietet das idyllische Ambiente einer traditionellen Dorfstruktur. Im Ort haben sich mehrere Pensionen etabliert, die als Standpunkt für eine Siebenbürgen-Rundfahrt bestens geeignet sind.

Die renovierte Kirchenburg von Bazna

▲ Karte S. 108

Bazna

Vorwahl: +40/(0)269.

Touristenbüro: Str. Avram Iancu, Tel. 85 00 11, www.comunabazna.ro, info_bazna@sibiu-turism.ro.

Hotel Complex Balnear Expro, Tel./Fax 83 15 12, rezervari@bazna.ro, www.bazna.ro. Sehr gepflegte Anlage zum Kuren.

Pensiunea Mariana, Tel. 85 00 28, www.bazna-bassen-cazare.ro. Liebenswürdiger Familienbetrieb mit großer Gemeinschaftsküche zum Selberkochen.

Jugendherberge Pensiunea Bassen, Nr. 237, Tel. 85 03 75, passpartout@birotec.ro, www.bassen.ro (dt.). DZ 22 Euro. Ganzjährig geöffnet.

Rund um Copşa Mică

Copşa Mică (dt. Kleinkopisch ung. Kiskaouzs) fällt eher durch seine Industrieruinen als durch seine mittelalterliche Kirchenburg auf. Stadt und Umgebung gehören auf Grund der Zink-, Blei- und Rußwerke zu den nachhaltigst zerstörten Gegenden Siebenbürgens. Die Werke wurden nach 1989 stillgelegt und verrotten. In der Umgebung gibt es jedoch einige Sehenswürdigkeiten, zum Beispiel das Weltkulturerbe Valea Viilor.

Valea Viilor (dt. Wurmloch, ung. Nagybaromlaka), die Partnerstadt von Mosbach in Baden-Württemberg, liegt in einem lieblichen Tal, das von Hügeln und Weinbergen umgeben ist. Die freie Siedlung unterhielt eine mittelalterliche Kirche am Schnittpunkt der drei dörflichen Hauptgassen. Die Umstände der Zeit erforderten ihren Ausbau zur Wehrkirche mit einer Reihe von Wehrgeschossen mit Schießscharten und Gusslöchern an Turm und Schiff und einer Ummauerung von sechs bis sieben Metern Höhe mit vier quadratischen Bastionen. Der hölzerne Wehrgang der Mauer enthielt 36 Fruchthäuschen zur Aufbewahrung von Lebensmitteln. Im Inneren befinden sich ein Gestühl von 1528, ein barocker Altar und eine barocke Kanzelkrone. Informationen bekommt man in Valea Viilor, Str. Principală 120, Tel. 0269/515199.

Die gotische Saalkirche von **Axente Sever** (dt. Frauendorf, ung. Assonyfalva) tritt durch ihren mächtigen Vierungsturm zwischen Kirchenschiff und Chor an der Fernverkehrsstraße deutlich hervor. Im Grundriss gleicht sie den Kirchen von Agârbiciu und Țapu. Um 1490 wurde sie zur Wehrkirche ausgebaut. Von ihrer Ausstattung sind der Prospekt der Johannes Hahn Orgel und der Barockaltar von Stephan Adolf Valepagi, beides von 1777, zu erwähnen. Die Kirche kann täglich von 8 bis 18 Uhr besichtigt werden, die Schlüssel hütet Mia Silaghi, Nr. 136, Tel. 0269/840981. Einmal im Monat, am Sonntag, findet ein Gottesdienst in deutscher und rumänischer Sprache statt.

Agârbiciu (dt. Arbegen, ung. Egerbegy) liegt am Zusammenfluss von zwei Bächen. Auf einer Anhöhe steht die ehemalige Saalkirche, die auch zur Verteidigungsanlage ausgebaut und im 19. Jahrhundert stark verändert wurde. Die Schlüssel befinden sich bei Ingeborg Petru, Tel. 0269/855143, Haus Nr. 84. Gästezimmer sind im ehemaligen Pfarrhaus zu finden. Das ›Bunte Haus‹ fungiert mit 24 Schlafplätzen als Jugendherberge.

Șeica Mică (dt. Kleinschelken, ung. Kisselyk) ist ein Winzerdorf. Viele Bewohner waren in den Fabriken von Copșa Mică beschäftigt. Im Chor der evangelischen Kirche wird ein Kleinod der siebenbürgischen Erzgießerei aufbewahrt, ein bronzenes kelchförmiges Taufbecken von 1477 aus der Werkstatt des Meisters Leonhardus. Die Kirche von **Țapu** (dt. Abtsdorf, ung. Csicsóholdvilag)

In der Saalkirche von Axente Sever

liegt erhöht über dem Dorf, hinter ihren hohen Wehrmauern versteckt. Zunächst war das Hörigendorf im Besitz der Abtei von Igriș, wovon sich sein Name ableitet, anschließend ging sie Adelsbesitz über. Erst 1848 wurden die Menschen hier frei. Den Schlüssel zur Kirche findet man im Haus Nr. 56

Durchs Große Kokeltal

Entlang der DN14 Richtung Sighișoara reiht sich im Valea Târnava Mare (dt. Großes Kokeltal) Dorf an Dorf mit Kirchenburg an Kirchenburg.

Ein kurzer Abstecher führt in die ehemalige sächsische Gemeinde **Buzd** (dt. Bußd, ung. Buzd). Oberhalb der Dorfstraße, inmitten von Weingärten, steht die evangelische Kirche mit einem auffällig befestigten Chor, der das Kirchenschiff überragt. Die Ausstattungsstücke wurden weggebracht.

Brateiu (dt. Pretai, ung. Baráthely) ist ein Straßendorf an der Großen Kokel, mit einer im 16. Jahrhundert auf polygonalem Grundriss errichteten Wehrkirche, von der ein viergeschossiger Torturm mit barockem Vorbau und ein großer Teil der westlichen Ringmauer übrig blieb. Sehenswert ist das unversehrt gebliebene gotische Netzgewölbe im Chor.

Die Besonderheit der Kirche in **Dârlos** (dt. Durles, ung. Darlac) ist, dass sie keinen Bering hatte; ferner hervorzuheben sind ihre Skulpturen im Chor, die ins Mauerwerk eingesetzten römischen Spolien, kunstvolle Steinmetzarbeiten im Maßwerk, in den Spitzbogenfenstern und der Sakramentsnische sowie die Fragmente von Außen- und Innenmalereien.

In **Ațel** (dt. Hetzeldorf, ung. Ecel) erhält man die Schlüssel zur Kirche im gegenüberliegenden Altersheim. Der Burghüter selbst wohnt dort und läutet drei Mal am Tag die Glocken. Einst war Ațel eine der größten Gemeinden der Zwei Stühle. Die Wehrkirche des 14. Jahrhunderts besitzt schöne Steinmetzarbeiten im Westportal, in den gekehlten und mit Weinranken verzierten Laibungen in den Kapitellen, den Maßwerkfenstern und der Sakramentsnische. Man betritt die Burg durch einen überwölbten Gang. Über dem Eingang steht geschrieben: ›Eine feste Burg ist unser Gott‹. Auf die Maetzorgel von 1802 ist man besonders stolz.

In Târnava

Nördlich von Ațel führt ein Schotterweg nach **Dupuș** (dt. Tobsdorf, ung. Táblás). Die Ausstattung der kleinen Saalkirche mit Glockenturm wurde in Sicherheit gebracht. Die Orgel soll noch folgen. Im Dorf leben kaum mehr Sachsen.

Die evangelische Kirche von **Târnava** (dt. Grossprobstdorf) besitzt eine Maetzorgel und einen neogotischen Altar von 1871. Die sechs Tafeln des alten spätgotischen Altars sind im Brukenthalmuseum ausgestellt.

In **Șaroș pe Târnave** (dt. Scharosch an der Kokel, ung. Szászsáros) steht eine

▲ Karte S. 108

Kirche mit gut erhaltener Ringmauer von acht bis zehn Metern Höhe, zwei Türmen und drei Bastionen.
Der Name **Copșa Mare** (dt. Großkopisch) stammt vom ungarischen Kapus, übersetzt ›das Tor am Verhau‹. Der Ort liegt inmitten eines Gebietes, das bis 1238 von Szeklern bewohnt war. Die evangelische Dorfkirche ist mit ihrem befestigtem Kirchenchor und ihrem stattlichen Bering aus Bruchsteinen von drei bis vier Metern Dicke ebenso beeindruckend wie die ummauerte turmlose Saalkirche von **Valchid** (dt. Waldhütten) inmitten des Dorfes. Hier blieb die Kirche selbst ohne Wehranlagen. Zur Verteidigung dienten lediglich die Ringmauer, die einst zehn Meter hoch war, und Befestigungstürme, die nicht an den Ecken, sondern in der Mitte der Ringmauerseiten stehen. Besonders mächtig geriet der Tor- und Glockenturm im Ostteil der Mauer mit seinem holzverschalten Wehrgang.

Die Kirchenburg Biertan

Biertan (dt. Birthälm, ung. Berethalom) gilt als eines der repräsentativsten Beispiele einer Kirchenburg und gehört mit dem inneren Ortskern seit 1993 zum UNESCO-Welterbe. Sie liegt im siebenbürgischen Weinland, strategisch geschickt auf dem höchsten Punkt des malerischen Ortes.
Ein überdachter **Treppengang** führt in die 1516 vollendete spätgotische Hallenkirche. Eine bereits bestehende Umwallung wurde verdoppelt, im Laufe des

Biertan ist eines der schönsten Dörfer im Kreis Sibiu

16. Jahrhunderts mit acht Türmen verstärkt und spiralförmig als dreifacher Mauergürtel um den Hügel gelegt. Über dem **Westportal** sind die Wappen des Königs Wladislaw (1490–1516) und des Woiwoden Johann Zápolya (1510–1526) zu sehen. Im Inneren konnte die **spätgotische Ausstattung** bewahrt werden: Prunkstück ist ein **Flügelaltar,** bestehend aus 28 Tafeln. Im oberen Mittelfeld sieht man eine bemerkenswerte Kreuzigung, deren Kreuzbalken in Weinranken mit Trauben übergehen, während der Fuß wie ein Baumstamm im Boden verwurzelt ist. Auf den Altarflügeln sind Kaiser Augustus und Hesekiel dargestellt.

Weitere besondere Ausstattungsstücke sind ein **Schloss mit 13 Riegeln**, die in alle vier Richtungen gleichzeitig schließen, und eine steinerne Kanzel mit Reliefs zum Leben Jesu. Im Südturm des inneren Berings blieben Malereien des frühen 16. Jahrhunderts erhalten.

Im Nordturm, dem sogenannten **Mausoleumsturm**, wurden 1913 die Grabsteine einiger Bischöfe aufgestellt.

Die **Ostbastei** nannte man das Gefängnis, worin zerstrittene Eheleute so lange eingesperrt wurden, bis sie gelobten, sich wieder zu vertragen; sie mussten ein Bett, einen Tisch, einen Stuhl, einen Teller, einen Becher und einen Löffel gemeinsam benutzen.

Biertan war von 1572 bis 1867 Bischofssitz und Residenz der siebenbürgisch-sächsischen Bischöfe. Trotz des dreifachen Mauerrings mit sieben Türmen und zwei Basteien wurde die Burg 1704 von aufständischen Kuruzen gestürmt und geplündert.

Auf den umliegenden Hängen bauten nicht nur die Sachsen einst Wein an. Oberhalb des Dorfes werden in einem **Weinkeller** Verkostungen angeboten.

▲ Karte S. 108

i Biertan

In der Str. A. I Cuza 8 besteht eine **Touristeninformation**, info_biertan@sibiu-turism.ro.

Die **Kirche** ist Di–Fr von 9–12 und von 13–18 Uhr geöffnet, Sa von 9–12 und 13–16 Uhr, So von 9–11 Uhr.

Der Kirche ist ein **Gästehaus** angeschlossen, das 40 Personen Platz bietet. Telefonische Anmeldung ist möglich unter Tel. 0269/214877 und direkt beim Pfarramt in Biertan.

Die Armenierstadt Dumbrăveni

Dumbrăveni (dt. Elisabethstadt, ung. Erzsébetváros) wirkt heute arm und teilweise verlassen. Kein einziges Café lädt zum Verschnaufen ein. Ursprünglich war es eine Sachsensiedlung, die um 1412 in den Besitz der Familie Ápafi von Mălâncrav kam. Im Laufe von 300 Jahren wurden die Sachsen von Rumänen abgelöst. Im Jahr 1552 ließ sich Gregor Ápafi hier ein Renaissance-Schloss errichten, in dem heute eine landwirtschaftliche Schule eingerichtet ist. Im Jahr 1661 wurde Michael I. Ápafi Fürst von Siebenbürgen und Dumbrăveni zeitweise Fürstenresidenz. Der Fürst Michael Ápafi siedelte im Zeitraum von 1671 bis 1685 aus der Moldau vertriebene Armenier an, die schon 1689 eine Handelskompanie gründeten. Diese Handelskompanie erwarb 1726 das Schloss und Gut Dumbrăveni, einschließlich fünf dazugehöriger Dörfer, und benannte den Ort in Elisabethstadt um.

Im Jahr 1758 erhielten die armenischen Kaufleute von Maria Theresia Handelsprivilegien, der Ort Maut- und Marktrecht. Im Jahr 1791 wurde er königliche Freistadt, florierte und war fast ausschließlich von Armeniern bewohnt. Diese nahmen im Laufe der Zeit die ungarische Sprache und Kultur an. An die große Zeit der Armenier erinnert die sehr renovierungsbedürftige **armenische Barockkirche** mit Kloster von 1738.

Die armenische Kirche von Dumbrăveni

Das ehemalige Hörigendorf Mălâncrav

Auf den Besuch von Mălâncrav (dt. Malmkrog, ung. Albkarak), südwestlich von Sighișoara am Malmkroger Bach, sollte man nicht verzichten. Man erreicht den Ort im linken Seitental der Großen Kokel über einen Abzweig von der DN 14. Dank des ›Mihai Eminescu Trust‹ führt die vorbildlich sanierte Nebenstraße in das von bewaldeten Bergen umschlossene Dorf. Malmkrog war ein ehemaliges Landgut, das vom König nach Komitatsbodenrecht an Adlige vergeben wurde und mit Hörigen, vorwiegend Sachsen besiedelt wurde. Seit 1340 war das Eigentumsrecht der Familie Ápafi nachweisbar. Im Jahr 1473 kam Malmkrog durch königlichen Entscheid in den Besitz der Söhne des verstorbenen Michael Ápafi. Deren Nachfolge traten, zeitweise umstritten, die von Bethlen an. Während der Revolution von 1848 zerstörten aufständische Bauern die herrschaftlichen Gebäude. Im Jahr 1865 endete die Leibeigenschaft, und die Bauern begannen mit dem Bau von Steinhäusern. Die letzte Gräfin und Besitzerin von Malmkrog mit 30000 Joch Ackerland war Susanne Haller, deren Familie den Grund verspielte und an die Malmkroger verkaufte. Die Gemeinde zählt heute noch etwa 200 Sachsen, die sich im Demokratischen Forum der Deutschen zusammengeschlossen haben. Sie bewirtschaften 110 Hektar Ackerboden. Die ausgesiedelten Sachsen aus Malmkrog haben sich schwerpunktmäßig im Großraum Frankfurt/Darmstadt angesiedelt, wo etwa 70 Familien aus Malmkrog wohnen. Sie sind, wie andere Orte auch, in einer Heimatortsgemeinschaft, HOG, als Verein konstituiert.

In Dumbrăveni

Im Dorf gibt es seit Gründung der Gemeinde eine **Schule**, wie sie in vielen Döfern der Ápafis bestanden, unter anderem, weil die Apafis den Bauplatz dafür zur Verfügung stellten, während die Gemeinde, wie hier in Malmkrog, die Schule selbst baute. Bis 1852 stand sie am Bache (Zeppen) und wurde nach einem Tausch mit den Familien Glaser am Kirchberg neu gebaut, wo sie auch heute noch steht.

Ein erstes **Herrenhaus** der ungarischen Fürstenfamilie Ápafi (**Ápafi Manor**) entstand vermutlich im 15. Jahrhundert. Es erfuhr im Laufe der Zeit Umbauten und Neuerungen. Der heutige Bau dürfte im Kern auf das 18. Jahrhundert zurückgehen und wurde im 19. Jahrhundert angepasst. Im späten 18. Jahrhundert war die Familie der Ápafi ausgestorben, das Herrenhaus wurde weitergereicht. 1920 erwarb die evangelische Dorfgemeinschaft das Landhaus von den letzten Besitzern, von 1947 bis 1989 war es von den Kommunisten beschlagnahmt. Ende 2000 meldete die Evangelische Gemeinschaft ihre Ansprüche auf das zwischenzeitlich völlig verwahrloste und heruntergekommene Objekt an. Dank der großartigen Unterstützung des ›Mihai Eminescu Trusts‹ wurde das Manor grundlegend saniert, modernisiert und zum Gästehaus umgebaut (s.u.). In liebevoller Kleinarbeit und nach genauen Recherchen versetzten die Architekten Jan Hülsemann und Fritz Klütsch das Manor in den Zustand des 18. Jahrhunderts. Lokale Handwerker lieferten handgefertigte Fliesen, speziell gebrannte Ziegel, Web- und Stickereiarbeiten, schmiedeeiserne Gegenstände und Möbel. Den Garten gestaltete die Landschaftsarchitektin Catherine Fitzgerald. Spendenaufrufe für Möbel, Bilder und Bücher haben das Ensemble ergänzt und zu dem gemacht, was es heute ist, ein malerischer Hort für einen Aufenthalt in Malmkrog. Am 1. Oktober 2007 fand die feierliche Wiedereröffnung des Herrenhauses statt.

▲ Karte S. 108

■ Die Marienkirche von Mălâncrav

Juwel des Ortes ist die Marienkirche, eine romanisch-gotische Basilika des 14. Jahrhunderts aus Bruchstein, die den größten zusammenhängend erhaltenen Zyklus an vorreformatorischen Wandmalereien in Siebenbürgen birgt. Auf Grund dieser Tatsache wurde sie bereits 1912 unter den Ungarn unter Denkmalschutz gestellt. Die ehemalige Wallfahrtskirche ist mit 36 Metern außergewöhnlich lang und verfügt im Westen über einen eingezogenen Glockenturm und im Osten über einen polygonalen Chorabschluss. Beachtenswert ist der bauplastische Reichtum der Kirche an Portalen, Maßwerkfenstern und Steinrippengewölben sowie eine bemerkenswerte Kreuzigung auf der Nordseite des Chores über der Nische eines Sakramentshäuschens.

Die Kirche wurde im 14. Jahrhundert ausgemalt. Auf der **nördlichen Wand des Hauptschiffes** werden in fünf Registern Szenen aus dem Alten Testament, der Genesis und dem Neuen Testament, Kindheit und Leidensgeschichte Jesu, Maria Entschlafen und Maria Himmelfahrt dargestellt.

Im fast zehn Meter langen Chor mit gotischem Rippengewölbe zeigt der **Schlussstein** über dem Altar das Wappen der Familie Ápafi. Die **Wandmalereien im Chor** bedecken Gewölbe und Chorwände. Sie wurden teilweise in Fresko- und teilweise in Secco-Technik gearbeitet. Die Nordseite erzählt das Neue Testament mit Abendmahl und Fußwaschung. Besonders erwähnenswert sind ›Judas erhält einen Silbergroschen‹ und der Selbstmord des Judas. Im Gewölbe erkennt man die Kirchenväter und die vier Evangelisten. Den Chorabschluss schmücken die heiligen Jungfrauen Christina, Dorothea, Ursula,

Der gotische Altar in der Marienkirche

Katharina, Klara, Lucia, Agatha sowie ein Prophet, ein Seraph und der Pelikan, der seine Jungen nährt. Die Südwand des Chors ist dem Leben des heiligen Georg vorbehalten. Weitere Heilige und die Marienkrönung ergänzen das Programm. Die Bilder werden durch Zierleiste und dekorative Bänder voneinander getrennt. Während der Restaurierung im 19. Jahrhundert wurden die Malereien teilweise übertüncht und erst 1913 wieder freigelegt.

Neben dem Chor befindet sich eine kleine **Sakristei**. Darunter liegt eine Krypta, in der 1688 Fürst Michael Ápafi, seine Gemahlin, sein Sohn und seine Schwiegertochter ihre letzte Ruhe fanden. Die Gebeine der Familie wurden nach Budapest verbracht.

Von der Ausstattung ist der **gotische Flügelalter** von 1495 hervorzuheben. Sein Hauptbild zeigt Marie mit dem Jesuskind, das einen Stieglitz in der Hand hält, eines der mittelalterlichen Symbole für Christus. Engel mit Musikinstrumenten umgeben Maria. Zwei Stifterfiguren knien in den Ecken. Maria wird von den Heiligen Katharina, Barbara, Agnetha und Margaretha flankiert. Auf den Flügeln sind die Geburt Christi, Anbetung der Heiligen, Muttergottes Entschlafen und Himmelfahrt zu sehen. Bei geschlossenem Altar (Alltagsseite) sieht man Verkündigung, Heimsuchung, Beschneidung Jesu und Darstellung im Tempel. Auf den unbeweglichen Flügeln stehen die Heiligen Michael und Georg. Die Mitte der Predella schmückt die Deesis, die linke Seite das Ápafiwappen.

Sehenswert sind weiterhin ein **spätgotisches Gestühl** vom Anfang des 16. Jahrhunderts, ein **Taufbecken**, vermutlich aus gotischer Zeit, ein vorreformatorischer Opferstock und eine **Orgel** aus dem Jahre 1925 der Firma Wegenstein aus Temeschburg, die die Orgel des 18. Jahrhunderts ersetzte. Die Kirche besitzt drei Glocken vom 14. bis 19. Jahrhundert. Im 15. Jahrhundert wurde der Bau mit einer durch mehrere Bastionen verstärkten Ringmauer umgeben.

Mălâncrav

Das **Ápafi Manor** verfügt über 5 Zimmer mit Bad und WC, einen schönen Salon, eine Bibliothek und bietet Unterkunft für 9 Gäste. Informationen: Gavriliu Andreea, Tel. 00 40/754 21 23 72, guesthouses@mihaieminescutrust.org.

Informationen, Führungen durch Herrenhaus und Dorf: Andrea Rost, Tel. 074/592 45 58.

Das westliche Siebenbürgen bildet mit den Gebirgen in den Landkreisen Hunedoara und Alba eine letzte Barriere vor den Weiten der ungarischen Tiefebene. Sein Ressourcenreichtum brachte einerseits viele Eingriffe in die Natur, andererseits konnte eine archaische Welt bewahrt werden.
Spuren vorrömischer Zivilisation, alte Bergbautraditionen, Weinanbaugebiete und das pittoreske Retezat-Gebirge bieten viel Abwechslung.

Das westliche Siebenbürgen

Der Kreis Alba

Eine außerordentliche Festungsanlage, Wein und Salz, zauberhafte Mittelgebirgslandschaft mit rumänischen Streusiedlungen, schmucke ungarische Dörfer, viel Bergbau und unzählige Höhlen und Schluchten werden in dieser Region geboten.

Alba Iulia

Alba Iulia (dt. Weißenburg, ung. Károlyfehérvár) ist eine Kleinstadt mit knapp 70 000 Einwohnern und einer leider ziemlich hohen Arbeitslosigkeit. Nichtsdestotrotz wird die Stadt gerade für Touristen in den letzten Jahren immer attraktiver, weil viel für die Sanierung historischer Gebäude, die Infrastruktur, wie Straßenbau, und auch im Übernachtungsangebot mit Erfolg getan wurde. Berühmter Sohn der Stadt ist Alexandru Borza (1887–1971), der große Naturwissenschaftler und Theologe, der sich mit viel Engagement für die Gründung des Botanischen Gartens von Cluj und des Nationalparks Retezat eingesetzt hat.

Stadtgeschichte

Die Stadt am Mittellauf des Mureş blickt auf eine mehr als 2000-jährige Geschichte zurück, die sich an der noch bestehenden Burg bis zu den Römern zurückverfolgen lässt. Die heutige Stadt gliedert sich in die Oberstadt mit der Habsburger Festung und in die moderne Unterstadt.

Anstelle der Habsburger Festung befand sich in der Antike das dakische Tharmis. Unter den Römern entstand darüber das Castrum Cabanae, um das sich das antike Apulum entfaltete. Es trug um 250 nach Christus den Namen Colonia Nova Apulensis, war mit 30 000 Einwohnern eine der reichsten Städte der Provinz Dakiens und beherbergte fast 200 Jahre die XIII. Legion Auditrix Gemina. Reste des Castrums sind an der nördlichen und südlichen Ringmauer erkennbar. Die Legionen zogen 272 ab, und die Stadt verfiel.

Im 7. Jahrhundert siedelten hier Slawen, und erstmals wird der Name Bălgrad (Weiße Stadt) genannt. König Stephan I.

Der Kreis Alba im Überblick

Name: Judeţul Alba (dt. Karlsburg, ung. Fehér Megye).

Lage: im Westen Siebenbürgens.

Hauptstadt: Alba Iulia.

Fläche: 6242 qkm.

Einwohner: 382 747, 90 % Rumänen, 6 % Ungarn, 3 % Deutsche, Roma.

Landschaften: Cândrel und Şureanu-Gebirge, großer Teil des Apuseni-Gebirges, Weingebiet des Kokeltales, Siebenbürgische Heide.

Bemerkenswert: Der Kreis hebt sich von anderen Kreisen innerhalb Siebenbürgens durch eine besonders durchdachte Infrastruktur für den Tourismus ab. Die zahllosen Natur- und Kulturdenkmäler sind ausgezeichnet ausgeschrieben und werden über eine Vielzahl an mehrsprachigen Informationstafeln anschaulich erklärt.

Verkehrsanbindung: Durch den Kreis führen zwei wichtige europäische Verkehrslinien: die E81, die Südrumänien mit Westeuropa verbindet, und die E68, die Nordsiebenbürgen mit Westeuropa verbindet. Eine Autobahn ist in Planung.

Internet: www.apulum.ro, www.turismalba.ro, www.parcapuseni.ro.

Vorwahl: 0258.

Autokennzeichen: AB.

▶ Karte S. 157

machte Alba Iulia zum Zentrum Südsiebenbürgens. Vermutlich um 1009 erfolgte die Gründung des katholischen Bistums Weißenburg. Damit war Alba Iulia zum religiösen und politischen Zentrum Siebenbürgens. geworden.
Im 13. Jahrhundert ließen sich erste Orden, auch die Dominikaner, hier nieder. Zwischenzeitlich überlagerte die mittelalterliche Burg das römische Castrum und behielt dessen Grundriss einschließlich des Straßennetzes bei. Die Türkengefahr (1442), aber auch regionale Streitigkeiten, unter anderem der Kampf um die Kirchenhoheit, fügten der Siedlung mehrfach großen Schaden zu.
Während die Bewohner der Burg der Gerichtsbarkeit des Bischofs unterstellt waren, bildete sich parallel dazu eine Stadtgemeinde, die hospites et incolae, heraus, die dem Woiwoden verpflichtet war. Mit der Erhebung Siebenbürgens zum autonomen Fürstentum entstanden 1551 bis 1555 vor den vorhandenen

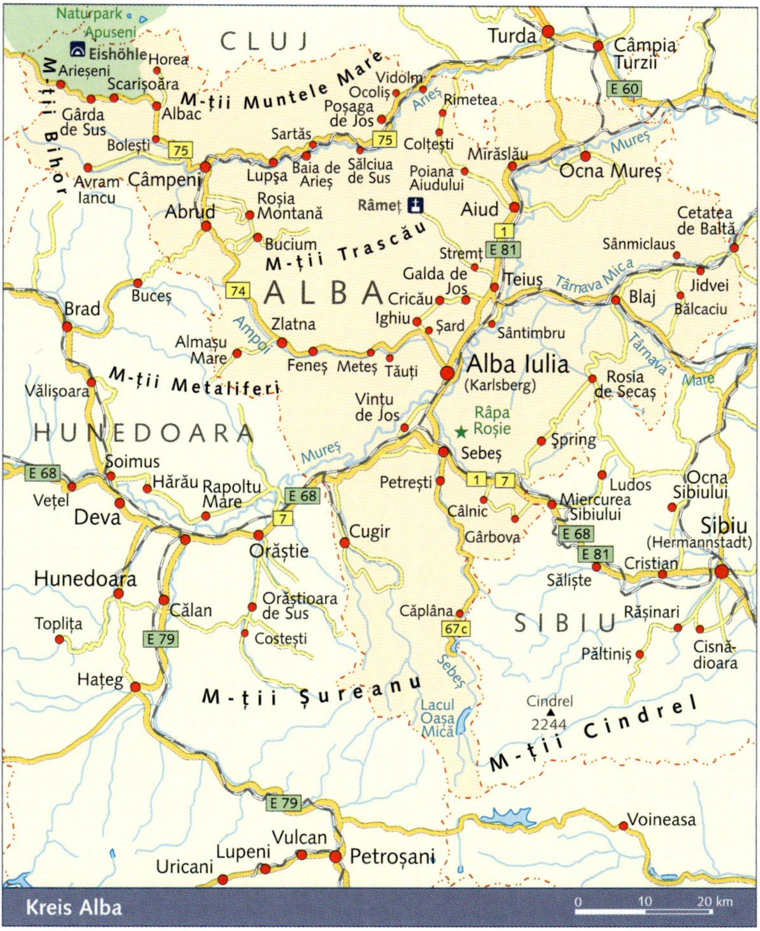

Kreis Alba

Ringmauern vier Bastionen aus Holz und Erde. Alba Iulia wurde fürstliche Residenz und blieb politisches Zentrum bis zum Jahr 1690.
Im Zuge der Reformation wurde das Bistum 1556 säkularisiert, Priester und Mönche vertrieben, Güter und Einkünfte eingezogen. Diese bildeten den materiellen Grundstock für den Fürsten. Die Michaelskirche wechselte mehrfach die Konfessionen: Nach reformierter und unierter Phase erhielten die Katholiken den Bau von Fürst Sigismund Báthory (1581–1602, Fürst von Siebenbürgen) zurück. Im Jahr 1605 wurde die Kirche erneut calvinistisch, und 1716 erfolgte die Erneuerung des katholischen Bistums. Daneben war Alba Iulia seit 1572 orthodoxer Bischofssitz. Unweit der Stadtbefestigung befand sich ein orthodoxes Dreifaltigkeitskloster.
Am 1. November 1599 zog Mihai Viteazul (Michael der Tapfere), Fürst der vereinigten Moldau und Walachei, als neuer Herrscher Siebenbürgens ein. Und nicht weit von Alba Iulia fand er im Feldlager bei Câmpia Turzii 1601 bereits den gewaltsamen Tod. Fürst Gabriel Bethlen (1613–1629, Fürst von Siebenbürgen) führte die Stadt zu neuer Blüte: Unter Leitung des Architekten Giacomo Resti wurden die Bastionen der Südseite ausgeführt, die Tore im Osten und Westen erhielten schützende Vorwerke, und im Innern der Festung wurde eine zusätzliche Schutzmauer zur Sicherung des Fürstenpalastes angelegt. Andererseits entstanden Repräsentationsbauten: der Fürstenpalast und das Akademische Kollegium, an dem zeitweise Martin Opitz, Johann Heinrich Alsted und Heinrich von Bisterfel lehrten, sowie Wohnbauten. Im Jahr 1627 erhielten sephardische Juden das Privileg zur Niederlassung. Apor-Palast und eine Druckerei, die erstmals die Bibel in rumänischer Sprache druckte, entstanden. Wiederholte osmanische Einfälle entvölkerten jedoch die Region.
Unter den Habsburgern wurde Alba Iulia religiöser und militärischer Mittelpunkt Siebenbürgens. Neue Baumaßnahmen, vor allem wehrtechnischer Art, veränderten die antike und mittelalterliche Topographie der Niederlassung. Die westlich der mittelalterlichen Burg gelegene Altstadt und ein Teil der Burg wurden niedergerissen, die Bevölkerung umgesiedelt. Dadurch wurden Festung und Siedlung voneinander isoliert. Das Hochplateau war nun von einer breiten, bis ins 20. Jahrhundert unbebauten Schutzzone umgeben. Die heute sichtbare monumentale Festungsanlage entstand innerhalb von 24 Jahren (1714–1738) nach dem Entwurf Giovanni Morando Visconti nach Vauban'schen Prinzipien. Von vornherein überdeckte sie alle vorherigen Verteidigungswerke und schloss sie ein. Sie präsentiert sich als Siebeneck, in das sechs Tore Einlass gewähren, von denen zwei wie Triumphbögen gestaltet und mit Reliefs und Statuen verziert sind. Die sternförmige Festung erhielt den Namen Alba Carolina/Karlsburg nach Karl VI. (1711–1740), dem Vater Maria Theresias.
Unter den Habsburgern wurde auch die Rekatholisierung vorangetrieben. Die Jesuiten zogen erneut in die Stadt ein, und 1719 etablierten sich die Trinitarier in der Festung. Ihr Kloster wurde zwischenzeitlich zum Lazarett und unter Bischof Ignaz Batthyany (1781–1798)

Skulptur am Bischofspalast in Alba Iulia

für seine Sammlung kostbarster Bücher genutzt. Das nach ihm benannte Batthyanum wurde in die rumänische Nationalbibliothek überführt. Ein Teil des Bestandes davon wird in Alba Iulia, in der Zweigstelle der Rumänischen Nationalbibliothek aufbewahrt, darunter Teile der karolingischen Handschrift des Lorscher Evangeliars. Bischof Batthyany ist auch der Begründer der Sternwarte von 1796 in der Festung.

Am 1. Dezember 1918 fand auf einem Feld vor der Stadt die Abstimmung zur Vereinigung von Rumänien und Siebenbürgen statt. Die neue orthodoxe Kathedrale, genannt Kathedrale der Einheit, und der Einheitssaal entstanden. Hier wurden die rumänischen Könige gekrönt, erstmals Ferdinand I. im Jahre 1922.

Nach dem Zweiten Weltkrieg wurde Alba Iulia industrialisiert. Der katholische Bischofssitz für Siebenbürgen blieb hier erhalten, und auch das rumänisch-orthodoxe Erzbistum für die Diözesen Alba und Mureș hat hier seinen Sitz. Seit 1996 besteht der erste rumänisch-orthodoxe Sozialdienst ›Filantropia‹ in Siebenbürgen. Er ist Partner des ehrenamtlichen Malteser Hilfsdienstes der Diözese Trier, die gemeinsame soziale Projekte im Bereich der Kindernothilfe und Gesundheitsfürsorge durchführen. Im Jahr 1990 wurde hier erstmals wieder der 1. Dezember als rumänischer Nationalfeiertag begangen. 1991 wurde die Universität gegründet.

Spielplatz an den Festungsmauern

▲ Karte S. 161

Die Festung

Der letzte große Festungsbau (rum. Cetatea) Siebenbürgens mit einem Umfang von gut 10 Kilometern und 100 Hektar Fläche mit Bastionen, Erdwall, Ravelins und Contregarts ist sehr sehenswert. Zwischenzeitlich haben sich an ihrem Eingang einige Cafés etabliert, und um die Festung, die man wunderbar mit dem Fahrrad umfahren kann, wurde teilweise ein grüner Gürtel angelegt, in dem Kinderspielplätze zu finden sind. In den Kasematten durften sich Kneipen etablieren. Das Projekt Festungsbelebung ist noch nicht abgeschlossen. Innerhalb der Festung befinden sich zahlreiche sehenswerte Gebäude.

Die Hauptachse durch die Festung ist nach Mihai Viteazul benannt, dessen Denkmal den Mittelpunkt schmückt. An ihrem Ende befindet sich das Karlstor. Entlang dieser Hauptachse liegen die Gedächtniskirche, ehemalige Häuser, die heute als Kaserne genutzt werden, und auch ein kommunistisches Denkmal fehlt nicht.

Die orthodoxe Kathedrale

Der Besucher betritt die Anlage von der Ost- oder Westseite. Das monumentale Osttor wird von der Reiterstatue Karl VI. bekrönt. Gleich hinter dem Westtor überragt die orthodoxe Kathedrale, auch Vereinigungskathedrale genannt, die einst dominierende römisch-katholische Kirche. Sie wurde erst 1921 bis 1922 im traditionellen rumänischen Stil errichtet. In ihr krönte man Ferdinand I. und Maria zum König und zur Königin von Großrumänien. Man betritt den Kirchenkomplex durch den Glockenturm von 58 Metern Höhe. Die Anlage besteht aus der jungen, von einer Kuppel bekrönten Kirche und einem rechteckigen Hof, eingefasst von Rundbogenarkaden. Das Kircheninnere hat Costin Petrescu mit Wandmalereien im neobyzantinischen Stil ausgeschmückt. Der Innenhof wird als Lapidarium für antike Funde genutzt.

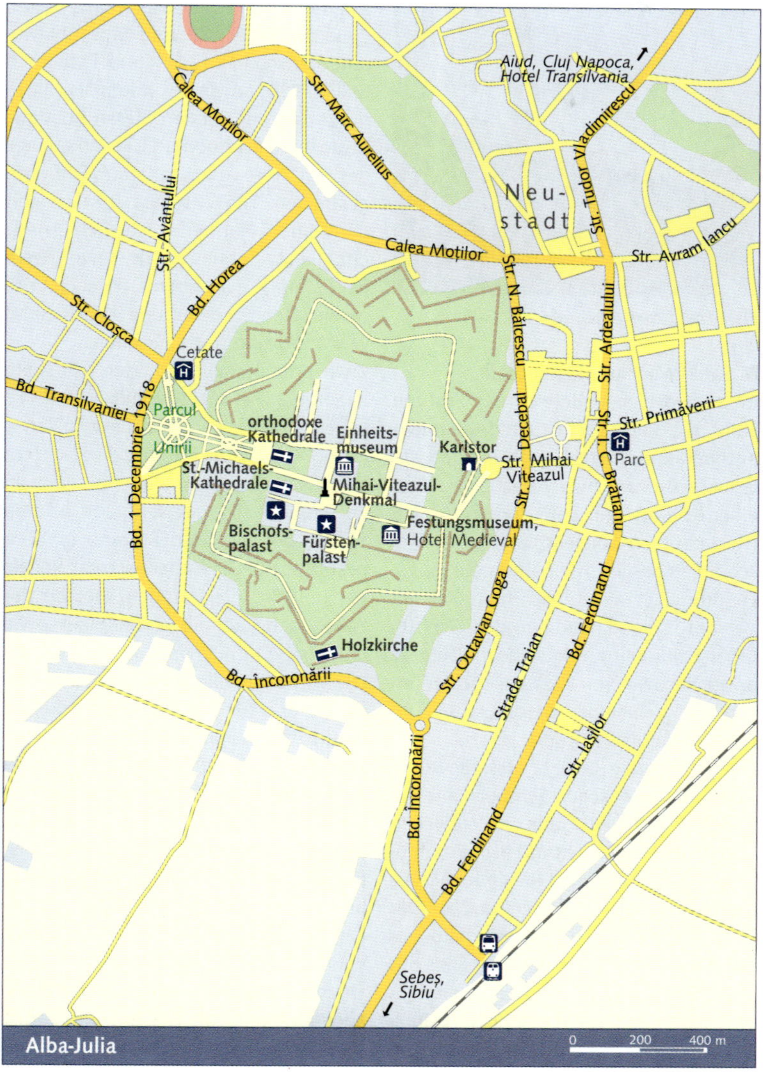

Die orthodoxe Kathedrale

Sankt-Michaels-Kathedrale

Im südwestlichen Bereich der Festung steht die katholische Sankt-Michaels-Kathedrale aus dem 13. Jahrhundert auf den Mauern von zwei Vorgängerbauten: einer Rotunde mit halbrundem Vorbau (Reste auf der Südseite) und einer dreischiffigen Basilika mit halbrunder Apsis. Ursprünglich als fünfschiffige Basilika geplant, sind davon nur drei Schiffe, Querschiff, halbrunde Apsis mit Nebenapsiden sowie im Westen ein Atrium zwischen den beiden quadratischen Türmen ausgeführt worden.

Die Kathedrale besitzt außergewöhnlichen **bauplastischen Schmuck** aus der Romanik und der Gotik: im südlichen Seitenschiff ein romanisches Eingangsportal mit einem Relief der Maiestas Domini vom Vorgängerbau, auf der Südostseite des Chores unterhalb des Traufgesimses einen gotischen Fries mit der Darstellung der Laster sowie das westliche, französisch beeinflusste Haupttor von 1270. Hervorzuheben sind jedoch die **Grabplatten** hochgestellter Persönlichkeiten aus Kirche und Politik Siebenbürgens, darunter die siebenbürgischen Fürsten Andreas Báthory, Michael Ápafi und Gabriel Bethlen.

▲ Karte S. 180

Weiterhin sieht man die Gräber der Königin Isabella und ihres Sohnes János Zsigmond von 1570. Die Wände tragen Epitaphe der Architekten Giovanni Morando Visconti (1717) und Francesco Brilli (1719) sowie des Kardinals Martinuzzi und des Fürsten Stefan Bocskay; beide wurden ermordet. Die Sarkophage des Reichsverwesers Johannes Hunyadi, gestorben 1456, seines Bruders mit demselben Namen, gestorben 1441, und seines Sohnes László sowie Reste der Epitaphe der siebenbürgischen Woiwoden Kendi Ferenc und Kendi Antal von 1558 sind noch zu sehen.

Zwei Kapellen sind an der Nordseite angefügt. Die **Lázóykapelle** von 1512 geht auf den Kanonikus Lásznai János (1448–1523) zurück und gilt als erstes Renaissancebauwerk Siebenbürgens. In ihr befindet sich ein Kenotaph für den Stifter, der in Santo Stefano in Rom bestattet ist. Die Kapelle ist mit Reliefs geschmückt, die Wappen, Helden der klassischen Mythologie, der Bibel sowie ungarische Könige darstellen.

Die **Várdei-Kapelle** geht auf Bischof Várdai Ferenc (1512–1524) zurück und birgt in ihrem Fußboden die Grabsteine siebenbürgischer Bischöfe, darunter András (1356) und Domokos Széchiy.

Die Kirche ist bestückt mit einem barocken Chorgestühl, dessen Rückenlehnen mit biblischen Szenen dekoriert sind, und einer neogotischen Orgel von István Kolonics von 1877. Sie ist täglich von 9 bis 18 Uhr geöffnet.

Um die Kathedrale sind seit dem Mittelalter Bauten für die Geistlichkeit, darunter ein theologisches Seminar, platziert.

Einheitsmuseum und Universität

Im 20. Jahrhundert setzte sich die historische Bedeutung Alba Iulias fort. Geht man am Denkmal von Mihai Viteazul nach links, so trifft man auf eine mit Büsten bedeutender Rumänen geschmückte Allee. Einheitsmuseum und Universität mit Einheitssaal liegen einander gegenüber und erinnern an die Nationalversammlung vom 1. Dezember 1918, in der als Folge des Ersten Weltkrieges der Anschluss Siebenbürgens an das rumänische Königreich ausgerufen wurde. Daran waren Zugeständnisse an die nichtrumänische Bevölkerung, die sogenannten Karlsburger Beschlüsse, gebunden. Auf der Platzanlage stehen Denkmäler zur Erinnerung an die Schlacht von Custozza (Sieg von Radetzky gegen die Piemontesen) und eines zum Andenken an Oberst Ludwig von Losenau von 1853, der im Kampf gegen die Truppen von General Bem gefallen ist. Das Einheitsmuseum ist täglich, außer am Montag, von 10 bis 17 Uhr geöffnet.

Festungsmuseum

In jüngster Zeit wurde auf dem Festungsareal im Burgbereich ein neues Museum eingerichtet, das Ansamblul Architectural Hotel Medieval. Ein Rundgang führt zu den Spuren von drei Festungen: den Resten des römischen Kastells aus dem zweiten nachchristlichen Jahrhundert (Verbindungstunnel), zur darübergebauten mittelalterlichen Burg und zu den Ravelins und Bastionen der habsburgischen Festung des 18. Jahrhunderts. Aussichtsplätze, ein Café und Ausstellungsräume bereichern das Ganze. In den historischen Mauern wurde ein Hotel eröffnet. Das Museum ist täglich, außer am Montag, von 10 bis 18 Uhr geöffnet (www.ansamblul architecturalhotelmedieval.ro).

Orthodoxe Holzkirche

Außerhalb der Burgmauern, aber innerhalb der Befestigungen, steht eine sehr malerische alte orthodoxe Holzkirche, wie sie im Apuseni-Gebirge, ganz besonders im Bihor, so zahlreich zu finden sind. Sie entstand zu Ehren von Mihai Viteazul im 16. Jahrhundert.

Neustadt

Die sogenannte Neustadt, das wirtschaftliche und administrative Zentrum von Alba Iulia, ist durch einen breiten Boulevard gekennzeichnet, an dem sich Hochhäuser für Verwaltung, Hotels und Wohnungen aneinander reihen. Ein farbenfroher Markt bietet Abwechslung. Über eine Nebenstraße gelangt man stadtauswärts und passiert einen verwunschenen, aber scheinbar vergessenen **jüdischen Friedhof** mit einer kleinen Synagoge.

Die orthodoxe Holzkirche aus dem 16. Jahrhundert

Alba Iulia

Vorwahl: +40/(0)258.
Touristenbüro: Bd. Ferdinand 1 Nr. 14, Tel. 813736, www.apulum.ro.

Alba Iulia liegt an der Bahnstrecke Luduş–Alba Iulia–Dev–Arad.

Nächste Flughäfen sind Târgu Mureş, Sibiu und Temeşvăr.

Es gibt regelmäßige Busverbindungen zwischen Arad (Banat) und Braşov mit Halt in Alba Iulia, Bus Nr. 200, und zwischen Bukarest und Alba Iulia, Bus Nr. 300. Außerdem gibt es regelmäßige Busverbindungen nach Cluj und Sibu.

Hotel Medieval, in der Festung, Str. Militari 2, Tel. 811950, 0729/395763, hotelmedieval@yahoo.com. 40 Zimmer, große Fest- und Bankettsäle in mittelalterlichen Gewölben und ein stilvolles Restaurant erwarten den Gast.
Hotel Parc, 2 Sterne, Strada Primăverii 4, Tel./Fax 812130, Tel. 811723. DZ 70 Euro, mit Restaurant.
Hotel Cetate, 2 Sterne, Tel. 811780. Direkt gegenüber vom Haupttor der Festung, mit Restaurant.
Hotel Transilvania, 2 Sterne, Piaţă Iuliu Maniu 22 Tel. 812052, Fax 806282, office.alba@unita-turism.ro. Mit Restaurant.
Pensiunea Mihaela Necreala, Str. Iederii 39, Tel. 834716. Gästehaus mit vier Zimmern, westlich der Festung.
Antic Café, Piaţă Iuliu Maniu 22, Tel. 810781. Gemütliches Café und Bar mit Terrasse, Zeitungsangebot.
Weinkeller Coloman Toth Csaba, Str. Mihai Viteazul 21, Tel. 813638.

Die Umgebung von Alba Iulia

Auf einer Fahrt durch die Region nordöstlich von Alba Iulia, zwischen den Flüssen Târnava Mică, Târnava Mare und Mureş, kann man Wein verkosten, in Salzbäder eintauchen, Kirchenburgen und Adelssitze besichtigen und Folkloreaufführungen beiwohnen.

Sântimbru

▶ Karte S. 157

Die sächsische Gründung Sântimbru (dt. St. Emerich, ung. Marosszentimre) wird seit dem 15. Jahrhundert von Ungarn und Rumänen bewohnt. Berühmtes historisches Ereignis war eine Schlacht am 18. Mai 1442 zwischen Osmanen und dem siebenbürgischen Aufgebot unter Johann Hunyadi, bei der unter anderem der Bischof von Alba Iulia, Georg Lepesch, fiel. Nach dem Rückzug der Truppen von Hunyadi nach Alba Iulia teilten sich die osmanischen Truppen, so dass Hunyadi sie mit Unterstützung von Hilfstruppen am Marsch auf Sibiu hindern und kurz darauf besiegen konnte. Zur Erinnerung an seinen in der Schlacht gegen die Türken gefallenen Bruder, ließ Hunyadi die zerstörte Kirche wieder instand setzen, wobei sie ihr gotisches Aussehen erhielt. Das **reformierte Gotteshaus** bewahrt Reste des romanischen Portals und einer Ringmauer. Der Westturm wurde im 18. Jahrhundert hinzugefügt. Bei Grabungen fand man in sechzig Meter Tiefe römische Grabkammern, die allerdings ihrer Grabbeigaben beraubt waren und deshalb keine weiteren Schlüsse zulassen. Auch in die Kirche wurden Kalksteinblöcke römischen Ursprungs eingearbeitet.

Aiud

Aiud (dt. Strassburg am Mieresch, ung. Nagyenyed) soll anstelle der dakisch-römischen Siedlung Brucla liegen. Deutsche Siedler begründeten einen nach dem heiligen Ägidius benannten Markt- und Warenumschlagplatz, der auch von Ungarn bewohnt war. Aiud wurde 1658 von Türken und Tataren, 1704 während des Kuruzenkrieges und ganz besonders 1848/1849 während der Revolutionsunruhen schwer in Mitleidenschaft gezogen.

Mitten im Zentrum sieht man von Ferne bereits die prächtige befestigte **Kirchenburg**. Innerhalb ihres Mauerrings stehen zwei Kirchen: die reformierte lutherische aus dem 19. Jahrhundert, anstelle einer romanischen Kapelle, und die reformierte calvinistische, eine spätgotische Hallenkirche mit mächtigem Turm, anstelle einer gotischen Basilika des 14. Jahrhunderts. Beide Kirchen wurden zum Schutz von einem vieleckigen Mauergürtel umzogen, der um 1556 durch

Die Festungskirche von Aiud

Kurtinen und Türmen verstärkt wurde. Ungarische und sächsische Zünfte sorgten gemeinsam für die Instandhaltung und Verteidigung der Kirchenburg. Nach der Reformation nutzten Ungarn und Deutsche bis zum Jahr 1720 die große Kirche gemeinsam. Sie war von 1782 bis 1849 Bischofskirche aller reformierten Kirchen Siebenbürgens.

An der Nordseite der Kirchenburg befindet sich das sogenannte **Casa Bethlen**, in dem heute das historische Museum eingerichtet ist.

Gegenüber von Schneider- und Metzgerturm steht die barocke **römisch-katholische Kirche**, mit deren Bau 1726 begonnen worden war.

Aiud war ein bedeutendes Lehr- und Schulzentrum. Zunächst hatte Gabriel Bethlen mit Billigung des Landtages 1622 ein **Collegium** in Alba Iulia ins Leben gerufen. Nach Zerstörungen durch die Türken wurde diese bekannte Lehranstalt unter Mihai Ápafi 1662 nach Aiud verlegt. Mit der Einrichtung der Lehranstalt wurde auch eine Bibliothek begründet, die dank Spenden des Miko Imre (1805–1876) sogar Inkunabeln besitzt, darunter venezianische Ausgaben antiker Schriften. Heute ist sie eine Zweigstelle der Universitätsbibliothek von Cluj. Aus dem Bethlen Collegium wurde das Gymnasium Gabriel Bethlen. In seinem Gebäude ist noch immer das **Naturwissenschaftliche Museum** untergebracht, das 1796 gegründet wurde und unter anderem über eine stattliche botanische und zoologische Sammlung verfügt. Im Ort stehen weitere Denkmäler: die römisch-katholische **Elisabethkirche** von 1726 mit Veränderungen aus dem 19. Jahrhundert, eine **orthodoxe** und eine **griechisch-katholische Kirche**, ein Denkmal zur Erinnerung an die gefallenen Studenten von 1704 und ein

Mahnmal für die Opfer von 1992. Von 1945 bis 1989 befand sich hier eines der berüchtigtsten Gefängnisse des kommunistischen Rumänien.

Der heute überwiegend von Ungarn bewohnte Weinort besitzt **urgemütliche Weinlokale**. Einige Winzer haben sich hier im Jahr 2006 zur ›Asociația Vinificatorilor Nagyenyedi Borászok Egyeülete‹ zusammengeschlossen, um ihre Existenz auch gegen große Produzenten wie Jidvei behaupten zu können. In Aiud muss man nur nach ›Salve‹ fragen, der Weinkeller ist ein Synonym für diesen Winzerverband geworden. Gemeinsam bebauen seine Mitglieder etwa zwölf Hektar. Die Reben sind unter anderem Muscat Ottonel, italienischer Riesling, Traminer, Pinot Gris, Fetească Alba und Fetească Regala, Sauvignon Blanc und der Rosé Brun roscat de padure. In ihren Weinstuben, die an die Wiener Heurigenlokale erinnern, bieten die Winzer einen offenen Weinausschank an, wozu Käse, Brânza und Cașcaval sowie heimischer Wurstaufschnitt gereicht werden.

Aiud und Sântimbru

Vorwahl: +40/(0)258.
Internet: www.aiud.ro.

Aiud:

Pensiunea Helvetica, Str. Gheorghe Doja 53A, Tel. 860867, 0744/635655, darka@freemail.hu, svajcihaz@panzio.ro. Kleine Familienpension mit freundlichem Service.

Pensiunea Melinda, Str. Ion Creangă 137, Tel. 864676, 0740/862873, melinda_ioo@yahoo.com.

Weinkeller Salve, Str. Transilvaniei 40, Tel. 860476, 0744/635655, täglich 9–22 Uhr. Der Ungar Alexandru Mezei ist einer der Initiatoren der Winzervereinigung. In seinen stimmungsvollen, rustikalen Weinkellern fühlt man sich sofort willkommen.

Sântimbru:

Hotel Restaurant Rustic, 3 Sterne, Tel. 0788/444417, Fax 0258/842424. Zimmer mit Frühstück, 80 Lei. Das herausragende, urgemütliche Restaurant bietet eine traditionelle rumänische Küche, serviert bis spät am Abend von äußerst nettem Personal.

Historisches Museum Aiud, Di–Fr 8–16, Sa/So 8–12 Uhr.

Naturwissenschaftliches Museum Aiud, Di–Fr 8–16, Sa/So 8–13 Uhr.

Ocna Mureș

▲ Karte S. 157

Nach Ocna Mureș (dt. Miereschhall, ung. Marosújvár) fährt man wegen des Salzes. Die alten Salzgruben stürzten während eines Hochwassers ein, wurden geflutet und sind heute beliebte Salzseen. Ein neuer Ort wurde abseits der Mureșufer auf einer Anhöhe erbaut. Vermutlich handelt es sich bei Ocna Mureș um das römische Salinae, das auf der antiken Karte, der Peutingeriana, eingetragen ist. Seit prähistorischer Zeit wurde hier Salz abgebaut. Für die Daker war es eines der wichtigen Salzgewinnungsorte. Die neuzeitliche Salzgewinnung begann im Jahr 1792 und hatte ihre Blüte bis ins 19. Jahrhundert. Im 20. Jahrhundert wurde der Tiefbau eingestellt. Von Ocna (dt. Salz), wurde das weiße Gold auf Flößen auf dem Mureș nach Westen transportiert. Im Jahr 1896 entstand hier mit ausländischer Hilfe eine Sodafabrik, die nun ein indischer Unternehmer gekauft hat.

Die Schulen von Blaj waren der Ausgangspunkt der rumänischen Freiheitsbewegung

Blaj

Blaj (dt. Blasenburg, ung. Balázsfalva) ist weniger wegen seiner architektonischen Denkmäler (es gibt das Schloss von Georgiu Badi von 1535) als wegen seiner historischen Bedeutung erwähnenswert. Als geistige Hochburg des siebenbürgischen Rumänentums ist der kleine Ort mit 10000 Einwohnern, die größtenteils vom Holzkombinat leben, in die Geschichte eingegangen. Bis zur Zwangsauflösung der unierten Kirche im Jahr 1948 war hier ihr Sitz.

1395 ging die winzige Siedlung als Geschenk des Kaisers an einen Blasius Cserei, wovon sich vielleicht der Name Blaj ableitet. Nachweislich war dieser Ort von Beginn an von Rumänen bewohnt, was er bis zum Ersten Weltkrieg als einziger Ort Siebenbürgens blieb. Er sollte zum Ausgangspunkt der Freiheitsbewegung der Rumänen werden. Zwischenzeitlich im Besitz der Familie Ápafi, gelangte er mit deren Aussterben 1754 in staatliche Hand. Der Bischof und Gelehrte Inocențiu Micu (1692–1768) nutzte die Gunst der Stunde und verlegte den Sitz der unierten Kirche von Făgăraș nach Blaj. Er begann mit dem Bau von Schulen, die sich in den folgenden Jahren zum Mittelpunkt des kulturellen Rumänentums entwickelten.

Am 1784 eröffneten Vollgymnasium studierten und lehrten einige bedeutende rumänische Schriftsteller und Gelehrte des 18. und 19. Jahrhunderts, die als Begründer der sogenannten Siebenbürgischen Schule gelten: der Historiker, Theologe, Philosoph und Mathematiker Samuel Micu (1745–1806), der Schriftsteller und Philologe Gheorghe Sincai (1755–1816), der Historiker und Philologe Petru Maior (1761–1821), der Romanist Timotei Cipariu (1805–1887), der die rumänische Herkunft anhand der Sprache analysierte, ferner der Publizist Gheorghe Barițiu (1812–1893), dessen Schriften zum nationalen Freiheitskampf anspornten.

Am 27. Oktober 1687 unterzeichnete hier Kaiser Leopold I. einen Vertrag, in dem zum zweiten Mal in der Geschichte das selbständige Fürstentum Siebenbürgen und seine Unabhängigkeit von Ungarn proklamiert wurden. Hier entstand der Entwurf Avram Iancus (1824–1872) zur Aufhebung der Leibeigenschaft, dem eine große Volksversammlung auf dem Freiheitsfeld bei Blaj im Mai 1848 folgte. Fast 50000 Siebenbürger Rumänen, mehrheitlich Leibeigene, nahmen daran teil. Eine zweite Versammlung im September des gleichen Jahres erklärte die Vereinigung Siebenbürgens mit Ungarn für nichtig. Obwohl die Bewegung an der Gegengewalt scheiterte, stand sie für den Beginn des nationalen Rumänentums. Ein Relikt dieser Wirren ist der Bau der **orthodoxen Kirche**, ehemals Dom der unierten Metropolie nach Entwurf des Wiener Baumeisters Martinelli. Er ist der erste sakrale Barockbau Rumäniens und lässt deutlich die Verwandtschaft zum Habsburgerreich erkennen. Der Bau ging nur langsam voran und wurde in der ersten Hälfte des 19. Jahrhunderts durch die beiden Türme bereichert.

Auf dem sogenannten **Freiheitsfeld** sind die maßgeblichen rumänischen Gelehrten mit ihren Büsten verewigt. Auf diesem Feld finden noch heute Veranstaltungen und Volksfeste statt.

Die einzige Übernachtungsmöglichkeit in Blaj bietet das Hotel und Restaurant ›Târnavele‹, Tel. 058/710010.

Von Blaj nach Cetatea de Baltă

Die Straße von Blaj nach Cetatea de Baltă ist in einem erbärmlichen Zustand. Trotzdem sollte man nicht versäumen, eine Fahrt durch das Kokelland mit seinen ursprünglichen Siedlungen und Weinbergen an der Târnava Mică (Kleinen Kokel) zu unternehmen. Die Dörfer Căpâlna de Jos (dt. Kapellendorf, ung. Alsókápolna), Sânmiclaus (dt. Klosdorf, ung. Bethlenszentmiklós) und ein Dorfteil von Bălcaciu (dt. Bulkesch, ung. Szászbalkács) gerieten im Laufe der Zeit in den Besitz der Familie von Bethlen.

Sânmiclaus hieß eigentlich nach seinen Gründern Sächsisch-Sankt-Nikolaus. Sehenswert ist im Südteil des Dorfes das Schloss der Familie Miklós Bethlen von 1668–1683, ein Rechteck mit vier vorspringenden Eckbastionen. Im Eingangsportal hat sich Miklós Bethlen, selbst Architekt und siebenbürgischer Kanzler, als Auftraggeber verewigt.

Bălcaciu ist eine sächsische Siedlung mit langer Weintradition. Die Siedlung war in ihren Anfängen zweigeteilt: Der westliche Teil war frei, der östliche kam im 16. Jahrhundert in den Besitz der Familie Bethlen. Auf einer Bergnase steht malerisch eine Kirchenburg. Von ihren beiden Beringen blieb der äußere mit vorspringenden Wehrtürmen, die weit heruntergezogenen Pultdächer aufweisen, erhal-

An der rumänischen Weinstraße bei Jidvei

▸ Karte S. 157

ten. Die innere Ringmauer wurde zum Zwecke einer Vergrößerung des Kirchenbaus Anfang des 19. Jahrhunderts abgetragen, und ein Westturm wurde angefügt. Ältester Teil ist der aus dem 14. Jahrhundert stammende Chor.

Jidvei (dt. Seiden, ung. Zsidve) ist derzeit der bekannteste Weinort von Siebenbürgen, vielleicht von ganz Rumänien. Sowohl die Privatisierung von Obst- und Weinanbau als auch die Vermarktung haben Bekanntheit und Absatz über die Grenzen ermöglicht. In keinem Restaurant fehlt der Jidvei auf der Karte! Seine Weinberge befinden sich am linken Ufer der Târnava Mică (Kleine Kokel) zwischen Târnăveni und Blaj an der Grenze zwischen den Kreisen Alba und Mureș. Der erste Weinberg wurde hier von den Kommunisten eingerichtet und hat eine Fläche von mehr als 1000 Hektar. Von diesen werden pro Jahr etwa 50 Hektar mit Reben erneuert. Für die Weinproduktion werden Trauben von den Kleinwinzern dazugekauft. Die Größe und der Einfluss von Jidvei haben dafür gesorgt, dass die Popularität des rumänischen Weines in der jüngsten Zeit stark gestiegen ist, wovon auch die kleineren Winzer profitieren. Der Weinkeller bietet Weinverkostungen an, bei denen Darbietungen der Tanzgruppen von Căpâlna de Jos nicht fehlen sollten (www.jidvei.ro, rum.).

Die reformierte Kirche entstand anstelle einer früheren Kirche um 1500, die im Barock erneuert wurde. Der ehemalige gotische Altar wurde nach Tătârlaua verbracht und 1795 durch einen Barockaltar ersetzt. Von den beiden Mauern ist nur der Torturm stehen geblieben. Er wurde 1804 renoviert, erhöht und mit einem Pyramidendach ausgestattet. Auf seiner Nordseite sieht man zwei übereinander angebrachte Uhren.

Das Schloss Bethlen in Cetatea de Baltă

Der Name des mittelalterlichen Weinortes **Tătârlaua** (dt. Taterloch, ung. Tatárlaka) lässt auf eine Verbindung zu den Tataren, vielleicht Gefangene, die hier angesiedelt wurden, schließen. Im Dorf steht ein sehr schlichter, turmloser Sakaralbau, der Reisende mit seinem Christophorus an der Außenmauer begrüßt. Das prächtige Innere lohnt einen Besuch: Zu sehen sind ein spätgotisches Netzgewölbe im Chor, eine Sakramentsnische mit filigranem Blendmaßwerk und ein gotischer Flügelaltar von 1508, ein Meisterwerk des Hermannstädters Vincentius Cibiniensis. Ursprünglich für die Kirche in Jidvei bestimmt, gelangte er im 19. Jahrhundert hierher.

Cetatea de Baltă (dt. Kokelburg, ung. Küküllövar) ist berühmt für das hoch oben über dem Ort auf einer vor Überschwemmungen geschützten Terrasse stehende Bethlen-Haller-Schloss (Castelul Bethlen). Als mittelalterliche Burg war sie zunächst ein Lehen des moldauischen Woiwoden und wurde im 16. Jahrhundert zerstört. Der repräsentative, gut erhaltene, rechteckige Ziegelbau war ein

Auftrag Gabriel Bethlens (1615–1624). Mit seinen vier runden Ecktürmen mit Wehrgeschoss und Pechnasen erinnert er an die französischen Loireschlösser. Nach 1770 kam das Schloss in den Besitz der Familie Haller und wurde barock umgestaltet. Heute ist Schloss Bethlen, ein Architekturdenkmal ersten Ranges, im Privatbesitz der Weinkellerei Jidvei. Wer hier allerdings gerne in stimmiger Atmosphäre den als Höhepunkt gehandelten ›Bogeschdorfer‹, eine der angeblich edelsten Weinsorten Siebenbürgens, probieren möchte, wird enttäuscht sein. Die wenigen Zimmer und schönen Weinkeller stehen nämlich nur geladenen Gästen oder vorangemeldeten Gruppen zur Verfügung.

Veseuș (dt. Michelsdorf, ung. Szásznagyveszös) war im Mittelalter ein sächsisches Dorf, das einzige nördlich der Târnava Mică, und gehörte zur Domäne Cetatea de Baltă. Eigentümer wurde die Familie Bethlen. Oberhalb des Dorfes steht eine unbefestigte Kirche mit einem gotischen Chor und einem abseits stehenden Glockenturm.

Sebeș

▶ Karte S. 157

Die Stadt Sebeș (dt. Mühlbach, ung. Szászsebes) gehörte im Mittelalter zum Unterwald. Diese siebenbürgische Region befindet sich am Nordrand der Südkarpaten und erstreckt sich zwischen den Städten Sibiu im Osten und Orașție im Westen. Sie wird im Norden vom Fluss Mureș begrenzt. Historisch betrachtet bildet der Unterwald die Westgrenze Siebenbürgens, den westlichsten Teil des Königsbodens und damit auch die Grenze des deutschen Siedlungsgebietes. Die Nähe zur Handelsstraße und zu Sibiu begünstigte den sich ständig wiederholenden Einfall der Mongolen und Türken, was zu einer Dezimierung der Bevölkerung führte. Rumänische Hirten und Bergbauern zogen aus den Karpatentälern in die Ebene und gründeten ihre eigenen Dörfer oder füllten verwaiste Hofstellen. Zwischen 1733 und 1776 kamen die österreichischen Protestanten, die sogenannten Landler, und wurden in den entvölkerten Gemeinden Apoldo de Jos, Cristian und Turnișor angesiedelt. Der Unterwald ist seit alters her auch Weinanbaugebiet.

Die idyllische Kleinstadt Sebeș leidet heute darunter, dass die ehemals wichtige Landstraße zur Hauptverkehrsader der siebenbürgischen Ost-Westachse, der E68, wurde, die mitten durch den Ort führt. Lediglich der Schwerlastverkehr wird umgeleitet. Lärm und durchgehend dichter Verkehr machen es kleinen Cafés oder Restaurants schwer, hier Fuß zu fassen.

Ihr Zentrum wird dominiert vom mächtigen Bau der evangelischen Kirche, der ehemaligen Marienkirche mit ihrer Jakobskapelle, ihr gegenüber erkennt man die alten Fleischerlauben.

Geschichte

In der ersten Hälfte des 12. Jahrhunderts lebten am rechten Sebeșufer zunächst Szekler als Grenzwächter. Nach der Grenzverschiebung nach Osten wurden die Szekler umgesiedelt. Die Ankunft der deutschen Siedler erfolgte in der zweiten Hälfte des 12. Jahrhunderts, wo sie hier an der Kreuzung zweier wichtiger Landstraßen am linken Ufer des Sebeș sesshaft wurden.

Ihre exponierte Lage setzte die Stadt den Einfällen der Türken besonders aus, weswegen die Bewohner im Jahr 1387 von König Sigismund die Genehmigung zum Bau einer Stadtmauer erhielten. Von ihr sind gut erhaltene Reste zu se-

Eine schmucke Kleinstadt: Sebeș

hen, teilweise sind typisch siebenbürgische Wohnhäuser in die Befestigungsanlage integriert.

Die kleine Stadt ist mit berühmten Männern verbunden: der Afrikaforscher Franz Binder wurde hier ebenso geboren wie der rumänische Philosoph, Diplomat und Wissenschaftler Lucian Blaga (1895–1961). Ihm zu Ehren wurde im Jahr 2000 in Sebeș das Kulturzentrum Lucia Blaga ins Leben gerufen. Dem Kulturzentrum ist das **Stadtmuseum Ion Raica** unterstellt, das im ehemaligen Fürstenhaus eingerichtet ist. Das Fürstenhaus war unter anderem Wohnsitz des siebenbürgischen Woiwoden und ungarischen Königs Johan I. Zápolya, der in ihm verstarb.

Die evangelische Kirche

Die evangelische Kirche wurde in romanischer Zeit als Basilika mit massiven Pfeilern und einer halbrunden Apsis begonnen. Nach dem Tatareneinfall setzte man den Bau fort, die romanische Apsis wurde zum polygonalen gotischen Chor umgebaut, und das Mittelschiff erhielt ein Rippengewölbe.

Wie viele Städte in Siebenbürgen erlebte auch Sebeș einen starken wirtschaftlichen Aufschwung. Dieser fand seinen repräsentativen Ausdruck in den Jahren 1362 bis 1382, als der Kirchenchor zu einem mächtigen Hallenchor ausgebaut wurde, der fast die Länge des Langhauses erreichte. Er erinnert an die Prager Parlerschule, insbesondere an den Chor Heinrich Parlers in Schwäbisch Gmünd. Erneute Türkeneinfälle schwächten die Stadt, das Geld für den weiteren Ausbau musste in die Befestigungsanlagen gesteckt werden. Im 14. Jahrhundert wurde ein Bering um die Kirche angelegt, um 1420 nördlich des Chors eine neue Jakobskapelle, während die alte in den südöstlichen Befestigungsturm integriert wurde. Die Kapelle und Teile der Befestigung mit Türmen blieben erhalten.

Prunkstück der Kirche ist der mit dreizehn Metern höchste **gotische Flügelaltar** Siebenbürgens im Hallenchor. Auf seinen Predellenwangen erkennt man jene Wappen, die eine Datierung des Altars um 1526 begründen: das Stadtwappen von Sebeș und dasjenige von Ludwig II., der in der Schlacht von Mohács 1526 fiel. Der Mittelschrein zeigt

Schild am Gymnasium von Sebeș

Das westliche Siebenbürgen

18 geschnitzte Halbfiguren zum Thema der Wurzel Jesse, in der Vision des Jesaja aus dem Alten Testament. Der Stammbaum wird mit Maria als Himmelskönigin, gefolgt von Joseph abgeschlossen. Die eingefügte Madonnenfigur war im 18. Jahrhundert nachgeschnitzt worden, nachdem Graf Sigismund Kronis, Gouverneur von Siebenbürgen, Anfang des 18. Jahrhunderts das Original entwendet hatte. Das Original tauchte erst 1962 wieder auf, ging in Besitz der römisch-katholischen Kirche über und soll nach Vereinbarungen wieder hierher zurückkehren. Szenen der Verkündigung, Anbetung der Könige, Heimsuchung und Beschneidung rahmen die Festtagsseite. Die Werktagsseite zeigt von links oben nach rechts unten gemalt: Kreuzigung, Joachim und Anna, Joseph wählt die Braut, Christi Himmelfahrt, Auferstehung, Anbetung der Hirten, die Heilige Sippe und Ausgießung des Heiligen Geistes. Als gesichert gilt, dass drei der elf Söhne des Veit Stoß zeitweilig in Siebenbürgen tätig waren. Obgleich eine Verbindung zum Mühlbacher Altar bisher nicht eindeutig nachgewiesen werden konnte, wird er aufgrund der Qualität und dem Stil in der Nähe der Familie Stoß angesiedelt.
Die Kirche ist Dienstag bis Samstag von 10 bis 13 Uhr und von 15 bis 17 Uhr, Sonntag von 15 bis 17 Uhr geöffnet und Montag geschlossen.
Westlich der Kirche steht das **Gymnasium**, dessen Leitspruch ›Bildung ist Freiheit‹ an die sächsische Vergangenheit erinnert, und versteckt hinter ehemaligen Sachsenhäusern in der Klostergasse die katholische **Bartholomäuskirche**, die 1322 als Dominikanerklosterkirche begründet und später von den Franziskanern übernommen und barockisiert wurde.

▲ Karte S. 157

i Sebeș

Die Stadt liegt an der Eisenbahnstrecke Sibiu–Arad. Außerdem gibt es Busverbindungen nach Sibiu und Alba Iulia.
Motel Lutsch 2000, außerhalb bei Vințu de Jos, direkt an der DN 7, Tel. 0258/733273, eine der erfolgreichen Privatinitiativen mit gutbürgerlicher rumänischer Küche und sehr nettem Service.

Die Umgebung von Sebeș

Râpa Roșie

Naturfreunde können vom Ortszentrum aus in nordöstlicher Richtung die sogenannte Rote Schlucht (Râpa Roșie) erlaufen. Ein zu Regenzeiten wasserführender Wildbach hat sich hier eine tiefe Schlucht gegraben. Die Witterungseinwirkung hat in die weichen Steilwände aus Kies-Quarzsand- und Tonerdeboden im Laufe der Jahrtausende Erdpyramiden und Sandsteinfriese wie rote Skulpturen herausgemeißelt. Bei gutem Wetter erkennt man die Steilwände von Sebeș aus.

Vințu de Jos

Die Ortschaft Vințu de Jos (dt. Unterwinz, ung. Alvinc) wurde von deutschen Siedlern links des Mureș gegründet, während in Vurpăr auf der anderen Flussseite Rumänen wohnten. Sie gehörte bis 1393 dem Siebenbürger Woiwoden und wurde dann den Siebenbürger Stühlen angeschlossen, was bis 1526 anhielt. König Ludwig II. verlieh die Ortschaft dem Woiwoden Raud de la Afumați, und 1545 ging sie in den Besitz des Staatskanzlers Georg Martinuzzi über, der hier 1551 durch den kaiserlichen General Castaldo ermordet wurde. Einst war hier ein großer Umschlagplatz für das Salz aus Turda und Ocna Sibiului. Heute wirkt Unterwinz eher verschlafen.

Die **Schlossanlage** wurde auf den Resten eines ehemaligen Dominikanerklosters errichtet. Den Auftrag dazu erteilte Georg Martinuzzi, der hier seinen Tod finden sollte. Gabriel Bethlen, 1613 Fürst von Siebenbürgen und kurzfristig auch ungarischer König, ließ das Schloss umbauen, das heute nur noch eine Ruine ist. Neben Ungarn, Slaven, Bulgaren sah die Gemeinde auch Landler und die Hutterer, die nach Flucht und Vertreibung in der neudeutschen katholischen Gemeinde aufgingen und bis heute durch die Habaner Keramik präsent sind.

Kirchenburg Câlnic

Wenige Kilometer von Sebeș Richtung Sibiu führt ein Abzweig von der DN 1 nach Süden. Die Ortschaft Câlnic (dt. Kelling, ung. Kelnek) mit der unter UNESCO-Schutz stehenden Kirchenburg wird erstmals im Jahr 1269 genannt, als Graf Chyl von Kelling sich im Thronstreit zwischen Sohn und Vater für den Sohn, Herzog Stephan, entschied und dafür mit umfangreichen Besitzungen wie Kelling belohnt wurde. Er ließ sich auf einem von einem Flusslauf umgebenen Plateau einen dreigeschossigen Wohnturm und eine kleine Kapelle bauen, um die eine Ringmauer angelegt wurde. Zur Wohnburg führte eine Zugbrücke über einen Wassergraben und über den nördlichen Turm. Im Jahr 1430 wurde der Wohnkomplex vom letzten Erbgrafen der Familie, Johann Geréb de Vingard, an die sächsische Gemeinde veräußert. Wiederholte Angriffe der Osmanen führten im Laufe von 120 Jahren zu wehrtechnischen Veränderungen. Nach Verfall und Abtragung von Mauern wurde die Anlage in den 1960er Jahren umfassend instandgesetzt. Teilweise blieb die äußere Umfassungsmauer stehen. Die heutige Kapelle ist eine schlichte Saalkirche mit einem Rest Wandmalerei.

Östlich des Ortes steht die neoromanische evangelische Allerheiligenkirche, die eine romanische Saalkirche aus dem 13. Jahrhundert ersetzt. Im Komplex befindet sich eine Niederlassung der Gesellschaft ›Ars Transilvania‹ des Kunsthistorischen Instituts der Universität Cluj-Napoca.

Câlnic

Kulturscheune und Agrotourismus Șura in Kelling (Gospodărie Culturală și pensiune Agrotrusitică Șura Câlnic), Haus Nr. 34 ohne Hotelbeschilderung. Tel. 0258/747084, 0748/845923. Übernachtung pro Person inklusive Frühstück 45 Euro. Erika und Leo Plosca haben Deutschland verlassen, um sich in Rumänien dieses neue Zuhause einzurichten. Ein altes ländliches Wohnhaus wurde vorbildlich renoviert, die alte Scheune und Stallgebäude wurden zu drei Zimmern mit acht Schlafplätzen umgebaut – alles mit viel Liebe zum Handwerk, zur Natur und zum Detail. Ein kleines Museum zeigt liebevoll zusammengetragene Objekte aus Handwerk und Landwirtschaft Siebenbürgens. Der große Obstgarten bietet Gelegenheit, Obst selbst zu pflücken. Weder Internet noch Fernsehen sind zu erwarten, dafür nächtigt man unweit einer der schönsten und gut erhaltenen Kirchenburgen Siebenbürgens.

Gârbova

Die Siedlung Gârbova (dt. Urwegen, ung. Szásorbó) gehörte ursprünglich zum Reußmarkter Stuhl und wurde von Szekler Grenzwächtern gegründet, auf die um 1200 deutsche Siedler folgten.

Ein kleiner Patriot

Die **Grafenburg** des 13. Jahrhunderts bestand aus einem nur im Verteidigungsfall bewohnten Bergfried mit Glockengeschoss des 19. Jahrhunderts. Innerhalb des fast quadratischen Berings entstanden im 19. Jahrhundert die Dorfschule und die Pfarrwohnung, in der heute ein kleines Museum eingerichtet wurde. Der dreigeschossige Torturm zum Dorfplatz erfüllt noch heute seine Funktion als Speckturm. Die **Pfarrkirch**e, ein gotischer Hallenbau des 16. Jahrhunderts wurde von den Truppen Michael des Tapferen zerstört; später wurde sie wieder aufgebaut, mit einem Chor des 18. und einer Innenausstattung des 19. und 20. Jahrhunderts. Ein Spaziergang führt durch das Dorf zur malerischen **Ruine der Bergkirche** mit dem Friedhof. Im 13. Jahrhundert entstanden, wurde sie Opfer eines Brandes im 19. Jahrhundert. Am geraden Chorabschluss sieht man noch spärliche Reste einer spätgotischen Sakramentsnische und romanische Spuren.

■ Die Munții Șureanu

Die Munții Șureanu (dt. Mühlbacher Gebirge, ung. Kudzsi-havasok), oft auch als Sebeșgebirge bezeichnet, gehören zu den südlichen Karpaten. Die höchste Erhebung ist der **Vârful lui Pătru** mit 2130 Metern, genau an der Kreisgrenze Hunedoara/Alba, die sich das Șureanu-Gebirge teilen. An seiner Südwestflanke findet sich ein abwechslungsreiches Karstgebiet, das in den Cioclovina- Naturpark eingegliedert ist und um sehr vieles besser erschlossen ist als das Gebirge über dem Sebeștal. Das Gebirge wird geprägt von den Wasserläufen Sebeș, der entlang einer Strecke von 88 Kilometern mehrfach aufgestaut wird, Strei mit 89 Kilometer und Cugir mit 54 Kilometer Länge. Im Gebirge wurden verschiedene Naturschutzgebiete eingerichtet, darunter der Gletschersee Izerul Șureanu auf etwa 1730 Metern Höhe, unweit der Șureanu-Hütte. Das Sebeștal ist nur mit dem Auto oder mit dem Bus zu erreichen.

■ Cugir

Cugir (dt. Kudschir, ung. Kudzir) liegt in einem Seitental im Șureanu-Gebirge und ist sogar an das Bahnnetz angeschlossen. Der Ort ist ein guter Ausgangspunkt zum Wandern auf unmarkierten Wegen im Șureanu-Gebirge: Wanderungen nach Sarmizegetusa, zu den Dakerfestungen und zur Prislophütte (22 km) sind für Ausdauernde angesagt. Seit dem 18. Jahrhundert wurde hier die Eisenverhüttung betrieben, und während des Kommunismus befand sich hier eine Waffenschmiede. Auf dem südlich der Stadt gelegenen Hügel (495 m) stehen die Reste einer Dakerburg.

Cugir

Hotel Drăgana, Str. Alexandru Sahia 20, Tel. 0258/751980, Fax 751202, 1 Stern, 15 Zimmer. DZ 30 Euro. Eine der wenigen Unterkünfte in der Gegend; mit einfachen, sauberen Zimmern.

▲ Karte S. 157

Stausee im Sebeștal

Das Sebeștal

Im Süden der Stadt Sebeș liegt das landschaftlich reizvolle Sebeștal, über welches man, vorbei an Dakerfestungen und mehreren Stauseen, über die Karpaten in die Walachei gelangt. Bis zur Ortschaft Șugag ist das Tal wenig steil und sehr weit. Hier bietet sich auch eine Tour mit dem Fahrrad an. Dahinter beginnt der Anstieg, die Straße wird zunehmend schlechter, und die Fahrt über den Pass ist ein einziges Abenteuer. Jagen, Angeln, Wandern und Picknicken sind in dieser immer einsamer werdenden Gegend beliebte Freizeitaktivitäten der Siebenbürger. Oft lässt sich das Wandern mit der Kultur sehr schön verbinden.

Wenige Kilometer von Sebeș entfernt führt eine Markierung zur **Wehrkirche von Petrești** (dt. Petersdorf, ung. Péterfalya) aus dem 13. Jahrhundert. Der anschließende Stausee ist das Trinkwasserreservoir von Sebeș.

Auch auf den Spuren der Daker kann man wandeln. Oberhalb und östlich des Dorfes **Căpâlna** (dt. Kapellendorf, ung. Sebeskápolna) liegt auf einem Hügel die gleichnamige **dakische Festung Căpâlna** aus dem 1. Jahrhundert vor Christus. Der Weg zur Ruine ist kurz und nicht sehr steil. Von der Ruine genießt man einen wunderschönen Blick auf das Sebeștal. Die Festung war Teil eines Verteidigungssystems der vorrömischen Daker, um den Zutritt zur Hauptstadt des dakischen Königs vom Sebeștal aus zu schützen. Sie liegt in 610 Metern Höhe auf dem Gipfel eines steil zum Tal abfallenden Hügels. Die lokalen Fundstücke wurden auf das Nationalmuseum von Alba Iulia und das Ion-Raica-Museum in Sebeș verteilt. Die Festung fiel den letzten römisch-dakischen Auseinandersetzungen im Jahr 105/106 nach Christus zum Opfer. Man erkennt Fragmente der Grundmauern der Eingangsbereiche. Im Jahr 1982 entdeckten Archäologen auch Belege für ein hier existierendes Heiligtum. Von hier kann man zur **Șureanu-Hütte** auf 1743 Meter wandern, sie war vor dem Zweiten Weltkrieg vom Siebenbürgischen Karpatenverein gegründet worden.

Wenn man die Straße durchs Sebeștal weiterfährt, erreicht man den Stausee **Lacul Oașa Mică**. Von hier führt ein sehr sporadisch markierter Wanderweg (rotes Band) in 4,5 bis 5 Stunden zum **Cindrel**.

Das Apuseni-Gebirge

Das Apuseni-Gebirge (dt. Siebenbürgisches Westgebirge, ung. Erdély-Szigethegyzég) erstreckt sich über die Kreise Hunedoara, Cluj und Alba und besteht aus verschiedenen mittelhohen Gebirgszügen, die unterhalb von 1900 Metern liegen. Das Gebirge, manchmal fälschlicherweise auch Westkarpaten genannt, liegt zwischen den Flüssen Someș und Mureș und schließt den Karpatenbogen Rumäniens mit den Ost- und Südkarpaten ab. Seine Bodengestalt ist sehr abwechslungsreich: Neben sanft ansteigenden Almen trifft man auf alpine Plateaus, Vulkankegel, felsige Grate, steile und schroffe Felswände. Üppig bewaldete Berge mit dichter Tierpopulation und artenreichen Pflanzen stehen im Gegensatz zu dürren unfruchtbaren Gegenden.

Zahlreiche Karstformationen, Spalten, Dolinen, tiefe Klammen, Engpässe und vor allem Höhlen trifft man auf Schritt und Tritt. Über 800 Höhlen sind bekannt. Viele sind für Besucher gar nicht erschlossen, in anderen lässt sich klettern, forschen und entdecken. Im Apuseni-Gebirge haben viele Flüsse ihre Quellen: Für Siebenbürgen sind Crișul Alb und Crișul Repede, der Someșul Cald, die Täler des Arieș und Ampoi sowie die vielen Zuflüsse des Mureș von Bedeutung. Höchste Erhebung ist mit 1849 Metern der Vf. Bihor, auch Curcurbăta Mare genannt, höchstgelegenes Dorf auf 1270 Meter ist Ocoale und wasserreichster, spektakulärer Wasserfall ist Răchițele (Kreis Bihor) mit 339 Metern. Besonders eindrucksvoll ist das Höhlensystem Cetățile Ponorului (Kreis Bihor), bestehend aus drei riesigen Dolinen, die über tunnelförmige Höhlen miteinander verbunden sind. An den Grenzen der Dolinen verläuft ein Wanderweg mit mehreren Balkonen, von dem aus man einen herrlichen Ausblick hat.

Naturparksymbol des Apuseni-Gebirges

▲ Karte S. 157

Das Klima ist aufgrund der ausgeprägten strukturellen Zergliederung und den Höhenunterschieden von mehr als 1500 Metern sehr unterschiedlich. In den Ebenen beginnt der Frühling um zwei Monate früher als in den über 1500 Metern hoch gelegenen nördlichen Abhängen und im Talgrund tief eingeschnittener Täler. Die Bihor-Berge und vor allem Stâna de Vale mit seiner Umgebung gehören zu den niederschlagreichsten Gebieten des Landes, weil die Berge die ersten hohen Gebilde darstellen, an denen sich die von Westen heranziehenden Wolken abregnen.

Das Apuseni-Gebirge besitzt eine außergewöhnlich reiche und mannigfaltige Flora mit vielen seltenen und endemischen Arten, darunter eine Reihe postglazialer Relikte. In den dichten Wäldern und engen tiefen Schluchten finden viele Tiere der Karpaten Nahrung und Unterschlupf. Da dem menschlichen Jagdtrieb in Rumänien zu wenig Grenzen gesetzt werden, sind einige Schutzgebiete ausgewiesen, wo das Jagen verboten ist.

Das Apuseni-Gebirge und seine Umgebung sind seit prähistorischer Zeit besiedelt. Populär war das Gebirge unter Dakern und Römern wegen der Erze, dem Gold und dem Salz. Insbesondere das Siebenbürgische Erzgebirge war ein Zentrum des Bergbaus, wo auch Kupfer abgebaut wurde. In den anderen Regionen lebten die Menschen vornehmlich von Holzfällerei und Holzverarbeitung. Nach dem Zweiten Weltkrieg wurde der Bergbau extrem forciert und um Uran- und Bauxitabbau erweitert. Landwirtschaft spielte und spielt in den Hügelzonen und in den Ebenen eine wichtige Rolle. An Baudenkmälern dominieren im Gebirge Holzkirchen und Mischbauten aus Holz und Stein. Im Apuseni-Gebirge wurde ein Naturpark mit einer Fläche von 75 784 Hektar eingerichtet, der sich über die Kreise Bihor, Alba und Cluj erstreckt. Er befindet sich im Gebirge des Bihor und Vlădeasa. Er soll ein Nationalpark werden.

Das Trascău-Gebirge

Das Trascău-Gebirge (Munții Trascăului) bildet den südöstlichen Teil des Apuseni. In ihm dominiert der Kalkstein. Eher ungewöhnlich, wächst hier in niedrigen Höhen von 550 Metern sogar das Edelweiß. An seiner südlichen Flanke entspringen zahlreiche Wasserläufe, die sich ihren Weg durchs Gebirge in die Ebene bahnten und dabei zahlreiche Schluchten geformt haben. Der Kreis Alba hat im Trascău-Gebirge sogenannte grüne Korridore angelegt, die sich in unmittelbarer Nähe von Alba über drei Täler erstrecken: Galda-, Geogaciu- und Ceteatal. In ihnen findet man acht Routen, die beliebig untereinander kombinierbar sind und insgesamt über ein Straßen- und Wegenetz von 150 Kilometern zu Kultur- und Natursehenswürdigkeiten führen. Allein 15 geschützte Naturreservate sind hier zugänglich. Aber auch im Cricău- und Ighiutal lässt sich schön wandern. Die Natur ist abwechslungsreich und eindrücklich: Schluchten mal enger, mal weiter, Narzissenwiesen und steile Felsen. Höchste Erhebung ist die Dâmbău-Spitze mit 1369 Metern, die sich von Zlatna aus erwandern lässt (www.clubapuseni.ro).

Rund um Cricău und Ighiu

Nördlich von Alba Iulia trifft man bei Galda de Jos auf die DJ 107H. Ein Abzweig führt in Richtung Westen zu den von deutschen Siedlern bereits im 12. Jahrhundert gegründeten Ortschaften Cricău (dt. Krakau, ung. Boroskrakkó) und Ighiu (dt. Krapundorf, ung. Magyarigen) in einer Wein- und Obstanbaugegend am Ostrand des Trascău-Gebirges. **Cricău** zieht sich entlang des Cricăubaches und gehörte wie Ighiu im 13. und 14. Jahrhundert zur Festung Craiva. Im Dorf steht eine heute reformierte dreischiffige Basilika aus dem 13. Jahrhundert mit erhaltenem romanischen Westportal und Doppelfenster am Turm. Im 15. Jahrhundert erhielt sie einen gotischen Chor und eine Ringmauer mit Tortürmen. Von 1848 bis

Wintereinbruch im Apuseni-Gebirge

Das westliche Siebenbürgen

1880 lebte hier der Revolutionär Axente Sever. Von Cricău aus lässt sich schön wandern: durch die Weingärten nach Tibru, ca. drei Kilometer; zum **Craiva-Stein** (Piatra Craivii) auf 1078 Metern, sieben Kilometer führen zunächst entlang des Forstweges, anschließend folgt ein Aufstieg von etwa einer Stunde. Auf dem terrassenförmigen Gipfel liegt die **Festung** (dt. Burg Gemsenstein, ung. Kecskekö), die anstelle einer Dakerburg im Mittelalter entstand. Einst Stützpunkt des Dakerstammes der Apouler, zerstörten die Römer die Anlage: Sanktuarien, Wohnungen, Werkstätten und Kulturterrassen konnten nachgewiesen werden. Die Römer benannten nach dem Sieg über die Apouler ihre Neugründung Alba Iulia Apulum. Die mittelalterliche Burgdomäne besaß die Siedlungen Cricău, Craiva und Ighin und befand sich abwechselnd im Besitz des Königs, Bischofs, und Woiwoden. Nach 1484 wurde sie zur Raubritterburg und wurde deshalb im Jahr 1512 auf königlichen Befehl hin zerstört. Von hier hat man einen weiten Rundblick.

In **Ighiu** befanden sich die römischen Steinbrüche für die Bauten in Apulum. Die reformierte Kirche steht anstelle einer romanischen Basilika, von deren Ummauerung nur noch Reste vorhanden sind. In Ighiu befindet sich das Grab des hier im Jahr 1769 verstorbenen ungarischen Schriftstellers und Aufklärers Péter Bod. Ein Forstweg führt von hier zum **Ighiel-See** auf 924 Metern Höhe. Es handelt sich um einen natürlichen See, der sich vermutlich in einer Mulde, die durch einen Erdrutsch entstanden war, gebildet hat. Im klaren Wasser des bis zu neun Meter tiefen Sees fühlen sich Forellen wohl.

Die Ortschaft **Țelna** (Celna) gilt als höchstgelegener Weinort der Region.

▲ Karte S. 157

Das Galda-Tal

Von **Galda de Jos**, wo es ein kleines ethnologisches Museum gibt, führt der Drumul Gălzi den Fluss entlang nach Nordwesten zu drei Schluchten, mehreren Wassermühlen und Kirchen bis nach Necrelești oder Întregalde. Hinter Galda de Sus (ung. Felsögáld) schlängelt sich die Straße entlang der 300 Meter langen Galda-Schlucht und quert mehrmals das Wasser. Nach etwa acht Kilometern beginnt die kilometerlange **Întregalde-Klamm**, in der Edelweiß wächst.

Man kann auch bei **Poiana Galdei** in den Drumul Cetii einbiegen, durchquert die **Tecșestilor-Klamm** und erreicht immer bergauf die einsame Siedlung **Tecșești** auf 924 Metern, mit einer Dorfkirche und wunderschönen traditionellen ländlichen Bauten. Hinter dem Ortsausgang beginnen verschiedene Routen: Ein erster sechs Kilometer langer Weg führt über mehrere Weiler zum **Kloster Râmeț**. Ein zweiter Weg führt zum **Piatra Cetii** (dt. Cetea-Stein) auf 1233 Meter mit seiner ungewöhnlichen Form, wo in der Regel im Mai üppig die Narzissen blühen. Bis nach Întregalde sind es weitere zwei bis drei Stunden. Întregalde (ung. Havasgáld) ist ein größerer Ort der Region. Von hier bieten sich zweistündige Wanderungen zur **Piatra Cetii** und zur **Piatra Caprei** (dt. Gemsenstein) auf 1212 Metern an.

Von Teiuș zum orthodoxen Kloster Râmeț

Eine landschaftlich zauberhafte Strecke von etwa 20 Kilometern führt durchs Geoagiu-Tal (ung. Algyógy) zum Kloster Valea Mănăstirii, auch Râmeț genannt. Dem Kloster und dessen zahlreichen Besuchern ist die vorbildliche Sanierung der Straße zu verdanken, die in Teiuș von der DN 1 in westliche Richtung abbiegt.

Das Dorf Geoagiu de Sus im Trascău-Gebirge

Erster Besichtigungspunkt ist die römisch-katholische **Klosterkirche in Teiuș** (dt. Dornen, ung. Tövis), ein gotischer Bau von 1449.

In **Stremț** (dt. Nußschloß, ung. Diód-Váralya) stehen sehr versteckt die Ruinen der ehemaligen Burg (Cetatea Stremț). Der Wegweiser mitten im Zentrum bei der Polizei führt über den Fluss. Die Burg wurde erstmals im 15. Jahrhundert urkundlich erwähnt und soll auf den Adligen Andrei de Geoagiu um 1270 zurückgehen. Von ihren beträchtlichen Ausmaßen blieben Ruinen in der Form von drei bis vier Meter hohen Mauern, umgeben von einem vier Meter tiefen Graben, übrig.

In **Geoagiu de Sus** (ung. Fesögyorgy) steht gleich am Dorfeingang auf einem Plateau die orthodoxe Kirche, Reste einer Klosterstiftung des walachischen Fürsten Radu ela Afumațis aus dem 16. Jahrhundert. Nach der Zerstörung durch die Habsburger im 18. Jahrhundert wurde die Kirche in den 70er Jahren des letzten Jahrhunderts unter Beachtung der alten Form erneuert.

Kloster Râmeț

Die Straße wird schmaler und erinnert immer mehr an eine Schlucht. Dort, wo das bewaldete Tal sich erneut verbreitert, liegt das wieder aufgebaute Kloster Râmeț (rum. Valea Mănăstirii, ung. Remetekolostor), dessen Besuch sich allein schon wegen der landschaftlichen Schönheit der Gegend lohnt. Die Straße endet hier. Zwei Brücken, darunter eine Hängebrücke, führen zum vermutlich ältesten orthodoxen Kloster Siebenbürgens. Seit Anfang des 18. Jahrhunderts gab es im Kloster eine rumänische Schule, die 1792 als antihabsburgisches Zentrum vom österreichischen Militär zerstört wurde. Es folgte eine Zeit als Pfarr-, dann wieder als Klosterkirche. Der mittelalterliche Komplex wurde 1998 vollständig wiederhergestellt und beherbergt heute die größte orthodoxe Nonnenniederlassung Siebenbürgens.

Im Zentrum steht die gemäß dem Kanon der orthodoxen Liturgie vollständig bemalte **Maria-Entschlafens-Kirche** von 1992. Ihr offener Pridvor lässt an eine Veranda denken. Ihre Eingangsseite schmückt das Jüngste Gericht.

Eine ältere, archaische **Nikolauskirche**, in der sich kostbare Schichten von Wandmalereiresten vom 14. bis zum 18. Jahrhundert überlagern, verdient große Aufmerksamkeit. Konservatorische Gründe lassen eine Einsichtnahme nur durch die Türöffnung des Nordeingangs zu. Über diesem befindet sich eine Steininschrift von 1487, der Zeit des Matthias Corvinus. Die bescheidene Kirche entstand auf einer Quelle und erfuhr kleinere Veränderungen.

Im **Klostermuseum** werden archäologische Fundstücke, Ikonen auf Glas und Holz, Preziosen, Bücher und Kunstgewerbe ausgestellt. Die Kommunisten lösten das Kloster auf und richteten die

Abteilung einer Teppichfabrik ein. Das Kloster ist von Sonnenaufgang bis Sonnenuntergang geöffnet. Hinter dem Kloster befindet sich ein Campingplatz mit kleinen Holz-Bungalows, talaufwärts reihen sich links und rechts des Flusses Ferienhäuser und Bauernhöfe aneinander.

Hier beginnen die **Wanderwege**: in die Streusiedlung Valea Uzei und zur Cheile (Klamm) Aiudului (3,5 Std., blaues Kreuz).

Die Râmeț-Klamm

Ein besonderes Erlebnis im Trascău-Gebirge ist die Wanderung durch die Râmeț-Klamm (Cheile Râmețului). Man folgt dem Weg, der am Ende der Asphaltstraße hinter dem Kloster anschließt. Die Rămeț-Klamm erstreckt sich auf zwei Kilometern Länge und wird flankiert von 150 bis 200 Meter hohen Felswänden. Es gibt zahlreiche Höhlen, Grotten und Felsformationen. Durch die Klamm führt ein schmaler Steg am rechten Talufer entlang, aber auch entlang der steilen Felsenwände, was die Wanderung zu einer Kletterpartie macht. Teilweise ist der Steg von Felsen versperrt, und man muss über Eisenhaken klettern, die allerdings bei Hochwasser unter Wasser stehen. Höhepunkt der Klamm ist das sogenannte Portal, ein steinernes Tor, das den Bach wie eine Brücke überspannt und als ausgewaschener Rest einer ehemaligen Höhle zu betrachten ist.

Von Aiud nach Rimetea

▶ Karte S. 157

An der Straße von Aiud nach Rimetea gibt es in Poiana Aiudului einen Abzweig nach Südwesten in das sieben Kilometer entfernte **Inzeltal** (Bazinul Văii Inzelului). Ein 260 Hektar großes Gebiet steht hier aufgrund seiner pittoresken Kalksteinreliefs unter Naturschutz. In Höhen von 600 bis 1052 Metern gibt es zahlreiche Schluchten: Bedeleu, Drâgoi und Pleșii.

Entlang der DJ 107 M beginnt hinter Poiana Aiudului die **Aiudului-Schlucht**, auch Cheile Vălișoara (ung. Torockógyertyanos) genannt, die sich in die Kalksteinformationen aus dem Jura gegraben hat. Eine weite Landschaft führt allmählich an sie heran, und an ihrer Engstelle treffen die Felsen fast aufeinander. Die Straße wurde durch die Schlucht geschlagen; man kann allerdings auch um die Schlucht herum laufen. Die Schlucht hat eine Länge von 1000 Metern und ist zwischen 25 und 150 Metern breit. Sie ist ein geomorphologisches und botanisches Reservat. Felswände von 200 bis 400 Metern Höhe stehen senkrecht vor der Kalksteinlandschaft. Die Schlucht birgt 27 kleine Höhlen mit Kalkformationen wie Bögen und Gewölbe an ihrer Oberfläche, wobei die größte dieser Formationen eine Höhe von 134 Metern erreicht.

Das Blumendorf Colțești

In Colțești (ung. Torockószentgyörgy) leben die Bewohner von der Blumenzucht. Die Pflanzen sind ihr ganzer Stolz und schmücken mit ihrer Farbenpracht so gut wie jedes Haus. Sächsische Bergleute besiedelten die Ortschaft zwischen 1257 und 1272, heute leben hier ungarische Unitarier. Ihre barocke **Dorfkirche** besitzt eine Orgel von 1821. Stolz ist man auf den Universalgelehrten **Samuel Brassai**, Philosoph, Natur- und Sprach-

Kloster Râmeț liegt sehr schön am Ende eines Tals

Landschaft bei Colțești

wissenschaftler, der hier im Jahr 1800 das Licht der Welt erblickte. In seinem schmucken Geburtshaus wurde eine Gedenkstätte eingerichtet. Oberhalb der Ortschaft steht die **Ruine vom Castrum Torozko** (rum. Cetatea Trascăului). Nachdem die erste Burg der Familie Thoroczkay in Rimetea zerstört wurde, errichteten sie sich hier noch im 13. Jahrhundert ihren neuen Stammsitz. Mathias Corvinus beschlagnahmte die Burg und übergab sie dem siebenbürgischen Woiwoden, da die Familie Thoroczkay am Aufruhr gegen ihn beteiligt war. Erst 1516 kam die Burg in Familienbesitz zurück und wurde 1713 von den Habsburgern zerstört. Kurz vor dem Dorfende führt eine Gasse zum **Conacul Secuiesc** (Szekler-Konak), eine malerische Herberge, in der man es auch längere Zeit aushalten kann. Hier werden auch Rundflüge angeboten

▸ Karte S. 157

Rimetea

Als schönstes Dorf der Region gilt das heute ebenfalls von Ungarn bewohnte, aber auf sächsische Bergleute zurückgehende Rimetea (dt. Isenburg, ung. Torockó). Der deutsche Ortsname nimmt Bezug auf die eisenerzreiche Umgebung. Die Bergleute förderten neben Silber und Gold vor allem Eisenerz. Die Minen lagen nördlich des Dorfes und wurden Ende des 19. Jahrhunderts geschlossen. Im Osten wird das Dorf vom Kalkstein des Piatra Secuiului (dt. Szeklerstein, ung. Székelykö) und des Colții Trascăului mit 1129 Metern Höhe und der sich dort befindenden Ruine einer ehemaligen Burg der Familie Thoroczkay gerahmt.

Rimetea hat nicht umsonst Preise als schönstes Dorf Rumäniens gewonnen. Jedes Haus scheint mit dem anderen um Schönheit, Sauberkeit und Tradition zu wetteifern. Die Architektur des Dorfes ist eigentlich sächsisch. Die Häuser und die Bautradition haben die Ungarn von den Sachsen übernommen und weiter gepflegt. Schmale Häuser stehen mit ihrer Giebelseite zum Zentrum und haben Krüppel- oder Schopfwalmdächer. Der Reichtum der Siedlung

Die schöne Kirche von Rimetea

wird deutlich an den Verzierungen der Giebelfronten: man sieht Doppelsäulenstellungen, barock motivierte Fensterumrahmungen, Friese und Inschriften. In Reih und Glied stehen sie entlang der Straßen, die die planmäßige Anordnung deutlich macht. In ihnen sind außer Wohnungen kleine Cafés, Restaurants, Pensionen und Souvenirläden untergebracht. Zentrum und Mittelpunkt ist die schmucke **Kirche**. Ihr gegenüber ist ein kleines **Heimatmuseum** eingerichtet. Außerdem ist im Dorf eine alte **Wassermühle** aus dem 19. Jahrhundert zu sehen. Regelmäßig erneuern die Dorfbewohner den Anstrich ihrer Häuser, so dass das ganze Dorf wie eine einzige saubere Wohnstube wirkt.

Rimetea und Colteşti

Vorwahl: +40/(0)258.
In Colteşti gibt es einen **Fahrradverleih** und Möglichkeiten zum **Paragliding**.

Zwischen Rimetea und Aiud bestehen mehrmals täglich Busverbindungen.

Pensiunea Muskatli, Rimetea 299, Tel. 81 14 22, 76 80 75, muskatlipanzio@yahoo.com, www.muskatlipanzio.home.ro. Wer gerne traditionell wohnen möchte, ist hier am richtigen Platz. Wenige, saubere und liebevoll eingerichtete Zimmer.
Camping Gyopar, 2 Sterne, Torocko Vedégház, Tel. 76 82 48, 07 44/54 25 63, www.gyoparpanzio.hu. Etwa 3 km von Rimetea entfernt, malerisch gelegen mit schönen hölzernen Bungalows, Halbpension möglich.
Hotel Conacul Secuiesc, Colteşti, Tel./Fax 76 82 77, www.szekelykokuria.ro. Großzügig angelegter Konak, im ungarischen Stil von der Küche bis zur Innenausstattung, mit bemalten Möbeln und bestickten Textilien.
Pensiunea Cucului, Izvoarele, 3 Sterne, Tel. 76 83 53, Kontakt: Vasinca Florica, www.pensiuneacucului.ro (rum.). Nettes, einladendes Gästehaus 3 km südlich von Colteşti.

Restaurant Vendéglò Szarvas, Rimetea, tgl. 11–21 Uhr. Das kleine rustikale Gasthaus bietet schmackhafte ungarische Küche.

Das Arieştal

Das Flusstal des Arieş von den Römern Aratus genannt, teilen sich die Kreise Alba und Cluj, wovon der längere Abschnitt durch Alba führt. Das enge Flusstal zwischen Lungeşti und Câmpeni, begleitet von einer leider stillgelegten Eisenbahntrasse und der DN 75, trennt die Gebirge Trascău und Muntele Mare. Hier wechseln sich schroffe Steilwände, Grate, Höhlen, Felsenklippen mit weiten, einige Kilometer breiten Bodensenken ab. In diesen liegen die Städtchen Bistra, Lupşa und Baia de Arieş. Sowohl kulturelle als auch landschaftliche Sehenswürdigkeiten sind bestens ausgeschildert.

Zunächst passiert man **Lungeşti**, eine weithin sichtbare Villa in wenig traditionellem Baustil trübt das hier Landschaftsbild.

Nur drei Kilometer südlich vom Ort **Vidolm** liegt im Trascău-Gebirge das **Reservat Laricetul de La Vidolm**, in dem auf einer Fläche von 70 Hektar ein Lärchenwald von geschätzten 12 000 mehr als 100 Jahre alten Bäumen geschützt wird.

Im Arieștal bei Sălciua de Jos

Ein Abzweig von **Ocoliș** führt nordwestlich in die Muntele Mare zur Schlucht Cheile Runcului und zwei schönen Kirchen: in **Runc** zur Erzengelkiche von 1852 und in **Lunca Largă** zur Holzkirche Botezul Domnului aus dem 18. Jahrhundert.

Hinter der Ortschaft Runc beginnt die **Cheile Runcului**, ein geschütztes Reservat von 254 Hektar, zerklüftet und sehr pittoresk, das auf einer Länge von 1800 Metern und in Höhen zwischen 500 und 982 Metern liegt. An seinem Ende liegt die Streusiedlung Lunca Largă auf 626 Metern Höhe, deren Einzelhöfe bis auf eine Höhe von 1250 Metern anzutreffen sind. Von Lunca (dt. Nausatz, ung. Aranyoslonka) führt ein Wanderweg zum Karstplateau des Vf. Ugerului (ung. Vidalykó) auf 1285 Meter.

Poșaga de Jos (ung. Alsóposága) liegt in einem kleinen Becken, das von zwei Kalksteinmassiven eingeschlossen ist.

Ausgehend von Poșaga de Jos hat man die Möglichkeit, zum einzigartigen und wenig bekannten **botanischen Reservat Scărița-Belioara** zu wandern. Es liegt auf einem Hochplateau in einer Höhe von 1350 Metern, mit Grasland, Wald, Kalkfelsen, Höhlen und Grotten. Hunderte von Pflanzen wachsen hier: arktische Alpenpflanzen sowie Pflanzenarten vom Balkan und aus dem Mittelmeerraum. Der gesamte Jahreszyklus wird, wenngleich mit etwas Verspätung, hier bedient.

Zurück im Flusstal windet sich der Fluss zwischen Sălciua de Jos und Moldovenești, flankiert von steilen Felsenwänden, durchs Gebirge.

Sălciua de Jos (ung. Alsószolcsva) ist eine alte Motzensiedlung, von der man einfache Wanderungen machen kann: zum Kloster Sub Piatra, zum Șipote-Wasserfall und zur Peșteră Huda lui Papară. Man passiert im Ort die Brücke über den Arieș und sieht schon die Markierungen.

Über eine etwa vier Kilometer lange asphaltierte Straße (Vorsicht bei Gegenverkehr, die Breite reicht nur für ein Fahrzeug) erreicht man von Sălciua de Jos zu Fuß oder per Auto **Sub Piatra** (ung. Búvópatak), eine Streusiedlung, die heute auch Ferien- und Wochenendhäuser aufweist. Von der Pension Sub Piatra sind es etwa 30 Minuten bis zur Felswand des Bulz-Bergrückens mit einem Höhlenschlund, der Huda lui Papară genannt wird, und einem **Höhlenreservat**

▲ Karte S. 157

von 4,5 Hektar, das Karstformationen innerhalb der längsten Höhle des Trascău-Gebirges schützt. Der Schlund im massiven Jurakalkstein befindet sich im Nordwesten des Trascău-Gebirges in Höhen von 567 bis 675 Metern. Aus ihm fließt der Bach Valea Morilor. Die Galerien öffnen sich in einer Länge von 2022 Metern und weisen zahlreiche unterirdische Wasserfälle und Seen auf, die nur mit einem Boot erreichbar sind. Rechter Hand vom Felsen führt ein Pfad (schwierig) nach oben an die Eintrittsstelle des Baches und zur **Peşteră Vânătările Ponorului**, einer 80 Meter tiefen Kluft. Nach vier Kilometern in nördlicher Richtung gelangt man zur **Drachenhöhle** in 110 Metern Höhe mit einem schönen Ausblick auf das Arieştal. Im dichten Wald lugt oberhalb der Pension das **Nonnenkloster Sub Piatra** mit seiner Paraskievakirche hervor.
Kurz vor Baia de Arieş steht in **Sartăş** (ung. Szártos) steht eine sehenswerte, ausgemalte Holzkirche von 1780. Das Arieştal zwischen Baia de Arieş (dt. Offenburg, ung. Aranosbánya) und Câmpeni ist weniger malerisch und durchsetzt von kommunistisch geprägten größeren Ortschaften.
Baia de Arieş war bereits den Dakern und Römern bekannt. Einst war der Ort eine Bergwerksiedlung der Siebenbürger Sachsen, die in den Genuss von Privilegien durch die Anjou kamen. Im 16. Jahrhundert wanderten die Bergleute ab, und Rumänen zogen hinzu und setzten die Ausbeutung der Blei-, Gold- und Silberbergwerke fort. Anfang des 17. Jahrhunderts wurde die gesamte Domäne vom Goldschmied Peter Filstich aus Cluj-Napoca kurzfristig gepachtet, danach verfiel sie. Heute ist Baia de Arieş eine der größeren Ortschaften im Apuseni-Gebirge mit vielen gesichtslosen Bauten.
Oberhalb von **Lupşa** stand bereits Ende des 15. Jahrhunderts ein orthodoxes Kloster inmitten eines großen Waldes. Der erneuerte Komplex wird zwischenzeitlich wieder von Mönchen bewohnt. Im Ort selbst ist das von Pamfil Albu gegründete Ethnologische Museum zu besichtigen.

Wanderungen im Arieştal

Karten: Hartă turistică, Munţii Trascăului partea nordică, 1:50 000, Erfatur-Dimap; Hartă turistică, Munţii Apuseni, 1:200 000 (gute Übersichtskarte), Erfatur-Dimap.

▸ **Vidolm → Cetatea Trascăului bei Colteşti**
Markierung: blaues Kreuz, 4 Std.

▸ **Ocoliş → Cheile Runcului**
Markierung: blaues Kreuz, 2 Std.

▸ **Lunca Arieşului → Peştera Zmeilor → Vf. Bedeleu (1227 m)**
Markierung: rotes Dreieck, rotes Kreuz, 2 Std.

▸ **Lunca Arieşului → Kloster Sub Piatra → Peştera Huda lui Papară**
Markierung: rotes Dreieck, 4–4,5 Std.

▸ **Sălciua de Jos → Kloster Sub Piatra → Peştera Huda lui Papară**
Markierung: blaues Kreuz, 6 km, 2 Std.

▸ **Sălciua de Jos → Karstplateau Bedeleu → Cheile Vălişoara**
Markierung: rotes Kreuz, Höhenunterschied 750 m, 7–7,5 Std., nur im Sommer. Man überquert den Arieş, richtet sich zunächst nach dem blauen Kreuz, Abzweig nach links, rotes Kreuz, parallel zum Arieş, an der Şipote-Quelle vorbei, weiter zur Peşteră Poartă Zmeilor, zum Bedeleu-Naturschutzgebiet und zur Cheile Vălişoara.

Arieştal

Pensiunea Poarta Zmeilor, Sălciua de Sus Nr. 9, Kontakt: Patricia Romana, Tel. 0258/830586, Tel. 0744/656029. Kleine Privatpension in herrlicher Landschaft mit 8 DZ.

Pensiunea Sub Piatra, Sălciua de Sus, Tel. 0258/788671, Fax 78-8692, www.pensiuneasubpiatra.ro (rum.). 20 Zimmer, DZ 100 Lei. Mitten in den Kalksteinbergen unweit der Höhle Huda lui Papară gelegen; guter Ausgangspunkt zum Wandern, gerne wird man in der Pension informiert.

Pensiunea Casa Apuseană, Lupşa, Tel. 0258/769018, www.casa apuseana.ro. Neues Haus oberhalb der Landstraße, sehr gepflegt mit Terrassenrestaurant.

Ampoital und Siebenbürgisches Erzgebirge

Das Siebenbürgische Erzgebirge (Munţii Metaliferi) im Apuseni-Gebirge ist berühmt für reiche Metallvorkommen, wie Silber und Gold. Das Gebirge liegt zwischen den Flüssen Arieş, Mureş, Ampoi und Crişul Alb und wird im Norden von den Munţii Bihor, im Süd-Westen von den Munţii Zarandului und im Osten von den Munţii Trascău begrenzt. Auch die Basaltberge von Bucium, genannt Detunate, werden zum Erzgebirge gezählt. Es erstreckt sich über die Kreise Hunedoara, mit den Bergbauzentren Deva und Brad, und Alba, mit den Bergbaugebieten um Zlatna, Abrud und Almaşu Mare. Sie alle sind auch Ausgangspunkte zum Wandern. Der Bergtourismus ist noch wenig entwickelt, es gibt zwar viele Wege, aber kaum Markierungen.

▲ Karte S. 157

Nur im Ampoital hat man einiges für die Gäste getan. Viele Wegweiser und Schautafeln sind entlang der Hauptstraße angebracht und vereinfachen die Orientierung. Entlang des Tals verläuft die DN 74. Sie ist in einem guten Zustand und eigentlich die einzige Straße, die das gesamte Apuseni-Gebirge von Südost nach Norden durchquert.

Erste Ortschaft im Osten des Tals ist das ehemalige sächsische Winzerdorf **Şard** (ung. Sárd), in einer breiten Talsenke eines alten Mureşlaufes gelegen. Eine reformierte, bewehrte Kirche des 13. Jahrhunderts, die gotisch verändert wurde, und die Sommerresidenz der Siebenbürger Fürsten, das sogenannte Észterházy-Schloss aus dem 17. Jahrhundert, sind zu besichtigen.

Nach vier Kilometern erfolgt ein Abzweig in das **Tal des Ampoiţa**. Nur einen Kilometer hinter der Mündung des Baches wird das enge Seitental durch drei einzelne Kalkfelsen belebt. Sie sind

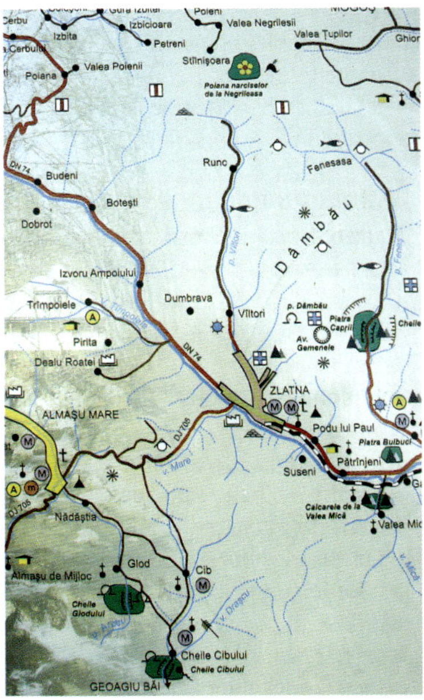

Wegweiser im Ampoital

als Pietrele Ampoiței/Calcarele de la Ampoița bekannt. Die Felswände sind Klettergebiet. Auf einer Strecke von fünf Kilometern geht es vorbei an verstreut gelegenen Gehöften zur Cheile Ampoiței und zur Peșteră Liliecilor mit einer Fledermauskolonie.

Von **Tăuți** kann man die gleichnamige Ruine auf 660 Metern erwandern. Der Bau der Anlage wurde im Mittelalter durch den Bischof von Alba Iulia veranlasst, und 1555 wurde die Anlage von kaiserlichen Truppen gesprengt.

Die Umgebung von **Meteș** ist eingerahmt von bizarren Kalksteinbergen, von denen einige zu Naturdenkmälern erklärt wurden und unter Naturschutz stehen: Es handelt sich um die isoliert stehenden Kalksteinblöcke Piatra Boului, Piatra Varului und Piatra Corbului, eine 50 Meter oberhalb der Straße stehende, 100 Meter hohe Kalksteinmauer, und einen Kalkfelsen, der durch Verwitterung schwindet. Letzterer war ehemals Bestandteil einer Steilküste. Alle drei Gebiete stehen unter Naturschutz. Im Dorf Meteș selbst steht eine sehenswerte Kirche aus dem 18. Jahrhundert. Der Besuch eines der traditionellen Volksfeste mit viel Musik und Tanz, auf denen die Rumänen ihre wunderschönen schwarz-weißen Trachten mit bestickten Blusen tragen, ist ein Erlebnis besonderer Art.

Feneș gehörte im Mittelalter zu einem freien rumänischen Knezat und kam im 13. Jahrhundert unter die Oberhoheit des Bischofs von Alba Iulia. Achtzehn Kilometer zieht sich von hier das Fenеștal über die Cheile Caprei/Feneșului ins Trascău-Gebirge unterhalb des Corabia (1212 m) hin. Ein Wanderweg führt zur höchsten Erhebung des Trascău, der Dâmbău-Spitze, ein anderer nach Zlatna.

Wanderwege gibt es viele im Apuseni-Gebirge

Zurück auf der Hauptstraße passiert man rechter Hand die 800 Meter entfernt gelegenen **Piatra Bulbuci**, ein kleines geologisches und geomorphologisches Reservat. Massive Kalksteinblöcke aus Jurakalk von 78 Metern Höhe lassen an Wehrtürme denken. Linker Hand ist ferner der Abzweig nach Valea Mică im Erzgebirge. In nur etwa 1200 Meter Entfernung befindet sich das ein Hektar große **Reservat der Calcarele de la Valea Mică**, zwei Kalksteingebilde (Ostolithe) in Gestalt von großen Pylonen, die wie ein Eingangstor geformt sind. Sie haben eine Höhe von 30 bzw. 16 Metern und erheben sich majetästisch über stark verwitterten Flyschablagerungen. Die beiden Pylonen sind Reste eines Kalkblocks, der durch Erdrutsch abgelöst, verschoben, in Ablagerungen zunächst eingebettet und durch Erosion wieder freigelegt wurde.

Bergbau in Siebenbürgen

Siebenbürgen ist sehr reich an Bodenschätzen. Seit der Antike wurden hier Edelmetalle, Erze und Salze gefördert. Besonders berühmt für seine Edelmetallressourcen wurde das sogenannte Goldene Viereck im Siebenbürgischen Erzgebirge zwischen den Flüssen Mureș und Arieș. Nach der Wende und dem Beitritt zur Europäischen Union wurden viele Bergwerke teils wegen mangelnder Rentabilität, teils aus umweltpolitischen Gründen und teils wegen fehlender Kaufinteressenten stillgelegt.

Schon Kaiser Traian siedelte den illyrischen Stamm der Pirustae an, die die Goldgruben vor allem in der Umgebung des römischen Alburnus Maior (des heutigen Roșia Montană) vorwiegend im Untertagebau erschlossen. Dort war kurz nach der Eroberung des Dakerreiches innerhalb von nur 50 Jahren eine der größten römischen Bergbauanlagen entstanden. In Ampelum (heute Zlatna) war der Sitz der kaiserlichen Verwaltung der dakischen Goldbergwerke. Danach folgten Jahrhunderte der Bedeutungslosigkeit, bis die einheimische Bevölkerung, eingewanderte slawische Stämme und die ungarische Krone im 12. Jahrhundert erneut auf die Schätze aufmerksam wurden. Seit dem Jahr 1346 ist das Schürfen von Gold in Roșia Montană durch Sachsen aus Ighiu belegt. Im 15. Jahrhundert wurde ein sächsischer Bund deutscher Bergleute geschlossen.

Unter den Habsburgern wurden Bergbau, Forstwirtschaft und Salzgewinnung völlig neu organisiert und eigens dafür geschaffenen Ämtern unterstellt. Eines der wichtigsten Ämter der siebenbürgischen Edelmetallgewinnung war die Münze, deren Hauptzuständigkeit in Alba Iulia lag. Die Habsburger führten auch bergbaubezogene Lehranstalten ein: Die erste Bergbauschule wurde in Banksá Štiavnica/Schemnitz (Slowakei) 1735 ins Leben gerufen. Nach dem Ersten Weltkrieg gingen die Bodenschätze in staatlichen Besitz über. Kleinere Bergwerksbesitzer verarbeiteten das Golderz nach wie vor in ihren alten Pochwerken, die zum Wahrzeichen der Region wurden. Zu Beginn der kommunistischen Ära gab es noch 446 Pochwerke mit Wasserkraftantrieb.

Nach 1948 erfolgte die Verstaatlichung des gesamten Bergbaus, der ohne Rücksicht auf Mensch und Natur vielfach nun im Großtagebau betrieben wurde und aus Dörfern Städte machte. Nach der Wende und dem Beitritt zur Europäischen Union wurden viele Bergwerke teils wegen mangelnder Rentabilität, teils aus umweltpolitischen Gründen und teils wegen fehlender Kaufinteressenten stillgelegt, und viele Arbeitsplätze gingen verloren.

Der Metallerzbergbau wird in Siebenbürgen heute durch das staatliche Unternehmen Minvest SA mit Sitz in Deva betrieben. Es ging aus dem kommunistischen Bergbautrust Deva hervor, der in den 1970er Jahren seine Blüte hatte. Derzeit ist das Unternehmen für mindestens 165 Halden und 35 Lagerbecken von Erzabfällen verantwortlich. Bei der Gewinnung von Erzen entstehen feinkörnige Rückstände, die in Form von Schlämmen vorliegen und meistens in von Dämmen abgetrennten Becken gelagert werden. Sie stellen ein großes Risiko für die Umwelt dar. Unweit von Roșia Montană wurde mit der Sanierung solcher Lagerbecken zwar begonnen, der größte Teil konnte jedoch nur vorläufig konserviert werden, da es am nötigen Geld mangelt. ›Cuprumin S.C.‹ mit Sitz in Abrud fördert Kupfer in Roșia Poieni im Tagebau und produziert als Nebenprodukt Baustoffe. Die Beschäftigtenzahl ist auch hier stark geschrumpft, das Umweltproblem immer wieder Tagesthema.

Zlatna

Wer das erste Mal nach Zlatna (dt. Kleinschlatten) kommt, wird erschrecken, nichts als Industrieruinen und Müllhalden und wenig Menschen. Alles wirkt zunächst verwahrlost. Zlatna, dessen Name sich vom slawischen Wort ›Zoloto‹ (Gold) ableitet, war unter den Kommunisten ein industrialisiertes Bergbaugebiet, in dem vor allem Gold und Silber abgebaut und Schwerindustrie angesiedelt wurde. Heute verfügt der Ort zwar über saubere Luft, aber leider auch viel weniger Arbeitsplätze, weil fast alle Anlagen stillgelegt wurden. Die Abwanderung ist groß, und so leben in Zlatna und seinen fast 20 zugehörigen Siedlungen nur mehr etwa 8000 Menschen. Zlatna ist Endstation der Eisenbahnlinie von Alba Iulia in das Ampoital. Sie war 1895 als Schmalspur eröffnet und 1984 auf Normalspur umgebaut worden und wird glücklicherweise bis heute betrieben.

Von der Antike bis heute lebte man hier vom Bergbau. Im antiken Ampelum wussten schon Daker und Römer die Edelmetallvorkommen der Region zu nutzen. Seit dem 13. Jahrhundert ist der slawische Name des Ortes belegt. Im 16. Jahrhundert erhielten deutsche und slowakische Bergleute Privilegien. Zeitweise wurden die Regalien (königliche Rechte) verpachtet, Ausbeutung und Elend waren die Folge. Unter den Habsburgern wurde Zlatna zum Zentrum des Goldbergbaus im Siebenbürgischen Erzgebirge. Wasserkraft und Dampfmaschinen kamen zum Einsatz, Lehranstalten, Gymnasium und Kunstschule entstanden.

Mehrere Kirchen ragen zwischen den ruhenden Schloten hervor: die hölzerne **Nikolauskirche** des 18. Jahrhunderts, die 100 Jahre später erneuert, 1904 bemalt und nochmals restauriert wurde, die **Maria-Entschlafens-Kirche** von 1424, die später barockisiert wurde, und eine **lutherische Kirche** von 1624, die auf die hier angesiedelten Zipser zurückgeht.

Zlatna ist mit zwei Persönlichkeiten ganz besonders verbunden: Der österreichische Chemiker und Mineraloge Franz Joseph Müller von Reichenstein (1740–1825) entdeckte bei Untersuchungen von Gold-Erzen aus der Grube Mariahilf bei Zlatna, die einen geringeren Goldanteil als erwartet erbrachten, das chemische Element Tellur (von Tellus, die Erde), und Martin Opitz (1597–1639) verewigte den Bergbauort in seinem Gedicht ›Zlatna‹. Opitz war einem Ruf Gabriel Bethlens nach Siebenbürgen gefolgt und lehrte von 1621 bis 1623 in Alba Iulia am akademischen Gymnasium Philosophie und schöne Künste. Hier begann er auch sein nie vollendetes Werk über das antike Dakien.

Almașu Mare

Eine brandneue Straße führt vier Kilometer in Serpentinen über den Pass von 740 Metern Höhe und wieder fünf Kilometer abwärts in diesen uralten, langgezogenen wunderschön gelegenen Bergbauort (ung. Nagyalmás).

Erste schriftliche Quellen belegen die Gründung mit sieben weiteren Ortschaften im Jahr 1407. Tatsächlich ist der Ort sehr viel älter. Im Jahr 2001 fand man bronzezeitliche Gräber. Auch römische Gräber konnten ausgemacht werden und belegen die Nutzung dieser Region für den Bergbau in der Antike.

Am Ortseingang stehen ein **Heldenmonument** und ein Gedenkkreuz für die Minenarbeiter. Auf einem kleinen Hügel in malerischer Landschaft sind der **Verkündigungsturm** von 1418 und die **Nikolauskirche** zu sehen.

Die örtliche Bebauung zeigt schöne Bauernhäuser aus dem 18. Jahrhundert mit strohgedeckten Dächern, aber auch moderne Häuser.
Am Ausgang von Almașu Mare Richtung Geoagiu-Orăștie steht das **Achim-Emilian-Museum**, eines der vielen kleinen Museen, die privater Initiative zu verdanken sind und eine unverwechselbare Atmosphäre haben. Achim Emilian hat das Museum genau beim alten Mineneingang angelegt. Es kann besucht werden, ist aber in Privatbesitz eines Hobbysammlers. Ausgestellt werden Werkzeuge und Hilfsmittel für den Bergbau, landwirtschaftliches Gerät, darunter Dreschmaschinen, eine Maschine zur Herstellung von Wollfilz sowie Kleidungsstücke des 19. Jahrhunderts. Mit einem Țuica (Schnaps) wird man herzlichst verabschiedet. Die Öffnungszeiten sind beliebig, der Eintrittspreis ebenfalls.
Für einen Urlaub in der Natur bietet sich dieses Dorf förmlich an: Bienenzucht, Schnapsproduktion, Melken und Brotbacken stehen hier auf dem Programm. In der Umgebung sind mehrere Schluchten zu erwandern: **Cheile Cibului** und **Cheile Glodului**, die vor allem für Höhlenforscher und Kletterer von großem Interesse sind. Malerisch ist das Dorf auch im Winter, wenn man Skilanglauf betreiben und Schlittenfahrten organisieren kann.

Bucium

Bucium (ung. Bucsony), ein malerisches Dorf auf 737 Metern Höhe, setzt sich aus mehreren Ortsteilen zusammen. Sein Name wird gerne auf ein altes Blechblasinstrument zurückgeführt. Die römische Bucina diente bereits in der Antike als Signal- und Musikinstrument und wurde auch als Hirtenhorn genutzt. Die Einheimischen spielen bis heute das Alphorn. Von Bucium aus lässt es sich wandern, reiten und mountainbiken. Man kann Vögel beobachten, Beeren sammeln, archäologische, kulturhistorische und Gedenkstätten besichtigen. Örtliche Führer bieten gerne ihre Dienste an.
Bucium ist berühmt für zwei außergewöhnliche und geschützte Naturerschei-

Das Siebenbürgische Erzgebirge

Karte S. 157

Landschaft bei Roșia Montană

nungen: für das **Naturschutzgebiet Poiana cu narcise de la Negrileasa**, das im Frühjahr mit weiß blühenden Narzissen übersät ist und die Detunatele genannten **Basaltfelsen**. Diese Basaltfelsen sind Detunata Goală (1169 m), mit steiler Flanke und Detunata Flocoasă (1258 m), eine eher abgerundete Kuppe. Ab und zu donnern bis heute Steinblöcke in die Tiefe, weswegen sie ihre Bezeichnung ›a detuna‹, von sprengen, donnern, erhalten haben. Beide Felsgipfel lassen sich sowohl von Bucium als auch von Roșia Montană erwandern. Geologisch sind sie Reste eines erloschenen Vulkankraters und bestehen aus erstarrtem Basalt in Form von stattlichen Säulen. Der Detunata Goală ist eine kahle Basaltinsel in einem tiefer gelegenen Kalksteingebiet, während der Name des Felsgipfels Detunata Flocoasă (der mit Fell bedeckte) daher rührt, dass er bis zur Spitze eine dichte Pflanzendecke aufweist. Die Basalte sind gut sichtbar. In Bucium erfolgt der Aufstieg von der Nordseite der Ortschaft (Markierung) durch weite Wiesen und lichten Wald. Das letzte Stück führt über Basaltgeröllfelder, die bei Nässe sehr rutschig sein können und auch sonst nicht ganz einfach zu queren sind. Den Gipfel erreicht man von der Nordseite her. Er bietet einen schönen Rundblick auf das Siebenbürgische Erzgebirge, im Norden auf die Vulkangipfel von Roșia Montană und das dahinterliegene Massiv des Muntele Mare, im Süden und Osten sind die bewaldeten Gipfel von Negrileasa, Corabia und Poienița zu sehen.

Abrud

Wie viele Ortschaften im Apuseni hat auch Abrud (dt. Großschlatten, ung. Abrudbánya) als Abruttus eine dakisch-römische Vergangenheit. Davon blieben jedoch wenige Spuren übrig. Aber anders als Zlatna hat sich die Ortschaft in Teilen ein Stadtbild bewahren können, das an die Habsburger Zeit erinnert. Im Mittelalter schenkte der ungarische König das Gebiet zunächst einem Ban namens Jula. 1271 ging es dann an das Bistum von Alba Iulia und 1320 mit den Goldgruben an die Sachsen von Ighiu. Im 15. Jahrhundert wurde zwischen vier erzgebirgischen Bergbaustädten ein Bund geschlossen, wozu Baia de Arieș und Abrud sowie Baia de Criș und Băital im Kreis Hunedoara gehörten. Um 1550 wanderten die Sachsen ab, wenige Jahrzehnte später folgten auf den Ruf von Gabriel Bethlen slowakische und deutsche Bergleute aus Oberungarn. 1784 folgte ein Aufstand gegen die Habsburger. Während der Revolution von 1848 spielte der Ort erneut eine wichtige Rolle. Besonders engagiert zeigte sich der hiesige Rechtsanwalt Ion Buteanu, der dafür den Märtyrertod starb. Bekannt wurde Béla Bartoks Aufenthalt, der hier Volkslieder sammelte.

Mehrere Kirchen, die reformierte, gotisch erbaut und später barockisiert, und die orthodoxe Erzengelkirche sowie vereinzelte historische Bauten und Holzhäuser sind zu sehen. Am Wochenende werden die Märkte abgehalten, viel Volk der Motzen tummelt sich, Trachten und Volkstänze wie der Țarina-Reigentanz sind zu sehen. Das Ampoital führt weiter in Richtung Câmpeni. Kurz vor dem Abzweig nach Roșia Montană sieht man eine ganze Reihe Halden von getrocknetem Schlamm. Ursprünglich war hier eine Renaturierung geplant, die wegen der Finanzkrise gestoppt wurde.

Ampoital

In Almașu Mare: Tourismus-Information, eingerichtet von der Gemeinde. Kontaktperson ist Achim Emilian, der rund um die Uhr angerufen werden darf, Tel. 07 43/05 08 48 oder 02 58/ 85 02 10.

In Bucium Șasa: Berg- und Kulturführer Gheorghe David, Tel. 07 41/ 78 19 79.

In Bucium Poieni: Berg- und Kultur führer Alexandru Colfa, Tel. 02 58/ 78 40 11.

Pensiunea Izvorul Muntele, Ampoița, Nr. 172 A Tel. 02 58/84 96 54, 07 88/ 20 25 45, 2 Sterne. 8 DZ in einem einfachen Holzhaus.

Pensiunea Carmen, Bucium, Tel. 02 58/78 41 58. Kleine Familienpension direkt an der Hauptstraße.

Roșia Montană

Im nördlichen Teil des Siebenbürgischen Erzgebirges liegt das traditionelle Bergbaustädtchen Roșia Montană (dt. Rotseifen/Godlbach, ung. Verespatak) auf einer durchschnittlichen Höhe von 880 Metern über dem Meeresspiegel. Es ist in den letzten Jahren wiederholt in die Schlagzeilen geraten. Dabei ging es, wie in seiner gesamten Geschichte, immer nur um Gold (siehe S. 195). Roșia wird unmittelbar von Vulkankegeln begrenzt: nördlich vom Orlea- und Jig-Massiv und südlich vom Großen und Kleinen Krinik (Cârnicul Mare, 1143 m, Cârnicul Mic, 1074 m) sowie dem Boi- oder Affinischen Gebirge mit der Cetate, die alle die begehrten Gold- und Silbererze bergen. Einerseits ist die Landschaft durch den jüngeren Tagebau beeinträchtigt, andererseits haben die Spuren der Geschichte ein abwechslungsreiches und bisweilen zauberhaftes Terrain hinterlassen.

Die Geschichte des Ortes lässt sich in drei große Abschnitte untergliedern, die alle mit der Goldgewinnung verbunden waren. Das antike Alburnus Maior ist dank dem Fund von 25 einzigartigen Wachstafeln und durch das System unterirdischer Stollen, das die intensive Ausbeutung der Goldvorkommen durch die Römer bezeugt, hervorragend dokumentiert. Den zweiten Abschnitt prägten die sächsischen Einwanderer. Nach Zwischenspielen tauchte im 16. Jahrhundert der heutige Name auf.

Unter den Habsburgern wurde die dritte Epoche eingeleitet. Die Modernisierung zur Erschließung der Goldvorkommen hatte die Anlage von Reservoires und hydrotechnischen Anlagen zur Folge. Eine beispiellose Entwicklung begann: der Heilige-Dreifaltigkeits-Stollen, der Maria-Himmelfahrts-Stollen und das Heilig-Kreuz-Bergwerk im Orlea-Massiv mit seinen unterirdischen Schächten, die

▶ Karte S. 157

sich über das ganze Gebiet des Roșia-Baches erstrecken, entstanden. Oberirdisch wurden diese Einrichtungen durch komplexe Anlagen zur Verarbeitung von Erzen mit zahlreichen Stampfwerken ergänzt, die mit einem Netz von Wasserkanälen verbunden waren. Wasserreservoirs, kahle Hügel und teils repräsentative Bergwerkseingänge wurden zu neuen charakteristischen Merkmalen der Landschaft.

Nach dem Ersten Weltkrieg wurde die Verwaltung des Bergbaus in die Kompetenz des rumänischen Staates gebracht. Das ökonomische und soziale Gleichgewicht geriet ins Wanken. Um den Bergbau zu beleben, wurde er privatisiert, eine letzte Phase des Wachstums begann, bevor der Bergbau 1948 verstaatlicht wurde. Im Zuge der sozialistischen Industrialisierung versuchte der rumänische Staat möglichst viel Gold für die Staatsreserven zu gewinnen. Unter Zerstörung vorrömischer und römischer Bergbaureste entstand ein Großtagebau. Weder Naturschützer noch Denkmalpfleger vermochten sich durchzusetzen. Die Stampfwerke (Pochwerke) wurden zerstört, die Wasserkanäle außer Betrieb gesetzt, und weite Teile des Gebiets wurden dem Tagebau (Bergbau an der Erdoberfläche) geopfert.

Einladung zum ›Tag der Mineralien‹

Zwei **geologische Fundstätten aus dem Quartär** befinden sich im Umfeld der Siedlung: Piatra Corbului (Krähenfels) und Piatra Despicată (Felsenriss). Der Felsenriss ist ein Block aus Andesit-Fels mit einer Oberfläche von 0,25 Hektar zwischen Cârnic- und Cetate-Gipfel, etwa einen Kilometer südwestlich von Roșia Montană. Der Krähenfels, eine Felsnase aus schwarzem Basalt-Andesit, besitzt eine Oberfläche von fünf Hektar und befindet sich zwischen dem Ghergheleu- und dem Curmătura-Gipfel auf einer Höhe von ungefähr 1000 Metern.

Zahlreiche **Seen**, allein drei befinden sich in unmittelbarer Nähe oberhalb des Dorfendes, sind Überreste der Wasserreservoirs des traditionellen mittelalterlichen und auch des beginnenden modernen Bergbaus. Sie prägen das Landschaftsbild und beweisen neben ihrem historischen Wert die harmonische Wechselwirkung zwischen wirtschaftlicher Entwicklung und der Natur. In ihnen wird gefischt und geschwommen. Die ältesten entstanden 1733. Von einst über 100 sind heute noch fünf größere bekannt: Tăul Brazilor, Tăul Tarinii, Tăul cel Mare, Tăul Angehl und Tăul Cornei.

Auch die **archäologischen Überreste** von Nekropolen und Tempeln, die vermutlich mit Bergwerkseingängen verbunden waren, bilden durch ihre Einbettung in die Naturlandschaft eine Welt für sich. Ein Tumulusgrab, zwei Tempel und zwei öffentliche Bauwerke, versehen mit Hypokausten, wurden entdeckt. Den stärksten

Das westliche Siebenbürgen

Eindruck hinterlässt jedoch das dichte Netz der römischen Bergwerksstollen: 1970 wurde im Orlea-Massiv ein ganzer Komplex freigelegt. Zusammen mit den Stollen der Massive von Carpeni, Cârnic und Lety hat dieses System eine Gesamtlänge von sieben Kilometern.

Nach dieser Entdeckung wurde im Hof der Bergwerksverwaltung ein **Bergbaumuseum** eingerichtet und 300 Meter der römischen Stollen Besuchern zugänglich gemacht. Der Eingang zum Museum befindet sich unterhalb des Dorfzentrums. Es gehört heute der Firma Minvest und ist nur mit Führung zu besichtigen. Gezeigt werden ein kleiner Abschnitt der römischen Stollen im Orlea-Berg, das Lapidarium mit epigraphischen Denkmälern wie Grabsteinen und Altären mit Inschriften, eine Stampfmühle und eine Flotationszelle mit Kugelmühle. Das Museum schließt am frühen Nachmittag.

Das **historische Zentrum** von Roșia Montană setzt sich aus fünf Vierteln zusammen: zentraler Dorfplatz mit Rathaus und Schule, Cătălina-Berg, Brazi-Viertel, Văidaia-Viertel, Susași-Viertel. In ihnen stehen fünf Kirchen: eine griechisch-katholische, eine griechisch-orthodoxe, eine römisch-katholische, eine unitarische und eine reformierte. Vier Friedhöfe sorgten für die letzte Ruhe der Verstorbenen.

Wanderungen rund um Roșia Montană

Eine asphaltierte Straße, angelegt von ›Minvest‹ für die zukünftigen Vorhaben, führt durch das sich verengende historische Zentrum bis an den Waldrand zum ersten Wasserreservoir aus dem 18. Jahrhundert, wo sich ein Parkplatz befindet. Ab da kann man auf breiten, nichtasphaltierten Straßen zum Bergwerksgelände Roșia Poieni, in dem Kupfer abgebaut wird, zu den Wasserreservoiren und zu den Resten römischer Bauten marschieren. Die Forstwege sind auch fürs Radfahren geeignet, auch die Straße nach Roșia Montană ist eine beliebte Strecke für Mountainbiker.

▸ **Roșia Montană → Bucium**
Forstweg oberhalb des Ortes, 4–5 Std.

▸ **Roșia Montană Piață Veche (Dorfplatz) → Massivul Cetate → La Zeus → Piatra Despicata → Piatra Corbului → Tăul Brazi → Tăul Mare → Roșia Montană Piață Veche**
5 Std., leichter Rundwanderweg

▸ **Roșia Montană Dorfplatz → Tăul Mare → Masivul Jig-Văloaia → Tăul Tarina → Roșia Montană Dorfplatz**
4 Std., mittelschwere Wanderung.

▸ **Roșia Montană → Găuri-See**
4 Std. Wanderung um den Găuri-Berg, unterhalb des Sees, bei Locul lui Mihet, findet man Reste einer römischen Straße und ein Grabmal.

i Roșia Montană

Das **Informationsbüro** befindet sich im Zentrum, direkt am alten Dorfplatz, www.drumulaurului.ro.

Führungen durch den Ort und in die Umgebung bietet Florin Onisie, Tel. 0741/111473.

Bergbaumuseum, Muzeul Mineritului, Di–So 9–15 Uhr. Man sollte rechtzeitig dort sein, da man nur mit Führung hineinkommt.

▸ Karte S. 157

Roșia Montană – Ein Dorf kämpft ums Überleben

Die Ortschaft Roșia Montană ist in den letzten Jahren wiederholt in die Schlagzeilen geraten, denn neue Abbaupläne drohen den letzten verbliebenen Zeugnissen des historischen Bergbaus, der Siedlung an sich und der gesamten Landschaft ein Ende zu machen. Wer heutzutage nach Roșia Montană kommt, sieht leerstehende, verfallende Häuser mit Resten reicher Dekoration. Kein Gasthaus, keine Pension wirbt für einen Besuch. Nur die Plakate zweier Interessengruppen und mehrere Informationszentren beleben das Dorf.

Betreiber des geplanten Bergbauprojektes ist die ›Roșia Montana Gold Corporation‹, RMGC, ein Joint Venture der kanadischen Firma ›Gabriel Resources Ltd.‹ mit der rumänischen Regierung, vertreten durch ›Minvest S.A.‹ An dem Projekt hat RMGC einen Anteil von 80 Prozent, und die rumänische Regierung ist mit 19,3 Prozent beteiligt. Der Rest ist im Besitz von Kleinaktionären. Die RMGC beabsichtigt, einen neuen Tagebau anzulegen. Seit Jahren dauert das Ringen um die Verwirklichung von Europas größtem Goldbergwerk schon. 2006 wurde das Projekt wegen der vielen ungelösten Probleme und der politischen Brisanz im Hinblick auf den EU-Beitritt ad acta gelegt. Anfang September 2009 hat das rumänische Umweltministerium einen sofortigen Planungsstopp für das Projekt verfügt. Es fehlte ein gültiger Zonenplan, der zur Prüfung der Umweltverträglichkeit des Bergwerks Voraussetzung ist. Das Verfahren kann erst fortgesetzt werden, wenn über eine von diversen Nichtregierungsorganisationen eingereichte Beschwerde entschieden worden ist.

Zwischenzeitlich ist dem Vorhaben aus Umweltschutzkreisen eine europaweite Opposition erwachsen, die auch von der ungarischen Regierung unterstützt wird. Als sehr riskant wird die Verwendung von Zyanidlauge angesehen, die Erinnerungen an den Zyanidunfall vom Jahr 2000 in Baia Mare wachruft. Lärmbelastungen und Luftverschmutzung sind weitere Gegenargumente. ›Gabriel Ressources‹ hat für den Fall einer Bewilligung vieles versprochen: die ständige Überprüfung des Wassers, geringe Sprengungen und Geschwindigkeitsbegrenzungen für Lastwagen in Dorfnähe. Immerhin müssten 12 000 Tonnen Zyanid in Tanks zur Anlage gefahren werden. Die Becken für die Rückstände, die gemäß Plan auf einem Gebiet von 400 Hektar in einem Seitental angelegt würden, sollen durch Schutzdämme von 180 Metern Höhe gesichert werden.

Die Vorkommen werden auf 215 Millionen Tonnen Erz mit einem Gehalt von 1,46 Gramm je Tonne Gold und 6,9 Gramm je Tonne Silber geschätzt. Zu reinem Metall aufbereitet, ergäben sich dadurch 330 Tonnen Gold und 1700 Tonnen Silber. Demnach würde die Aufbereitungsanlage 16 Jahre in Betrieb sein. Und danach? Auch der versprochene wirtschaftliche Schub für die Region wird bezweifelt. Schon seit langem hat der Bergbaukonzern damit begonnen, Grundbesitz aufzukaufen. 120 Dorfhäuser wurden derweil zerstört, viele Bewohner haben verkauft und sind weggezogen, wenige sind geblieben und haben sich in der lokalen Organisation ›Alburnus Maior‹ zusammengefunden, um für die Erhaltung ihrer Heimat und das kulturelle Erbe zu kämpfen. Von Seiten der Befürworter des Projekts wird hinter dieser Organisation gerne ein ungarisches Komplott vermutet. Zu den einflussreichsten Opponenten des Projekts zählt das ›Open Society Institute‹ des Financiers George Soros, der sich mit seiner Stiftung der Region angenommen hat (www.soros.ro).

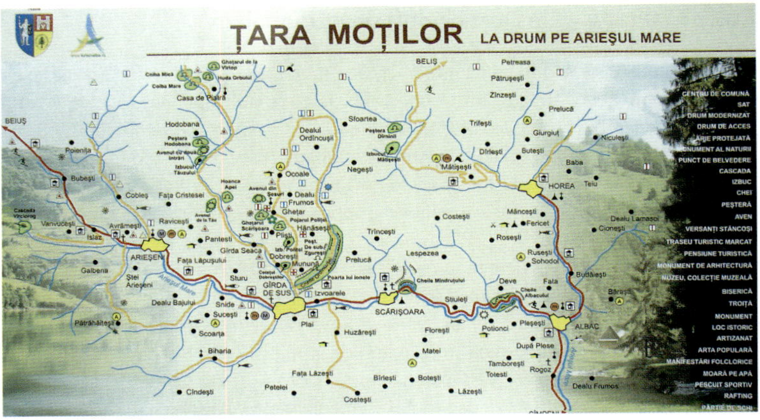

Hinweistafel im Motzenland

Das Bihor-Massiv

Die Bihor-Gruppe ist mit dem Cucurbăta Mare mit 1848 Metern Höhe das höchste Massiv des Apuseni. Das Gebirge unterscheidet sich von den anderen Gebirgsregionen Siebenbürgens durch die Dichte seiner Höhlen: Scărișoara-Eishöhle, Cetățile Ponorului, eine der großen europäischen Karstformation, die Quellen des Someșul-Cald-Flusses oder der Groapa Ruginoasă. Die unzähligen Streusiedlungen der Motzen bilden ein dichtes Siedlungsnetz und werden ganzjährig bewohnt und bewirtschaftet. Sie sind die höchstgelegenen permanent bewohnten Anwesen in Rumänien.

Erstmals wird das Gebirge bei Herodot im Zusammenhang mit der Goldgewinnung genannt. Seine erste wissenschaftliche Erforschung veranlasste 1861 die Wiener Akademie der Wissenschaften.

Topographisch und geologisch lässt sich das Bihor-Massiv in zwei Untereinheiten unterteilen: Süd-Bihor und Nord-Bihor, die durch die Täler des Arieș und des Crișul Băița getrennt werden. Kalkstein ist die vorherrschende Gesteinsformation in Nord-Bihor, was die Bildung der Höhlen und Felsformationen begünstigte. Daneben gibt es auch andere Gesteinsformationen wie Sandstein, Schiefer und sogar Bergkämme vulkanischen Ursprungs wie im Vlădeasa. Der Süd-Bihor mit dem Cucurbăta Mare hingegen besteht aus älteren, zerklüfteten Felsformationen wie Granit, kristallinem Schiefer und Konglomeraten.

Die Erschließung für den Tourismus einschließlich markierter Wanderwege ist im Nord-Bihor weiter fortgeschritten. Im gesamten Bihor findet man typisches Bergklima vor. Das Massiv stellt für die von Westen heranziehenden Regenwolken eine Barriere dar, weshalb es dort viele Niederschläge gibt. Die Flora ist derjenigen des gesamten Apuseni sehr ähnlich. In den oberen Zonen findet man viel Wacholder, aber auch Heidelbeeren. Leider ist der Wald stark gefährdet. Im Bihor-Nord werden zwei Skiorte unterhalten, die nicht mehr zu Siebenbürgen gehören: Vârtop und Stâna de Vale.

Man erreicht Bihor von Osten über Turda und die DN 75, über Alba Iulia und die DN 74 sowie über Deva und die DN 76. Seitenstraßen empfehlen sich nicht.

▲ Karte S. 157

Das Motzenland

Über Câmpeni (dt. Topesdorf, ung. Topánfalva), das kulturelle Zentrum der sogenannten Motzen, gelangt man ins Motzenland (Țara Moților), eine seit alters her von Rumänen besiedelte Region. Das Motzenland bedeckt das obere Einzugsgebiet des Arieș-Flusses und umfasst auch das Bihor-Massiv, den südöstlichen Teil der Gilău-Berge und die nordwestlichen Abhänge des Siebenbürgischen Erzgebirges. Bis zum 17. Jahrhundert erstreckte sich die Moț-Region nur auf dem Gebiet westlich von Câmpeni. Während dieser Periode betrieben die Menschen Viehzucht und Holzfällerei. Der Bergbau trug zur Ausdehnung der Moț-Region in Richtung Osten nach Roșia Montană bei. Im 20. Jahrhundert wanderten die Motzen nach Norden bis zum Someșul-Cald-Tal und nach Süden bis zum Ampoital. So sind sie heute fast im gesamten Apuseni-Gebirge anzutreffen.

Die genaue Abgrenzung des Siedlungsgebiets der Motzen ist jedoch ebenso wie ihre Herkunft sowie der Ursprung ihres Namens umstritten. Die einen sehen in ihnen direkte Nachfahren der Daker, die anderen späte Zuwanderer. Der Name der Volksgruppe wird einerseits auf das deutsche Wort motzen oder nörgeln zurückgeführt, weil man sich in dieser Region immer wieder gegen feudale Oberherren, unter anderem gegen die Habsburger aufzulehnen verstand, und andererseits wird es etymologisch von dem rumänischen Wort ›moț‹, der Haarbüschel oder Schopf, abgeleitet. Ihre Heimat ist auf jeden Fall eine verwunschene Region, in deren weitläufigen Streusiedlungen sich bis heute archaische Lebensweisen und traditionelle Wirtschaftsformen erhalten haben.

In ethnographischer Hinsicht ist die Region eine wahre Fundgrube: strohgedeckte Häuser, unzählige Holzkirchen mit Schindeldächern und von weither sichtbaren hohen, schlanken Türmen, Zeugnisse der bäuerlichen und bergbaulichen Handwerker-Techniken sowie schöne Volkstrachten. Das wichtigste Volksfest im Motzenland ist der traditionelle Mädchen-Jahrmarkt in Găina (Seite 198). Die Bewohner der Region waren für ihre Eimer, Kübel, hölzerne Werkzeuge und Gegenstände bekannt, die sie auf den Märkten in der Nachbarschaft verkauften.

Nachdem der Bergbau zurückgegangen, die Waldwirtschaft wegen Überrodung stark gefährdet ist, hat sich ein sanfter Tourismus etabliert. Die schönsten Urlaubsorte sind die Dörfer Albac (Fehérvölgy) und Gârda des Sus, in denen in den letzten Jahren viele Familienbetriebe entstanden, die sich Gastlichkeit, Naturverbundenheit und Behutsamkeit zur Richtschnur ihres Handelns gemacht haben. Das Wandern ist hier eher leicht, die Wildpopulationen halten sich fern, weil das Gebiet von Streusiedlungen und einzelnen Weilern durchsetzt ist. Besonders zu empfehlen ist die Wanderung von Gârda de Sus zur Eishöhle (Seite 200).

Weiler bei Gârda de Sus

Câmpeni

Die Stadt Câmpeni (dt. Topesdorf, ung. Topánfalva) ist zwar nicht so schön, aber historisch interessant. In ihrem ungarischen und deutschen Namen steckt das Wort ›Top‹ vom deutschen Wort ›Zopf‹, das auf die Haartracht der Männer hinweist. Archäologische Untersuchungen haben eine Besiedelung zur Dakerzeit nachgewiesen. Im Mittelalter gewährte Fürst Gabriel Báthory der von rumänischen Knesen abstammenden Familie Filimon das Recht, am Arieș eine Mühle zu bauen. Schnell wuchs die Siedlung, eine erste rumänische Kirche wurde 1631 gebaut, und nur 120 Jahre später waren es schon vier. Im 18. Jahrhundert war der Ort größer als Târgu Mureș oder Alba Iulia. Soziale Spannungen entluden sich im November 1784 in dem von Horea, Cloșca und Crișan angeführten Aufstand, der blutig unterdrückt wurde. 1848 begann die von Ungarn angeführte Revolution. Ganz Siebenbürgen wurde dabei von den Revolutionstruppen unter General Bem erobert, mit Ausnahme des Motzenlandes. Hier etablierte Avram Iancu eine Bauernrepublik. Nach der Niederschlagung der Revolution schlüpften hier die Revolutionäre unter, auch Nicolae Bălcescu. Im Kommunismus wurde aus dem ländlichen Marktort eine industrialisierte Stadt, Plattenbauten folgten. Heute ist die Stadt ein wichtiger Marktort.

Avram Iancu

Bei Botești, dort wo großer und kleiner Arieș zusammenfließen, und ein kleiner Stausee angelegt ist, zweigt die Straße nach Avram Iancu (ung. Felsövidra) ab. Vorbei an Vidra de Jos, einer der ältesten Siedlungen des Motzenlandes, mit vielen dazugehörigen Weilern, vorbei auch an Holzkirchen des 18. Jahrhunderts, wie in Gojeiești, und Naturdenkmälern, wie der Cascada Pișoaia und Dealul cu Melci, erreicht man Avram Iancu, das auf 660 Metern Höhe liegt. Die terrassenförmig um eine Senke angelegte und von Wäldern umgebene Siedlung beherbergt das Geburtshaus und eine **Gedenkstätte für Avram Iancu**, den rumänischen Revolutionär von 1848. Seine Büste darf im Ortszentrum nicht fehlen.

Die Siedlung ist Ausgangspunkt zum berühmten **Mädchenmarkt auf dem Găina-Berg**, einem der schönsten Feste der Motzen und bis heute beliebten Volksfest. Der Tradition nach findet das Fest am Tag des Heiligen Elias statt, dem Sonntag, der in zeitlicher Hinsicht dem 20. Juli am nächsten ist (meistens der dritte Sonntag im Monat Juli). Der Găina-Berg ist ein Hochplateau auf 1486 Metern Höhe, zu dem ein Fußmarsch von sechs bis sieben Stunden auf dem Forstweg führt. Aber in Rumänien kommen da auch Autos hoch. Eine andere Variante ist die Wanderung von Gîrda de Sus, Markierung rotes Kreuz Richtung Süden. Der Überlieferung nach suchten sich die Burschen der umliegenden Motzendörfer hier ihre Bräute aus. Heute ist daraus ein beliebtes und großes Volksfest geworden, das auf der ›La tirg‹, der Markt, genannten Stelle des Berges stattfindet. Das Spektakel wird durch ein Ensemble der Alphornbläsergruppe von Tîrsa um 10 Uhr morgens eingeleitet. Bis zum Abend zeigen die Folkloregruppen ihr Können. Am frühen Abend endet das Fest.

Albac

Dort wo der Bach Albac (ung. Fehérvölgy) in den Arieș mündet, liegt Albac auf 617 Metern Höhe. Noch um 1700 war hier nichts als Wald. Heute ist es eine Großgemeinde, die sich dem Öko-Tou-

▲ Karte S. 157

Kleine Kirche im Albac-Tal

rismus verschrieben hat. Es gibt zahlreiche kleine Familienpensionen, die ökologisch wirtschaften, einen Reitstall, einen Schlepplift und Kajakangebote. Überall wird man an den Horea-Aufstand erinnert: Ein Museum und eine Büste sind ihm gewidmet. Auch ein kleines **Volkskunstmuseum** wurde eingerichtet. Außerhalb, in Richtung Gârda de Sus, steht in einer Lichtung das neue **Eliaskloster**.

Bei Albac zweigt die DN 108 zur Ortschaft **Horea**, benannt nach dem rumänischen Revolutionär, ab. Eigentlich hieß der Ort Arada/Gura-Aradi und der Revolutionär eigentlich Vasile Nicola Ursu. Laut der Überlieferung war Horea ein geschickter Holzbaumeister. Er reiste viel, unter anderem auch nach Wien, und setzte sich für die Rechte seiner Landsleute ein. Weil er vom Wiener Hof mit vielen Versprechen hingehalten wurde, rief er zum Aufstand auf, den er gemeinsam mit Cloșca und Crișan einleitete. Durch Verrat geriet er mit seinem Kameraden Cloșca in Alba Iulia in Gefangenschaft, wurde aufs Rad geflochten und starb 1785 den Märtyrertod. Anstelle seines Hauses wurde ein Denkmal aufgestellt, unweit davon steht eine Esche mit buschiger Krone, die zum Naturdenkmal erklärt wurde.

Die Straße, die DN 75, weist unzählige Schlaglöcher auf und führt in Kehren zum **Ursoaia-Pass** (1320 m) hinauf und weiter durch einen der schönsten Abschnitte des Arieș-Tals, die vier Kilometer lange **Albac-Klamm**.

Albac

Pensiunea Steaua Arieșului, Victorica Popa, Tel. 0745/326225, 0258/777510, Fax 777204, www.perlaariesului.ro (rum.). Gemütliche Pension.

Pensiunea Cabanuta Ancuta, Str. Crisan 61, Tel. 0258/777510, 0743/012100. Neben der Pension befindet sich ein kleiner Schlepplift, im Fluss Arieș wird Kajakfahren angeboten.

Pensiunea Poiana Verde, 4 Sterne, Tel. 0258/777045, Fax 777393, www.poianaverde.ro (dt.). DZ 240 Lei. Abseits der Hauptstraße Richtung Horea, sehr einladend, ruhig und gepflegt. Mit Reitstall, Reitstunde 50 Lei.

Pensiunea Moților, Tel. 07 47/93 02 11, 0258/785118. Wenige Zimmer, sehr sauber und urgemütlich.

Dorfmuseum Muzeul Satului, eingerichtet von Iuliu Coroia Bistra, tgl. 9–17 Uhr.

Gârda de Sus

Gârda de Sus liegt bereits auf 725 Metern und mausert sich zum Vorzeige-Touristenort mit vielen kleinen familiären Herbergen. Im Zentrum steht eine regionaltypische **Holzkirche** mit einem hohen, schlanken Turm und einem Schindeldach von 1791, die Johannes dem Täufer geweiht ist. Ihre Malereien, ein Werk der Brüder Gavriil und Simion von Abrud, stammen von 1804. Gârda de Sus ist Ausgangspunkt für schöne Wanderungen, die zu unzähligen Höhlen führen. Die außergewöhnlichste Höhle ist die Eishöhle.

Eishöhle

Die Eishöhle (Ghețarul de la Scărișoara) befindet sich beim Weiler Ghețar, im zentralen Teil des Bihor-Massivs.

Sie ist über zwei Routen innerhalb von zwei Stunden zu erwandern. Neuerdings wird der Forstweg aber auch als Fahrweg für Pkw genutzt.

Erste Kenntnis von der Höhle bekam man im 19. Jahrhundert, 1927 begann der rumänische Wissenschaftler Emil Racovița mit der ersten Untersuchung der Eishöhle. Die Höhle gehört zum oberhalb liegenden Karstsystem von Ghețar-Ocoale-Dobrești und ist zusammen mit der Höhle Pojarul Poliției zu großen Teilen der Forschung vorbehalten. Die Höhle ist 105 Meter tief und 720 Meter lang. Ein Schacht von 50 Metern Durchmesser und 48 Metern Tiefe bildet den Einlass in eine große Halle von 108 Metern Länge und 78 Metern Breite. Es gibt drei Öffnungen: Die mittlere führt in die sogenannte Kirchenhalle, die linke in eine Galerie und die rechte in ein Reservat. Der Eisblock hat ein Volumen von 75 000 Kubikmetern und dürfte mehr als 3500 Jahre alt sein. Für Touristen sind der Eingangsschacht, die große Halle und die Kirchenhalle zugänglich. Das Höhlenlabyrinth bietet einen Einblick in die bizarre und zauberhafte Welt von Eisgebilden mit bis zu fünf Metern hohen Eisstalagmiten. Ein großer Teil der Höhle ist der Forschung vorbehalten. Interessierte können beim Speläologischen Institut in Cluj-Napoca eine Sondererlaubnis zur Besichtigung des wissenschaftlichen Teils erbitten. Die durchschnittliche Temperatur in der Höhle beträgt um 0 °Celsius. Die Höhle steht in Beziehung zur Außentemperatur, weswegen sich auch Stalaktiten und Stalagmiten in ihren Größenverhältnissen verändern.

Die Eishöhle ist täglich geöffnet: Montag bis Samstag von 9 bis 17 Uhr und am Sonntag von 10 bis 18 Uhr. Der Eintritt beträgt 50 Lei. Letzter Einlass ist 30 Minuten vor Schließung. Die Höhle kann nur mit einer Führung besichtigt werden. Sieben Gruppen pro Tag haben Zugang, nähere Informationen gibt es beim Verein für Höhlenkunde, Asociația Speologică ›Sfinx‹ mit Sitz in Alba: www.speo.ro.

▲ Karte S. 157

Auf dem Weg zur Eishöhle

Wanderungen um Gârda de Sus

Karte: Hartă turistică, Munţii Bihor, 1:60000, Erfatur-Dimap.

Drei markierte Routen führen zur Eishöhle; sie nehmen ihren Ausgang an der Mündung des Ordîncuşa-Baches in den Arieş, bei der Pension Danciu. Alle drei Wege berühren den Weiler Gheţar in unmittelbarer Nähe der Eishöhle. Von der Eishöhle führen zwei Wege weiter zur Schutzhütte Padiş (Casa de Piatra Padiş, blaues Dreieck, 7 Std.) und ein Weg nach Arieşeni (rotes Dreieck, 5 Std).

▸ **Gârda de Sus → Cheile Ordâncuşii → Peşteră Corobaua lui Gîrţău → Peşteră Poarta lui Ionele → Gheţarul de la Scărişoara**

Markierung: blaues Band, Sommer 3,5–4 Std., im Winter schwierig.

Die Höhle Poarta lui Ionele war ehemals gegen Eintritt zu besichtigen. Die Höhle wird nicht mehr betreut, man kann sie selbständig erkunden. Am nächsten Weiler verlässt man den Forstweg, steigt links zunächst steil nach oben durch den Wald, dann über ein Karstplateau an Weilern vorbei.

▸ **Gârda de Sus → Gheţarul de la Scărişoara**

Markierung: rotes Kreuz, Sommer und Winter möglich, 2 Std.

Ein Höhenweg, der auch als Forstweg genutzt wird, mit schöner Aussicht auf die Umgebung.

▸ **Gârda de Sus → Gârda-Tal und Karstplateau → Gheţarul de la Scărişoara**

Markierung: rotes Band, 3 Std.

Gârda de Sus

Pensiunea Agroturistica Danciu, Centru Str. 51, Tel./Fax 0258/778006, 0763/615779, 778006, www.turismrural.ro, www.pensiunihoteluri.ro/danciu. Pension in traditionellem Holzhaus mit modernen Bädern. Direkt im Dorfzentrum am Fluss mit gemütlichem Restaurant, in dem viele eigene Produkte verwendet werden.

Pensiunea Mama Uţa, Tel. 0258/778008, calinturism@yahoo.com, www.mamauta.ro. Am Ortsende Richtung Arieşeni. Mama Uţa und ihre Söhne haben hier eine richtige Institution etabliert.

Pensiunea DIG's, Str. Arieşului 95, Tel./Fax 0258/778127, 0722/126707, 0788/665721, pensiuneadig@yahoo.com, www.ruraltourism.ro/dig.

Arieşeni

Pensiunea Casa Noastra, Tel. 0744/322215, 0724/350451, 0258/77-9122, www.pensiunea-casa-noastra.ro. Direkt an der Hauptstraße gelegene Familienpension.

■ Arieşeni

▲ Karte S. 157

Arieşeni (ung. Lepus) ist ein Dorf in einer Senke auf 859 Metern, dessen Häuser sich die Berghänge emporziehen. In seiner Nähe entspringt der Fluss Arieş Mare. Die hölzerne **Christi-Himmelfahrtskirche** von 1791 wurde 1878 erneuert. Mihai Zagravul, Michael der Maler, hat sie ausgemalt. Die Kirche besitzt schöne Holz- und Hinterglasikonen. Der reizvolle Ort gilt als sehr schneesicher und soll deshalb auch zum Wintersportgebiet ausgebaut werden. Auch von hier sind Wanderungen auf markierten Wanderwegen möglich.

Kreis Hunedoara

Der einzigartige Retezat-Nationalpark, Kernland des antiken Dakerreiches, vielseitiges rumänisches Brauchtum und originelle mittelalterliche Kirchen sind die Besonderheiten dieser Region.

Deva

Die Industriestadt Deva (dt. Diemrich, ung. Devá) liegt am linken Mureșufer und am Südrand des Apuseni-Gebirges. In der Stadt leben fast 70 000 Menschen. Viele davon waren vorwiegend im Bergbau beschäftigt, doch der ist nun größtenteils stillgelegt.

Die Wurzeln der Stadt liegen vermutlich in der Römerzeit, als hier Kupferminen ausgebeutet wurden. Die Ungarn gründeten hier im 10. Jahrhundert ein militärisches Zentrum. Im Laufe des Mittelalters gewann die Siedlung als Einfallstor nach Siebenbürgen immer mehr an Bedeutung. Hoch oben auf einem vulkanischen Kegel thront die alte königliche Burg, einst eine der stärksten Festungen Siebenbürgens. Ihre Ursprünge gehen auf das Jahr 1269 zurück. In ihrer wechselvollen Geschichte - Zerstörung durch die Mongolen und anschließender Wiederaufbau, Erweiterungen unter den Habsburgern im 16. und 17. Jahrhundert - diente sie mehrfach als Gefängnis. Prominenter Gefangener war im Jahr 1308 der Wittelsbacher Herzog von Niederbayern, Otto III., der von 1305 bis 1308 unter dem Namen Béla V. König von Ungarn war. Auch die Habsburger nutzten die Burg als Landesgefängnis und inhaftierten in ihr den Reformator und unitarischen Bischof Franz Davidis, der 1579 in der Festung starb. Während des Horeaaufstandes war die Burg Zufluchtsstätte des Adels, und während der Revolution wurde sie von Österreichern

Der Kreis Hunedoara im Überblick

Name: Județul Hunedoara (dt. Eisenmarkt, ung. Hunyad Megye).
Lage: im Südwesten Siebenbürgens.
Fläche: 7063 qkm.
Einwohner: 485 000 (2002), vorwiegend Rumänen.
Hauptstadt: Deva.
Landschaften: Apuseni mit Siebenbürgischem Erzgebirge, Südkarpaten mit Retezat, Hatzeger Land, Schiltal, Senke von Petroschen.
Bemerkenswert: Zentrum des Dakerreiches.
Internet: www.cjhunedoara.ro, www.turismretezat.ro, www.retezat.ro, www.panparks.org.
Vorwahl: 0254.
Autokennzeichen: HD.

Das Rathaus von Deva

besetzt. Den Revolutionären Horea, Cloșca und Crișan wurde im Burgpark ein Denkmal gesetzt. Eine Pulverexplosion forderte viele Opfer und machte die Burg zur Ruine.

In der Stadt lebten von Beginn an neben Ungarn auch Sachsen, heute leben noch etwa 300 Deutsche in der Stadt. Im 17. und 18. Jahrhundert zogen mehrheitlich Rumänen und Ungarn aus dem Banat, später auch Schwaben, katholische Bulgaren aus der Walachei und im 19. Jahrhundert Csángós und Juden aus der Bukowina nach Deva.

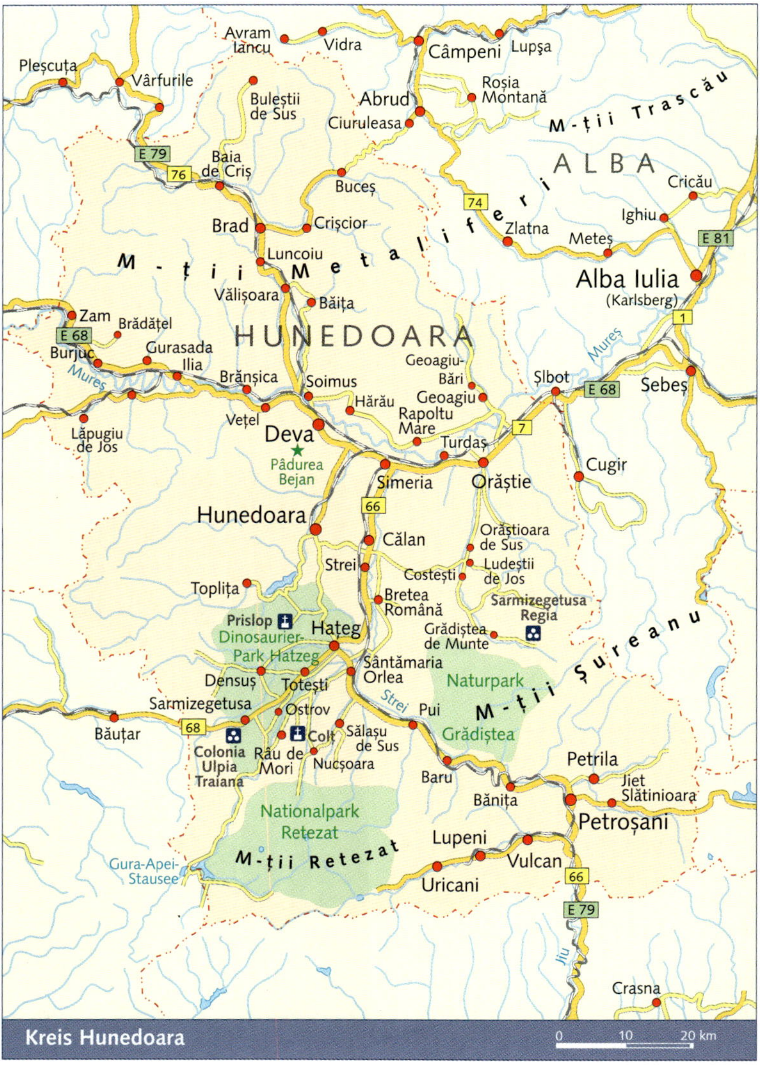

Kreis Hunedoara

Sehenswürdigkeiten

Deva liegt an der Hauptroute, die Siebenbürgen mit Österreich und Ungarn verbindet. Die Schnellstraße führt mitten durch die Stadt, in der man zahllose gesichtslose Plattenbauten passiert. Man sollte sich dadurch aber nicht von einem Halt abhalten lassen.

Der Vulkankegel, auf dem die **Burg** steht, wurde unter anderem wegen der hier vorkommenden, selten gewordenen Hornotter unter Naturschutz gestellt. Es führt ein Treppenweg durch das Reservat zur Burg, der Zugang ist aber auch mit einer Drahtseilbahn an der Ostseite des Hügels möglich. Unterhalb der Seilbahn erinnert ein Pantheon mit Büsten ehemaliger Turnerinnen Rumäniens, wie Gina Gogean und Nadja Comăneci, und ihrer Trainer an Devas Stellung im Spitzensport. Die staatlichen Sportanlagen mit Schwerpunkt Geräteturnen und Gymnastik dienten einst als sportliche Kaderschmiede des kommunistischen Rumänien.

Im kleinen alten Zentrum um den Burghügel und in der Fußgängerzone haben sich ein paar historische Gebäude erhalten. Repräsentativster Bau der Stadt ist das **Bethlen-Schloss**, Curia Magna genannt, das anstelle eines ehemaligen Burghofes gebaut wurde, den die Mongolen zerstört hatten. Die herrschaftliche Dreiflügelanlage im Renaissance-Stil wurde 1621 unter Fürst Gabriel von Bethlen renoviert und im 18. Jahrhundert barockisiert. Sie beherbergt heute das **Museum der dakischen und römischen Zivilisation** (Muzeul Civilizație Dacice și Romane). Das Museum wurde grundlegend renoviert und soll neu geordnet werden.

Am Platz um den Burgpark steht weiterhin das **Rathaus** im deutschen Neorenaissancestil von 1901. Von hier beginnt die Fußgängerzone, die zum **Theater** führt, das deutliche Jugendstilelemente aufweist. Die **Synagoge** in der Str. Libertății blieb erhalten.

Spuren der Vergangenheit sind weiterhin der **Turnul Cantacuzino** im alten Friedhof, der von der Familie Cantacuzino als Glockenturm für die orthodoxe Kirche gestiftet wurde; die katholische **Marienkirche** aus dem 18. Jahrhundert, die ehemals die Kirche eines Franziskanerklosters war; und die orthodoxe **Nikolauskirche**.

Zwei **Decebal-Denkmäler** erinnern in der Stadt an den großen Daker: im Burgpark und vor dem Kulturhaus auf der Piață Victoriei als Reiterstandbild. In der Stadt ist Johann Sigismund Zápolya (1540–1571), einst ungarischer König, begraben.

Deva erinnert an die legendäre Turnerin Nadja Comăneci

Sieben Kilometer außerhalb von Deva, direkt am Mureș bei Mintia/Marosnémeti, befindet sich eines der größten Kohlekraftwerke Rumäniens (Mintia Deva Power Plant). Seit dem Jahr 2002 ist SC Termoelectrica SA Bukarest alleiniger Betreiber. Die Kohle für das Kraftwerk kommt aus dem Schiltal. In Deva ist auch der Verwaltungssitz des Nationalparks Retezat

Die Umgebung von Deva

Einige Ausflüge in die Umgebung sind lohnenswert. In östlicher Richtung liegen der Kurort **Geoagiu-Băi**, mit Resten der römischen Thermen, und **Simeria** (Piskitilep), das als neue Siedlung an einem Eisenbahnknotenpunkt entstand. Die Siedlung ist bekannt für ihr **Arboretum** am Mureșufer und den **dendrologischen Park** von 70 Hektar, der um das Schloss Gyulai angelegt wurde und mit einheimischen und exotischen Bäumen und Sträuchern, unter anderem aus Japan, China und Nordamerika, bestückt ist.

In westlicher Richtung, in einer Mureșschleife, befindet sich die Ortschaft **Gurasada** (dt. Gursaden) mit einer orthodoxen Michaelskirche, dem einzigen bekannt gewordenen Steinbau, den ein

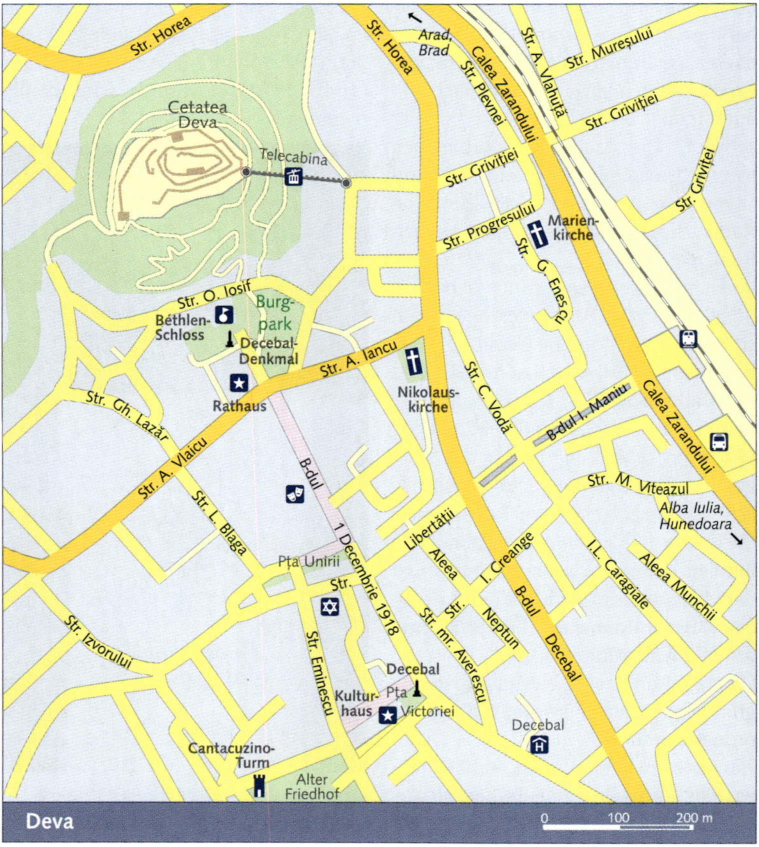

ungarischer Grundherr für die ab dem 13. Jahrhundert angesiedelten Rumänen errichten ließ. Sie beschreibt in ihrem Grundriss ein griechisches Kreuz. Über dem Naos erhebt sich ein trutziger Vierungsturm mit weit heruntergezogenem Dach. Die Anbauten und der Glockenturm gehen auf das 19. Jahrhundert zurück. Die Kirche birgt mehrere Malschichten, von denen jene aus dem Jahr 1769 sichtbar ist.

Nur zwei Kilometer westlich von Deva liegt ein beliebtes Erholungsgebiet, der **Wald Pădurea Bejan** unterhalb des Cozia-Vulkans, ein Ausgangspunkt für Wanderungen in die Wälder.

Nördlich, am Westrand des Siebenbürgischen Erzgebirges liegt **Brad** (dt. Tannenhof, ung. Brád), aus mehreren Ortschaften zusammengewachsen und von reichen Erzlagerstätten umgeben. Basalte und Karstlandschaft sind hier anzutreffen, und es wird Goldbergbau betrieben. Ein Besuch von Brad ist wegen seines **Goldmuseums Muzeul Aurului** lohnenswert. Das Museum wurde bereits 1896 gegründet und zeigt die Geschichte der Goldgewinnung und herausragende Exponate des Goldes und der Mineralien. Das Museum wurde im Jahr 2009 allerdings für eine Renovierung geschlossen, der Eröffnungszeitpunkt ist noch unklar.

Deva

Vorwahl: +40/(0)254.
Internet: www.primariadeva.ro.

Deva liegt an der Bahnstrecke Budapest–Bukarest und ist gut an das europäische Fernzugnetz angeschlossen.

Einladende Hotels lassen in Deva noch auf sich warten. Bisher ist lediglich die Zweisterne-Kategorie, vor allem als Hochhausbauten aus der kommunistischen Ära, vertreten.

Hotel Decebal, B-dul 1. Decembrie 1918 Nr. 37 A, Tel. 212413, Fax 214296, apollo.deva@k.ro. 36 Zimmer. DZ 70 Euro.

In Deva: Muzeul Civilizație Dacice și Romane, Bulevardul 1. Decembrie 1918 Nr. 39, Tel. 212200. Di–So 9–17 Uhr.

In Brad: Muzeul Aurului, Str. Independenței 3, Tel. 612800. Mo–Fr 8–14 Uhr. Sicherer ist es, vorher anzurufen und einen Termin zu vereinbaren.

Am dritten Januarwochenende findet alljährlich ein Volksfest statt, auf dem zahlreiche Călușari-Tanzgruppen auftreten. Der rumänische Männertanz Călușari ist einer der berühmtesten Tänze Rumäniens und stark in der Walachei verbreitet.

Die alte dakische Hauptstadt Sarmizegetusa Regia

Wer Spuren des vorrömischen Rumänien sucht, fährt über die DN 7 bis **Orăștie** (dt. Broos, ung. Szászvaros). Im Mittelalter von deutschen Siedlern gegründet, hat sich der Marktflecken von einem Handwerkerzentrum zu einem kulturellen Zentrum der Rumänen entwickelt, die hier auf sächsischem Königsboden als freie Bürger leben und wirken durften. Im Ort ist ein kleines Museum zu besichtigen.

Eine außerordentlich schöne Strecke führt auf guter Nebenstraße südlich bis nach **Costești.** Unterwegs kann man in

Die Ausgrabungen des vorrömischen Sarmizegetusa Regia

Orăştioara de Sud und Ludeşti de Jos alte Wassermühlen bewundern. Ab Costeşti sind die Schönheiten und Sehenswürdgkeiten, sieht man von einem Schotterweg ab, der bis Gradiştea de Munte führt, besser zu Fuß zu erreichen.

Das **vorrömische Sarmizegetusa Regia** liegt in den Bergen auf 1200 Metern Höhe oberhalb des Dorfes **Grădiştea de Munte** und war wirtschaftliches, militärisches und kulturelles Zentrum der Daker von Burebista bis Decebal. In einer Zeitspanne von mehr als 150 Jahren waren hier zwischen Şurean-Bergen, Mureş und Retezat etwa 90 Befestigungsanlagen der Daker entstanden, um möglichst alle wichtigen Zugangswege zur Dakerhauptstadt zu versperren. Nach dem Zweiten Weltkrieg hatte man mit der systematischen Erforschung der Burgen und ihrer Umgebung begonnen und 1952 die Hauptstadt entdeckt. Seit 1999 gehören die Ausgrabungen zum UNESCO-Welterbe.

Im engsten Umkreis der Stadt Sarmizegetusa Regia, im Westabschnitt des Şureanu-Gebirges, sind folgende dakische Siedlungen und Festungsanlagen bezeugt: Costeşti, Blidaru, Căpâlna, Grădiştea de Munte, Feţele Albe, Vârful lui Hulpe, Luncani-Piatra Roşie und Băniţa. Die antike Stadt selbst breitete sich auf einer Länge von ungefähr sechs Kilometern aus. Ihre Bauten standen auf künstlich angelegten Terrassen, die zum Teil von bis zu 14 Meter hohen Mauern gestützt wurden. Sie bestand aus drei Teilen: zwei zivilen Bereichen und einer heiligen Zone. Dazwischen lag die Burg. Die Stadt war ausgestattet mit Wasserleitungen, Entwässerungskanälen, gepflasterten Wegen und Stiegen. Befestigungsanlagen umgaben den Hügel von 100 Metern Höhe. Sie bestanden aus einem Schutzwall, Palisaden und einer in dakischer Technik errichteten Ringmauer. Nach der Teilzerstörung durch die Römer im Jahr 106 n. Chr. wurde die Burg von den Römern wieder aufgebaut und erweitert. Sie verwendeten Bauteile von allen Teilen der Stadt. Im Osten der Burg lag die heilige Zone, von der zehn Sanktuarien (sieben waren 106 n. Chr. nur in Gebrauch), zwei runde und acht viereckige, sowie ein großer Steinaltar entdeckt wurden. In ihrer Orientierung verweisen sie auf astrono-

▶ Karte S. 204

mische Beobachtungen. Ungewöhnliche Anstrengungen erforderte die Beschaffung der Baumaterialien, des Kalksteins und des Andesit. Die Bauten zeigten dakische als auch hellenistische Stilelemente. Die moderne Archäologie hat das erforschte Gelände und ihre Bauten markiert. So manchen Schatzsucher trieb es bereits hierher, so dass der Boden vielfach umgegraben wurde. Man sollte ausreichend Zeit mitbringen, um sich ausgiebig diesen Ursprüngen Rumäniens in schönster Natur zu widmen. Das Areal gehört zum Naturpark Grădiștea Muncelului Cioclovina.

Die Colonia Ulpia Traiana

Direkt an der DN 68 mitten im Ort Sarmizegetusa (benannt nach der nordwestlich gelegenen dakischen Hauptstadt, s.o.) liegt der Eingang zu der römischen Ausgrabungsstätte, die bis Sonnenuntergang geöffnet ist. Unter persönlicher Führung leitete Trajan im Jahr 101 nach Christus sein 150 000 Mann starkes Heer über das Banat, gelangte ohne großen Widerstand nach Caransebeș, wo er auf Decebal traf und diesen besiegte. Decebal entkam, und Trajan zog über die Passhöhe ins Hatzeger-Land weiter. Hier brach er den Vormarsch ab und errichtete sein Winterquartier. Um diesen Militärstützpunkt herum entstand eine Siedlung, die der Ausgangspunkt für eine Veteranenkolonie, die Colonia Ulpia Traiana Augusta Dacia (108–110 n. Chr.), wurde. Im Laufe der Zeit entwickelte sie sich zu einer befestigten, ummauerten Stadt von etwa 30 Hektar. Unter Hadrian erhielt die Colonia den Beinamen der alten dakischen Hauptstadt Sarmizegetusa. Ulpia Traiana war Sitz des Reichsstatthalters für die drei Provinzen Dakiens. Unter Severus Alexander (222–235 n. Chr.) wurde ihr der Titel ›metropolis‹ verliehen. Doch schon bald setzte der Niedergang der Stadt ein, und seit dem Ende des 3. Jahrhunderts war sie nicht mehr bewohnt. Sie diente im Mittelalter als Steinbruch wie beispielsweise Densuș. Die Benennung des heutigen Ortes nach der alten Stadt ist im Bestreben der vergangenen Jahrzehnte begründet, die romanische Abstammung der Rumänen durch antike Ortsnamen zu dokumentieren.

Hinter dem Eingang sieht man rechter Hand die Reste des Amphitheaters. Es lag außerhalb der Stadtmauer und konnte 5000 Besucher aufnehmen. Vorbei an Thermen- und Tempelresten sowie landwirtschaftlich genutzten Feldern kommt man zum rechteckigen Zentrum der einstigen Kolonie, das von einer Steinmauer umschlossen war. Einige Bauten davon wurden freigelegt: Eine Basilika, das Forum, der Statthalterpalast und das Aedes Augustalium, ein Gebäude, das einem besonderen Kaiserkult diente. Weit verstreut wurden auch die Reste von römischen Bauernhäusern gefunden. Die Funde der Ausgrabungsstätte sind auf das Museum am Ort sowie die Museen in Deva, Cluj und das Nationalmuseum von Bukarest verteilt.

Blick auf das Retezat-Gebirge

Die Daker

Die Daker bewohnten vor der römischen Eroberung Siebenbürgens auch Teile des Banats und der Walachei. Ihnen vorausgegangen waren Skythen (11.–7. Jahrhundert) und Kelten (3.–2. Jahrhundert). Dies prägte Lebensart und Zivilisation dieses thrakischen Volksstammes indoeuropäischer Herkunft, dessen Zentrum Sarmizegetusa war. Die dakische Periode wird vom zweiten vorchristlichen Jahrhundert bis ins erste nachchristliche angesetzt. Sie wurde entscheidend von den beiden dakischen Herrschern Burebista und Decebal geprägt.

Gleichzeitig mit den Dakern siedelten auf rumänischem Gebiet die Geten. Aus der engen Symbiose beider Völker gewannen die Daker allmählich die Oberhand. Damals bildete die Donau die Südgrenze ihres Siedlungsgebietes. Die Römer hingegen waren am Übergang vom 2. zum 1. Jahrhundert vor Christus mit der Festigung ihres Einflusses, südlich der Donau, in Makedonien und Griechenland beschäftigt.

Unter dem Daker Burebista (60–44 v. Chr.) formierte sich erstmals im Schutze dichter Wälder ein dakisches Reich, dessen Kerngebiet Siebenbürgen um das Orăștie-Gebirge mit der wichtigen Burg von Costești war. Die Geto-Daker beherrschten die Kunst der Eisengewinnung, den Gold- und Silberbergbau. Im Apuseni-Gebirge finden sich dakische Siedlungsspuren, so genannte vicus/vici oder castellum/i – befestigte Plätze oder Siedlungen, die nur aufgrund von Erzfunden entstanden waren. Eine davon war Alburnus Maior (rum. Roșia Montana). Außerdem lebten die Daker vom Handel mit Salz, das im Tagebau abgetragen wurde. Ihre wichtigsten Handelspartner waren die Griechen, deren Tetradrachme auch gängiges Zahlungsmittel wurde. Fast gleichzeitig mit Cäsar fiel Burebista (44 vor Christus) einer Verschwörung zum Opfer, und das dakische Reich zerfiel zunächst wieder in seine Stammesverbände. Mehr als 100 Jahre sollte es dauern, bis es dem Daker Decebal gelang, dieses Volk ein letztes Mal zu einen.

Währenddessen geriet die südlich der Donau liegende Region unter römische Kontrolle und wurde als Provinz Moesia (nach dem Stamm der thrakischen Myser) ins Reich eingegliedert. Nun lag die römische Reichsgrenze direkt an der Donau. Nördlich der Donau lebten die Daker.

Die Dakerkriege begannen 85 nach Christus unter dem Daker Diurpaneus, dessen Stammesgebiet entweder in der Walachei oder in der Moldau vermutet wird. Zwischen Römern und Dakern bestand zu dieser Zeit ein Förderatenverhältnis. Der Vertrag, auf dem das Verhältnis beruhte, wurde allerdings durch das Eindringen der Daker nach Moesien gebrochen. Diurpaneus siegte über den Römer Sabinus, der in der Schlacht sein Leben ließ. Dem Gardepräfekten Cornelius Fuscus gelang es, Diurpaneus wieder über die Donau zurückzudrängen; er wurde aber in einem weiteren Feldzug gegen Diurpaneus besiegt und fand dabei den Tod.

Unter Decebal (85–106 n. Chr.) erstarkten die Daker. Sein Königreich von Sarmizegetusa und dessen engeres Herrschaftsgebiet bestanden in Südwest- und Mittelsiebenbürgen. Er trat erst im Jahr 86 nach Christus in den Krieg gegen Rom unter Kaiser Domitian ein. Der Kaiser reiste an die Donau, um eine größere Offensive gegen die Daker in Viminacium (Serbien) vorzubereiten: Vier Legionen und viele Pontonbrücken wurden bereitgehalten. Obwohl die Daker einen Guerillakrieg führten, siegten die Römer 88 nach Christus bei Tapae unter der Führung von Tettius Iulianus. Tapae wird an der Straße Tibiscum–Sarmizegetusa vermutet. Da Domitian militärisch anderweitig gebunden war, wurde 89 nach Christus ein Friedensvertrag mit den Dakern geschlossen. Decebal unterwarf sich formell, wurde Klientelkönig und erhielt römische Mittel in Form einer Jahresrente.

Während des zehnjährigen Friedens ließ Decebal mit diesen Mitteln sein Land ausbauen und die dakischen Festungen verstärken. Ein erneuter Angriff auf die Römer sollte vorbereitet werden. Nur wenige Jahre danach begann hier der erste der beiden berühmt gewordenen blutigen Kriege. Der Gegner des dakischen Königs war nicht mehr Domitian, sondern Traian. Im Jahr 101 nach Christus endete die Schlacht zunächst unentschieden. Die Römer zogen sich zurück, bauten eine zweite Front auf und waren dann siegreich: Oltenien (Walachei) und das Banat wurden erobert. Ein für die Daker verhältnismäßig vorteilhafter Frieden wurde geschlossen. Decebal musste seine Festungen schleifen, durfte aber König bleiben.

Der zweite dakische Krieg gegen Rom wurde unter anderem ausgelöst durch die Gefangennahme des Longrinus, Freund und Vertrauter Traians, der in dakischer Geiselhaft Selbstmord beging. Das dakische Heer wurde besiegt, Decebal entkam und nahm sich selbst das Leben. Von seinem Kampf gegen Rom zeugen die szenenreiche bildliche Wiedergabe auf der Trajanssäule in Rom und das Tropaeum Traiani in Adamclisi (in der Nähe der rumänischen Stadt Constanța). Zur militärischen Sicherung setzten die Römer den Donaulimes am Olt bis zu den Karpaten und zur Dnjestrmündung fort.

Am 11. August 106 nach Christus wurde Dakien erstmals als römische Provinz Dacia erwähnt. Sie sollte es 165 Jahre bleiben. Es folgten die Romanisierung und Kolonisierung mit aus allen Teilen des Imperiums herbeigerufenen Völkerschaften; ein festes Straßennetz, Monumentalbauten, Tempel, Amphitheater und Bäder entstanden. Außerdem beuteten die Römer Bodenschätze wie Gold, Silber, Erze und Salz aus. Die dakische Hauptstadt Sarmizegetusa Regia war während der Kriege zerstört worden und wurde nun 40 Kilometer entfernt wieder aufgebaut. Traian kehrte mit unglaublichen Mengen Gold, Silber und Gefangenen nach Rom zurück. Die großen finanziellen Probleme Roms wurden so bewältigt. Der Sieg über die Daker wurde in Rom drei Monate gefeiert und fand seinen künstlerischen Ausdruck in der Trajanssäule auf dem eigens für Trajan angelegten Forum, das vom bekannten antiken Architekten Apollodor von Damaskus geplant wurde. Die römische Provinz Dacia, die sich auf Siebenbürgen, den östlichen Teil des Banats und Oltenien ausdehnte, bestand bis 276 n. Chr. Zahlreiche Einfälle der Goten, Karpen (daher der Gebirgsname ›Karpaten‹) und Kostoboken zwangen Kaiser Aurelian 271 n. Chr., die Grenzen zu begradigen und die Provinz Dacia aufzugeben. In der Folge verfielen die römischen Bauten allmählich und gerieten gar in Vergessenheit. Im Jahr 275 wurde die Walachei geräumt.

Decebal-Relief an der Donau

Die Stadt Hunedoara

Hunedoara (dt. Eisenmarkt, ung. Vajdahunyad) liegt nicht weit von Deva. Die Einfahrt in die Stadt wird neuerdings begleitet von einer ganzen Reihe sogenannter Roma Kastelli, d.h. Häusern, die sich durch ihre Größe und den Stilmix von allen anderen deutlich abheben. Am stärksten fallen an ihnen die chinesischen Elemente aus Metall statt aus Holz auf, die an Pagoden erinnern. Oft stehen diese Bauten leer, während die Großfamilie ihres Erbauers in einer von der Straße nicht sichtbaren Behausung im Schatten des eigenen Prunkbaus logiert. Manches Mal fehlen ihnen sanitäre Einrichtungen und eine Teile der Haustechnik. Aber sie veranschaulichen gesellschaftlichen Aufstieg und Wohlstand.

Burg Corvinești

Inmitten eines riesigen, immer noch trostlosen Industriekomplexes mit Eisenverhüttung, Chemiefabriken und Baustoffindustrie befindet sich einer der bedeutendsten Profanbauten Siebenbürgens: die Burg Corvinești. Als Castrum im 14. Jahrhundert errichtet, schenkte es Sigismund der Luxemburger 1409 dem Knesen Voicu. Der Vater des späteren Woiwoden Iancu de Hunedoara erhielt es für seine Verdienste einschließlich 40 Dörfern. Der Name der Burg lässt sich vom rumänischen ›corb‹ (der Rabe) ableiten. Iancu von Hunedoara hatte den Umbau zu einer großen Festung 1441 vorangetrieben. Da den bereits erfundenen Feuerwaffen keine Festung mehr standzuhalten vermochte, ließ er sie nach seiner Wahl zum Reichsverweser in ein Residenzschloss umwandeln. Dabei entstanden eine gotische Kapelle und ein repräsentativer Wohntrakt. In dessen Erdgeschoss befand sich der Empfangsraum, der sogenannte Rittersaal. Durch ein Eingangsportal führt eine Wendeltreppe ins Obergeschoss in den Saal der Reichsversammlung. Zur Hofseite öffnet sich eine Art Loggia des Nordflügels, auch Matthiasflügel genannt.

Nach dem Aussterben des Geschlechts wechselte die Burg mehrfach den Besitzer. Fürst Gabriel Bethlen fügte die Munitionsbastei und den burgartigen Vorbau hinzu, der den Zugang zur Eingangsbrücke deckte. Vernachlässigt und durch Feuer beschädigt, waren Einbauten vorgenommen worden, die man während der Restaurierungsarbeiten im 20. Jahrhundert beseitigte.

Eine Legende erzählt, dass der 30 Meter tiefe Brunnen einst von gefangenen Türken gegraben wurde. Ihnen hatte man dafür die Freiheit versprochen. Als der Brunnen jedoch nach 15 Jahren fertiggestellt war, hielten die Auftraggeber nicht Wort. Eine Inschrift auf der Brunnenmauer, »Wasser habt ihr, aber keine Seele«, verewigt den Wortbruch.

Die Burg Corvinești

▶ Karte S. 204

Das Gebäude kann im Sommer von Mai bis Oktober, Dienstag bis Sonntag von 9 bis 18 Uhr und Montag von 9 bis 15 Uhr besichtigt werden. In den Wintermonaten sind die Öffnungszeiten verkürzt.

Hunedoara

Best Western Hotel Rusca, 3 Sterne, Bul-dul Dacia 10, Tel. 0254/717575, Fax 712002, www.bestwestern.com. DZ 72 Euro. Das Hotel ist ein größeres, renoviertes Haus.

Das Hatzeger Land

Das Hatzeger Land (rum. Ţara Haţegului) ist ein kleiner Bezirk in Südwest-Siebenbürgen, in dem sich uraltes Brauchtum sowie eine Reihe mittelalterlicher Monumente bewahrt haben. Die sakralen Monumente zeichnen sich durch ihre maßvollen, bescheidenen Dimensionen aus. Die meisten wurden mit Malereien ausgestaltet, von denen sich ein Teil erhalten hat.

Im Hatzeger Land trifft man beim Wandern immer wieder auf Ruinen, die sich durch ihre wunderbare Integration in die sie umgebende Landschaft auszeichnen. Die Knesenfamilien des Hatzeger Landes, die sich im Laufe der Zeit fast alle magyarisierten, begannen im Mittelalter mit der Errichtung privater Festungen. Den Anfang machte die Familie Cândea aus Râu de Mori mit der **Festung Colţ** in Suseni. Andere Knesen folgten: die Sărăcins in Mălăieşti, die Muşinas in Răchoviţa.

Die **Festung Subcetate-Haţeg** in der Nähe von Sântămăria Orlea ist wegen des sie umgebenden Waldgebiets nur aus der Ferne von der Straße, die nach Haţeg führt, sichtbar. Dieser Festungskomplex dominierte einst das ganze Tal und diente als Stützpunkt des ungarischen Königs zur Überwachung der alten Römerstraße und des Streitals.

Der **Wachturm von Crivadia** (1529) hingegen steht an der südlichen Grenze des Hatzeger Landes. Er diente als Unterkunft für eine kleine Anzahl bewaffneter Männer, die als Zollbeamte tätig waren. Der Woiwode von Siebenbürgen hatte die Absicht, über diesen Stützpunkt den illegalen Handel zwischen Siebenbürgen und der benachbarten Walachei zu unterbinden. Insbesondere der Verkauf von Gold, das in den Bergbächen der Umgebung gewonnen wurde, sollte verhindert werden.

Haţeg

Im gleichnamigen Hauptort Haţeg (dt. Wallenthal, ung. Hátszeg) kann man sich über den Nationalpark Retezat und den Dinosaurier-Park informieren. Erdgasanlagen verunstalten das Ortsbild. Eisen wird hier verarbeitet und das Hatzeger Bier gebraut. Beide Industriezweige sind wichtige Arbeitgeber. Die Ortschaft hat seit dem Altertum zahlreiche militärische Auseinandersetzungen erlebt. Im Mittelalter besaß die Region eine Sonderstellung innerhalb Siebenbürgens als eigener walachischer Distrikt. Er wurde von einem Knesen verwaltet und militärisch geführt. Die Osmaneneinfälle zogen es stark in Mitleidenschaft, und schließlich kam das Hatzeger Land in den Besitz der Familie Hunyadi. Matthias Corvinus vergab die Zollrechte an die Knesenfamilie Cândea. Nach der Hunyadi-Ära wechselten die Besitzer häufig. 1764 wurde die Militärgrenze eingerichtet und Hatzeg Sitz der zweiten Kompanie des ersten walachischen Grenzregiments von Orlat. Eine frühe orthodoxe Schule, ein griechisch-katholischer und ein orthodoxer Verwaltungsbezirk sind nachweisbar.

Der Dinoasurier-Park Hatzeg

Im Jahr 2005 wurde der Dinosaurier-Park (rum. Geoparcul Dinozaurilor Țara Hațegului, ung. Hátszegi Dinoszauruszok Tájvédelmi Körzete) eingerichtet und dem internationalen Netzwerk der UNESCO-Geoparks angeschlossen. Ziel ist es, die Erdgeschichte erlebbar zu machen. Hinter der Idee steht die Zusammenarbeit von Bürgern, Parkverwaltung, Universitäten und Schulen. Auslöser und Namensgeber war der Fund eines Skeletts eines Flugsauriers im Jahr 1978, der den Namen seines Fundortes Hatzegopteryx erhielt. Der Park erstreckt sich praktisch über das ganze Hatzeger Land und ist umgeben vom Retezatgebirge im Süden, dem Șurianu-Gebirge im Osten und den Munții Poiana Ruscă im Westen. Die Fläche beträgt 102 392 Hektar. Ortschaften wie Densus, General Bertholot, Totești, Răchitova, Sântămaria Orlea, Sarmisegetuza, Hațeg, Baru Mare, Sălașu de Sus, Pui, Râu de Mori liegen im Park.

Verschiedene Wege führen zu Geopunkten. Einer davon startet von **Sânpetru**, wo besonders reichhaltige **Fossilienfunde** von Sauriern und anderen Reptilien in den Sedimentgesteinen des Sibiusel-Tales gemacht wurden.

Im **Slivuț-Wald** im Stadtbezirk von Hațeg wird seit 1958 ein **Wisent-Reservat** unterhalten. In der Ortschaft General Bertholot befindet sich die örtliche Verwaltung des Parks. Die Hauptverwaltung ist der Universität in Bukarest unterstellt. Man erreicht den Park über Sarmizegetusa, Baru Mare, Silvașu de Jos und Hațeg. Die Verwaltung arbeitet eng mit dem Retezat-Nationalpark zusammen, weswegen Informationen auch im Nucșoara-Informationszentrum des Retezat zu bekommen sind (www.geopark.go.ro).

▲ Karte S. 204

Die mittelalterliche Nikolaus-Kirche in Densuș

Densuș

Der Name des Ortes ist mit der Densușianu-Familie verbunden. Zweien ihrer Mitglieder, dem Philologen Ovid Densușianu (1873–1938) und dem Historiker Nicolae Densușianu (1846–1911), wurde unterhalb der Kirche jeweils eine Büste errichtet.

Die **orthodoxe Nikolaus-Kirche** von Densuș gehört mit einer Gruppe von Steinbauten im Hatzeger Land zu den ältesten mittelalterlichen Baudenkmälern Siebenbürgens und ist UNESCO-Welterbe. Der unter Verwendung römischer Spolien aus Ulpia Traiana Sarmizegetusa, der unweit gelegenen Hauptstadt der römischen Provinz Dakien, errichtete Bau weist spätromanische und frühgotische Merkmale auf. Auf den Grabsteinen sind Inschriften in Griechisch, Kyrillisch und Latein zu lesen. Die Kirche ist sehr klein: Altarraum mit verlängerter

Apsis und Hauptschiff. Die Altarplatte besteht aus einem antiken Grabstein. Die Hauptikone zeigt den heiligen Nikolaus und Maria mit dem Christuskind. Das Innere der Kirche war einst vollständig bemalt. Fragmente dieser Malereien konnten freigelegt werden: An den Säulen sieht man die heilige Marina, wie sie den Teufel mit einem Hammer bekämpft, die heilige Dreifaltigkeit, den heiligen Bartholomäus, der seine eigene Haut auf einem Stecken trägt, und König David sowie mehrere gemalte oder eingravierte Inschriften. Die östliche Mauer im Naos zeigt die Verkündigung und Veronika mit dem Schweißtuch. Im Naos sind links von der Ikonostase die Heiligen Nikolaus, Prokopios, Cosmas und Damian und rechts von der Ikonostase Helena und Konstantin zu sehen. Am Gewölbe im Altarraum thront die Muttergottes. Weiterhin sind die Apostelkommunion, Propheten, Maria im Gebet, Diakone und Christus dargestellt. Die Malereien sind monumental, feierlich und farblich ausgewogen. Sie werden Meister Stefan Zugravul (Stefan der Maler) zugeschrieben, der unter dem südöstlichen Fenster der Apsis signiert hat und ins Jahr 1443 datiert. Die Wandmalereien an der westlichen Mauer sowie die Ikonostase schuf Simion von Pitești im 18. Jahrhundert. Die Kirche wurde mehrfach restauriert.

An der Außenseite hat der Baumeister antike Elemente varianten- und einfallsreich eingesetzt. An der Nord- und Südseite wurden, rein dekorativ, römische Säulen angeordnet. Von außen wirkt die Kirche wie ein Würfel, dessen Oberfläche mit Steinplatten und römischen Steinquadern verkleidet wurde. In die Höhe strebt der Glockenturm auf quadratischem Grundriss und ist – wie die Kirche – mit einem steinernen Rautendach und vier Dreiecksgiebeln versehen.

Malereien an der Außenwand

Im Laufe der Zeit wurden Bauglieder auf der Südseite und der Pronaos angefügt. Ein wenig wirkt die Kirche wie ein Konglomerat aus mehreren Epochen. Als Zentralbau ist sie byzantinisch, während andere Elemente an siebenbürgische Holzbauten erinnern. Um die Kirche herum befindet sich ein idyllischer Friedhof. Im Eingangsbereich sind Fossilien ausgestellt. Heute noch werden die Gottesdienste der kleinen Gemeinde hier abgehalten.

Die Eliaskirche in Peșteana

Nach Peșteana gelangt man entweder über Totești oder über Densuș. An der Hauptstraße des Dorfes liegen zwei alte Kirchen, eine protestantische und die etwas ältere, dem Elias geweihte, orthodoxe (rum. Biserica Sf. Ilie). Der Architekt Rudolf Wagner wurde 1925–26 mit der Instandsetzung der Kirche betraut. Zunächst fand er die byzantinisch beeinflusste einschiffige Eliaskirche vor. Ihre Apsis war innen halbkreisförmig und außen polygonal ausgebildet. Sie besaß einen Turm auf der Westseite, in den ein romanisches Portal führte. In die Kirche waren viele römische Spolien eingefügt, die sich auch rund um den Friedhof fanden. Die Kirche wurde ins 13. Jahrhundert datiert. In geringem Abstand entdeckte Rudolf Wagner die Ostmauer mit einer verfallenen Apsis, die er einem weiteren Sakralbau zuordnete und als Vorgängerbau von Sankt Elias ansah. Beide verschmolz er zur heutigen Kirche.

Das orthodoxe Kloster Prislop

Die Gründung des Klosters (rum. Mănăstirea ortodoxă Prislop) südwestlich von Silvașu de Sus wird einerseits den Feudalherren von Densuș andererseits dem heiligen Nikodemus von Prilep zugeschrieben und ins 15. Jahrhundert datiert. Der malerische Dreikonchenbau erinnert an die typischen rumänischen Kirchen der Moldau. 1564 wurde die dem Johannes geweihte Kirche dank der Stiftung der Woiwodentochter Zamfira erstmals ausgemalt. Während der Auseinandersetzungen zwischen orthodoxen und griechisch-katholischen Gläubigen wurde das Kloster von letzteren übernommen. Simion von Pitești erhielt den Auftrag zur Erneuerung der Bemalung. Die Wandmalereien im Kirchenschiff und teilweise an der westlichen Fassade blieben erhalten. Mitte des 18. Jahrhunderts kehrten orthodoxe Mönche zurück, was die Österreicher zur Zerstörung des Klosters, nicht aber der Kirche, bewegte. Nach Wiederaufbau und zwischenzeitlichem Leerstand wurde das Kloster erst im 20. Jahrhundert wieder von Mönchen belebt und schließlich 1948 an orthodoxe Nonnen übergeben. Seit 1959 diente es als Pflegeanstalt, und 1976 begann erneut klösterliches Leben, das sich erst seit 1990 gefestigt hat. Heute beherbergt das Kloster ein theologisches Seminar und eine Schule für Ikonenmalerei.

Leider kein seltener Anblick: Industrieruinen bei Călan

▸ Karte S. 204

Die Industriestadt Călan

Zwei sehenswerte Kirchen stehen in unmittelbarer Nähe von Călan. Călan (dt. Kalan, ung. Kalán) selbst ist ein gesichtsloser Industriestandort, dessen Industrieruinen einen erschreckenden Eindruck erwecken. Das Hüttenwesen ist seit 1853 etabliert. Daraus entwickelte sich unter den Kommunisten ein Industriestandort erster Güte. Hochöfen, Gießereien und die Kokerei haben die Umwelt aufs Schwerste belastet. Nach der Wende und den Anstrengungen um den EU-Beitritt wurden die meisten Fabriken stillgelegt und dämmern nunmehr als Ruinen vor sich hin.

Die orthodoxe Kirche von Strei

Der ungarische Ortsname Zeykfalva geht auf das slawische Wort ›Zeyk‹ (der Hase) zurück. Eine Familie Zeyk ist als Ortseigentümer nachgewiesen. Die orthodoxe Kirche auf dem Friedhof entstand unweit eines römischen Landsitzes und einer römischen Nekropole, wovon das Baumaterial stammt. Sie erinnert – aufgrund ihres Glockenturms, aber auch wegen der Verzierungen – an die Kirchen von Densuș und Sântămărie Orlea und wird ebenso um 1300 datiert. Beeindruckend ist ihr mächtiger, unverputzter romanischer Westturm. Die Spuren eines ehemaligen Narthex sind auf der Westseite auszumachen. Kurz nach Fertigstellung wurde die Kirche sowohl außen als auch innen bemalt. Einige Fragmente zeigen Stifter, Baumeister und vermutlich die Maler. Auch der Glockenturm war ausgemalt: Georg zu Pferd und ein Hohepriester sind von den Malereien noch zu erkennen. Slawische Inschriften, vermutlich serbischer Herkunft, und weitere gemalte und gemeißelte Inschriften ergänzen das Programm.

Die Georgskirche in Streisângeorgiu

Am rechten Ufer des Flusses Strei, neben der Stadt Călan, steht die Georgskirche, eine Stiftung der Familie Cândea (ung. Kendéffy), die erst 1985 restauriert wurde. Das Innere wurde nicht vollendet und war ein wenig gelungener Versuch, die alten Wandmalereien zu reinigen und zu neuem Glanz zu bringen. Wie alle Kirchen im Hatzeger Land ist auch diese bescheiden und maßvoll, mit einem Schiff mit geradem Chorabschluss. Eine Inschrift verweist aufs Baujahr von 1313/14. 100 Jahre später wurde die Kirche innen vollständig ausgemalt: In der Apsis sieht man Christus in der Mandorla, umgeben von den vier Evangelisten-Symbolen, im unteren Rang des Kirchenschiffs Soldatenheilige und Propheten und auf der Westwand das Jüngste Gericht. Ein hölzerner Narthex wurde im 16. Jahrhundert angebaut und 300 Jahre später durch einen aus Stein ersetzt. In der Kirche finden keine Gottesdienste mehr statt.

Die Kirche der Leibeigenen in Sălașu de Sus

In der kleinen Ortschaft Sălașu de Sus stehen allein drei Kirchen. Die Kirche der Leibeigenen (rum. Bisercia iobagilor) befindet sich direkt an der Dorfstraße, inmitten eines Friedhofs. Sie ist einer der ältesten Steinbauten der Region und besteht aus einem Schiff mit halbrunder Apsis und einem Westturm. Nur ihr Westteil mit Turm stammt aus dem Mittelalter. Der Rest wurde im 18. und 19. Jahrhundert wenig feinfühlig saniert. Besonders kostbar sind das geschmückte Hauptportal und die in eine Steinplatte gemeißelte Inschrift oberhalb des Eingangs zum Turm, die zwei Brüder, Sărăcin und Ionaș, als Stifter eines Vorgängers

In Sălașu de Sus

aus Holz erwähnt. Gemäß dieser Inschrift waren anschließend drei Generationen der gleichen Familie am Bau der steinernen Kirche zwischen 1519 und 1536 beteiligt. Später gelangte die Kirche unter den Schutz der Familie Kereszesys, die sie der örtlichen Gemeinschaft von Leibeigenen überließ, was ihr den Namen gab.

Die reformierte Kirche von Sântămărie Orlea

Sântămărie Orlea (dt. Liebfrauen, ung. Öraljaboldogfalva) wurde von Johann von Hunedoara 1447 der Familie Cândea aus Râu de Mori geschenkt, deren Grablege sie wurde. Wenn man von Hațeg in Richtung Petroșani fährt, sieht man von weitem den hohen Turm der heute ungarisch-reformierten Marienkirche. Ihre Architektur steht am Übergang von der Romanik (Westportal, Fensterbögen) zur Gotik (Fenster und Konsolen) und wird ins Ende des 13. Jahrhunderts datiert. Die Kirche wurde im 14. Jahrhundert ausgemalt, wovon sich sehenswerte Reste im Schiff erhalten haben. Nach Türkenangriffen 1788 geschädigt, wurde sie wieder instandgesetzt. Den Schlüssel zur Kirche erhält man im Haus Nr. 134, schräg gegenüber der Kirche. Auf der gegenüberliegenden Straßenseite steht das Schloss der Familie Cândea, das zu einem Hotel ausgebaut wurde. Es ist zwar in Betrieb, wirkt aber sehr vereinsamt.

▶ Karte S. 204

Die orthodoxe Georgskirche in Sânpetru

Die alte Kirche von Sânpetru (Biserica ortodoxa Sf. Gheorghe) befindet sich auf dem Weg von Sântămărie Orlea nach Râu de Mori. Es ist ein unaufälliges Kirchlein aus Bruchsteinen und Ziegeln. Das Westportal weist noch Reste farbiger Bemalung auf. Oberhalb des Westportals wurden interessante Spolien römischer Zeit, aber auch eine slawische Inschrift eingefügt: Sie erwähnt einen Priester. Besonders interessant ist der mit einer Widmung versehene Altar, der offensichtlich dem Gott Silvanus geweiht war. Weitere Spolien sind leider abhanden gekommen. Das Dach ist mit einer Kugel und zwei Kreuzen geschmückt.

Die Pfingstkirche von Ostrov

Die orthodoxe Kirche (Biserica Pogorârea Sf. Duh), eine Stiftung rumänischer Adliger, ist im 14. Jahrhundert geweiht worden. Es handelt sich um eine einschiffige Anlage mit geradem Chorabschluss. In der Mitte des 15. Jahrhunderts wurde die Kirche mit umfangreichen Wandmalereien ausgestattet und um 1500 um einen Glockenturm im Westen ergänzt. Besonderheiten der Kirche sind die von einem nachfolgenden Eigentümer zwischen 1553 und 1585 gesammelten zahlreichen römische Skulpturen und Inschriften, die in der Neuzeit um die Kirche angeordnet wurden und eine Art Zaun bildeten. Leider sind diese römischen Relikte zwischenzeitlich sehr verwittert und die Inschriften kaum noch lesbar. Die Kirche wurde im 18. und 19. Jahrhundert nach Osten erweitert. Dabei ging ein Teil der Malereien verloren. Dafür blieb im Giebel des Glockenturms ein Fragment mit der Muttergottes erhalten. Neuere Untersuchungen brachten Reste eines Freskos an der südlichen Mauer hervor: Heilige, Inschriften und einen Pferdekopf, vermutlich Teil eines Heiligen zu Pferde. Die zwischen 1996 bis 2000 ausgeführten archäologischen Ausgrabungen und Instandhaltungsarbeiten konnten mangels finanzieller Unterstützung noch nicht abgeschlossen werden.

Kloster Colț in Suseni

Das Kloster Colț liegt malerisch auf einer kleinen Hochebene oberhalb des Râușor-Tals in der Nähe der gleichnamigen Festung. Es ist eine katholische Stiftung der Familie Cândea, die sich später magyarisiert Kendéffy nannte. Nachdem die Familie konvertiert war, blieb das Kloster unbewohnt. Heute existiert vom Kloster nur noch die Kirche. Reste der Wandmalereien sind hinter dem Altar und im Kirchenschiff zu sehen. Auf dem Klosterareal fand man sowohl römische Zie-

Kloster Colț

Die Ruinen der Festung Colț

gel als auch Grabfragmente mit kyrillischen Inschriften. Der Kirchturm diente sowohl als Glocken- als auch als Flucht- und Aussichtsturm.

Der Naturpark Grădiștea

Der Naturpark (Parcul Natural Grădiștea Muncelului Cioclovina) befindet sich ausschließlich im Kreis Hunedoara, nördlich der DN 66. Er wird von den Tälern des Hatzeger Landes im Westen und dem Tal des Flusses Orăștie im Norden begrenzt und liegt im Gebirgsblock des Șureanu (dt. Mühlbacher Gebirges, ung. Kudzsi-havaszok). Der Naturpark hat eine Fläche von 38 184 Hektar, die äußerst abwechslungsreich gestaltet sind. Über 50 Prozent seiner Fläche sind Wälder, gefolgt von landwirtschaftlichen Nutzflächen wie Wiesen, Viehweiden, Heuwiesen und Ackerland sowie Karstzonen, besonders auf der Südwestflanke des Șureanu, und Flusslandschaften. Der Park ist reich an historischen Denkmälern und archäologischen Zonen.

In den abflusslosen Senken von Ponor und Ponorici versickert das Flusswasser, das einige Kilometer weiter in den Höh-

len von Şura Mare, Şura Mică und Cioclovina cu Apă wieder auftaucht.
Ohaba Ponor liegt am Bordul-Mare-Berg. Hier sind viele Fossilien zu finden. Ein großes Karstplateau mit Dolinen, Höhlen, Schluchten und Wasserfällen, darunter die wenig bekannte Cascada Ohaba, mit dazwischenliegenden Streusiedlungen zieht sich kilometerweit hin. Die Karsthöhlen sind sehr unterschiedlich und haben teilweise wunderschöne Stalaktiten- und Stalagmitenformen. Die Höhle Şura Mare besitzt eine riesige Fledermauspopulation und einen unterirdischen Wasserfall von 120 Metern, der vor gar nicht langer Zeit erst entdeckt wurde. Außerdem sind die Höhlen Colcobea, Cioclovina Uscată, Ponorici und Cioclovina cu Apă besonders sehenswert.
Die Crivadiei-Schlucht wurde aufgrund ihrer Pflanzenwelt zum besonderen Naturreservat erklärt. Endemische Pflanzen, eine Vielfalt an Insekten und Käfern, Schmetterlingen sowie Amphibien und Reptilien, darunter neun streng geschützte Schlangen wie die Äsculapnatter, können hier angetroffen werden.
Oberhalb von Petroș entlang dem Strei (dt. Strell, ung. Sztrigy) liegt die Karstlandschaft von Râchițaua-Tecuri mit der Tecuri-Höhle.
Außerhalb des Parkes liegt das nicht weniger schöne Fizeștital.

Naturpark Grădiștea

Administrația Parcul Natural Grădiștea Muncelului-Cioclovina, Deva, Allea Parcului, Nr. 21, Tel./Fax 02 54/ 215 69, www.gradiste.ro, www.carpathianparks.org, www.rosilva.ro.
Notruf: Salvamont, Tel. 07 25/82-66 68.
Der Zugang zum Naturpark ist über Costești im Grădiște-Tal, von Călan über Boșorod und Luncani, von Pui, Baru und Bănița möglich. Die Grenzen des Parks sind mit roten Quadraten markiert. Es handelt sich dabei nicht um eine Wanderwegmarkierung.

Pensiunea Drăgan, Ortschaft Bănița 32, Tel. 07 49/64 60 30. 3 Zimmer.
Hanul Boleștilor, Richtung Baru Mare, Abzweig zum Dorf Petros Nr. 205, Tel. 02 54/77 82 40, 24 Plätze.
In Costești gibt es einen **Campingplatz**.

Das Retezat-Gebirge

Das Retezat-Gebirge (Munții Retezat) gehört zu der westlichen Gruppe der Südkarpaten. Das Retezat besteht aus zwei alpinen, parallel verlaufenden Hauptkämmen, die über eine 2,5 Kilometer lange weitere Bergkette derart miteinander verbunden sind, dass die Form des Buchstaben H entsteht. Der Nordkamm weist die höchsten Gipfel mit bis zu 2500 Metern Höhe auf. Der südliche Kamm ist etwas niedriger. Man findet im Retezat-Gebirge eine unglaubliche landschaftliche Vielfalt: kahle, pyramidenförmige Felsformationen, unzählige Gletscherseen und tiefe Schluchten. Es gibt weite Hochebenen mit Weideland, aber auch Höhlen und zerklüftete Kalksteinformationen. Das Gebirge erhielt seinen Namen von seinem flachen, abgehackten Gipfel. Die Legende berichtet von drei Töchtern eines Riesen, die ins Gebirge zogen und sich dort jede eine Burg bauten. Die jüngste und schönste unter ihnen wählte sich den höchsten Gipfel, den Retezat, die mittlere den Bucura und die älteste baute sich am Peleaga ihre Burg. Als diese merkte, dass

▲ Karte S. 204

die jüngste Schwester sich die höchste und schönste Burg gebaut hatte, warf sie eine Keule mit solcher Wucht gegen den Retezat, dass dessen Gipfel samt der Burg gekappt wurde. Seitdem steht der Retezat ohne Spitze da, sein Name bedeutet ›geköpft‹. Dennoch ist der Retezat mit seinen 2509 Metern der höchste Gipfel in diesem Gebirge geblieben.

Die Eiszeit hat hier deutliche Spuren hinterlassen: über 80 Gebirgsseen, oft in Höhen von 1900 bis 2000 Metern, haben sich in Gletscherkesseln gebildet und unterscheiden das Retezat von den übrigen Gebirgszügen Siebenbürgens. Der größte Bergsee ist der Bucura mit einer Fläche von 8,5 Hektar und einer maximalen Tiefe von 15,7 Metern. Er liegt auf einer Höhe von 2040 Metern. In den Karstlandschaften des Gebirges gibt es Sättel, Schluchten, Höhlen, Trichter. Spektakulär ist die Buta-Schlucht, sehenswert sind die Höhlen Toplița und Coral. Das Retezat-Gebirge ist Wasserscheide der Flüsse Mureș und Jiu. Wichtigster Wasserlauf ist der Râu Mare. Der Stausee Gura Apei wurde am Zusammenfluss von Lăpușnicu Mare und Râu Șes, die von den Godean-Bergen herunterströmen, gebaut. Seine Staumauer hat eine Höhe von 167 Metern. Die Quellflüsse des nördlichen Gebirgsteils speisen den Fluss Strei.

Die Pension ›Anita‹ im Retezat-Nationalpark

Die Vegetation im Retezat-Gebirge ist reich und vielfältig: Mehr als 1100 Pflanzenarten wurden gezählt. Die reiche Tierwelt lebt hier allerdings stärker im Verborgenen als anderswo. Unter anderem leben hier Schreiadler, einer der kleinen Adlerarten, sowie Stein- und Goldadler. Das Retezat beherbergt den größten Bestand an Wasseramseln innerhalb Europas. Als Reptilien sind die Eidechse, der Salamander, die Natter und die gehörnte Viper zu nennen. Gebirgsforellen sind in den Seen und Flüssen zu finden.

Der Retezat-Nationalpark

Der älteste Nationalpark in Rumänien ist seit 1979 als Biosphärenreservat der UNESCO ausgewiesen. Ein erstes Reservat entstand im Jahr 1927 auf Vorschlag des Botanikers Gyula Nyárádi. Der Botaniker Alexandru Borza setzte sich dann für die Schaffung eines Nationalparks ein, der offiziell 1935 begründet wurde. Mit der Eingliederung des Kleinen Retezat konnte die Fläche des Nationalparks im Laufe der Zeit auf heute etwa 381 Quadratkilometer erweitert werden. Davon sind 16 Quadratkilometer strikt geschütztes und nur für wissenschaftliche Zwecke reserviertes Gebiet. Holzfällen, Jagen, Fischen, Pflücken von Pilzen, Waldfrüchten und Blumen sind im Retezat-Nationalpark verboten. Das Weiden von Schafen und Kühen wird reglementiert. Campieren ist nur an markierten Stellen erlaubt, und Touristen dürfen die Fußwege nicht verlassen. Der Retezat-Nationalpark ist zwar ständig gefährdet, konnte aber bis heute dank einer kompetenten Nationalpark-Führung bewahrt werden. Die Na-

tionalparkverwaltung unterstützt und fördert den Naturschutz mit Jugendprojekten und alljährlich stattfindenden Jugendcamps, die mit dem Slogan werben: »Dacă nu mergi tu ia munte, vine muntele la tine!« (Wenn der Prophet nicht zum Berg kommt, muss der Berg zum Prophet kommen!).

Der Zugang zum Nationalpark erfolgt am besten über das Hatzeger Land. Es gibt drei **Informationszentren** an den Einfahrten zum Nationalpark: Nucșoara im Norden, Brădățel im Westen und Buta im Südosten des Parks sowie außerdem eine Touristen- und Parkinformation in Hațeg. Zugang zum Park besteht zudem über das Skizentrum Râușor südlich von Râu de Mori.

Im Park werden geführte Berg-, Ski- und Mountainbiketouren angeboten. Ab Nucșoara startet ein Lehrwanderweg. Fahrradfahren lässt sich wunderbar von Sarmizegetusa bis in den Nationalpark, das gesamte Tal des Râul Mare entlang und von Sălașu de Sus bis Nucșoara. Wenig Verkehr, asphaltierte, landschaftlich schöne Strecken findet man hier vor.

Seit seiner Gründung befanden sich an der Peripherie des Nationalparks Schutzhütten. Zwischenzeitlich wurde das Angebot um viele kleine Privatpensionen erweitert, von denen einige davon im Verband für Ökotourismus zusammengeschlossen sind. Das Wandern von einer Schutzhütte zur anderen erfordert im Retezat-Nationalpark acht bis zwölf Stunden Wanderzeit; es bedeutet gleichzeitig die Durchquerung des Parks. Hinsichtlich der Hüttenunterbringung sind Abstriche am Komfort zu machen. Von der Pietrele-Hütte dauert der Weg zur Retezatspitze nur vier Stunden. In drei Stunden erreicht man den Galeșu-See. In der Mitte des Nationalparks befindet sich der Bucura-Kessel mit seinen sieben Bergseen. Für den Rundweg benötigt man einen Tag.

Wanderungen im Retezat-Nationalpark

Die Nationalparkleitung ist stark bemüht, den Sektor sanften Tourismus in Zusammenarbeit mit den umliegenden Pensionen, Campingplätzen und Hotels auszubauen. Markierungen und Infotafeln auf den Wanderwegen werden ständig erneuert und verbessert. Es ist in jedem Fall sinnvoll, sich vor Ort in den Informationszentren (s.o.) nochmals kundig zu machen. Es gibt einfache, mittlere und schwierige bis sehr schwierige Wanderungen. Wer in der Hochgebirgslandschaft des Retezat von See zu See und Gipfel zu Gipfel wandern möchte, muss sehr geübt und erfahren sein. Bei Nässe sollten die Wege nicht begangen werden. Noch stehen zu wenige Hütten zur Verfügung, vielfach bleibt nur das Zelt, und das nur an ausgewiesenen Plätzen.

Karte: Descoperă Eco-Romă nr. 4, Țara Hațegului – Retezat, 1:50 000, sowie Hartă turistică, Munții Retezat, 1:50 000, Dimap-Erfatur. In den Informationszentren bekommt man eine nationalparkeigene Wanderkarte: Retezat National Park, Tourist Map 1:50 000.

▸ **Nucșoara → Cetatea Colț**

Markierung: blaues Band, 2 Std.

Wanderlehrpfad, leicht bis mittel. Am Ende der Ortschaft Nucșoara folgt

Unterwegs im Retezat-Gebirge

man dem Forstweg entlang des Bachlaufs und quert die erste Brücke nach rechts, wo die Markierung beginnt.

▸ **Nucșoara → Cabana Carnic Cascada → Cabana Pietrele**

Markierung: blaues Band, 4 Std.

Mittelschwere Wanderung entlang des Nucșoara-Baches nach Süden, die streckenweise auf einem Forstweg verläuft. Bei der Pietrele-Hütte ist es möglich zu zelten.

▸ **Râușor → Şaua Ciurila → Cabana Pietrele**

Markierung: blaues Kreuz, 3 Std.

Auch vom Skizentrum Râușor kann man die Pietrele-Hütte ganzjährig erreichen.

▸ **Cabana Pietrele → Lacul Bucura**

Markierung: blaues Band, 3–3,5 Std.

Dieser Weg ist wegen Lawinengefahr nur im Sommer begehbar.

▸ **Cabana Pietrele → Lacul Galeș**

Markierung: rotes Dreieck, 3,5 Std.

Ganzjährig begehbarer Weg zu einem schönen Bergsee.

▸ **Gura-Apei-Stausee → Bucura-See**

Man erreicht den Gura-Apei-Stausee mit dem Auto über die am nordwestlichen Rand des Nationalparkes gelegenen Ortschaften Clopotiva und Brazi, fährt eine etwa 30 Kilometer lange Straße (vorbei am Informationszentrum Brădățel) nach Süden durch das Engtal des Râul Mare. Vorsicht, es gibt massiven Steinschlag! Am Staudamm Tomeasa und am Gura-Apei-Stausee vorbei erreicht man den Kontrollpunkt und die Einfahrt in den Nationalpark Retezat. Ein etwa 20 Kilometer langer Forstweg führt bergauf entlang des Râul Lăpușnicul Mare. In einer Höhe von 1585 erreicht man das Gura-Bucurei-Tal. Von hier steigt man bis zum Bucura-See auf 2040 m auf (rotes Kreuz).

▸ Karte S. 204

Für sehr geübte Bergwanderer bieten sich einige Touren vom Bucura-See ausgehend an. Sie sind im Winter gar nicht und bei Nässe nur sehr schwierig zu begehen.

▸ **Bucura-See (2040 m) → Bucura-Sattel (2206 m) → Bucura-Gipfel (2305 m) → Retezat-Sattel (2251 m) → Retezat Gipfel (2482 m) → Tăul Porții (2240 m) → Bucura-See**

Markierung: blaues Band, rotes Band, roter Punkt, 6 Std. Höhenunterschied etwa 550 m.

Eine der schönsten hochalpinen Trassen des Retezat. Man hat einen Rundblick auf das Pietrele-Gletschertal, auf die Seen Tüul und Gemenele im wissenschaftlichen Schutzgebiet, auf den Lolaia-Kamm bis in die Hatzeger Senke und auf das Șureanu- und Poiana-Ruscă-Gebirge im Norden. Im Westen sieht man Țarcu und Godeanu und, in unmittelbarer Nähe, den Felsen des Judele, Poarta Bucurei und Peleaga.

▸ **Bucura-See → Lia-See (1950 m) → Gletschertal Lacurile Înșirate (2055 m) → Peleaga-Wiese (1598 m) → Gură Bucurei → Scorțar-Wiese (1610 m) → Plaiul-Mic-Sattel (1824 m) → Buta-Hütte (1580 m) und zurück zur Peleaga-Wiese**

Markierung: rotes Kreuz, 6–7 Std., Höhenunterschied 1000 m.

Im Winter Lawinengefahr, im Sommer sehr begangen, weil die Tour den Nord- mit dem Südteil des Retezat verbindet. Das Bucura-Gletschertal gilt als eines der schönsten Täler, in dem sich um die 17 Seen, bekannt als Lacurile Înșirate, aneinander reihen, von denen die bekanntesten Bucurel, Lia, Ana, Florica und Viorica sind. Vom Plaiul Mic hat man ferner auch eine gute Sicht auf das Karstgebiet des Retezat Mic und die Piule-Pleașa-Berge.

Nationalpark Retezat

Administraţia Parcului Naţional Retezat, Tel./Fax 02 54/77 99-68, -69, www.retezat.ro.

Reiseveranstalter:

Itinerar Fără Limite Uricani, Tel. 07 20/01 56 46 und 07 45/59 52 23, www.uricaniadventure.ro. Geboten werden Rafting, Bergtouren, Trekking, Skitouren, Mountainbiking.

Asociaţia Salvamont Retezat, Tel. 07 22/46 67 50, zimbruhateg@yahoo.com. Bietet Skiunterricht, Skitouren, geführte Bergtouren, Klettern.

Tourismus-Agentur Toc International, Tel. 03 54/40 94 09, Fax 40 94 10, Tel. 07 22/71 95 47, www.tocturism.ro. Skitouren, Wanderungen, Jugendcamps.

Nördlich des Nationalparks:

Pensiunea Sarmis, Sarmizegetusa 16, Cristian Dacian, Tel. 07 44/58 31 91, unweit der römischen Ausgrabungsstätte, komfortable Anlage mit Schwimmbad, Sauna, gemütlichen Aufenthaltsräumen.

Pensiunea Iancu, Salaşu de Sus, Mihai Iancu, Tel. 07 22/76 22 45, mihai_iancu2007yahoo.com. Mit-glied im Verband Ecoturistică und Pan Parks, 10 Betten. Es stehen Mountainbikes zur Verfügung. Herausragende einheimische Küche, fast alles aus eigener Produktion.

Westrand des Nationalparks, Tal des Râului Mare:

Pensiunea Anita, Marius Constantinescu, Tel. 254/77 66 20, 07 44/52 48 71, www.anita.ro

Pensiunea Iris, Tel. 07 44/59 86 46, www.geraico.ro, 19 Betten.

Zentraler Teil des Nationalparks:

Pensiunea Dora Calin Pacurar, Alpinzentrum Răuşor, Tel. 07 22/56 69 29, www.pensiuneadora.ro, 20 Betten, Eco-Verband, gemütliches Holzhaus.

Pensiunea Codrin, Cârnic Retezat Nord, Ciprian Costa, Tel. 07 42/79-36 20, www.codrin.ro, www.prieteni inaturii.ro. 20 Betten, Eco-Verband, Mitglied von Pan Parks, kleiner Familienbetrieb.

Cabana Gentiana, Tel. 07 21/139-85 09, 07 22/64 89 59, 35 Betten.

Nationalpark Complexul Pietrele, Radoi Constantin, Tel. 07 22/71 55 95, eine der ältesten Hütten im Park. Ab hier viele Wandermöglichkeiten.

Cabana Rotunda, im Tal des Lapuşnicului Mare, östlich des Stausees, Tel. 02 13/26 79 91, www.rotunda.ro. Neue, gut ausgestattete Pension.

Petroşani und das Schiltal

Der Jiu (dt. Schil) hat zwei Quellflüsse, den Jiul de Est (Ungaresc) und den Jiul des Vest (Românesc), die sich südlich von Petroşani zum Jiu vereinen, der Siebenbürgen nach Süden in Richtung Walachei verlässt. Nach der Entdeckung der reichen Kohlevorkommen hatte sich die Region von der Wald- und Weidewirtschaft zu einem der größten Montangebiete Siebenbürgens entwickelt, in dem allerdings heute nur noch sieben Bergwerke der nationalen Steinkohlegesellschaft CNH in Betrieb sind. Insgesamt werden derzeit jährlich drei Millionen Tonnen Steinkohle gefördert. Das älteste Steinkohlebergwerk befindet sich in Petrila, wo der 1840 der Bergbau der Firma Brüder Karel und Hoffmann begann.

Hauptort und größte Stadt des Schiltales ist **Petroşani** (dt. Petroschen, ung. Petrozseny). Im 1845 begann hier die Schürfung von Braun- und Steinkohle auf 25 abbauwürdigen Kohleflözen. In diese

Zeit fiel auch die Zuwanderung von deutschen Bergleuten unter anderem aus Siebenbürgen, der Bukowina und der Zips. Mit dem Bau der Eisenbahnlinie Simeria–Petroschen stieg die Einwohnerzahl von einst 6000 bis Anfang der 80er Jahre des letzten Jahrhunderts auf 155 000 Einwohner. Im Jahr 1949 wurde eine Hochschule für den Bergbau eingerichtet. Die Bedingungen für den EU-Beitritt zogen eine Neuorganisation des Bergbaus nach sich, die insbesondere auch eine Reduzierung von Subventionen vorsah. Immer wieder macht die Region von sich reden, einmal wegen der Umweltverschmutzung, dann wieder wegen der Unfälle in der Zeche wie im November 2008, wo acht Kumpel und vier der Rettungssanitäter bei einer Methangasexplosion ums Leben kamen; dann wieder weil Politiker, wie der in Amerika sehr hofierte Iliescu, Bergarbeiter nach Bukarest rief, um sie für seine politischen Ziele zu instrumentalisieren.

Das Petroschener Becken oder **Schiltal** (rum. Valea Jiului) liegt an der Grenze zwischen Siebenbürgen und der Walachei und erstreckt sich auf einer Länge von etwa 40 Kilometern. Sein östliches Ende bei Petrila ist etwa neun Kilometer breit, während es im Westen bei Câmpul lui Neag nur zwei Kilometer schmal ist. Den eher gesichtlosen Ortschaften in diesem Tal steht ein reizvolles Umland von Retezat-, Şureanu-, Parâng- und Vâlcan-Gebirge gegenüber. Die touristische Erschließung steht aber erst am Anfang.

Von **Lupeni** (dt. Schylwolfsbach) am Fuß des Vâlcan-Gebirges trägt ein Sessellift Besucher auf eine Höhe von etwa 1350 Metern, wo sich eine Bungalowsiedlung, Staţiunea Straja, befindet.

Über Petrila führt eine sehr schlechte Straße (DN 7A) durch die **Schilschlucht** (Cheile Jieţului) zum Vidra-Stausee, der allerdings in einem bedauernswerten Zustand ist.

Südlich von Petrila liegt die Ortschaft **Slătinioara** (700 m), ein guter Ausgangspunkt zum Wandern und Skilaufen im **Parâng-Gebirge**. Es gibt Schlepp- und Sessellifte. Die Pisten sind für Anfänger und Fortgeschrittene geeignet.

i Schiltal

Touristeninformaton: in Petroşani, Bul. Avram Iancu 12, Tel. 02 54/54-27 71, www.turisminfovaleajiului.ro.

Hotel Gambrinus, in Aninoasa an der DN 66A, Tel. 02 54/54 61 35, Fax 54-61 35, www.jiet.ro. DZ 50 Euro, 41 Zimmer,

Cabana Mija Jiet, 5 km von Petroşani Richtung Cheile Jieţului, am Zusammenfluss von Mija und Jieţ, an der DN 7A, Tel. 02 54/54 20 40, 07 44/57-56 29. 1100 Meter hoch, 26 Plätze, davon 4 DZ mit Bad, Ü/F 50 Euro. Eines der wenigen einladenden Holzhäuser der Region.

Cabana Rusu, bei Slătinioara, Tel. 07 42/08 72 21 Fax 03 54/10 85 10, www.hotelrusu.ro. Auf 1168 Metern Höhe, 120 Betten in 2–7-Bett-Zimmern, Wintersaison vom 15.12.–31. März, Wandermöglichkeit, Skifahren.

Cabana Pit Seacă, im Parăng-Gebirge, 18 km von Petroşani, Zufahrt über die DN 7A, 42 Plätze, Tel. 02 54/54 22 46, 07 24/25 16 35, bogdancristinba_hd2005@yahoo.com. DZ 40 Euro.

▲ Karte S. 204

Dorfkirche in Suşeni am Nordrand des Retezat-Gebirges

Im nördlichen Siebenbürgen, in den Kreisen Cluj, Mureș und Bistrița Năsăud wird es ländlicher, einsamer und man kann die daran anschließenden Weiten Osteuropas erahnen. Nicht eine einzige lärmige Großstadt unterbricht das Gleichmaß der ländlichen Idylle, in der man auf Draculas Spuren unterwegs sein kann.

Im Süden dieser Region liegt das mittelalterliche Kleinod Sighișoara (Schäßburg)

Das nördliche Siebenbürgen

Kreis Cluj

Die größte Stadt Siebenbürgens, die Siebenbürger Heide, Salzabbau und ein Stück des Apuseni-Gebirges prägen diesen Kreis.

Cluj-Napoca

Cluj-Napoca (dt. Klausenburg, ung. Kolozs) ist mit 300 000 Einwohnern die größte Stadt Siebenbürgens. Fast die Hälfte der Einwohner des Kreises leben in der aufstrebenden Wirtschaftsmetropole, die ein wichtiges kulturelles Zentrum und Universitätsstadt ist. Die Lethargie der Jahre nach der Wende gehört längst der Vergangenheit an. Heute ist die Stadt mehr denn je mit lebhaftem Treiben erfüllt, nicht zuletzt auch wegen ihrer vielen Studenten. Mehr als andernorts ist eine Vielzahl neuer Hotels, Restaurants und kleiner Kneipen entstanden.

Der Kreis Cluj im Überblick

Name: Județul Cluj (dt Klausenburg, ung. Megyes Kolozs).
Lage: im Nordwesten Siebenbürgens.
Fläche: 6674 qkm.
Einwohner: 684 383 (2003): 79,4 % Rumänen, 14,7 % Ungarn, Roma 2,8 %, wenige Deutsche, um Turda viele Szekler.
Hauptstadt: Cluj-Napoca.
Landschaften: Apuseni-Gebirge mit Munții Gilăului, Muntele Mare, Bihor und Vlădeasa; Seenkette des aufgestauten Someș, Heidelandschaft.
Empfehlenswerte Aktivitäten: Stadtbummel Cluj-Napoca; Besuch der Salzzentren Turda und Dej sowie der Armenierstadt Gherla; Wintersport in Bâișoara; Naturschutz- und Klettergebiet der Cheile Turzii-Schlucht (Cheile Turzii).
Bemerkenswert: starker Kontrast zwischen der Wirtschaftsmetropole Cluj und einer touristisch eher unterentwickelten Gebirgslandschaft.
Internet: www.cjcluj.ro.
Vorwahl: +40/(0)264.
Autokennzeichen: CJ.

▲ Karte S. 233

Nach dem Zweiten Weltkrieg war die Industrialisierung vorangetrieben worden, die das Stadtbild stark verändert hat. Betriebe aus den Bereichen Maschinenbau, Lebensmittel, Möbel, Porzellan und Textil wurden angesiedelt. Heute sind unter anderem Elektrotechnik, Maschinenbau und Informationstechnik wichtige Arbeitgeber. Nach wie vor aber wird hier die bekannte rumänische Biermarke Ursus produziert.
Die Stadt am Someșul Mic (dt. Kleiner Somesch) ist ein Handels- und Verkehrszentrum. Zeugnis davon gibt der renovierte Bahnhof (Gara Centrală) im Stil der Jahrhundertwende. Unweit des Bahnhofes steht ein Horia-Monument, dem Führer des siebenbürgischen Bauernaufstandes von 1784/85 gewidmet. Die im Bau befindliche Autobahn, E60/A1, die Bukarest mit Budapest verbinden soll, passiert die Stadt. Die Strecke zwischen Cluj-Napoca und Turda ist bereits fertiggestellt. Die Stadt unterhält mit zahlreichen Städten eine Partnerschaft, zum Beispiel in Deutschland mit der Stadt Köln.

■ Geschichte

Die Stadt hat eine bewegte Vergangenheit. In dako-römischer Zeit besaß sie unter dem Namen Napoca Bedeutung. In Erinnerung daran wurde der heutigen Stadt 1974 der Namenszusatz Napoca angefügt. Auf den Ruinen des antiken römischen Napoca entstand eine neue Siedlung, die wiederum der Völkerwanderung zum Opfer fiel. Aus den Quellen weiß man, dass im 11. und 12. Jahrhundert eine gemischte walachisch-slawische Bevölkerung hier ansässig war. Auch nach der Errichtung des magyarischen Militärlagers Castrum Clus im Jahr 1213 blieb dieses Völkergemisch erhalten.

In den folgenden Jahrhunderten wandelte sich Cluj zum bedeutendsten Verwaltungs- und Militärzentrum des gleichnamigen Komitats. Nach der Gründung des autonomen Fürstentums Siebenbürgen im Jahr 1541 entwickelte es sich zur wichtigsten Stadt Siebenbürgens, der durch Michael den Tapferen alle einstigen Privilegien der Ungarn bestätigt wurden. Nach der Reformation blieb sie Hauptsitz des Magyarentums.

Zweimal erwählten die Habsburger Cluj zur Hauptstadt: von 1790 bis 1848 und von 1861 bis 1867. Nach dem Ersten Weltkrieg wurde sie wegen ihrer zentralen Lage ein wichtiges Kultur- und Verwaltungszentrum. Im Rahmen des Rumänischen Königreichs hatte eine gezielte Ansiedelung von Rumänen statt-

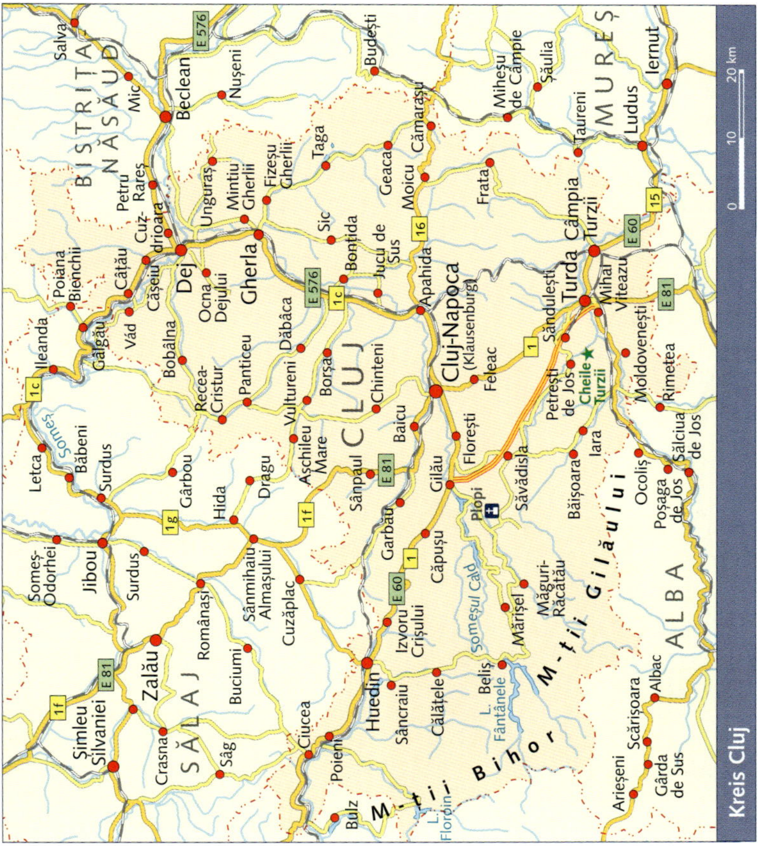

gefunden. Spannungen zwischen den ungarisch-magyarischen Bürgern, die etwa ein Drittel der Gesamtbevölkerung ausmachen, und den Rumänen haben immer wieder die Presse aufgeschreckt. Die Ungarn fordern seit 1989 kulturelle Autonomie, doch die Weichen wurden anders gestellt. So kam es beispielsweise zum Verbot aller Schilder in ungarischer Sprache.

Bildung und Kultur

Cluj ist Bildungs- und Kulturzentrum. An den diversen Hochschulen von Cluj mit insgesamt 22 Fakultäten sind derzeit etwa 30 000 Studenten eingeschrieben. Schon 1872 wurde die erste Universität gegründet. Sie wurde nach János Bolyai benannt, dem berühmten ungarischen Mathematiker des 19. Jahrhunderts. In den 1960er Jahren verschmolz sie mit der rumänischen Universität von Cluj, nach Victor Babeș benannt, und ist heute die Babeș-Bolyai-Universität (Universitatea-Babeș-Bolyai), an der in den Sprachen Rumänisch, Ungarisch und Deutsch gelehrt wird.

In der Altstadt von Cluj-Napoca

▲ Karte S. 233

Die Stadt hat eine lange Theatertradition. Neben dem Nationaltheater und dem Teatrul Maghiar erfreut sich besonders bei Kindern das Puppentheater Puck außerordentlicher Beliebtheit. Zwei große Opern – die Rumänische Nationaloper sowie die Ungarische Staatsoper – bieten ein Programm für anspruchsvolle Musikliebhaber. Das Mozart- sowie das Lucian Blaga-Festival sind zu festen Bestandteilen des Kulturprogrammes geworden. Seit 2002 findet in Cluj-Napoca jährlich das Internationale Filmfestival TIFF (Transilvania International Film Festival) statt. Eine Filiale der Rumänischen Akademie, der zahlreiche Forschungsinstitute angeschlossen sind, hat hier ihren Sitz. Außerdem sind zahlreiche ausländische Kulturinstitute hier vertreten. Das Deutsche Kulturzentrum (Centrul Cultural German) ist trotz Abwanderung vieler Deutscher bemüht, die deutsche Kultur und Sprache zu pflegen und zu fördern. Das Dr.-Moshe-Carmilly-Institut für Hebräisch und jüdische Geschichte ist in der Universitätsstraße 7–9, in Raum 61, angesiedelt.

Die Altstadt

Das heute Altstadt genannte Viertel ist durch die vermutlich 1316 auf den Grundmauern des römischen Napoca angelegte Ringmauer gekennzeichnet. Das königliche Privileg zum Bau einer Mauer war Deutschen und Szeklern während der Herrschaft der Dynastie der Anjous gewährt worden.

In ihrem Zentrum, auf dem ehemaligen Marktplatz, heute der Einheitsplatz (Piață Unirii), steht die an deutsche Vorbilder angelehnte **römisch-katholische St. Michaelskirche** (Biserica Sfântul Mihai). Sie war an Stelle einer älteren Jakobskapelle in Form einer Basilika begonnen und als gotische dreischiffige

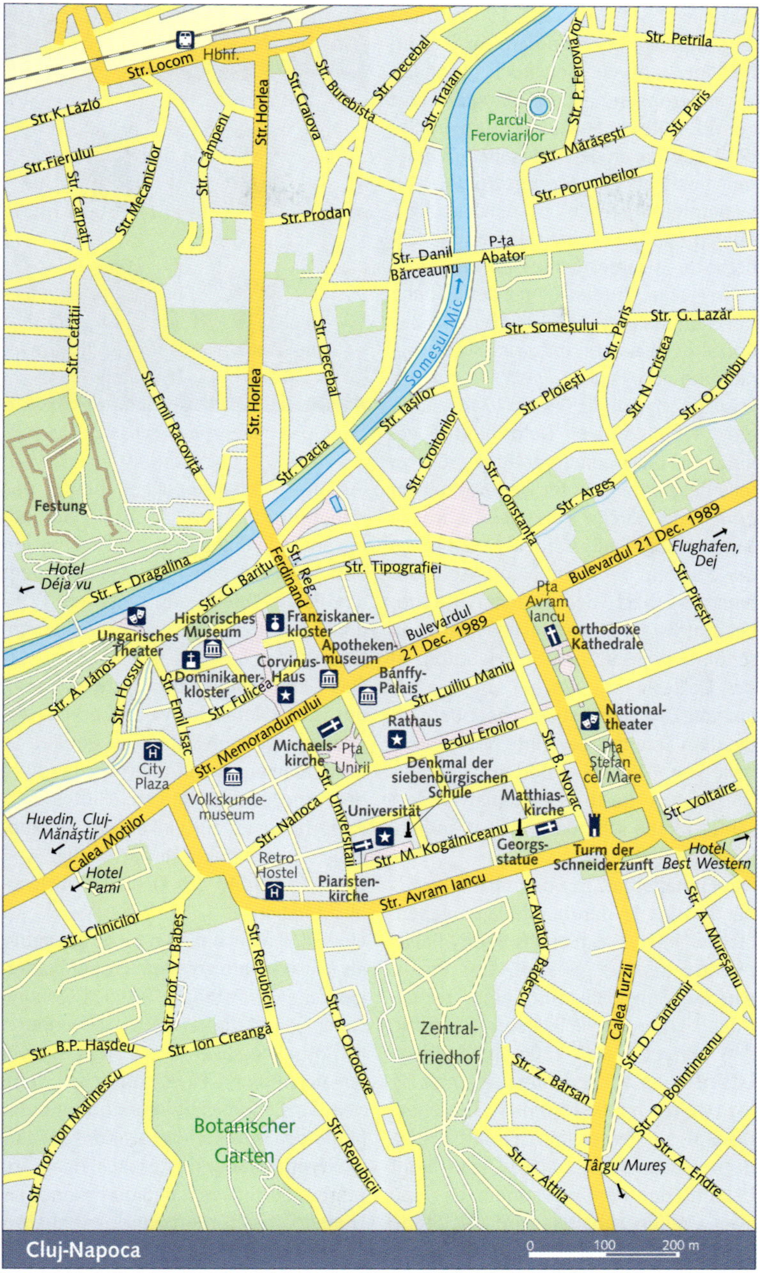
Cluj-Napoca
0
100
200 m
Hbhf.
Str. Locom
Str. K. Lázló
Str. Fierului
Str. Carpați
Str. Mecanicilor
Str. Câmpeni
Str. Horlea
Str. Craiova
Str. Burebista
Str. Decebal
Str. Traian
Parcul Feroviarilor
Str. P. Feroviarilor
Str. Petrila
Str. Paris
Str. Mărășești
Str. Porumbeilor
Str. Prodan
Str. Danil Bărceanu
P-ța Abator
Str. Someșului
Str. G. Lazăr
Someșul Mic
Str. Cetății
Str. Emil Racoviță
Str. Iașilor
Str. Ploiești
Str. N. Cristea
Str. O. Ghibu
Str. Dacia
Str. Croitorilor
Str. Constanța
Str. Argeș
Festung
Hotel Déja vu
Str. E. Dragalina
Str. G. Barițiu
Ferdinand
Str. Reg.
Str. Tipografiei
Bulevardul 21 Dec. 1989
Flughafen, Dej
Str. Pitești
Ungarisches Theater
Historisches Museum
Franziskanerkloster
Apotheken-museum
Bulevardul 21 Dec. 1989
Pța Avram Iancu
orthodoxe Kathedrale
Str. A. János
Str. Hossu
Dominikaner-kloster
Corvinus-Haus
Str. Fulicea
Banffy-Palais
Str. Iuliu Maniu
Str. Emil Isac
Str. Memorandumului
Rathaus
National-theater
City Plaza
Michaels-kirche
Pța Unirii
B-dul Eroilor
Str. B. Novac
Pța Ștefan cel Mare
Volkskunde-museum
Denkmal der siebenbürgischen Schule
Matthias-kirche
Str. Voltaire
Huedin, Cluj-Mănăștir
Calea Motilor
Str. Nanoca
Str. Universității
Universität
Str. M. Kogălniceanu
Georgs-statue
Turm der Schneiderzunft
Hotel Best Western
Hotel Pami
Retro Hostel
Piaristen-kirche
Str. Avram Iancu
Str. A. Mureșanu
Str. Clinicilor
Str. Prof. V. Babeș
Str. Republicii
Str. B. Ortodoxe
Str. Aviator Bădescu
Zentral-friedhof
Calea Turzii
Str. D. Cantemir
Str. B.P. Hașdeu
Str. Ion Creangă
Str. Z. Bârsan
Str. D. Bolintineanu
Str. Prof. Ion Marinescu
Botanischer Garten
Str. Republicii
Str. J. Attila
Târgu Mureș
Str. A. Endre

Hallenkirche im 14. und 15. Jahrhundert weitergeführt worden. Ihr Bau erfuhr im Laufe der Zeit noch mehrfach Veränderungen. Letztes Bauglied war der 80 Meter hohe Glockenturm im Stil der Neogotik an der Nordseite. Im Inneren besticht ein Sterngewölbe. Die Wandpfeiler werden von teilweise figurativen Kapitellen verziert: Frau mit Gebetbuch, Steinmetz, eine Fiale meißelnd, Lehrer oder Student. Aus der Epoche der Renaissance (1528) stammt das Portal der Sakristei mit dem Stadtwappen und dem Pelikan, vielleicht ein Stifterwappen. Von 1556 bis 1716 wurde die Kirche von den Reformierten genutzt, die die Innenausstattung größtenteils beseitigten. Unter den Katholiken erhielt die Kirche eine neue barocke Ausstattung. Dem Barock verdankt sie die Kanzel, die vom Namenspatron, Sankt Michael, den Drachen tötend, bekrönt wird. Als Denkmal der Neogotik schmückt dieser auch das Hauptportal des Gotteshauses. Rechts vom Haupteingang, im Südwestjoch, befindet sich die dem Erzengel geweihte Michaelskapelle von 1481. Hier und im Langhaus sind wenige Reste der ehemals die gesamte Kirche schmückenden Wandmalereien erhalten.

Der **Einheitsplatz** ist von prächtigen Gebäuden des 18. Jahrhunderts umgeben. Stellvertretend sei hier das **Bánffy-Palais** (Palatul Bánffy) genannt. Das Palais, eine Vierflügelanlage um einen rechteckigen Ehrenhof, ließ Georg Bánffy in den Jahren 1773 bis 1785 durch Johann Erhard Blaumann errichten. Dahinter lag ein zweiter, heute nicht mehr bestehender Hof, auf dem sich Wirtschaftsgebäude befanden. Den Mittelteil der Front bekrönt das Bánffy-Wappen, das von zwei Greifen gehalten wird. Als Stadthaus der ungarischstämmigen Adligen errichtet, beherbergt es heute das **Kunstmuseum**. Im Innenhof lädt ein malerischer Biergarten zum Verweilen und Verschnaufen ein. Daneben liegt das **Palais Teleki**, das zwischen 1790 und 1795 im klassizistischen Stil errichtet wurde.

▶ Karte S. 233

Das Geburtshaus von Matthias Corvinus

Das **Geburtshaus von Matthias Corvinus** (Casa Natală lui Matei Corvin), des großen Sohnes der Stadt, ist der älteste Profanbau aus dem frühen 15. Jahrhundert und zu besichtigen. Hinter dem Parterrefenster zur Linken des Spitzbogen-Eingangs soll der nachmalige Ungarnkönig 1443 das Licht der Welt erblickt haben.

Unweit davon befindet sich das heute als Musikschule genutzte **Dominikanerkloster** (Mănăstirea și Biserica Dominicanilor). Anfang des 15. Jahrhunderts im gotischen Stil errichtet, steht es wohl auf den Ruinen eines römischen Tempels. Das ehemalige Refektorium dient heute der Musikschule als Konzertsaal.

Ein **Franziskanerkloster** aus dem 15. Jahrhundert, dessen Bau durch Iancu de Hunedoara gefördert wurde, ist ebenso einen Blick wert.

Am Bulevardul Eroilor stehen das **Rathaus** von 1843 im Stil der Neorenaissance mit dem Stadtwappen und ein Obelisk, der zum Gedenken an die Opfer der Kriege errichtet wurde.
In der südlichen Altstadt befindet sich das **Denkmal der Siebenbürgischen Schule** (Monumentul Școalei Ardelene); es zeigt drei Hauptvertreter: S. Micu, G. Șincai und P. Maior. Sie hatten im 18. und 19. Jahrhundert Meilensteine in der rumänischen Sprachforschung gelegt und damit das entstehende rumänische Nationalbewusstsein gestärkt.
Die reformierte **Matthiaskirche** (Biserica Reformată din Centru) steht in der Strada Kogălniceanu. 1486 wurde sie auf Geheiß des Matthias Corvinus als Minoritenklosterkirche begonnen, später den Jesuiten übergeben. Im Streit zwischen Katholiken und Protestanten im Jahr wurde die Kirche 1603 schwer beschädigt. Mitte des 17. Jahrhunderts wurde sie einem calvinistischen Kollegium zugewiesen und wieder aufgebaut. Hervorzuheben ist die steinerne Kanzel. Eine bedeutende **Georgstatue** (Statuia Sfântul Gheorghe) steht vor dem Kirchengebäude, eine Kopie des Prager Vorbildes der Klausenburger Bildhauerbrüder Martin (Mártin) und Georg (György). Sie ist etwa 600 Jahre alt und damit ältestes bronzenes Denkmal Siebenbürgens. In der Kirche finden Orgelkonzerte statt.
An der Strada Mihail Kogălniceanu befindet sich ein **Fragment der Stadtmauer**, die nach der ersten großen Stadterweiterung im 15. Jahrhundert errichtet wurde. Der **Turm der Schneiderzunft** (Bastionul Croitorilor), 1475 erwähnt, ist der Überrest der 18 Bastionen und Türme. Er wurde durch Blitzschlag und Pulverexplosion zerstört. Die vervbliebene Bastei entstand erst 1629. Sie ist dreigeschossig und mit Schießscharten für Feuerwaffen versehen. Eine Abteilung des Historischen Museums hat hier ihren Sitz.
Von hier ist es nicht weit in das zweite Zentrum der Stadt, der einst außerhalb der alten Stadtmauer gelegenen **Doppelplatzanlage** mit dem Platz Stefans des Großen (Piață Ștefan cel Mare, einst Victoriei) und dem Avram-Iancu-Platz. Hier befinden sich **Nationaltheater und Staatsoper** (Teatrul Național și Opera), ein Projekt der berühmten Wiener Architekten Fellner und Helmer. Schon im 19. Jahrhundert bestanden in Cluj drei Sprechbühnen, von denen eine in ungarischer Sprache spielte, und zwei Opernhäuser, von denen wiederum eines magyarisch geleitet war.
Gegenüber steht die **orthodoxe Kathedrale** (Catedrală Ortodoxă), die von Constantin Pomponiu und Gheorghe Cristinel zwischen den Weltkriegen im neobyzantinischen Stil errichtet wurde. Die Avram-Iancu-Statue (Statuia lui A. Iancu) ersetzt das ehemalige Sowjetdenkmal.

Weitere Sehenswürdigkeiten

Der **Botanische Garten** von Cluj-Napoca mit einer Fläche von 13 Hektar ist der größte seiner Art, nicht nur in Siebenbürgen, sondern in ganz Rumänien. Er wurde 1923 auf Initiative des Botanikers Alexandru Borza angelegt.
Die **römisch-katholische Piaristenkirche** (Biserica Piariștilor) ist der früheste Barockbau Siebenbürgens. Sie steht in der Strada Universității und geht auf die Jesuiten in den Jahren 1718 bis 1724 zurück. Die Schauseite weist die typische Zweiturmfassade des Jesuitenbarock auf. Im Inneren befinden sich plastische Details, die an die Wiener Peterskirche erinnern.

Der **Zentralfriedhof** (Cimitirul Cenral/ Hajongard) ist mit seinem weitläufigen Areal und den zahlreichen Ehrengräbern einen Besuch wert.

Die **Festung** (Cetățuia) auf dem Schlossberg im Norden der Stadt wurde im 18. Jahrhundert nach den vom Festungsbaumeister Vauban gebauten Vorbildern errichtet.

Cluj-Mănăștur

Seit 1895 ist Cluj-Mănăștur (dt. Appesdorf, ung. Kolzsmonostor), südwestlich der Hauptstadt Siebenbürgens, ein Vorort von Cluj-Napoca. Von Bedeutung ist hier die auf das 11. Jahrhundert zurückgehende **Benediktinerabtei**. In ihr war neben Alba Iulia eine zweite Beurkundungsstelle Siebenbürgens, eine sogenannte Loca credibilia, eingerichtet. Mit dem Einzug der Reformation in Siebenbürgen wurde die Abtei aufgelöst, die Konventsgebäude gingen in Fürstenbesitz über, das Abteiarchiv wurde an die Michaelskirche von Cluj übergeben und die Kirche verwahrloste bis zu ihrer Rekatholisierung im Jahr 1615. Ende des 18. Jahrhunderts überließ man sie den griechisch-katholischen Rumänen, die an den erhalten gebliebenen gotischen Chor ein neues Kirchenschiff anbauten. Im sozialistischen Rumänien nutzten die Orthodoxen die Kirche.

Feleac

Feleac (ung. Erdöfelek) liegt im Süden von Cluj-Napoca am Fuß des Feleacu-Gipfels (711 m), von dem sich ein schöner Blick auf die Siebenbürger Hauptstadt bietet. Die Klausenburger suchen den zersiedelten Ort gerne am Wochenende auf, im Winter wird hier Ski gelaufen. Die Quellen berichten von der Ansiedelung rumänischer Grenzwächter im Jahre 1366, die die alte Straße von Turda nach Cluj vor Überfällen und Raubzügen zu schützen hatten. Die Ortschaft erlangte aber vor allem als orthodoxes

Karte S. 233

Das Hotel Déja vu

geistliches Zentrum Bedeutung. Um 1488 entstand hier die bischöfliche **Kirche Sf. Paraskieva,** die im 18. Jahrhundert ausgemalt und Anfang des 20. Jahrhunderts restauriert und mit einem Kirchturm bestückt wurde. Daneben entstand in den letzten Jahren ein neues **Dreifaltigkeitskloster**. Während des Zweiten Weltkriegs wurde Feleac nach dem Zweiten Wiener Schiedsspruch von 1940 rumänischer Grenzort vor dem wieder zu Ungarn gehörenden Cluj.

Cluj Npoca

Vorwahl: 00 40/(0)264.
Reiseveranstalter: ERFATUR Srl, Tel. 56 26 11, E-Mail: erfatur@gmi.ro, www.apusenitour.ro (dt.).

Der Internationale Flughafen von Cluj-Napoca liegt neun Kilometer östlich des Zentrums, in Someșeni, und bietet mehrmals wöchentlich Verbindungen nach Deutschland, Italien, Ungarn und Österreich (www.airportcluj.ro).

Der Bahnhof ist Station der Intercity-Züge via Wien und Budapest.

Hotel City Plaza, 4 Sterne, Strada Sindicatelor 9–11, Tel. 45 01 01, Fax 45 01 52, www.cityhotels.ro (dt.). EZ 120 Euro, DZ 135 Euro. 2005 eröffnet, ideal für Geschäftsleute mit allen Kommunikationsmöglichkeiten, zentrumsnah und ruhig.

Hotel Déja vu, Str. Ion Ghica 2, Tel./Fax 35 49 41, www.deja-vu.ro. EZ 75 Euro, DZ 90 Euro. Westlich der Altstadt befindet sich seit einigen Jahren das reizvolle rustikal eingerichtete 4-Sterne-Hotel mit elegantem Restaurant.

Restaurant und Hotel Best Western Topaz, 3 Sterne, Str. Septimiu Albini 10, Tel. 41 40 66, Fax 41 40 21, www.bestwesterntopaz.ro. DZ zwischen 120 und 140 Euro, verlässlicher Standard und Service.

Hotel Pami, 3 Sterne, Calea Mănăștur 39, Tel./Fax 40 63 33, www.hotelpami.com. EZ 40 Euro, DZ 55 Euro. 2004 eröffnet, schlicht, komfortabel.

Jugendherberge Retro Hostel, Str. Potaissa 13, Tel. 45 04 52, www.retro.ro, retroinn@rdslinnk.ro. DZ 13 Euro. Ganzjährig geöffnet, gemütlich und familiär in einem Altstadthaus. Organisation von Tagesausflügen zu Zielen in ganz Siebenbürgen.

Bistro, Str. Emil Isac 14, Tel. 07 88/27 24 42. Kleinigkeiten, Exklusives, gute Weine, schöne Musik.

Restaurant Hubertus, Bulevardul 21 Decembrie 22, Tel. 19 67 43. Gute rumänische Küche, Musik, gehobene Preise.

Historisches Museum (Muzeul Național de Istorie a Transilvaniei), Strada D. Dalcoviciu 2, Tel. 19 56 77, Mit reichhaltiger Mosaik-, Terrakotta- und Sarkophagsammlung.

Volkskundemuseum (Muzeul Etnografic al Transilvaniei), Str. Memorandumului 21, Di–So 9–17 Uhr. Trachten aus Siebenbürgen landwirtschaftliche Geräte und Haushaltsgegenstände in einem schönen Gebäude aus dem 19. Jahrhundert.

Nationales Kunstmuseum im Bánffy-Palais (Muzeul Național de Artă), Piață Unirii (Einheitsplatz) 30, Tel./Fax 19 69-52, -53, tgl., außer Mo und Di 10–17

Uhr. Zu sehen sind rumänische Künstler des 19. und 20. Jahrhunderts.
Das **Apothekenmuseum** ist im Gebäude der ersten nichtkirchlichen Apotheke von Cluj eingerichtet: Str. Regele Ferdinand 1, Di–So 10–16 Uhr. Die Sammlung wurde von Iuliu Orient zusammengetragen und wird hier in vier Räumen gezeigt.

Öko-Reitzentrum Daksa, Kontakt Mugur Pop, Str. Actorului 13/A, Tel. 07 44/10 06 45, Fax 364 10 51 94, mugorpop@gmail.com, www.ridingadventures.ro. Angeboten werden mehrtägige Reittouren auf geländegängigen siebenbürgischen Bergpferden im Hochgebirge des Apuseni.

Im Norden von Cluj-Napoca

An der DN 1C, die dem Lauf des Someșul Mic nach Norden folgt, liegen viele kulturelle Sehenswürdigkeiten, darunter die Armenierstadt Gherla und die Salzstadt Dej. Hier leben vorwiegend Rumänen, Ungarn und Roma. Deutsche, Juden, Armenier, Slowaken und Ukrainer wurden assimiliert, ausgelöscht oder sind abgewandert. Das Tal war ehemals bewaldet, wurde aber im Laufe der Jahrhunderte fast vollständig abgeholzt. Die hügelige, waldlose Heide (rum. Câmpia Transilvaniei, ung. Mezöség) und das Someș-Hochland werden durch den kleinen Someș getrennt. Das Gebiet ist von Wasserläufen durchzogen, von denen einige, wie der Fizeș, zu künstlichen Seen aufgestaut wurden, als Wasserspeicher und Fischteiche genutzt werden.

Apahida

Apahida heißt übersetzt die Mönchsbrücke. Das Dorf mit Zollbrücke war im Besitz der Beneditkinerabtei von Cluj-Mănăștur. In seiner Umgebung hat man reichhaltige archäologische Funde von den Kelten bis in die Zeit der Völkerwanderung entdeckt. Den Höhepunkt stellen zwei unweit von Apahida entdeckte **Fürstengräber** und ein sensationeller Schatzfund von Cluj-Someșeni dar. Sie werden alle drei in das 5. nachchristliche Jahrhundert datiert und mehrheitlich den Gepiden zugeordnet, die in der Schlacht am Nedao (Pannonien) im Jahre 454 die Hunnen besiegten und den Karpatenbogen in dieser Zeit beherrschten. In beiden Gräbern, das erste ist das Grab eines gewissen OMAHARVS, fanden sich mehr oder weniger reiche Grabbeigaben, darunter Waffen, Reitzubehör wie Trensen und Geschirr sowie Schmuck.

Der **Goldschatz von Someșeni**, der 1963 per Zufall entdeckt wurde, beinhaltete ursprünglich fast ein Kilogramm Gold, wovon leider nur 617,82 Gramm sichergestellt werden konnten. Die Fundstücke aller drei Objekte befinden sich im Historischen Museum von Bukarest. International bekannt wurden vor allem zwei Fibeln in Form eines Vogels, die auch in der Ausstellung ›Rom und die Barbaren‹ in Venedig im Palazzo Grassi zu sehen waren.

Die Bánffy-Schlösser

Dass viele Ortschaften zwischen Cluj-Napoca und Gherla zum Besitz der ungarischen Adelsfamilie Bánffy gehörten, lässt sich an der Zahl der hier verbliebenen Bánffy-Schlösser ablesen. Sie stehen unter anderem in **Jucu de Sus** und in **Juc-Herghelie**.

Im idyllisch gelegenen **Bánffy-Schloss von Borșa** ist eine Psychatrie untergebracht, die immer wieder wegen der traurigen Verhältnisse, unter denen die Patienten dort zu leiden haben, von sich reden macht.

▲ Karte S. 231

Das prächtigste Bánffy-Schloss stand in **Bonțida** (dt. Bruck, ung. Bochida), das zunächst dem Geschlecht der Csák gehörte und im Jahre 1387 in den Besitz der Familie Bánffy kam. Eine bereits bestehende Festung wurde zunächst vom italienischen Baumeister Agostino Serena zu einem Schloss im Renaissance-Stil umgebaut. Das Schloss wurde dann 1736 durch die Familie Bánffy nach Plänen des berühmten Architekten Johann Fischer von Erlach zu einem repräsentativen Barockbau umgestaltet. Wie für den Barock üblich, erhielt das Schloss einen französischen Garten, der mit Skulpturen geschmückt und um eine Orangerie ergänzt wurde. Im Jahr 1830 wurden Schloss und Park dem Zeitgeist gemäß romantisch verändert, der Garten im englischen Stil mit Kapelle, Obelisk und Klause abgewandelt. Bis zum Zweiten Weltkrieg blieb das Schloss in gutem Zustand erhalten und wurde 1944 von sich zurückziehenden deutschen Streitkräften zerstört. Dabei gingen Bibliothek, Archiv und Mobiliar unwiederbringlich verloren. Letzter Eigentümer war der Schriftsteller und Politiker Miklos Bánffy (1873–1950), Ungarns Außenminister 1920/21, der 1950 verarmt in Budapest verstarb. Seine Werke finden erst jetzt wieder die Aufmerksamkeit der Ungarn.

Die Reste des Schlosses wurden Volkseigentum und verwahrlosten. Nach der Wende wurde mit aufwendigen Restaurierungsarbeiten begonnen, die dank der Unterstützung von Prinz Charles sehr weit vorangeschritten sind. Im Schloss ist die Einrichtung eines Zentrums für Restaurierung und Sanierung geplant.

Dăbâca

Ein Abzweig führt über Luna de Jos (ung. Kendilóna) mit einem Teleki-Schloss nach Dăbâca, einer slawischen Siedlung, die nach dem ersten ungarischen Comes Dubuka, einem Zeitgenossen Stefans des Heiligen, benannt ist. Die Anlage einer Erdburg an dieser Stelle stand im Zusammenhang mit einer ganzen Kette solcher Burgen und sollte die damals hier verlaufende Reichsgrenze vor dem Einfall fremder Völker schützen. Die Komitatsburg des 13. Jahrhunderts und die darunter liegende Siedlung wurden von den Mongolen jedoch 1241 zerstört. Als Folge davon wurde die Reichsgsrenze nach Osten vorgeschoben. Reste einer Erdfestung des 11. Jahrhunderts, Reste einer Steinburg des 13. Jahrhunderts und die Grundrisse alter Kirchen sind erhalten geblieben.

Die Armenierstadt Gherla

Die mittelalterliche Geschichte von Gherla (dt. Neuschloss, ung. Szamosújvár) beginnt mit einer ungarischen Siedlung namens Gherlahida. Beide Wörter, das slawische grle und das ungarische hid, stehen für Furt oder Brücke. Die Siedlung gehörte zur Burgdomäne von Bálványos und damit dem Woiwoden von Siebenbürgen.

Ein wichtiger historischer Abschnitt war die Zugehörigkeit der Stadt zum katholischen Bistum Großwardein-Oradea, die mit der schillernden Figur von Georg Martinuzzi, bekannt als Frater György, verbunden ist. Martinuzzi wurde 1482 in Kamiac, Dalmatien, geboren und am 16. Dezember 1551 in Siebenbürgen auf Schloss Vințu de Jos ermordet. Er war Berater des ungarischen Königs Johann Zápolya und übernahm nach dessen Tod 1540 die Regentschaft für den Säugling Johann Sigismund Zápolya (1540–1571). Um seine Stellung gegen die Ansprüche des Erzherzogs und späteren Kaisers Ferdinand I. von Habsburg zu stärken, akzeptierte er die Oberhoheit der Osmanen, und es gelang ihm, Siebenbürgen praktisch unabhängig zu erhalten. Danach änderte er seinen Kurs und versuchte 1545 mit Ferdinand eine gemeinsame Front gegen die Türken zu errichten. Der Vertrag wurde in Cluj-Napoca/Kolozsvár 1551 bestätigt und legte die Wiedervereinigung mit Ungarn unter den Habsburgern fest. Da Martinuzzi jedoch befürchtete, Süleymann I. könnte seinen Maßnahmen mit einem Kriegsangriff begegnen, versuchte er die Türken zu beschwichtigen. Daraufhin denunzierten Ferdinands Offiziere, darunter Andreas Báthory, ihn als Verräter und soergten für seine Ermordung. Martinuzzi war von 1535 bis 1551 Bischof von Großwardein, 1551 Erzbischof von Esztergom (Ungarn) und Kardinal von Siebenbürgen.

In Gherla ließ sich der Bischof in den Jahren 1540 bis 1551 ein **Schloss** nach Plänen des Italieners Domenico da Bologna errichten. Der Anbau des sogenannten Rákóczi-Flügels geht auf den Venezianer Agostino Serena im Jahre 1553 zurück. Das Schloss kam zunächst in den Besitz des Kaisers Ferdinand und seit 1556 in die Hand des Siebenbürger Fürsten und ungarischen Gegenkönigs Johann Sigismond Zápolyai. Das Schloss hat die Söldner Mihai Viteazul ebenso wie General Bastas gesehen. Die burgartige Anlage dient seit 1781 als Gefängnis, erhielt 1856 einen weiteren Flügel und war vor der jüngsten Revolution ein gefürchteter Ort der politischen Gefangenen unter kommunistischer Herrschaft.

Im Zentrum erinnert die **armenisch-katholische Dreifaltigkeitskirche**, 1748 im barocken Stil begonnen und 1804 im neoklassizistischen Stil beendet, an die armenischen Siedler. Wegen kriegerischer Auseinandersetzungen in der Moldau wanderten 1669 viele Armenier nach Siebenbürgen ein, wo ihnen die Familie Ápafi Siedlungsrecht gewährte. 300 Familien ließen sich zunächst in Gherla nieder, dessen Bewohner vor den Rákóczi-kämpfen geflohen waren. Die Armenier kauften die leerstehende griechisch-orthodoxe Kirche zunächst für 90 Jahre, dann den Grund um die Kirche und bauten schließlich ihre eigene Stadt, Armenopolis. Als im Pestjahr 1712 die Armenier aus Bistrița im Nösnergau vertrieben wurden, kam es zu einer zweiten Einwanderungswelle von Armeniern in Gherla. Viele Armenier wirkten als Gerber oder Ledermacher. Im Jahr 1759 wurde Armenopolis königliche Freistadt, ihre Bewohner magyarisierten sich jedoch im Laufe des 18. Jahrhunderts. Von den heute etwa 22 000 Einwohnern der Stadt sind die meisten Rumänen, und es gibt nur noch wenige Armenier. Von der ehemaligen jüdischen Gemeinde legt der **jüdische Friedhof** Zeugnis ab.

▲ Karte S. 231

■ Kloster Nicula

Gut ausgeschildert verläuft eine Nebenstraße zum sieben Kilometer östlich von Gherla gelegenen Fizeșu Gherlii (ung. Ördöngösfüzes) und zum Kloster Nicula (ung. Füzesmikola), einem vielbesuchten Pilgerort, in dem sich angeblich seit 1552 ein orthodoxes Kloster befand. Auf dem Weg liegt das einladende ›Hotel Mariflor‹. 1650 baute der Einsiedler Nicolae mit orthodoxen Gläubigen eine Holzkirche, die später abbrannte. Danach wurde die **Maria-Entschlafens-Kirche** zunächst aus Holz und später aus Stein gebaut. Sie birgt ein wundersames Marienbild der Muttergottes Hodegetria von 1681, das im Jahre 1699 für etwa einen Monat geweint haben soll, was im Laufe der Zeit viele Pilger anzog. Papst Clemens XIII.

erkannte Kloster Nicula 1767 als Wallfahrtsort an. Im Herbst 1948 wurden die griechisch-katholischen Mönche durch die kommunistische Regierung verhaftet und im Kloster anschließend rumänisch-orthodoxe Mönche angesiedelt. Der Versuch der nach dem Sturz des kommunistischen Regimes wieder zugelassenen griechisch-katholischen Kirche, eine gütliche Einigung mit der orthodoxen Kirche bezüglich einer gemeinsamen Nutzung des Klosters zu erzielen, scheiterte am Widerstand des orthodoxen Metropoliten von Cluj, Bartolomeu Anania. Jährlich am 15. August wird die Marienwallfahrt begangen. Die Orthodoxen feiern im alten Kloster, während die Katholiken in der im Jahre 2001 errichteten Pfarrkirche die Liturgie zelebrieren.

Niucla ist auch bekannt für sein **Hinterglasikonenmuseum.** Das Aufkommen von Glashütten ließ hier im 18. Jahrhundert die erste rumänische Schule für Hinterglasmalerei entstehen. Viele Meister blieben anonym, drei Meister deutscher Herkunft wurden jedoch bekannt: Emil Weiss, Moritz Hachmann und Karl Müller.

■ Sic

Das südlich von Gherla gelegene Sic (dt. Marktstuhl, ung. Szék) war einer der vielen wegen seines Salzes begehrten Orte. Die Ausbeutung des Salzes fand bereits im 11. Jahrhundert statt. Ein reger Bergbaubetrieb mit Steinsalzgruben ist vom 14. bis 16. Jahrhundert nachweisbar. Sogar ein königlicher Salzkammergraf hatte hier seinen Sitz. Unterbrochen durch Kriege und Pest, wurde der Salzbergbau erst wieder unter den Habsburgern aktiviert. 1555 fand hier die Synode der neu gegründeten reformierten Kirche Siebenbürgens statt. Die Ortschaft ist berühmt wegen ihrer ungarischen Volkstrachten und Volksmusik. Sehenswert sind die **reformierte Kirche** des 13. Jahrhunderts im Stil der Zisterziensergotik, die **griechisch-katholische Kirche** von 1702 bis 1902 und die hölzerne **Franziskanerkirche**.

■ Dej

Die Salzstadt Dej (dt. Burglos, ung. Dés) liegt am Zusammenfluss von Großem und Kleinem Someș und ist ein wichtiger Eisenbahnknotenpunkt. Vermutlich entstand die Siedlung als Überwachungsstation der eigenen und der benachbarten Salzgruben von Ocna Dejului, mit dem es heute fast zusammengewachsen ist. Ihre Burg wurde zu einem der Ausgangspunkte der ungarischen Eroberung von Siebenbürgen. Das ganze Mittelalter hindurch blieb Dej Salzbergbauort, Salzumschlagplatz zu Wasser und zu Land und Zollstelle und wurde schließlich Sitz des Komitats Szolnok. Mit dem Salz wurde ganz Ungarn versorgt. Wiederholt bestätigte Privilegien, zunächst Befreiung von der gräflichen und später der woiwodalen Gerichtsbarkeit, dann die Erlaubnis zur Erhebung von Zöllen, das Marktrecht und die Befreiung von der Heeresfolge sind nachgewiesen. Der erfolgreiche Salzbergbau zog immer wieder neue Siedler, darunter auch Sachsen, an. Bis 1717 wurden die alten Minen ausgebeutet, danach wurden neue angelegt.

Im Jahr 1882 wurde die Eisenbahnlinie Cluj–Apahida–Dej gebaut, gleichzeitig begann auch die Modernisierung der Salzförderung. 1910 wurde die Ferdinandsmine elektrifiziert. Russland und Bulgarien waren Hauptabnehmer.

Türken- und Bürgerkriege sowie Brände schädigten die Stadt nachhaltig. Ab 1669 wurde Dej Grenzburg zum osmanischen Teil Ungarns, während ungarische Adlige aus Oradea hier Zuflucht fanden. Unter den Kommunisten entstanden Plattenbauten und Industrieansiedelungen. Immer wieder ist die Stadt von Hochwasser betroffen, so auch in den 70er Jahren des letzten Jahrhunderts.

Das Zentrum der Stadt wird dominiert von der stattlichen **ungarisch-reformierten Kirche** aus dem 15. Jahrhundert mit ihrem 72 Meter hohen Turm, der als Vorbild für die Holzkirchen gedient haben mag. Die römisch-katholische Kirche, ein Barockbau, gehört zum **Franziskanerkloster**, eine späte Niederlassung des Bettelordens während der Rekatholisierung durch die Habsburger. Die Kirche ist Antonius von Padua geweiht. Während des Kommunismus wurden im Kloster siebenbürgische Franziskaner interniert. Im Jahr 1999 erhielt der Orden das Kloster zurück. Sehenswert ist auch die **Synagoge** des 20. Jahrhunderts. Im 19. Jahrhundert waren aus Galizien und der Maramureș viele Juden zugewandert. Sie stellten bis zu ihrer Ermordung 1944 ein Viertel der Bevölkerung von Dej.

Ocna Dejului

Die Salzlagerstätten von Ocna Dejului (dt. Salzdorf, ung. Désakna) waren bereits in vorgeschichtlicher Zeit bekannt und wurden auch von den Römern genutzt. Bei Cășei stand ein römischer Zollposten für die Salzausfuhr. Die neuere Geschichte als Salzbergwerksort begann im 11. Jahrhundert im Schutze der nördlich gelegenen königlichen Burg Dej, von der der Salzhandel auch verwaltet wurde. Im frühen Mittelalter lebten hier noch viele Deutsche, 300 Jahre später mehrheitlich Ungarn. Seit 1771 standen nach einer Pause wieder drei Salzgruben regelmäßig in Betrieb, die im 19. Jahrhundert modernisiert wurden.

▲ Karte S. 231

Heute wird das Salz von Dej und Ocna Dejului in den in den 70er Jahren des letzten Jahrhunderts erschlossenen Minen gefördert. Das **Salzbergwerk** ist zwar kein Museum, eine Besichtigung ist nach Voranmeldung jedoch möglich (www.salinaocnadej.ro, Tel. 02643/223089, Fax 223341). Am 4. Dezember 2000, dem Tag des Heiligen Warwara, Patron der Minenarbeiter, wurde hier die unterirdische orthodoxe Kirche für die Minenarbeiter geweiht. Gäste sind zum Gottesdienst stets willkommen. Die Wände sind aus Salz, und die Ikonostase ist aus Lindenholz gefertigt. Im sonst wenig einladenen Ocna Dejului sind eine **ungarisch-reformierte gotische Kirche** sowie eine **rumänisch-orthdoxe Kirche** von 1776 zu sehen.

Die aufgelassenen Salzgruben im Ortsteil **Băile Ocna Dejului** wurden zu Salzteichen und werden für Bäder genutzt. Seit kurzem wurden Salzteiche in die moderne Badeanstalt ›Zona balnear Toroc‹ integriert. Vom Plateau der Badeanstalt hat man einen malerischen Blick auf das Codorului-Tal.

Unguraș

Östlich von Dej, in einem Seitental des Kleinen Someș, liegt unterhalb einer **Burgruine**, die Siedlung Unguraș (ung. Bálványosváralja). Die Burg entstand nach dem Mongoleneinfall und gehörte zunächst dem siebenbürgischen Woiwoden. Nacheinander kam sie in den Besitz der Familien Bánffy, Várdei und Kornis, bis sie im Jahre 1529 von König Johann I. Szapolyai dem Moldauer Fürsten Petru Rareș als Dank für militärische Unterstützung übereignet wurde. Als Georg Martinuzzi sie übernahm, nutzte er sie als Steinbruch für sein Schloss in Gherla. Die **reformierte Kirche** zeigt Zierelemente der Romanik und Spätgotik.

Bobâlna

Westlich von Dej, an der alten Salzstraße, liegt Bobâlna (dt. Olparet, ung. Alparét), ein seit alters her von Ungarn und Rumänen bewohntes Dorf. Es machte im Mittelalter durch aufständische Bauern von sich reden. Man wehrte sich gegen den Adel, dem hohe Abgaben zu leisten waren, und gegen den Klerus, der den orthodoxen Glauben bekämpfte. Das Jahr 1437 brachte einen überraschenden Sieg der Bauern, so dass deren Forderungen nachgegeben werden musste. Auf einem Hügel südlich des Ortes wurde ein Abkommen ausgehandelt, in dem Folgendes verankert war: das Recht der Bauern auf freie Niederlassung, die Aufhebung der Abgaben an die Kirche und die Bildung einer Kommission aus Adligen und Bauern zur jährlichen Prüfung der Vereinbarungen. Ein Mahnmal an dieser Stelle gedenkt des Aufstandes. Als eine Folge dieser Auseinandersetzung ist unter anderem das danach unter Szeklern, Sachsen und Ungarn geschlossene Bündnis zu sehen, das die brüderliche Union der drei Nationen zum Schutz gegen innere und äußere Feinde begründete. Ab diesen Zeitpunkt wurden weitere Bauernaufstände vereint niedergeschlagen.

Vád

Nördlich von Dej führt eine Straße unmittelbar entlang des Someș bis nach Vád (ung. Révkolostor) eine der wenigen Ortschaften Siebenbürgens mit einer **orthodoxen Kirche im moldauischen Stil**. Dies hat seine Bewandtnis darin, dass Matthias Corvinus die Burgherrschaft als Lehen an Stefan III., genannt der Große, vergeben hat. Bis Mitte des 16. Jahrhunderts verblieb sie in den Händen des Moldauers und seiner Nachfolger. Das Kloster mit der Muttergottes-Entschlafen-Kirche ist eine Stiftung Stefans und seines Sohnes Petru Rareș. Die gotische Steinkirche ist in ihrem Innern bemalt wie ihre Vorbilder in der Moldau. Von 1523 bis 1627 war sie Sitz des Bistums von Vad und Feleac und wurde anschließend durch das orthodoxe Bistum für ganz Siebenbürgen von Alba Iulia abgelöst. Der hier residierende Bischof war ab 1572 Metropolit und wurde in der Moldau geweiht.

Natur und Wandern um Cluj-Napoca

In der Umgebung von Cluj-Napoca bieten sich drei Gebiete für einen Gebirgsurlaub an: Das Gilău-Gebirge mit dem Wintersportort Băișoara, die Seenlandschaft des Someșul Cald bis in den Naturpark Apuseni und die Munții Vlădeasa um den Lacul Floroiu, ehemals Lacul Drăgan.

Gilău-Gebirge

Das Gilău-Gebirge (Munții Gilăului, ung. Gyalui-havasok) liegt im nordwestlichen Teil des Apuseni-Gebirges und südwestlich von der Stadt Cluj-Napoca, zwischen der Quelle des Crișul Repede und dem Arieș-Tal. Geologisch ist hier der kristalline Schiefer prägend. Für das Gebirge ist bezeichnend, dass sich zwischen ausgedehnten Gipfeln Hochebenen, tiefe Täler und einige schmale Passagen bilden konnten. Die meisten Gebirgsbäche des Gilău-Gebirges münden in die zwei Arme des Someșul Mic (Kleiner Someș), in den Arieș und einige wenige in den Crișul Repede. Man findet Eichen-, Buchen-, Fichten- und Ahornwälder.

Besonderheiten sind das **Naturschutzgebiet Scărița-Belioara** mit seinen steilen Abhängen aus Kalkstein und das **Torfmoor Căpățina**, unweit des Balomireasa-Gipfels in 1500 Metern Höhe, in dem nacheiszeitliche Pflanzen und verschiedene Moose zu finden sind. Man trifft auf Streusiedlungen und kleine Weiler. Die Bewohner des Gebirges leben vorwiegend von der Forstwirtschaft und Holzfällerei, was zwischenzeitlich nachteilige ökologische Folgen hat. Der Tourismus spielt bis heute eine untergeordnete Rolle, was auch an den schlechten Zufahrtswegen, der fehlenden Instandhaltung der Wanderwege, den mangelhaften Wanderkarten und dem ungenügenden Angebot an Übernachtungs- und Einkehrmöglichkeiten liegen mag. Das am besten ausgebaute Wander- und Wintersportgebiet im Kreis Cluj ist Staţiunea Băişoara auf 1350 Metern. Es lässt sich über Plopi und, nach vielen Serpentinen, über Valea Ierii erreichen. Besser aber über die A3 und Săvădisla, von dort weiter nach Băişoara, dem Talort. Im Winter werden einige Skilifte betrieben. Vom Frühjahr bis Herbst kann man hier wandern und mit dem Mountainbike fahren. Einige Routen wurden erneuert. Die Bergwacht Salvamont ist vertreten (www.baisoara.ro).

Wanderungen im Gilău-Gebirge

Karte: Hartă turistică, Munţii Gilăului, 1:50 000, Dimap-Erfatur.

▸ **Staţiunea Băişoara → Crucea Crencii → Muntele româneasa → Rezervaţia Scăriţa-Belioara → V. Belioara → Lunca Largă → Cheile Runcului → Runc → Ocoliş**
Markierung: blaues Kreuz, 6 Std., ohne Aufenthalt im Rezervat Scăriţa-Belioara 3 Std.

▸ **Staţiunea Băişoara → Cătunul Gera → La Cruce → Satul Muntele Băişorii → Satul Băişoara**
Markierung: rotes Kreuz, 3,5 Std.

▸ **Staţiunea Băişoara → Crinţ → Găbriana → Preluca Bonduresei → Valea Huzii → Cabana Muntele Filii**
Markierung: blaues Band, 5 Std.

■ **Munţii Vlădeasa und Lacul Floroiu**

Wer sich für einen Aufenthalt in dieser Region entscheidet, kann entlang des Crişul Repede 50 Kilometer westlich von Cluj-Napoca einige Sehenswürdigkeiten besichtigen, traditionelle Märkte, Trachten der Ungarn, Rumänen und Motzen erleben.

Ciucea (ung. Csucsa) gehörte im Mittelalter zur südlicher gelegenen Burg Bologa. In den Kriegen des 16. Jahrhunderts wurde der Ort verwüstet und erst wieder seit 1735 neu besiedelt. Ende des 19. Jahrhunderts baute die Familie Boncza hier ein Schloss, das 1930 in den Besitz des rumänischen Dichters und Politikers Octavian Goga (1881–1938) kam. Heute ist es eine **Gedenkstätte** für ihn und seinen Kollegen, den Dichter Ady Endre (1877–1919), der mit Berta Boncza verheiratet war: Ausgestellt sind Volkskunst, Hinterglasikonen, Dokumente und Bücher. Im Park steht das selbst entworfene **Mausoleum** von Goga.

Wer gerne wandert, fährt am besten nach **Valea Drăganului** (ung. Nagysebes) auf 510 Metern Höhe oder von dort entlang des Drăgan-Tales zum **Lacul Floroiu**, wo gerne gesurft und anderer Wassersport betrieben wird.

Ein größerer Ort am Crişul Repede, an der Bahnlinie von Budapest nach Cluj-Napoca, ist **Huedin** (dt. Heynod, ung. Bánffihunyad). Zunächst königlicher Besitz, wurde es mit der Burg Bologa der Familie Bánffy-Losoncz übertragen, deren Mitglieder bis in die Zeit zwischen

▲ Karte S. 231

Schild der rumänischen Bergwacht

den beiden Weltkriegen die reichsten Grundbesitzer der Region waren. Von vielen Kriegen in Siebenbürgen betroffen, war der Ort ursprünglich ein Warenumschlagplatz für die Hirten und Bauern der Umgebung. Im 19. Jahrhundert bestand hier eine große jüdische Gemeinde. Heute sind hier viele zu Reichtum gekommene Roma sesshaft. Einen Besuch wert sind die spätromanische **Elisabethkirche** mit gedrungenem, später hinzugefügtem Westturm und gotischem Chor sowie einige **Herrenhäuser** der Familien Bánffy und Barcsai.

Huedin entwickelt sich zum Ausgangspunkt für einen gewissen Ökotourismus. Von hier erreicht man nach 26 Kilometern die Ortschaft Neu-Beliș am größten Stausee des Someșul Cald (Warmer Somesch) am Lacul Fântânele.

Über die Siedlung **Bologa** (ung. Sebesváralja) mit Burgruine erreicht man den Naturpark Apuseni. Die Burg Bologa geht auf das 14. Jahrhundert zurück und war, bevor sie Kaiser Sigismund 1421 der Familie Bánffy übereignete, kurzfristig im Besitz des Moldauer Fürsten Mircea dem Alten. Ausgangspunkt für Wanderungen ist die Streusiedlung Răchițele (ung.) Havasrekettye auf 863 Metern Höhe.

Die Seenlandschaft des Someșul Cald

Über die Ortschaft Gilău erreicht man das Tal des Warmen Somesch (rum. Someșul Cald) der vom Gilău-Gebirge bis zu seiner Quelle im Bihor zu einer ganzen Kette von Seen aufgestaut wurde und das Gebiet in eine einzige Fjordlandschaft verwandelt hat. Leider gibt es nur wenige Haltemöglichkeiten, um die Landschaft von oben mit Blick auf die Seen etwas zu genießen. Am **Lacul Someșul Cald** liegt die gleichnamige Ortschaft. Am **Lacul Tarnița** sind einige Hotels, Pensionen und Campingplätze zu finden. Vorbei an einem Kraftwerk und einer Zweigstelle des Polytechnikums von Cluj, durch eine waldreiche, aber auch von Müllhalden übersäte Strecke fährt man immer oberhalb der Seenlandschaft.

Bei **Someșul Rece** führt ein Abzweig entlang des Someșul-Rece-Tals. Eine weitere Gabelung führt über eine nicht asphaltierte Straße zum orthodoxen **Kloster von Plopi** auf 1100 Metern Höhe weiter bis nach Băișoara.

Entlang des Someșul Cald folgt die Straße bis zur weitgestreuten Siedlung **Mărișel**, die zum größeren Skigebiet ausgebaut werden soll. Vorbei an einem

Einer der zahlreichen Stauseen der Region

Denkmal für Avram Iancu gabelt sich der Weg. Einer führt als DN 75 gekennzeichnet eher als besserer Forstweg hoch ins Gebirge über den Pasul Ursoi (1320 m) nach Horea und der andere nach unten zum **Lacul Fântânele**. Zur Quelle des Someșul Cald ist es von hier nicht mehr weit.

Die Region gehört bereits zum **Naturpark Apuseni**, der sich über die Kreise Bihor, Cluj und Alba erstreckt. Er ist berühmt für seine Höhlen und Schluchten, die auch von der Seite des Gilăugebirge in längeren Wanderungen erreicht werden können.

Etwa zwei Kilometer oberhalb des Lacul Fântânele liegt die Ortschaft **Beliș Nou**. Das alte Beliș wurde vom Stausee überflutet. Bei niedrigem Wasserstand kann man den Kirchturm sehen. Seit 1975 steht im neuen Beliș eine alte Holzkirche mit ihrem unglaublich hohen Turm, der durchgängig mit Holzschindeln gedeckt ist. Sie entstand 1862 anstelle eines im Jahr 1820 abgebrannten Vorgängerbaus. In ihrem Inneren birgt die den Erzengeln geweihte Kirche zwei Hinterglasikonen. Dieser Kirchentypus prägt das gesamte Apuseni-Gebirge.

Zur Kommune Beliș gehört die **Statiunea Fântânele** mit einigen wenigen Hotels direkt am See. Im Stausee darf man Boot fahren, fischen ist verboten. Leider führt kein Weg um den See, die Entwicklung für den Tourismus ist erst am Anfang. Salvamont unterhält hier eine Station. Der Raubbau am Wald ist aber leider überall erkennbar, und die Markierung der Wanderwege ist eher dünn. Die pflanzliche Vielfalt scheint hier jedoch unerschöpflich: Man findet unter vielen anderen die vom Aussterben bedrohte Trollblume, ein Hahnenfußgewächs, den nelkenähnlichen Sonnentau, dessen Blüte von Juni bis August die Wiesen spektakulär verwandelt, und das gefleckte Knabenkraut. Außerdem lebt hier die Hufeisennase, eine bedrohte Fledermausart, bei den Singvögeln tritt der Tannenhäher besonders hervor, unter den Käfern der Alpenbock, und die Lurche sind unter anderem mit dem Bergmolch vertreten. Vielerorts wird vor giftigen Schlangen, vor allem Kreuz- (Vipera berus) und Wiesenottern (vipera ursinii) gewarnt, die hier stark verbreitet sein sollen. Man sollte also auf festes Schuhwerk achten.

Am Fântânele-Stausee

▶ Karte S. 231

Gilău-Gebirge

www.primariabelis.ro.

Salvamont Cluj, Tel. 07 44/77 78 67 und 77 78 68.

Băişoara: Hotel Alpin, 3 Sterne, Tel. 02 64/33 33 72 und 33 33 73. Skihotel mit Restaurant, Billard und Bar.

Băişoara: Pensiunea Nicoleta, 3 Sterne, Tel. 07 22/34 28 62 und 07 47/98 13 11. 8 DZ, neuer und sauberer Familienbetrieb.

Belis: Pensiunea Katharsis, Tel. 07 22/ 65 08 28, einfach.

Beliş: Jugendherberge im Zentrum bei der Kirche.

Staţiunea Fântânele, Hotel Bianca, 3 Sterne, Tel./Fax 02 64/33 41 63, office.cluj@unita-turism.ro. Eine der wenigen Übernachtungsmöglichkeiten ohne besondere Ausstrahlung.

Lacul Gilău: Motel Gilău, 2 Sterne, eines der vielen Motels mit Campingplatz aus der Vorwendeära, kürzlich renoviert, 100 Betten.

Turda und Umgebung

Die Stadt Turda (dt. Thorenburg, ung. Torda) liegt am Rande der sogenannten Siebenbürgischen Heide (rum. Câmpii Transilvaniei), eine versteppte, ehemals bewaldete Zone am Unterlauf des Arieş (dt. Aranyos, ung. Araniosch). Auf den breiten Terrassen im Tal und an den Hängen wird Wein- und Obstbau, in den Gebirgen und in der Heide Viehzucht betrieben. Turda ist einerseits von Industrieanlagen und Wohnvierteln umgeben, andererseits reichen die Weinberge der Hügellandschaft fast bis ans Zentrum heran. An der langen Einfahrt kann man die Entstehung von Turda aus mehreren Siedlungen wie beispielsweise Alt- und Neuthorenburg nachvollziehen.

Geschichte

Im frühen Mittelalter hatten sich einige Siedlungen um die Salzgruben herum entwickelt. Sie gehörten verschiedenen Eigentümern, besaßen jeweils eigene Pfarreien und stützten sich auf einen unterschiedlichen Rechtsstatus. In ihnen wohnten auch Völker unterschiedlicher ethnischer Zugehörigkeit, deren Religionszugehörigkeit sich im Laufe der Zeit wandelte. Nach dem Tatareneinfall von 1241 wurden beispielsweise deutsche Hospites in Altthorenburg angesiedelt. Im Jahr 1278 schenkte König Ladislaus, der Kumane, die Thorenburger Salzgruben dem Bistum von Alba Iulia. Nach der Reformation schlossen sich Alt- und Neuthorenburg zunächst den Unitariern an. Nach dem Wüten unter dem kaiserlichen General Basta um 1600 blieb Altthorenburg unitarisch, während Neuthorenburg durch Fürst Gabriel Báthory mit calvinistischen Ungarn besiedelt wurde. Rings um die Salzgruben wohnten rumänische Hauer, und nach 1660 zogen rumänische Kleinadlige hierher.

Die Siedlungen waren schon seit dem 15. Jahrhundert zusammengewachsen, wurden aber nicht ummauert und erst im 18. Jahrhundert, nachdem die Stadtteile zerstört und wieder aufgebaut worden waren, in den Rang einer Stadt erhoben. Während des Kommunismus wurden ganze historische Straßenzüge zerstört, was sich auf das Stadtbild sehr nachteilig auswirkte.

Sehenswürdigeiten

Das Zentrum bildet der Anger von Altthorenburg, der vom Glockenturm von 1904 überragt wird. Dieser gehört zur **gotischen Kirche** aus dem 14. Jahrhundert, der größten Siebenbürgens, die

Die reformierte Kirche in Turda

einst ummauert war. Ihr Inneres wurde barock angepasst, das Äußere besitzt aber noch die gotischen Eingangsportale mit erkennbar kostbaren Steinmetzarbeiten.

Die **zweite gotische Kirche** wird von den Katholiken genutzt. Sie hat besondere Bedeutung für Siebenbürgen, denn in ihr fanden viele Siebenbürgische Landtage, Ratssitzungen, theologische Konferenzen und Dispute statt. In die Geschichte ging der Landtag von 1568 ein, auf dem zum ersten Mal die freie Religionsausübung für alle Glaubensrichtungen beschlossen wurde. Der gotische Bau entstand in den Jahren 1498 bis 1504 und wurde ab 1557 von den Unitariern genutzt. Vermutlich wurde die Kirche im Jahr 1721 wieder katholisch und der Muttergottes neu geweiht. Ihr neobarockes Inneres erhielt sie unter der Leitung von Ferenc Lek und dem Schreiner Szentmiklósi Ferenc im 19. Jahrhundert. Aus diesem Anlass malte János Vitkay drei Wandgemälde in Seccotechnik. Die farbigen Fenster wurden während des Zweiten Weltkriegs zerstört. Gotische Relikte finden sich lediglich auf der Süd-Ost- und der Nordseite. Hinter der katholischen Kirche steht das städtische Theater, auf dem Anger vor der Kirche ein Avram-Iancu-Denkmal.

Das **Fürstenpalais** ist ein delikater zierlicher Renaissancebau aus dem 15. Jahrhundert. Der Polenkönig und Siebenbürger Fürst Stephan Báthory ließ das Gebäude um 1560 umbauen. Wiederholt diente es als Fürstenresidenz, unter anderem 1588 für Sigismund Báthory. Es weist ein gotisches Haupttor und Details im Renaissance-Stil auf. Im Jahr 2008 wurde mit der Renovierung begonnen. Es ist heute das **Geschichtsmuseum** der Stadt.

In der Grünanlage vor dem Palais sind **römische Grabsteine** mit Inschriften ausgestellt. Turda ist viel älter als das mittelalterliche Zentrum. Hier bestand das Lager der fünften Legion Macedonia, die zu Beginn der Markomannenkriege 167 nach Christus hierher verlegt worden war. Den ursprünglichen Vicus Patavissensium (übersetzt ›Kaliumsiedlung‹) erhob Kaiser Septimius Severus zum Municipium. Zum Wachstum der antiken Stadt trugen wesentlich hinzugezogene Siedler bei, die die dortigen Salzgruben ausbeuteten. Die Bevölkerung war unterschiedlicher Herkunft mit starken dako-getischen Elementen.

Über einen Treppenweg erreicht man den **Festungshügel** (Dealul Cetății) mit den römischen Resten. Das Kastell wurde im 19. Jahrhundert abgetragen. Markiert sind nur die Grundrisse der römischen Bauten. Der Hügel ist eine geschützte grüne Zone und dient als Freizeitgelände, auf dem sich die Hunde austoben. Man

▲ Karte S. 231

hat von hier einen schönen Blick auf das Trăscău-Gebirge und die davor liegende Weidelandschaft.
Sehenswert sind weiterhin das ehemalige **Franziskanerkloster** mit Kapelle von 1733 und das **Rathaus**, heute Gerichtsgebäude im Barock-Empire-Stil, sowie das **Gymnasium**.

Salzbergwerk

In Neuthorenburg (Turda Nouă) nördlich des Zentrums ist das ehemalige Salzbergwerk zu besichtigen. Das Salz befindet sich hier in 13 Millionen Jahre altem Gestein. Seine Förderung ist bis in die römische Zeit nachzuweisen. Die Periode der neuzeitlichen Förderung dauerte von etwa 1600 bis 1932. Die Saline von Turda besteht aus insgesamt vier fertigen Gruben; eine weitere Grube befand sich zur Zeit der Schließung des Bergwerks in Planung. Während einer Erweiterung wurden römische Stollen und Strecken gefunden. Die Gruben haben unterschiedliche Namen und Formen: kreis-, trapez- oder zylinderförmig. Viele Gruben wurden früher als Mülldeponie benutzt und sind nicht zugänglich. Zwischen den Gruben befanden sich Pferdegöpel, mechanische Vorrichtungen, die durch Pferde angetrieben wurden. Die Pferde waren stets unter Tage und erblindeten.
Man erhält Zugang zu den Salinen über die sogenannte Franz-Josef-Galerie des 19. Jahrhunderts mit einer Länge von 917 Metern. Von 1948 bis zur Eröffnung des Besucherbergwerks im Jahre 1992 wurde sie wegen ihrer gleichmäßigen Temperatur und Luftfeuchtigkeit als Lagerhaus für Käse genutzt.
Nach einer grundlegenden Sanierung wurde die Saline im Jahr 2010 wieder für die Besucher geöffnet und bietet eine neu gestaltete abwechslungsreiche Erholungs- und Freizeitwelt. Auch Gesundheitsbehandlungen werden durchgeführt.

Der Eingang zu den Salinen in Turda Nouă

Die Umgebung von Turda

Turda besitzt eine reizvolle Umgebung. Im Osten der Stadt befindet sich das eingemeindete **Kurbad Băile Turda**. Es entstand an der Stelle von eingestürzten Salzgruben, aus denen Salzteiche wurden.

Einst verband eine Schmalspurbahn Turda mit Abrud im Apuseni-Gebirge. Sie führte an Moldovenești vorbei, dort wo der Fluss Arieș das Gebirge verlässt. **Moldovenești**, heute benannt nach dem hier 1833 geborenen Geistlichen und Volkskundler Ioan Micu Moldovan, hieß einst Vărfalău (dt. Burgdorf, ung. Várfalva) nach der unweit gelegenen Burg Castrum Torda. Sie soll aus der Zeit der ersten Landnahme Siebenbürgens unter König Stephan I. stammen und damit eine der ältesten Siedlungen Siebenbürgens sein. Untermauert wird diese These durch die Quellen und Funde. In der Umgebung wurden Gräber aus der Arpadenzeit entdeckt. Die Mongolen verwüsteten das Gebiet, Thorenburgs Aufstieg begann, und das menschenleere Gebiet wurde um 1260 von den aus der Gegend von Saschiz umgesiedelten Szeklern als Dank für Kriegsdienste gegen Mongolen und Kumanen zugewiesen. Die ihnen erteilten Privilegien wurden erst im 19. Jahrhundert aufgehoben. Der schönste Ausflug von Turda ist eine Wanderung durch die Turda- oder Thorenburger Klamm.

In der Innenstadt von Turda

▲ Karte S. 231

Die Thorenburger Klamm

Das Trascău-Gebirge mit einer Kammlänge von rund 70 Kilometern liegt am äußeren Rand des Apuseni-Gebirges. Es wird im Osten von der Siebenbürgischen Hochebene, im Süden von den Munții Metaliferi und im Nordwesten vom Gilău-Gebirge begrenzt. Zum Kreis Cluj gehört ein kleiner Zipfel dieses Gebirges mit dem Petreștilor-Kamm, einem 15 Kilometer langen Höhenzug aus Kalkstein, dessen Rücken tief in die Siebenbürgische Hochebene reicht. In ihm ist die Cheile Turzii (Thorenburger Klamm, ung. Tordai-hasadék) ein wichtiger Anziehungspunkt. Es handelt sich um eine quer zur Längsrichtung dieses Kammes verlaufende Felsenschlucht, die sich nur sechs Kilometer von Turda entfernt zwischen Petreștii de Jos und Sânmihaiu de Sus befindet. Die Klamm ist 1272 Meter lang und beidseitig von steilen Felswänden umgeben, die an ihrem Eingang 300 Meter hoch sind und an ihrem Ausgang eine Höhe von bis zu 450 Metern erreichen. An den Steilwänden der Schlucht kann geklettert werden.

Die Turda-Klamm lässt sich auf den beiden seitlich gelegenen Berghöhen durchwandern, von wo sich einzigartige Ausblicke in die Tiefen der Schlucht bieten. Die Turda-Schlucht weist auf einem Gebiet von nicht mehr als einem Quadratkilometer eine abwechslungsreiche Flora auf. Sie ist zudem Brutstätte für Steinadler und Mauerläufer, prächtige Schmetterlinge und seltene Eidechsen beherrschen das Feld. Die Klamm mit einem Areal von 175 Hektar wurde dank ihrer besonderen geologischen Struktur bereits 1938 zum Naturdenkmal erklärt. Der Hășdatele-Bach durchquert die Klamm. In den Kalkwänden verbergen sich zahlreiche Höhlen, die eine Fundgrube für archäologisches Material sind. Sie wurden vermutlich schon in der Steinzeit bewohnt und dienten in Kriegszeiten immer wieder als Zufluchtsort. Durch die heutige Klamm führt ein Weg, der auf die österreichische Armee zurückgeht. Die Brücken über den Bach wurden häufig zerstört und wieder erneuert. In unmittelbarer Nähe der Klamm gab es vor dem Zweiten Weltkrieg zahlreiche Mühlen, die als Herberge für die Touristen dienten. Davon blieben zwei übrig.

Wanderung durch die Thorenburger Klamm

Markierung: rotes Band, 2–3 Std. Die Route kann, bedingt durch vom Hochwasser zertörte Brücken, nicht immer vollständig begangen werden.

Der Einstieg erfolgt an der Cabana Salvamont und dem Sommergarten, die man von Süden über die N75 und Sânmihaiu de Sus oder von Norden über Săndulești erreicht. Man folgt einem mit einer Treppe versehenen Steg und trifft auf die Reste einer Mühle am Hășdatele-Bach, über den die erste Brücke führt. Der Weg verläuft dem Bachbett entlang durch lichten Kiefernwald. Vorbei an den Steilwänden Creasta Sură und Turnul Galben, über eine zweite Brücke zum linken Ufer. Schöner Ausblick auf die Felswand Peretele Vulturilor, an deren Fuß Einstieg zur Höhle Ungurean, weiter durch den bewaldeten Weg entlang der Felswände über eine kurze Treppe zum Sandbett des Baches. Kurzer Aufstieg und Blick zu den Hängen Peretele Uriaș, rechts felsiger Kamm Colțul Crăpat, Colțul Sanșilii. Oberhalb Pereții Prioanelor mit Einstieg zur Erasmus-Juliu-Nyarady-Höhle. Schmaler steiniger Weg bis zur dritten Brücke am Fuß des Peretele-Uriaș-Felsen mit 300 Meter Steilwänden mit zahlreichen Felsengipfeln, Einstieg zur Binderhöhle. Fortsetzung bis zur größten Quelle des Hășdatele-Bachs (Șipotul Cheii). Der Weg steigt leicht an. Es folgt das große Geröllgebiet Zurușul Lung. Vorbei am Bach Baltă lui Dănila und vierte Brücke. Zu beiden Seiten Höhleneingänge: Cățeaua Mare und Mică. Das Tal weitet sich, die Steilwände verlieren an Höhe, der Weg führt am Bachbett entlang bis zum felsigen Tor Portița, erreicht Überreste der zweiten Mühle und steigt durch den Wald zum Moarirlor-Hang hoch.

Turda

Hotel Hunter Castle, 4 Sterne, Str. Șterca Șuluțiu 4/6, Tel. 02 64/31 68 50, Fax 311171, www.huntercastle.ro. DZ 250 Lei. Im Dracula-Schloss-Stil angelegt, ruhige, komfortable Anlage mitten im Zentrum, mit nettem Gartenrestaurant.

Muzeul Saline, Strada Salinelor 54 b, www.primturda.ro v, tgl. 9–17 Uhr, letzter Einlass 15 Uhr, 10–12 °C Innentemperatur.

Historisches Museum, Str. B. P. Hașdeu 2, http://muzeu-turda.cimec.ro, tgl. außer Mo 9–17 Uhr.

Kreis Bistrița-Năsăud

Das Nösnerland ist das ehemalige deutsche Siedlungsgebiet im Norden Siebenbürgens. Es liegt zwischen dem Oberlauf des Someșul Mare und dem Tal der Bistrița. Hügel und Berglandschaften beherrschen es. Überall sieht man viel Landwirtschaft, darunter Obst- und Weinbau. Zudem ist es die Heimat des sagenumwobenen Grafen Dracula.

Die Stadt Bistrița

Hauptort des Nösnerlandes und des heutigen Kreises ist die Stadt Bistrița (dt. Bistritz, ung. Besterce), die als Hauptstadt des ehemaligen Nösnergaues früher Nösen genannt wurde. Die Stadt liegt in der Ebene des Flusses Bistrița, dessen Name slawischen Ursprungs ist und übersetzt ›die Reißende‹ bedeutet. Die Stadt Bistrița hat sich größtenteils rechts des Flusslaufs entwickelt, der allerdings für das Stadtbild wenig bestimmend ist. Die Stadt ist eine der drei großen alten Sachsenstädte im Norden Siebenbürgens. Noch Anfang des 20. Jahrhunderts waren 50 Prozent der Bewohner Sachsen, die mit Ungarn, Juden und Rumänen einträchtig zusammenlebten.

Der Kreis Bistrița-Năsăud im Überblick

Name: Kreis Bistrița-Năsăud (dt. Bistritz, ung. megyes Beszterce-Naszód).

Lage: im Nordosten Siebenbürgens.

Fläche: 5355 qkm.

Einwohner: 311 657 (2002), davon 90 % Rumänen, 5,9 % Ungarn, 3,6 % Roma und sehr wenig Deutsche.

Hauptstadt: Bistrița (Bistritz, Beszterćé).

Landschaften: Suhard-, Căliman- und Rodna-Gebirge; Hügel und Siebenbürger Heide.

Empfehlenswerte Aktivitäten: Wandern in den Nationalparks von Rodna- und Căliman-Gebirge; Kuren in Sângeorz Băi; Reiten in den Bârgău-Bergen; Skifahren in Piatra Fântânele; Fahrt mit der Schmalspurbahn von Lechința bis nach Târgu Mureș und Besichtigung des mittelalterlichen Bistritza.

Bemerkenswert: historische Landschaft Nösnerland.

Internet: www.prefecturabn.ro.

Vorwahl: 02 63.

Geschichte

Gegründet wurde die Stadt ursprünglich von den Ungarn. Nach dem Einfall der Mongolen wurden Sachsen angesiedelt; mit ihnen begann der Aufstieg, begünstigt durch die nahen Silber- und Goldbergwerke. Als Station an der Handelsstraße des zwischen Kiev und Regensburg abgewickelten deutsch-slawischen Handels zog sie viele ausländische Kaufleute an. So dominierten bereits Anfang des 14. Jahrhunderts die Regensburger und Wiener Kaufleute. Gehandelt wurde vorwiegend mit Eisenwaren und Tuch. Bistritz erhielt wie Kronstadt Marktrecht und ein städtisches Siegel: den Straußenkopf mit dem Hufeisen im Schnabel, der als Symbol für die kaufmännische Begabung gedacht war. Seit 1325 wurden hier die ersten ungarischen Goldgulden nach florentinischem Muster, Forint genannt, geprägt. Eine der im ganzen Reich erforderlichen Münzkammern hatte ihren Sitz in Bistritz. Den Münzkammern standen sogenannte Kammergespane vor, ungarische Verwaltungsbeamte, die im Vertragsverhältnis mit dem unga-

▶ Karte S. 254

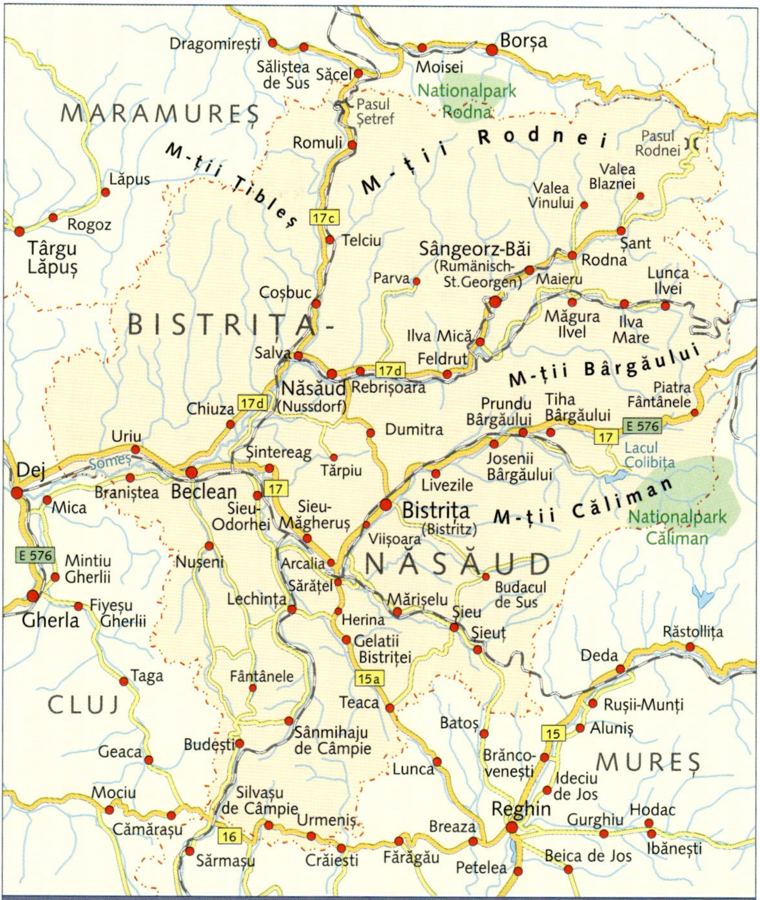

Kreis Bistrița-Năsăud

rischen König die Förderung des Edelmetalls im Lande leiteten. In dieser Blütezeit erhielt die Stadt die Erlaubnis für den gewinnbringenden, jährlich im August stattfindenden Bartholomäusmarkt.

Heute steht die Stadt für Industrie, Verwaltung, Bildung und Tourismus im Kreis. Seit dem Jahr 2002/2003 ist der fränkische Autozubehörhersteller Leoni AG hier angesiedelt, ein wichtiger Arbeitgeber. Mit EU-Unterstützung ist der Bau einer großen Deponie in Planung, die Umweltprobleme lösen und Arbeitsplätze schaffen soll.

Sehenswürdigkeiten

In der Stadt herrscht das Einbahnstraßensystem. Der Stadtkern ist relativ klein und gut zu Fuß zu erkunden. Im wesentlichen bestimmen die drei Plätze Piață Unirii, Piață Centrală und Piață Mică das Bild.

Vom regelmäßig angelegten **Marktplatz** (Piata Centrală) nehmen die Straßen des Zentrums ihren Ausgang. Der Platz selbst wird von der **evangelischen Kirche** mit ihrem 76,5 Meter hohen Turm, dem höchsten Rumäniens, dominiert. Leider hat ein Brand während der Restaurierungsarbeiten 2008 den Turm schwer geschädigt, der Wiederaufbau ist in Arbeit. Der im gotischen Stil in der zweiten Hälfte des 14. Jahrhunderts errichtete Bau ersetzte eine spätromanische Kirche. Von dem Baumeister Petrus Italus aus Lugano, der auch in Polen und der Slowakei tätig war, wurde das Gebäude im Jahre 1563 teilweise erneuert und modernisiert. Der **Turm** mit Sgraffito-Verzierung stammt aus dem Jahr 1487. Im gotischen Oberteil war er von einer steinernen Galerie umgeben. Vier Standbilder schmückten das vierte Geschoss darunter die Muttergottes und der heilige Nikolaus, dem die Kirche einst geweiht war. Das mit Kupfer gedeckte Dach war an vier Ecken mit Türmchen verziert.

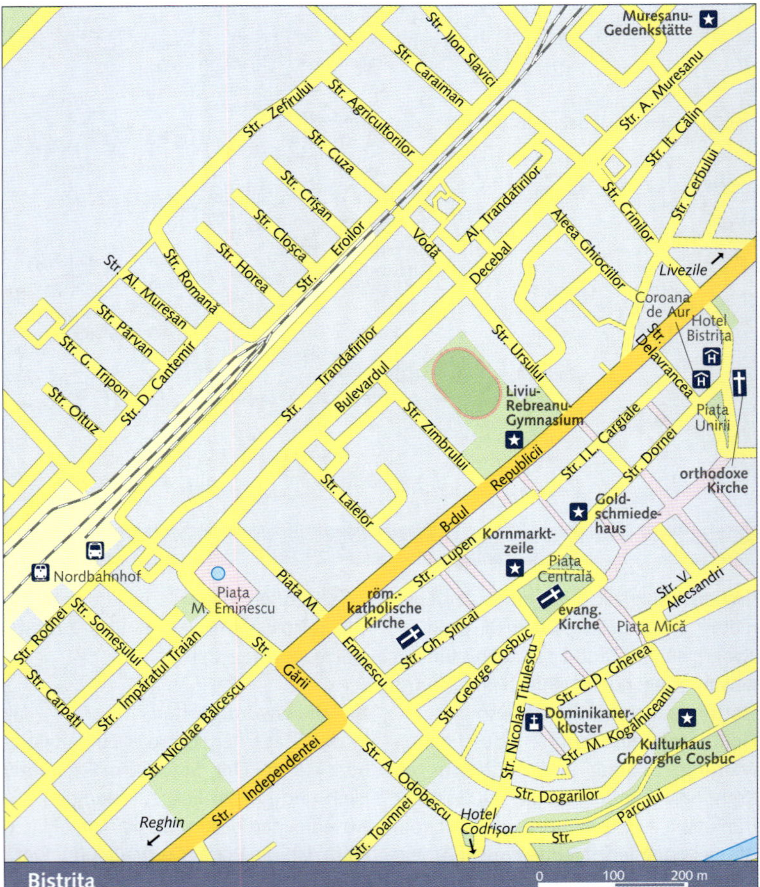

Bistrița

Die evangelische Kirche von Bistrița

Von Bedeutung für die mittelalterliche Kunst Ungarns ist eine im südwestlichen Turmstumpen eingemauerte figürliche **Grabplatte**. Sie zeigt unter einem blättergeschmückten Wimperg einen frontal dargestellten Ritter mit Schwert und Wappenschild. Die Grabplatte ist von einer Inschrift eingefasst, die besagt, dass die Platte 1327 geschaffen wurde. Die **Innenausstattung** der Hallenkirche zeigt eine steinerne, spätgotische Kanzel, ein Chorgestühl mit einer gotisch gearbeiteten Südseite und einer mit Intarsien im Renaissance-Stil geschmückten Nordseite, Altorientalische Teppiche an den Wänden, Reste von Wandmalereien aus dem 19. Jahrhundert und die als besonders kostbar geltende **Orgel von Johann Prause**.

Drei mittelalterliche Bauten des 15. und 16. Jahrhunderts haben den Zahn der Zeit und die wiederholten Brände überstanden: das Gebäude Piață Centrală 13, das **Pfarrhaus** (Casa Parohială), das **Petershaus** (Casa Peterman, Nr. 15) und das **Petru-Rareș-Haus** (Nr. 30).

An der Nordseite des Marktplatzes in der Strada Spiru Haret verläuft die **Kornmarktzeile** (Șugalete), eine Gruppe von dreizehn Arkaden-Häusern aus dem 15. Jahrhundert.

Etwa in der gleichen Zeit wurde das **Goldschmiedehaus** (Casa Aurarului) in der Strada Dornei 5 gebaut.

Entlang der der Strada Dornei erreicht man den **Einheitsplatz** (Piață Unirii) mit der rumänisch-orthodoxen Kirche aus dem 13. Jahrhundert, die mit Malereien und Ikonen geschmückt ist.

In der Strada Dogarilor steht das ehemalige **Dominikanerkloster** (Claustrul Dominican). Der Orden kam im 14. Jahrhundert nach Siebenbürgen; er wurde stark begünstigt und gelangte schnell zu Reichtum und Grundbesitz. Die Vielfalt der Konfessionen wird auch hier deutlich.

In der Strada Gheorghe Șincai 21 erkennt man die **römisch-katholische Kirche** an ihrer barocken Fassade.

In einem Gebäude aus dem 19. Jahrhundert befindet sich das **Liviu-Rebreanu-Gymnasium**. Rebreanu, Schriftsteller, Dramatiker und Journalist, wurde 1885 im Kreis in Maierus geboren und besuchte hier in Bistrița das Gymnasium. Von ihm liegen einige Romane in deutscher Übersetzung vor: beispielsweise ›Die Gehenkten‹, ›Der Aufstand‹, ›Die Abrechnung‹ und ›Madalina‹.

Das **Kulturhaus Gheorghe Coșbuc** trägt den Namen des Dichters, der 1866 im ehemaligen Dorf Hadou, heute Coșbuc,

Arkadenhäuser in der Innenstadt

Obstanbau in der Umgebung von Bistriţa

unweit von Bistriţa geboren wurde. Und ein ebenso verehrter Sohn der Stadt ist Andrej Mureşanu, Dichter der Nationalhymne, dessen Haus zur Gedenkstätte wurde.

Ehemals besaß die Stadt einen Burgberg. Als König Ladislaus V. den Bistritzer Distrikt dem Reichsverweser János Hunyadi 1453 Erbgrafentum schenkte, baute dieser eine Zwingburg zur Sicherung seiner Herrschaft gegen die Sachsen des Nösnergaues. Diese waren bereits seit 1363 von König Ludwig I. in ihren Freiheiten den Bewohnern von Hermannstadt gleichgestellt worden. Als Unterdrückung und Steuerlasten unter Hunyadis Onkel Michael Szilágy immer härter wurden, begehrten die Bewohner auf und erhielten von König Matthias die alten Rechte zurück, dazu die Erlaubnis, die Burg zu zerstören. Das Material verwendeten sie zum Bau der 1484 vollendeten Ringmauer der Stadt, deren Reste noch heute in den Straßen Kogălniceanu, Ecaterina Teodoroiu und am Petru-Rareş-Platz zu sehen sind.

Bistriţa

Vorwahl: 0263.

Der Bahnhof Bistriţa-Nord liegt an der Bahnstrecke Cluj–Suceava. Täglich verkehren mehrmals Schnellzüge.

Hotel Codrişor, 3 Sterne, Str. Codrişor 23, Tel. 221231, Fax 227782, www.hotelcodrisor.ro. 25 Zimmer, DZ 46 Euro. Das Hotel hat sich gleich nach der Wende etabliert und bemüht sich um eine stetige Modernisierung.

Hotel Bistriţa, Piaţă Petru Rareş 2, Tel. 231154 Fax 231826, www.hotel-bistrita.ro, hotelbistrita@mymail.ro, 49 Zimmer. DZ 56 Euro. Moderne Unterkunft nicht weit vom Zentrum.

Hotel Coroana de Aur, 3 Sterne, Piaţă Petru Rareş 4, Tel. 232470, Fax 232667, www.hotel-coroana-de-aur.ro. Größeres Hotel, das vom Dracula-Mythos zehrt.

▸ Karte S. 254

Graf Dracula – Mythos und Wirklichkeit

Rumänien ist das Land mit dem Mythos des Vlad III. Țepeș, genannt Dracula. Einerseits wird mit dem Vampir leidenschaftlich Werbung gemacht, andererseits wird seine Vermarktung im Zusammenhang mit Siebenbürgen von vielen als unwahr und kitschig angesehen. Umstrittenstes Vorhaben unter dem Markennamen Dracula war ein geplanter Vergnügungspark vor den Toren von Sighișoara. Dessen Umsetzung wurde zum Glück vereitelt – auch dank diskreter Unterstützung seiner Majestät Prince Charles über den Mihai Eminescu Trust, Sigihișoarer Bürgerinitiativen wie Durabila, internationaler Organisationen wie Greenpeace und dem UNESCO-Komitee. Der Schriftsteller und Journalist Dieter Schlesak, ein gebürtiger Schäßburger, setzte mit seinem Roman ›Vlad. Die Dracula-Korrektur‹ im Jahr 2007 neue Maßstäbe.

Die historische Gestalt Vlad III. Țepeș regierte mit Unterbrechungen als Woiwode der Walachei zwischen 1456 und 1476. Sein Ruf und Name Vlad der Pfähler (Țepeș vom rumänischen Wort Țeapă – der Pfahl) entstand aus seiner Vorliebe, seine Feinde zu pfählen. Sein Vater Vlad II., der Kaiser Sigismund, dem Luxemburger, zu Diensten stand, wurde von diesem in den Drachenorden aufgenommen und übertrug den daraus gewonnenen Beinamen Dracul, Drachen oder Teufel, als Familiennamen auf seine Söhne.

Der zweitgeborene Vlad III., alias Dracula, verbrachte seine Kindheit als Geisel am türkischen Hof und sammelte anschließend Erfahrungen bei seinem Onkel in der Moldau und am Hof in Budapest. In seinen Regierungszeiten mit Sitz in Târgoviște war er mal Gegenspieler und dann wieder Verbündeter von anderen Großen der rumänischen Geschichte, wie Stefan dem Großen, Matthias Corvinus und Mehmed II. Nach seinem gewaltsamen Tod fand er seine letzte Ruhestätte im Kloster Snagov, unweit des von ihm gegründeten Bukarest.

Vlads aufregendem Leben und seinen zur Legende gewordenen Strafen setzte der Schriftsteller Bram Stoker aus Dublin (1847–1912) mit seinem 1897 erschienenen Roman ›Dracula‹ ein unsterbliches Denkmal. Stokers Roman spielt in Siebenbürgen, sein Held ist ein Vampir, ein Szeklergraf, in dem Vlad III. Țepeș gesehen wird. Eine Figur aus Stokers Roman, der Anwalt Jonathan Harker, diente als Namenspate für einen Speisesaal im Hotel Coroana de Aur (Goldene Krone) am Petru-Rareș-Platz in Bistrița (Salonul Jonathan Harker). Harker stieg auf seiner Reise zu Graf Dracula nämlich in Bistritz ab:

»3. Mai. – Bistritz. Wir waren einigermaßen pünktlich abgefahren und erreichten kurz nach Einbruch der Dunkelheit Klausenburg.... Es war bereits dunkel, als wir in Bistritz einfuhren. Dies ist eine sehr interessante alte Stadt; sie liegt praktisch an der Grenze, denn der Borgopaß führt hinüber in die Bukowina. Graf Dracula hatte mir das Hotel Zur Goldenen Krone empfohlen, und zu meiner großen Freude fand ich, dass dies ein durchaus im alten Stil eingerichtetes Haus war. Ein Schreiben empfing mich dort. Mein Freund, willkommen in den Karpaten. Ihr Freund Dracula.«

aus: Bram Stoker, Dracula.
Ein Vampirroman, München 1967.

Das Nösnerland

Von Bistrița aus bietet sich eine Fahrt ins Nösnerland an, einst das nördlichste Siedlungsgebiet der Siebenbürger Sachsen.

Der **Weinort Viișoara** südlich von Bistrița erhielt seinen Namen von heidnischen Petschenegen im Mittelalter und war bis zum Ausbruch des Zweiten Weltkriegs vorwiegend von Sachsen bewohnt und berühmt für den Steiniger Wein.

Sărățel (dt. Reußen, ung. Szeretfalva) wurde wegen seiner reichen Salzvorkommen frühzeitig von Deutschen besiedelt, auf die dann Ruthenen folgten. Auf dem Burgberg wurden Reste freigelegt, die auf die Daker zurückgehen sollen. Südlich der Ortschaft befinden sich die Naturschutzreservate Masivul de Sare (dt. Salzbruch) mit einer Fläche von fünf Hektar und, in der Nähe von Domnești, Râpa cu păpuși.

Die Pfeilerbasilika von Herina

Karte S. 253

Über den Dealul Herinei (Sereth- oder Zaret-Berg) führt eine serpentinenreiche Straße von Sărățel nach **Herina** (dt. Mönchshof, ung. Harina). Den ehemaligen Salzort sollte man wegen seiner kostbaren spätromanischen Pfeilerbasilika von 1215 besuchen. In der Tat ist Sankt Petrus eine der wenigen Kirchen Siebenbürgens, die ihre rein romanische Anlage bewahren konnte. Ihre Westseite markieren zwei Türme, im Inneren sind Malereireste und eine Westempore zu sehen. Die Kirche steht auf dem ehemaligen Grund der Familie Kacsics und wird als deren Stiftung angesehen.

Arcalia (dt. Kallesdorf, ung. Árokalja) war vor der Aufhebung der Leibeigenschaft im Besitz der Familie Bethlen. Der Ort besitzt ein Schloss im historistischen Stil inmitten eines dendrologischen Parks von 16 Hektar, der seit 1801 besteht. Unter den unzähligen, auch außereuropäischen Baumarten wachsen hier auch Japanische Akazien und Kaukasische Fichten.

Wenige Kilometer entfernt liegen **Șirioara** (dt. Schart, ung. Sajósárvar) mit Resten einer Palisadenburg und Ruinen einer Kirchenburg und **Șieu-Odorhei** (dt. Dienesdorf, ung. Sajóudvarhely) mit römischen Fragmenten und einer sehenswerten reformierten Kirchenburg.

Das südwestlich von Bistrița gelegene **Lechința** erreichte im 15. Jahrhundert, nach vielen Auseinandersetzungen mit dem benachbarten Adel, Marktrecht, Blutgerichtsbarkeit und das Patronatsrecht für eine eigene Kirche. Von Lechința bis nach Târgu Mureș fährt eine Schmalspurbahn. Wenige Kilometer entfernt liegt die ehemals deutsche Siedlung **Fântânele** (dt. Eisch, ung. Szászujös), wo man ein keltisches Gräberfeld aus dem 2. bis 4. Jahrhundert fand.

Das Bethlen-Schloss in Arcalia

Abseits der Hauptstraßen liegt nordwestlich von Bistrița die Ortschaft **Tărpiu** (dt. Treppen, ung. Szász-Törpeny), in deren spätgotischer Saalkirche Peter und Paul bei Renovierungsarbeiten im Jahre 1990 Malereien entdeckt wurden.

Die letzte freie, das heißt auf Königsboden gelegene Siedlung, war nördlich von Bistrița **Livezile** (dt. Jaad, ung. Jád), deren Name sich vom slawischen Wort für ›Hölle‹ ableitet. Im römischen Dazien befand sich hier ein Erdlager, dessen Graben man fand. Zu besichtigen ist die Volkskundesammlung des Antiquitätenhändlers Gheorghe Rusu im Muzeul de Sub poartă. Zu Lizevile gehört die einstige Romasiedlung Dorolea (dt. Kleinbistritz, ung. Asszu-Beszterce). Die Roma leben heute im benachbarten Cușma.

Entlang der Bistrița führt die DN 17 über den auf 1227 Metern gelegenen **Pasul Tihuța** (dt. Borgopass ung. Borgóihagó). Um die Ortschaften bis zum Pass befinden sich seit alters her genutzte Jagdreviere. Während der Ceaușescu-Ära verdingten sich hier die Roma, auch unter der Bezeichnung Löffelzigeuner bekannt, als Treiber für die Jagden im Căliman-Gebirge.

Josenii Bârgăului (dt. Unterborgo) ist ein altes Zentrum der unglasierten Schwarzkeramik, die gerne für die Tabakpfeifen genutzt wurde, während in Suseni Bârgăului rote Hafnerware Tradition hat.

In **Prundu Bârgăului** (dt. Großborgo, ung. Borgoprund), unmittelbar vor dem Aufstieg zum Pass, war ab 1784 die dritte Kompanie des walachischen Infanteriegrenzregiments stationiert.

Das Căliman-Gebirge

Vier Kreise haben Anteil an den Munții Căliman, der Kreis Bistrița-Năsăud hat davon den kleinsten. Mehrere Ortschaften können als Ausgangspunkte für Wanderungen angesteuert werden: das Gebiet um den **Colibița-See**, Mureșenii Bârgăului, Dorolea, Cușma und Budacul de Sus. Von Bistrița-Bârgăului führt eine landschaftlich schöne Strecke von etwa 16 Kilometern über den Bistritza-Engpass (Cheile Bistriței) zum Lacul Colibița (dt. Kolibitza, ung. Kolibica-Stausee) auf einer Höhe von 830 Metern. Hier an der Nordflanke des Căliman-Gebirges entspringt die Bistrița in 1562 Metern Höhe und gräbt sich auf einer Strecke von 65 Kilometern ihr Bett durchs Gebirge. In ihrem Oberlauf wird sie zum 300 Hektar großen Lacul Colibița aufgestaut. Der Stausee ist ein beliebtes Naherholungsgebiet.

Mehrere Reservate können im Căliman erwandert werden: Das Reservat Valea Repedea südlich des Stausees hat eine Fläche von 500 Hektar und ist wegen seiner durch Erosion entstandenen pyroklastischen Formationen, die an Nadeln, Säulen, Pilze und Türme denken lassen, interessant.

Râpa Mare bei Budacul de Sus hat eine Fläche von zehn Hektar, Râpa Verde und Comțarnicul bei Cușma sind Fundstätten versteinerter Mollusken. Das botanische Reservat Piatra Cușmei (dt. Kuschmaner Stein, ung. Kusma-kö) auf etwa 1200 Metern Höhe, wo Moosglöckchen wachsen, und das Reservat Piatra Corbului (dt. Rabenstein), beide mit einer Fläche von etwa 10 Hektar, weisen wunderschöne Felsformationen auf. Um den Ort Cușma (dt. Kuschma oder Auen, ung. Kusma) lag seit alters her ein Jagdgebiet.

Căliman-Gebirge

Hotel Castel Dracula, Piatra Fântânele, Str. Principală 4, Tel. 0263/266841, Fax 265192. 67 Zimmer kurz vor dem Pasul Tihuța mit schöner Aussicht aufs Bârgău- und Căliman-Gebirge. DZ 80 Euro

Gästehaus Lumina Lacului, in Colibița, 1,5 km vom Staudamm entfernt, ganzjährig geöffnet, Zimmer mit und ohne Bad.

▸ Karte S. 253

Der Colibița-See im Căliman-Gebirge

Unterwegs im Someștal

Der Someș bildet auf einer Strecke von etwa 70 Kilometern ein breites, terrassenreiches Tal, in dem er das Wasser der vielen parallel verlaufenden Flüsse des Rodna-Gebirges und der von Osten aus dem Borgoer Gebirge kommenden Bäche sammelt. Die Region des oberen Someștales ist ein altes rumänisches Siedlungsgebiet, dessen Bewohner seit der Habsburgerzeit freie Bergbauern waren.

Beclean

Beclean (dt. Bethlen, ung. Bethlen) liegt auf einer der Terrassen des Someșul Mare und war seit 1438 Stammsitz der ungarischen Grafenfamilie Bethlen, als Georgius von Bethlen von König Albrecht die Erlaubnis zum Bau einer Festung, der künftigen Stammburg, erhielt. Neben der im 15. Jahrhundert zur Renaissance-Festung mit vier Eckbastionen ausgebauten Burg auf römischen Resten unterhielt die gräfliche Familie hier im Laufe der Zeit insgesamt **drei Schlösser**, die alle neuen Funktionen zugeführt wurden: An der Durchgangsstraße steht nach hinten versetzt das Schloss aus dem 18. Jahrhundert, das die zwischenzeitlich stark in Mitleidenschaft gezogene und als Steinbruch genutzte Burg ablöste. In ihm fand die landwirtschaftliche Hochschule Aufnahme. Der sie umgebende Park wurde unter Naturschutz gestellt. Ein zweites Bethlen-Schloss ist in das Krankenhaus am Ortseingang integriert. Und versteckt hinter den Plattenbauten am Marktplatz steht ein drittes aus dem 19. Jahrhundert. In ihm ist das Rathaus eingerichtet. In der ungarisch-reformierten Kirche aus dem 15. Jahrhundert befinden sich Gräber der Familie, erkennbar an ihrem Wappentier, der Schlange.

Stolz der Stadt ist das gerade eröffnete neue **Salzbad** mit Süßwasser-Hallenbad im drei Kilometer entfernten Vorort Figa.

Năsăud

Năsăud (dt. Nussdorf, ung. Naszód) gehörte lange zu Bistrița. Unter Maria Theresia wurde es 1774 zum Distrikt des Militärgrenzgebietes. Auf die Habsburger gehen die ersten rumänischen Schulen und eine deutsch- und rumänischsprachige Offiziersschule zurück. Letztere wurde später ein Gymnasium, das auch Gheorghe Coșbuc und Liviu Rebreanu besuchten. Sie sind beide im Kreis geboren; ihre Geburtshäuser sind Gedenkstätten. In der ehemaligen Kaserne des zweiten Grenzregiments ist ein **Volkskundemuseum** untergebracht sowie eine Zweigstelle der Bibliothek der rumänischen Akademie.

Bemerkenswert ist der **Friedhof**, auf dem Verstorbene aller Konfessionen Seite an Seite liegen.

Rebra und Parva

In Poderei bei Rebrișoara ist eine rumänische Holzkirche des 17. Jahrhunderts sehenswert. Von hier führt ein schöner Weg durchs Rebratal nach Rebra (dt. Roßau, ung. Nagyrebra) und Parva (auch Lunca Vinului), einen Ausgangspunkt für Wanderungen ins Rodna-Gebirge entlang des Forstweges bis unterhalb des Kammes. Ein unmarkierter Weg führt von Parva in den Kurort Săngeorz-Băi. Nachdem Kaiser Joseph II., Sohn Maria Theresias (1765–1790), das angetretene Grenzregiment angeblich einmal mit den Worten ›Salve parva nepos romuli‹ (Ich grüße die kleinen Neffen des Romulus) begrüßte und damit auf die Abstammung der Rumänen von den Römern anspielte, sollen in der Folge die Dörfer Parva, Nepos und Romuli ihre neuen Namen erhalten haben. Nepos, ehemals Vărarea (dt. Werare, ung. Várorja) genannt, liegt am Fuß des Dealul Crucii (837 m), einem Ausläufer des Rodna-Gebirges, erst seit 1765 auf dem linken Someșufer. Eine malerische gedeckte Holzbrücke führt über den Fluss.

Sângeorz-Bai

Sângeorz-Bai (dt. St. Georgenstadt, ung. Romanszentgyörgy) liegt in einer Senke auf 465 Metern Höhe, zwischen dem Rodna-, Suhard- und Borgo-Gebirge. Seit 200 Jahren wird hier gekurt. Seit der Wende ist der Kurbetrieb sehr reduziert, die sozialistischen Hochhäuser nehmen dem Ort jeglichen Reiz. Einst hieß der Ort Băile-Hebe. Etwa 20 Heilquellen helfen bei Verdauungsstörungen und chro-

Das Bergdorf Parva (Lunca Vinului)

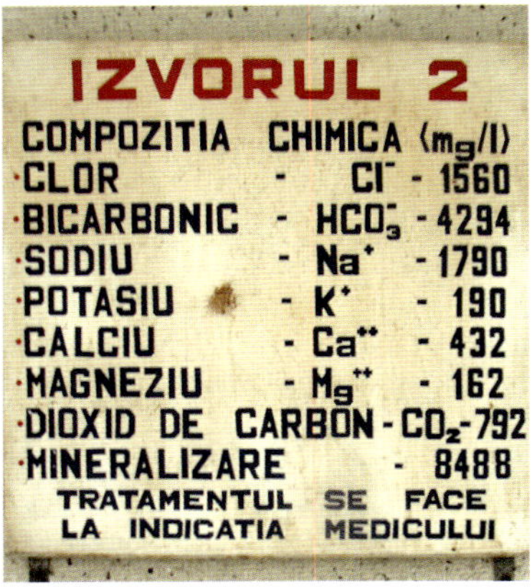

Wasserzusammenetzung in Sângeorz-Bai

nischen Darmleiden. Das Mineralwasser wird abgefüllt und für Trinkkuren und Warmbäder zur Behandlung eingesetzt. Sehenswert sind eine Mofette (gashaltige Quelle) und die Biserica de peste apă (dt. Kirche jenseits des Wassers) aus dem 18. Jahrhundert. Es gibt eine lebendige Volksmusik- und Trachtenkultur. Landesweit bekannt ist die Volkstanzgruppe Cununa depe Someș.

Maieru

Maieru (dt. Mayerhoff, ung. Major) liegt in der Anieș-Senke, dort wo das Tal

Am Șetref-Pass im westlichen Rodnagebirge

des Someș sich stark weitet und von drei Vulkanmassiven von etwa 1000 Metern Höhe umgeben ist. Das Dorf wurde beim Tatareneinfall 1717 fast gänzlich zerstört. Es gibt hier eine Mineralwasserquelle, die Bergkirche (Bisercia din Deal) von 1817 und ein Museum für Volkskunde. In Anieșe (dt. Aninoasa, ung. Dombhátfürdö) werden Waldfrüchte verarbeitet sowie Marmor gebrochen. Von hier sind Wanderungen zum Hauptkamm des Rodna-Gebirges möglich.

Das Bergwerkstädtchen Rodna

Im deutschen Bergwerksstädtchen, auch Rodna Veche (dt. Alt-Rodna, ung. Óradna) genannt, lebte man lange vom Silberabbau. Zentren der Förderung waren das Valea Vinului und das Valea Blăznei. Die beiden Mongolenstürme setzten der Ortschaft und dem Bergbau schwer zu. Währenddessen stieg Bistritz zur führenden Siedlung auf. Seine Patrizier betrieben die Neuerschließung des Bergbaus in Rodna, was Bistritz weiteren Aufschwung brachte. Eine Entwicklung, die durch die Unterstellung von Rodna unter Bistritzer Verwaltung durch Matthias Corvinus noch begünstigt wurde. Im 17. Jahrhundert verfiel der Bergbau, erlebte aber unter den Habsburgern, die hier ein Bergamt einrichteten, eine neue Blüte. In den Jahren 1774 bis 1776 wurde das Rodenauer Tal zunächst Teil der Militärgrenze. Während das zweite walachische Infanterie-Regiment in Năsăud stationiert war, wurde Rodna bedeutungslos. Dies änderte sich mit dem Anschluss der Bukowina an Österreich in den Jahren 1774/75. Die Ruine der einst turmlosen romanisch-gotischen Basilika ist ein Relikt der Zerstörungen durch die Tataren im Jahre 1241, die die deutschen Bergleute verschleppten. Über dem alten Chor ent-

▲ Karte S. 253

stand die rumänische Kirche. Zeitweise war es Grenzburg (Burgreste) zum Schutz des Passes, der in die Moldau und nach Maramureș führt.

■ Șanț

Șanț (dt. Schantz), auch Rodna Nouă (dt. Neu-Rodna, ung. Ujroda) genannt, war im Mittelalter Mautstelle des Fernhandelsweges Bistrița–Suceava, der über den Rodnaer Pass (1278 Meter) führt. Ab 1770 gehörte auch die Bukowina zu Österreich, und die Mautstelle wurde überflüssig. Über diesen Pass waren im Jahr 1241 die Tataren nach Siebenbürgen eingedrungen. Der Ortsname leitete sich von den ehemaligen österreichischen Befestigungen her. Der Ort ist heute Ausgangspunkt für Wanderungen zum ehemaligen Bergwerk Valea Blăznei. Die Passstraße, die in die Maramureș führt, ist für Pkw gesperrt.

Das Rodna-Gebirge

Das Rodna-Gebirge (dt. Munții Rodnei, ung. Radnai-Havasok) gehört zur nördlichen Gebirgsgruppe der Ostkarpaten. Es liegt zwischen den Becken der Maramureș und Transsylvaniens sowie des Bârgăuer-Gebirges und ist auf die Kreise Maramureș und Bistrița-Năsăud aufgeteilt. Eigentlich besteht es aus einem einzigen aufgetürmten Gipfel, dessen Hauptkamm in einer Länge von etwa 50 Kilometern von Osten verläuft. Von diesem Hauptkamm zweigen nach Norden in die Maramureș kurze und steile Kämme ab und nach Süden zum Kreis Bistrița-Năsăud hin lange und sanft ansteigende Hänge. Auf seinem Kamm liegen die höchsten Erhebungen der Ostkarpaten: die Pietrosul-Mare-Spitze (2303 m) im Westen und der Ineu (dt. Kuhhorn, ung. Ünökö, 2279 m) im Osten. Das Gebirge weist einige Gletscher-

Holzhäuser in Șanț

seen auf: Buhăiescu-, Iezer, Lala-Mare und Știol-See; ferner Karstformationen mit 72 erfassten und untersuchten Höhlen. Außerdem gibt es viele Quellen.

20 Kilometer nördlich von Rebrișoara befindet sich die Peșteră de la Izvorul Tăușoarelor, die mit 479 Metern tiefste Höhle Siebenbürgens. Sie weist Galerien von 16,5 Kilometer Länge auf. Des Weiteren ist noch die Höhle Peșteră Igheabul lui Zalino zu erwähnen. Mehr als die Hälfte des Rodna-Gebirges ist mit Wald bedeckt, der kleinere Teil sind Wiesen und Weiden. Das Rodna-Gebirge liegt abseits der großen Städte und wird deshalb noch relativ wenig besucht. Man findet hier eine phantastische, unberührte Landschaft mit vielfältiger Flora und Fauna vor. Im Jahr 1932 gründete eine Gruppe von Wissenschaftlern das Naturreservat Pietrosul Mare. Zunächst wurden dafür 182 Hektar abgesteckt. Im Laufe der Zeit konnte das Reservat auf 3300 Hektar erweitert werden. 1979 wurde es vom UNESCO-Komitee als Biosphärenreservat in das Programm der UNESCO aufgenommen.

Im Jahr 2000 wurde der **Nationalpark Rodna-Gebirge** eingerichtet; er umfasst heute eine Fläche von etwa 46300 Hektar. Damit ist er einer der großen Nationalparks Rumäniens. 80 Prozent des Nationalparks befinden sich auf dem Gebiet des Kreises Bistrița-Năsăud, und 20 Prozent gehören zum nördlich gelegenen Kreis Maramureș. Die Nationalparkverwaltung hat sich seit 2004 in Rodna etabliert und ist dem nationalen Forstamt Romsilva unterstellt. Neben den Naturreservaten Pietrosul Mare und Piatra Rea im Norden (beide im Kreis Maramureș) sind im Süden die Gebiete um den Bila-Lala-See und Corondiș (ung. Korongysch) strikt geschützt

Eine Siedlung mit fünf Hektar, **Valea Vinului**, liegt inmitten des Nationalparks. Es folgen Zonen, in denen eine gewisse wirtschaftliche Nutzung erlaubt ist, beispielsweise die Holzverarbeitung. Dies führt verständlicherweise auch zu Konflikten, weil sich ein Teil des Nationalparkwaldes im Besitz der anliegenden Gemeinden wie Rodna befindet, die jahrhundertelang von der Forstwirtschaft lebten und bei der Einrichtung des Nationalparks nicht zu Wort kamen.

Über der Waldgrenze bevölkern zahlreiche Schafherden im Schutze von Rudeln zottiger Schäferhunde das Rodna-Gebirge. Als Symbol des Nationalparks gilt die besonders geschützte Pflanze ›Silene nivalis‹, auch Rodnaer Feuernelke genannt, ein Endemit des Rodna-Gebirges. Eine Besonderheit stellen die seit 1960 mit Erfolg angesiedelten Karpaten-Gemsen dar, auch Steinböcke soll es wieder geben. Murmeltiere wurden 1973 am Pietrosul Mare wieder ausgesetzt. Unter den Federtieren ist die Familie der Fasanenvögel zahlreich vertreten: Auer-, Birk- und Haselhühner genießen einen besonderen Schutz. Über das Rodna-Gebirge, insbesondere über das Valea Vinului, flohen bis 1944 viele Deutsche nach Österreich und Deutschland.

Sanfter Tourismus wird als neues wirtschaftliches Standbein der Region gefördert. Im Zuge dessen wurde ein großer Teil der Markierungen seit dem Jahr 2000 erneuert, zahlreiche neue Pensionen und Gästehäuser heißen Wanderer willkommen. Das Angebot an Übernachtungsmöglichkeiten wurde um den Touristenkomplex der neuangelegten Siedlung **Valea Blaznei** nördlich von Șanț ergänzt.

Viele beliebte **Wanderrouten** befinden sich im Norden im Kreis Maramureș, aber auch von den Ortschaften der Südseite lässt sich das Massiv wunderbar erwandern. Eine Kammtour dauert bis zu vier Tage. Viele Routen beanspruchen einen ganzen Tag, und da Hütten, besonders im oberen Bereich, rar sind, bleibt oft nur das Zelt. Für derartige Vorhaben empfiehlt sich unbedingt das Wandern in der Gruppe.

Den Einstieg findet man von den Ortschaften Telciu, Romuli, Rebrișoara, Sângeorz-Băi, Anieș und Rodna. Ein **Zubringerzug** (›Tren accelerat‹) verbindet die Ortschaften am Fuß des Rodna-Gebirges mit dem Bahnhof Rodna-Veche. Auch Busse und Minibusse verkehren hier.

In der Region wurde in den letzten Jahren auch das Reiten, vor allem in den Munții Bârgău (ung. Borgói-havasak), immer beliebter.

Angler im Rodna-Gebirge

Kammwanderung im Rodna-Gebirge

Information und Anmeldung für geführte Mehrtagestouren auf dem Hauptkamm unter Tel. 02 63/37 77 15, parcrodna@mail.ro. Zahlreiche nützliche Informationen auch unter www.karpatenwilli.com.

Karte: Hartă turistică, Munții Rodnei, 1:50 000, Erfatur Dimap.

▸ **Kammwanderung: Șetref-Pass (817 m) → Vârful Muncelui Râios → Poiana Batrânei → Tărnița la Cruce → Vârful Galatului → Șaua Gărgălău → Tarnița lui Putredu → Șaua cu Lac → Rodnei-Pass**

Markierung: rotes Band, 24–26 St, Strecke 51 km, nur mit Zelt und Proviant möglich.

Diese Route von mehreren Tagen führt vom Șetref-Pass (ung. Szacsli) im Westen über den Hauptkamm (rum. Creastă principală) bis zum Rodnei-Pass (dt. Rotunda, ung. Rodnai) im Osten. Der Kamm zieht sich über die Kreise Maramureș und Bistrița-Năsăud. Diese anspruchsvolle Tour ist nur im Sommer möglich.

Someștal und Rodna-Gebirge

Vorwahl: 02 63.

Nationalpark-Verwaltung: Administrația Parcului Național Munții Rodnei, Rodna, Str. Principală 1455, Tel. 3777-15, Fax 37 71 81, iusan2000@yahoo.com, www.parcrodna.ro.

Zugverbindungen zu den Ausgangsorten für Touren ins Rodnagebirge ab Beclean über Năsăud bis Rodna Veche oder ab Beclean über Telciu, Fiad und Romuli. Die Fahrt von Năsăud bis Rodna Veche dauert ca. 1,5 Stunden.

In Valea Vinului (Anfahrt über Rodna):

Gästehaus Suzy, Nr. 31, 07 88/56 21 86. 19 Plätze.

In Fiad:

Cabana Fiad, vier Kilometer von Telciu entfernt, Tel. 36 00 76. 18 Plätze.

In Valea Blaznei (Anfahrt über Șanț):

Pensiunea Diana 784, www.alpinblazna.ro. Ein ganz heimeliges Holzhaus.

Pensiunea Cabana Vio, Tel. 07 26/67 44 33. 40 Plätze in 20 Zimmern.

In Valea Mare (Anfahrt über Șanț):

Complex turistic Poiana Zânelor, ca. 8 km nordöstlich von Valea Mare, Tel. 37 92 94, www.poianazanelor.ro. Größere Feriensiedlung mit mehreren komfortablen Pensionen in Holzhäusern, Schwimmbad, Sportmöglichkeiten und Restaurants.

In Săngeorz-Băi:

Hotel Someșul, 3 Sterne, Str. Trandafirilor 15, Tel. 37 07 74, Fax 37 05 00, a.moldovean@hotel-somesul.com. DZ 50 Euro. Das Hochhaus ist ein Relikt aus dem Kommunismus und verfügt über 310 Zimmer.

Pensiunea vila Petrom, Str. Izvoarelor, Tel. 21 13 78. 5 Zimmer, eine einladende gemütliche Privatinitivative.

In Parva (Anfahrt über Poderei):

Pensiunea Floarea de Colt, Nr. 63, Tel. 36 71 93. 5 Zimmer.

Gästehaus Viorel, Nr. 77, Tel. 36 70 05. 2 Zimmer, für alle, die gerne auch Familienanschluss haben.

In Lunca Ilvei (Anfahrt über Ilva Mică):

Gästehaus Casa Alexandra, Kontakt Cornelia Ureche, Str. Principală 42, Tel. 07 22/21 82 95, www.ruraltourism.ro/alexandra. 25 Plätze.

▸ Karte S. 253

Reitzentrum Ștefan cel Mare, Kontakt Julian Ross, in Lunca Ilvei, Str. Bolovan 340, Tel. 0263/378470 mobil 0723/526039, www.ecolunca.go.ro. Angeboten werden Tages- und Wochentouren in den Kreisen Bistrița-Năsăud und Suceava vorwiegend im Bărgăau- und Suhardgebirge. Reitstunden für Kinder und Anfänger.

Rund um Târgu Lăpuș

Bereits im Kreis Maramureș liegt mit dem Laposcher Land die nördlichste Landschaft Siebenbürgens. Hauptort ist die Stadt Târgu Lăpuș. Die Region ist ein Zentrum rumänischer Volkskunst, besonders der Holzarchitektur.

In der Region Maramureș wird Holz nach wie vor beim Bau von Wohnhäusern, Kirchen und landwirtschaftlichen Anwesen verwertet. Die Holzkirchenbauten kann man vereinfachend in zwei zeitliche Etappen untergliedern. Zur ersten gehören die Kirchen, die vor dem letzten verheerenden Tatareneinfall im Jahr 1717 entstanden sind. Sie weisen bereits auf die lange Tradition und die damit verbundenen Erfahrungen in der Holzbauweise hin. Nach diesem letzten Tatareneinfall wurden die Kirchen repariert, erneuert, verschönert und damit monumentaler gestaltet. Bisweilen wurden anstelle der abgebrannten Kirchen neue und viel reicher verzierte Gotteshäuser errichtet. Diese gehören der zweiten Etappe an. Sie erhielten eine zweite Traufe und einen Glockenturm mit spitzem hohen Helm, der den Einfluss der Gotik erkennen lässt, aber auch als Ausdruck des Sieges zu verstehen ist. Eingebettet in die Umgebung vereinigen sich diese Kirchen zu einer Symbiose mit der Natur. Im Inneren der Kirchen dieser zweiten Etappe findet man prächtige Malereien, die den Einfluss byzantinischer Traditionen, aber auch die des Abendlandes erkennen lassen.

Die Kirchen von Rogoz

Der Ortsname weist auf nahegelegene Sumpfgebiete hin. Um 1595 war die Ortschaft fünf Kilometer östlich von Târgu Lăpuș im Besitz des Moldauer Fürsten Stefan Răzvan.

Im Ort befinden sich zwei Holzkirchen: Die **Kirche zu den heiligen Erzengeln** in Rogoz wurde 1663 anstelle eines von den Tataren niedergebrannten Baus errichtet. Es handelt sich um den echten rumänischen Typus, der aus rechteckigem Naos mit eingezogenem siebenseitigem Altarraum und einem polygonalen Pronaos im Westen besteht. Hervorzuheben ist die ornamentale Plastik der Kirche. Die Ausmalung erfolgte 1785 durch die Maler Radu Munteanu und Nicolae Man und ist nur fragmentarisch erhalten geblieben. Auffällig sind die erklärenden Untertitel mit vermutlich moralisierenden Absichten. Die Kirche wurde zusammen mit sieben weiteren Holzkirchen in der Maramureș 1999 ins Weltkulturerbe aufgenommen. Benachbart steht eine zweite **Holzkirche von 1685**, die der heiligen Paraskeva geweiht ist. Sie stand in der Gemeinde Suciu de Sus und wurde 1883 hierher versetzt. Ihre Malereien sind neueren Datums.

Târgu Lăpuș

Im ca 20 km südlich gelegenen Ort **Baba** gibt es die **Pensiunea Casa Ecologică**, Str. Principală 832, 3 Sterne. DZ 30 Euro. In zwei Gebäuden sind die Schlafplätze der Jugendherberge, in 15 Hütten die Doppelzimmer eingerichtet.

Kreis Mureș

Kultur und buntes Volk in Stadt und Land, Flusslandschaften entlang des Mureș, die Căliman- und Gurghiu-Berge, Salz und viel gesundes Mineralwasser bieten sich zur Erholung an.

Der Kreis Mureș im Überblick

Name: Județul Mureș (ung. Maros Megye).
Lage: im Norden Siebenbürgens.
Fläche: 6696 qkm.
Einwohner: 580 851 (2002), 40 % Ungarn und Szekler, 60 % Rumänen, Roma, wenig Deutsche.
Hauptstadt: Târgu Mureș.
Landschaften: Căliman- und Gurghiu-lui-Berge, Kurorte, Mureșengpass.
Empfehlenswerte Aktivitäten: Besuch in Reghin, der Stadt der Geigenbauer; Wandern im Căliman-Gebirge; Weinprobe im Winzerort Seuca; Bummel durch das mittelalterliche Kleinod Sighișoara (Schäßburg).
Vorwahl: 02 60.
Autokennzeichen: MS.
Internet: www.cjmures.ro.

Târgu Mureș

Târgu Mureș (dt. Neumarkt, ung. Vásárhely) trägt den Namen des längsten Flusses des Landes, der sich abseits des Zentrums vorbeiwindet und hier von Sport- und Freizeitanlagen flankiert wird. Die Industriestadt hat 136 000 Einwohner, wovon knapp die Hälfte Szekler und der Rest Rumänen sind. Über Jahrhunderte war diese Szeklerhochburg von Sachsenorten umgeben. Nach der Wende 1989 kam es zu Auseinandersetzungen zwischen den ethnischen Gruppen, die Tote forderte. In der Stadt ist die chemische Industrie besonders stark vertreten.

▲ Karte S. 270

Die Stadt ist mit Cluj und Oradea das dritte Zentrum der Ungarn innerhalb Rumäniens und das zweite innerhalb Siebenbürgens.

Geschichte

Seit 1322 ist Târgu Mureș als Neuer Marktflecken belegt, dessen leicht zugängliche Lage zur Austragung vieler außen- wie innenpolitisch bedingter kriegerischer Auseinandersetzungen führte. Im Jahr 1562 wurde hier ein Aufgebot des Szekleraufstandes gegen König Johann II. Sigismund initiiert. Die Entscheidungsschlacht zwischen Fürst Stefan Báthory und Kaspar Békés um die Herrschaft in Siebenbürgen fand hier statt. 1596 wurde der Ort durch Truppen Sigismund Báthorys gemaßregelt. Man hatte gegen die Nichteinhaltung von versprochenen Privilegien aufbegehrt. Im Jahr 1616 erhielt aber Târgu Mureș als einziger Szeklerort den Status einer königlichen Freistadt. Dies wiederum führte zu Auseinandersetzungen zwischen Stadt und Adel. Während der Aufstände von 1848/49 schlug sich die

Im Stadtzentrum von Târgu Mureș

Stadt auf die Seite der Revolutionäre, deren Niederschlagung eine hohe kollektive Strafe brachte.

Sehenswürdigkeiten

Gegen die vier Jahrhunderte währende Bedrohung durch die Türken schützte man sich mit dem Bau der **Burganlage**. Das Burgareal ist umgeben von Basteien, die nach den einzelnen Zünften wie Kürschner, Schneider, und Metzger benannt sind. Bis vor kurzem war hier ein pittoreskes Treiben zu verfolgen, denn kleine Läden waren in den alten Mauern untergebracht. Die archäologischen Untersuchungen dauern jedoch an, und deshalb wurde das Burgareal fast vollständig geräumt.

Im Zentrum des Burghofes befinden sich ein Brunnen und die Statue von Borsos Tamás, Königsrichter, Diplomat und Reisender.

Die **Burgkirche** war von den Dominikanern im 13. und 14. Jahrhundert begonnen worden. Im Jahre 1444 ging das Gebäude nach Vermittlung von Johann

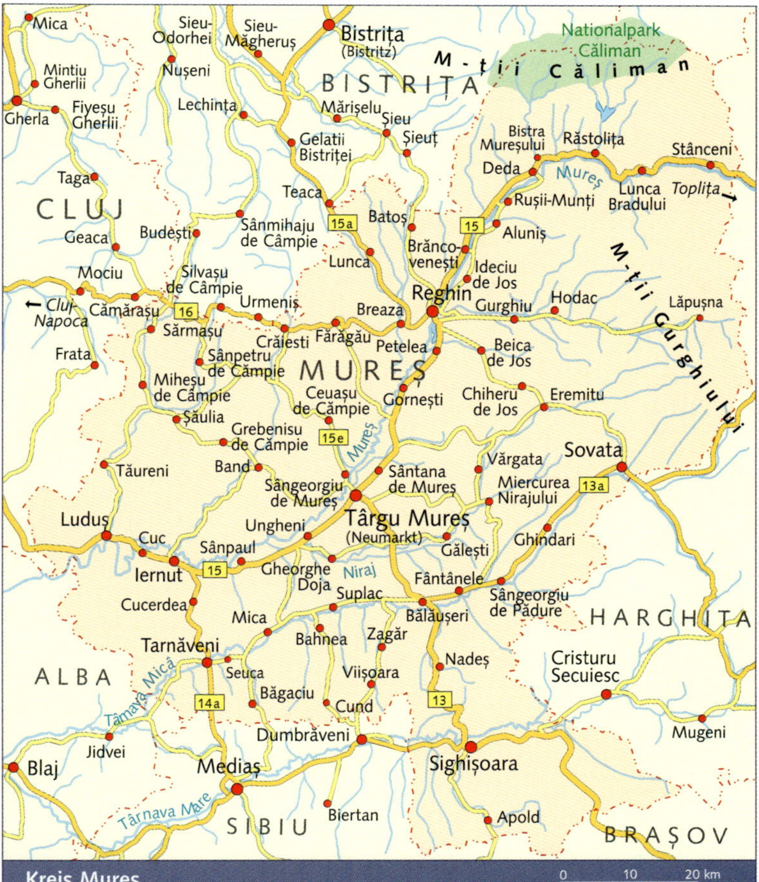

Kreis Mureș

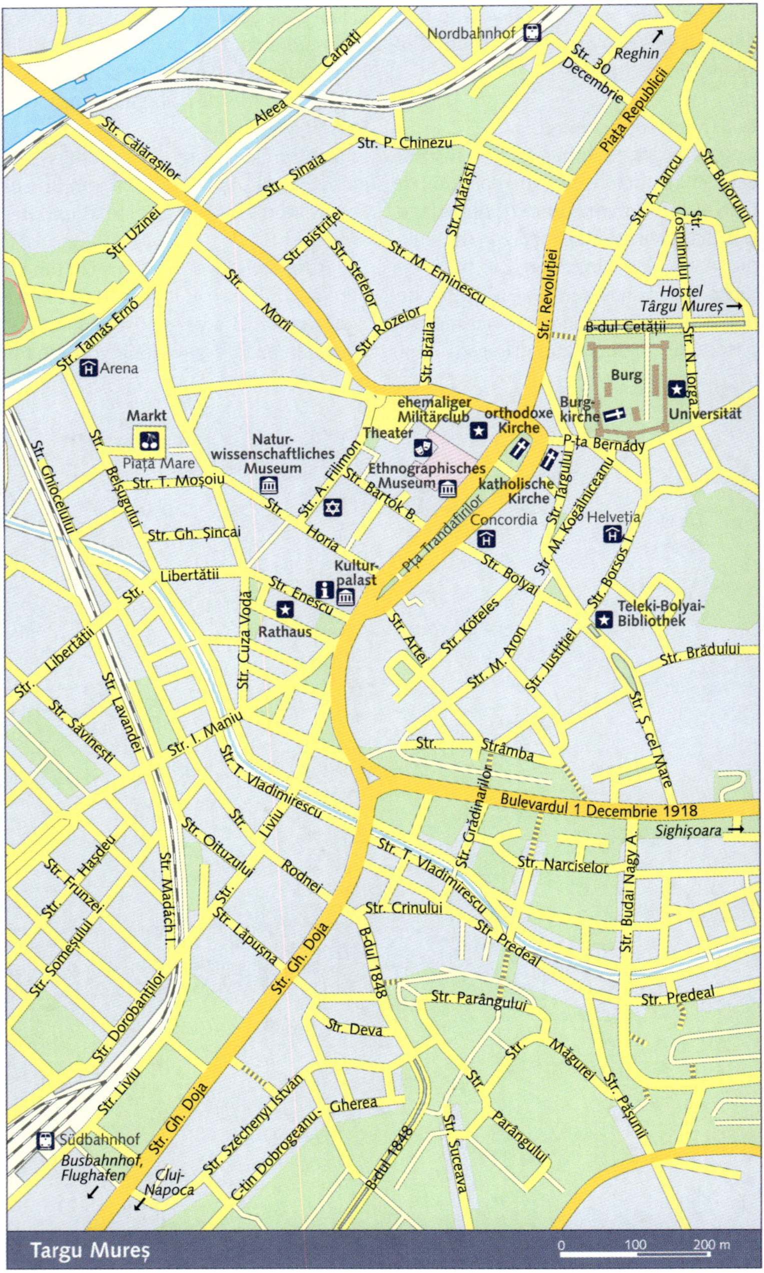
Nordbahnhof
Reghin
Str. 30 Decembrie
Piața Republicii
Aleea Carpați
Str. P. Chinezu
Str. Călărașilor
Str. Sinaia
Str. Mărăști
Str. A. Iancu
Str. Cosminului
Str. Bujorului
Str. Uzinei
Str. Bistriței
Str. Stelelor
Str. M. Eminescu
Str. Revoluției
Hostel Târgu Mureș
B-dul Cetății
Str. Morii
Str. Tamás Ernő
Str. Rozelor
Str. Brăila
Arena
Burg
Str. N. Iorga
Universität
ehemaliger Militärclub
orthodoxe Kirche
Burgkirche
Markt
Theater
P-ța Bernády
Naturwissenschaftliches Museum
Ethnographisches Museum
Piața Mare
Str. T. Moșoiu
Str. Chiocelului
Str. Belșugului
Str. A. Filimon
Str. Bartók B.
katholische Kirche
Str. Târgului
Str. M. Kogălniceanu
Helvetia
Str. Horia
Concordia
Str. Gh. Șincai
P-ța Trandafirilor
Kulturpalast
Str. Libertătii
Str. Enescu
Str. Bolyai
Str. Borsos I.
Teleki-Bolyai-Bibliothek
Rathaus
Str. Cuza Vodă
Str. Artei
Str. Köteles
Str. M. Aron
Str. Justiției
Str. Brădului
Str. Libertătii
Str. Săvinești
Str. Lavandei
Str. I. Maniu
Str. T. Vladimirescu
Str. Strâmba
Str. Ș. cel Mare
Bulevardul 1 Decembrie 1918
Sighișoara
Str. Grădinarilor
Str. Liviu Rodnei
Str. Oituzului
Str. Hasdeu
Str. Frunzei
Str. Madách I.
Str. T. Vladimirescu
Str. Narciselor
Str. Budai Nagy A.
Str. Crinului
Str. Predeal
Str. Someșului
Str. Lăpușna
Str. Gh. Doja
B-dul 1848
Str. Parângului
Str. Predeal
Str. Dorobanților
Str. Deva
Str. Măgurei
Str. Pășunii
Str. Parângului
Str. Liviu
Str. Gh. Doja
Str. Széchenyi István
C-tin Dobrogeanu-Gherea
B-dul 1848
Str. Suceava
Südbahnhof
Busbahnhof, Flughafen
Cluj-Napoca
0 100 200 m
Targu Mureș

Hunyadi in den Besitz der Franziskaner über. Als die Stadt von der Reformation erfasst wurde, wurde die Kirche Eigentum der Gemeinde der neuen Glaubensrichtung. Seit 1959 erinnert eine Gedenktafel daran. Am Allerheiligentag im Jahr 1559 wurde hier die erste Siebenbürgische Synode abgehalten, deren Mitglieder auf die von Johannes Calvin verkündeten Lehren schworen. Dieses Glaubensbekenntnis wurde das Fundament der reformierten Kirchengemeinde der Stadt. Im 17. Jahrhundert ging der gotische Bau durch Branschatzung verloren. 1697 konnte die Kirche dank der Spende des Kanzlers Teleki Mihály erneuert werden. 1787 wurde sie barockisiert und eine Orgel eingebaut. Die Kirche war Zeuge wichtiger Ereignisse: In der Zeit des Siebenbürgischen Fürstentums fanden hier 37 siebenbürgische Landtage sowie zahlreiche Stuhls- und später Komitatsversammlungen statt. Johann II. Sigismund proklamierte hier auf dem Landtag des Jahres 1571 die Glaubensfreiheit für sein Land. Am 8. April 1707 fand hier in Anwesenheit von Franz II. Rákóczi, dem letzten gewählten Fürsten Siebenbürgens, jener Landtag statt, der ihm zur Thronbesteigung verhalf.

Unweit der Festung unterhält die Stadt eine **Universität** mit einer großen medizinischen und pharmazeutischen Fakultät, die den Namen des Mitbegründers der Siebenbürgischen Schule, Petru Maior (1760–1821), trägt. Davor steht ein Denkmal des großen Tibetforschers Körösi Csoma Sandor (1784–1812). Der Grundstein zur Bildungsstadt wurde bereits im Mittelalter durch die Ansiedlung von Orden und derer Klosterschulen gelegt: Die Franziskaner kamen im 14. Jahrhundert, der Orden wurde 1740 und 1990 wieder belebt. Ein reformiertes

Die Festung von Târgu Mureș

Kollegium wurde 1557, eine Jesuitenschule 1702 begründet. Das Bolyai-Farkas-Gymnasium steht in dieser Tradition. Außerdem gibt es eine Theaterakademie und eine Wirtschaftsschule.

Das repräsentativste Gebäude der Stadt ist der **Kulturpalast**, der mit dem **Rathaus** ein geschlossenes Ganzes bildet. Vor dem Rathaus steht seit 1924 eine Skulptur der römischen Wölfin, die die Zwillinge säugt – eine der fünf Kopien, die über ganz Rumänien verteilt sind.

Der Kulturpalast im Sezessions-Stil

Während des Zweiten Weltkriegs nach Turda verlegt, wurde 1991 das Duplikat von Turda hier wieder enthüllt. Der Entwurf des Kulturpalastes geht auf die ungarischen Architekten Jakab Dezsó und Komor Marcell zurück. Die Majolika für das Dach wurden in den Zsolnay-Werken im ungarischen Pécs hergestellt. An Material wurde nicht gespart, wie man an den vergoldeten Mosaiken der Hauptfassade erkennen kann. Einen Eindruck vom prunkvollen sezessionistischen Inneren erhält man beim Besuch des **Historischen Museums**, des **Archäologischen Museums** und des **Kunstmuseums**, die alle im Kulturpalast untergebracht sind. Außerdem befinden sich die Philharmonie, eine Bibliothek, ein kleiner Konferenzsaal und ein Theater im Gebäudekomplex. Die 45 Meter lange Eingangshalle ist mit Carrara-Marmor ausgelegt. Zwei venezianische Spiegel und zwölf Wandbilder mit Szenen aus dem Szeklerleben schmücken die Wände. Vom Kulturpalast läuft man entlang der Grünanlage des **Trandafirilor-Platzes**. Fassaden verschiedener Epochen vom Barock bis zum 20. Jahrhundert reihen sich hier aneinander.

Im Ethnographischen Museum

Die prächtige Synagoge

Linker Hand steht das **Theater**, davor das Denkmal für Avram Iancu (1824–1879). Das Theater unterhält eine ungarische und eine rumänische Abteilung.

Neben dem Theater steht das barocke **Winterpalais des Grafen Toldalagi László** von 1759, nach Plänen von Jean Louis d'Or. In ihm ist das **Ethnographische Museum** untergebracht. Das Palais ist zwar stark renovierungsbedürftig, die Ausstellung aber sehr liebevoll, detailreich und anschaulich präsentiert. Die verschiedenen Volksgruppen und ihre handwerklichen Künste werden dokumentiert. Man erfährt etwas über das Fischen im flachen Wasser des Mureș auf Stelzen, über das Töpfern, das trotz Kenntnis der Scheibe archaisch bis in die Neuzeit kultiviert wurde, und sieht viele schöne Trachten vom Hochzeitsgewand der Frauen und Männer bis hin zum

▲ Karte S. 270

Neujahrskostüm. Um die Ecke liegt das **Naturwissenschaftliche Museum**.

Die **rumänisch-orthodoxe Kirche** erkennt man von weitem an ihrer Größe und der Kuppel. Schon im 19. Jahrhundert mit den Kämpfen um die Gleichstellung der Rumänen und erst recht nach dem Anschluss Siebenbürgens an Rumänien entstand gerade dieser Typus orthodoxer Kirchen in ganz Siebenbürgen: besonders groß, andere Kultbauten dominierend und mit Kuppel. Und auch heute wird erneut mit überdimensionierten, uniformen neuen orthodoxen Kirchenbauten die Präsenz der Rumänen allerorts demonstriert. Die orthodoxe Christi-Himmelfahrtskirche entstand von 1925 bis 1934 in Form eines griechischen Kreuzes nach Plänen von Victor Vlad mitten im Zentrum am Rosenmarkt, anstelle eines bekannten Singbrunnens. Unweit erkennt man die barocke **katholische Kirche**, die auf die Initiative der Jesuiten zurückgeht. Im Inneren birgt sie ein Altargemälde mit der Taufe Christi von Michael Untersberger. Gegenüber der orthodoxen Kirche steht das Gebäude des **ehemaligen Militärclub**s von 1869.

Neben einer unitarischen, einer orthodoxen Holz- und einer orthodoxen Steinkirche besitzt Târgu Mureș eine gut erhaltene **Synagoge** in der Str. A. Filimon. Der stattliche Bau entstand um die Jahrhundertwende nach Plänen Jakob Gartners. Im Jahr 1944 wurde die jüdische Bevölkerung von den Amtsträgern des ungarischen Staates enteignet, deportiert und ermordet. Gleich in der Nähe, an der Str. Cuza Vodă am Piață Mare, findet der **Große Markt**, auch am Sonntag, statt.

Der ungarische Vizekanzler Graf Sámuel Teleki (1739–1822) gründete eine wertvolle Bibliothek mit einer Hungarica-Sammlung von 40 000 Werken, darunter auch Inkunabeln. Sie wurde 1955 mit der naturwissenschaftlich ausgerichteten Bolyai-Bibliothek vereinigt. Letztere ist nach ihrem Stifter, dem Ungarn János Bolyai (1802–1860) benannt. János Bolyai war, wie sein Vater Farkas, ein bedeutender Mathematiker, der in Târgu Mureș wirkte und starb. Die **Teleki-Bolyai-Bibliothek**, der ein Museum angeschlossen ist, befindet sich in einem Barockbau des 18. Jahrhunderts.

Târgu Mureș

Vorwahl: 0265.

Touristeninformation: Centrul de Informare Turistică, im Kulturpalast, Str. Enescu 2, Tel./Fax 03 65/40 49 34, www.cjmures.ro, www.nineoclock.ro. Mo–Fr 9–18 Uhr, Sa 9–14 Uhr.

Târgu Mureș hat zwei Bahnhöfe, Nord- und Südbahnhof, und einen Busbahnhof.

Der Flughafen ist 15 Kilometer von der Stadt entfernt. Mietwagen sind dort zu haben, www.targumuresairport.ro. Die ungarische Fluggesellschaft Malev bedient Târgu Mureș mehrfach wöchentlich von Deutschland oder Österreich aus über Budapest.

Hotel Concordia, 4 Sterne, Piață Trandafirilor 45, Tel. 26 06 02, www.hotelconcordia.ro. DZ 140 Euro. Bestes Haus der Stadt, elegant, zuvorkommend, mit Wellnessbereich. Nach einer grundlegenden, geschmackvollen Renovierung im modernen Stil, konnte das Haus im Jahr 2004 in diesem historischen Gebäude seine Tore wieder öffnen. Die ebenso stilvolle Bar mit Café zur Flaniermeile wird von vorbildlich geschultem Personal bedient.

Hotel Helveția, Strada Borsos Tamás 12, Tel. 21 69 54. DZ 69 Euro. Kleines Hotel in einem Fachwerkhaus.

Hotel Arena, 4 Sterne, Str. Tamás Ernö 1, Tel. 03 65/43 09 88, www.arenahotel.ro. DZ 80 Euro. Neues Haus am Stadtrand beim Sportkomplex mit neuer Eishalle. Hoher Standard mit anerkannt gutem Restaurant, geeignet für Geschäftsleute.

Hostel Târgu Mureș, Str. Victor Babes 11, Tel. 21 82 01, ganzjährig, djt_mures@yahoo.com. 10 Euro pro Person.

Camping Târgu Mureș, Aleea Carpati 59, Tel. 21 20 09, Fax 26 60 28, rezervari.mures@unita-turism.ro.

Sommergarten La Scara: Bier, Wein und ungarische Küche. Im Sommer tägl. 11–23 Uhr.

Historisches Museum im Kulturpalast, Di–Fr 9–16 Uhr, Sa und So 9–13 Uhr. Hervorzuheben ist die Sammlung kunstgewerblicher Exponate: Schmuck, Porzellan, Möbel, Textilien aus dem In- und Ausland.

Kunstmuseum im Kulturpalast, verbunden mit den Galerien Nagy Imre und Ion Vlasius. Es wurde 1913 gegründet und zeigt Gemälde rumänischer und ungarischer Künstler vom 18. Jahrhundert bis heute. Darunter sind auch Gemälde von Theodor Aman und Bordi András.

Ethnographisches Museum, Piață Roses 11, Tel. 25 01 69. Di–Fr 9–17 Uhr, Sa 9–14 Uhr, So 9–13 Uhr. Eine äußerst kompetente Dame führt gerne in englischer Sprache durchs Haus.

Naturwissenschaftliches Museum, Str. Horea, 24, Tel. 23 69 87. In einem neoklassizistischem Gebäude von 1893 werden Objekte zur siebenbürgischen Flora und Fauna präsentiert. Di–Fr 9–17 Uhr, Sa 9–14 Uhr, So 9–13 Uhr.

Teleki-Bolyai-Bibiliothek, Str. Bolyai 17, Tel. 16 18 57.

Mureș Mall, Piață Victoriei 14, tgl. 10–22 Uhr, Lebensmittelabteilung 10–24 Uhr, Casino nonstop. Neubaukomplex auf 5 Etagen.

Ein Abstecher in das Nirajtal

Südlich von Târgu Mureș zweigt bei Ungheni eine Nebenstraße von der DN 15 ins malerische Nirajtal ab. Der Niraj ist ein Nebenfluss des Mureș von 79 Kilometer Länge. Seine Quelle liegt in einer Höhe von 1300 Metern im Gurghiu-Gebirge. Zwischen Quelle und Mündung legt er fast 1000 Höhenmeter zurück. Die Siedlungen im Nirajtal sind fast alle von Szeklern bewohnt, deren typisches Kunsthandwerk man dort sehen kann. Die Gegend ist fruchtbar und von Obstplantagen durchsetzt. Die intakten landschaftlichen und dörflichen Strukturen sollen geschützt werden, weswegen die Aufnahme ins Netzwerk von Natura 2000 beantragt wurde.

Ehemaliger Hauptort im Nirajtal ist die Gemeinde **Miercurea Nirajului** (ung. Nyárádszereda). Im Jahr 1605 fand hier der Landtag statt, auf dem die Szekler Stephan Bocskai zum siebenbürgischen Fürsten wählten. Alle mit dem Status eines Szeklerstuhels verbundenen Rechte gingen jedoch bis zum 19. Jahrhundert

▲ Karte S. 269

Landschaft bei Târgu Mureş

an Târgu Mureş verloren. Drei Sakralbauten sind im Ort zu sehen: die mehrfach veränderte gotisch reformierte Kirche des 15. Jahrhunderts, die orthodoxe Erzengelkirche aus Holz von 1843 und eine katholische Kapelle, die von den Unitariern übernommen wurde.

Weindörfer an der Târnava Mică

Der Ort **Senereuş** (dt. Zendersch, ung. Szénaverös) war eine der größten Sachsengemeinden zwischen den Flüssen Kleine und Große Kokel (Târnava Mică und Târnava Mare) südlich von Târgu Mureş. Nach Aufhebung der Leibeigenschaft bauten die Bewohner anstelle der mittelalterlichen Kirche einen neogotischen Sakralbau. Vom Vorgänger blieben Teile des Berings, ein Wehrturm, der Glockenturm mit hölzernem Wehrgang und eine Bastei erhalten.

Im alten Weindorf **Ormeniş** (dt. Irmesch, ung. Szászörményes) waren ehemals die Böttcher ansässig.

Die reformierte Saalkirche von **Cund** (dt. Reußdorf, ung. Kund) besitzt eine Orgel der Brüder Maetz. Ihr bedeutender Sankt-Nikolaus-Altar steht in der Bergkirche in Sighişoara.

Das Dorf **Băgaciu** (dt. Bogeschdorf, ung. Szászbogács) liegt inmitten eines Weinzentrums und war für den sogenannten Bogeschdorfer berühmt. Ein Besuch des Dorfes lohnt sich allemal wegen der Kirchenburg, in der einer der wenigen gotischen Flügelaltäre noch an dem Ort zu sehen ist, für den er ursprünglich angefertigt wurde. Er ist mit geschnitzten Heiligenfiguren und gemalten Szenen zum Marienleben versehen. Die reiche Ausstattung beinhaltet weiterhin eine Maetz-Orgel, ein geschnitztes Chorgestühl aus der Schäßburger Werkstatt des Bildhauers Johann Reychmut von 1533 mit Intarsien und Inschriften sowie fragmentarische Malereien in Chor und Schiff. Die hohe spätgotische Saalkirche besitzt außerdem bemerkenswerte Steinmetzarbeiten mit Tierfiguren, Masken, Drachen und Weinranken an Kapitellen, Konsolen und Schlusssteinen, die das Netzgewölbe des Chores tragen, sowie an den Sandsteinportalen der vorgelagerten Risalite. Die Kirchenschlüssel erhält man bei Susanna Salceanu, Haus Nr. 62 (Tel. +40/265/425693).

In **Gănești** (dt. Gallendorf, ung. Vámosgálfalva) bestanden im Mittelalter viele kleinadlige ungarische Herrenhöfe. Heute findet man hier großzügig angelegte Gasthöfe inmitten von Obst- und Weinkulturen.

Der Winzerort **Seuca** (ung. Szökefalva) ist weniger bekannt. Im Ort leben fast ausschließlich Rumänen. Mittlerweile werden hier bemerkenswerte Weine produziert. Das gleichnamige Weingut besteht seit mehr als 150 Jahren. Es wird vorwiegend Weißwein aus den Reben Feteasca Regala, Gewürztraminer, Riesling und Muscat Otonel produziert. Die 35 Hektar Reben der sieben Kilometer entfernten Weinberge werden handgepflückt. Es gibt keine Flaschenabfüllanlage, die Produktion ist nur für den lokalen Markt bestimmt. Ein Gastgarten und ein uriger Weinkeller laden zur Verkostung und zum Tafeln ein.

Băgaciu und Gănești

Băgaciu: Gästezimmer im Pfarrhaus, durch Familie Albu verwaltet, Tel. 02 65/42 57 24.

Gănești: Restaurant Butoiul Sasuli, Str. Principala 239, Tel. 02 65/42 54 51, 07 45/39 40 51, www.butoiulsasului.ro. Großzügige Gartenanlage mit ungarischer Küche.

Reghin

Den Mureș entlang talaufwärts erreicht man Reghin (dt. Sächsisch-Reen, ung. Szászrégen). Schon bei der Einfahrt in die Stadt wird man von einer Geigenskulptur begrüßt. Reghin hat sich zum Spitzenzentrum des Geigenbaus entwickelt. Die Namen der Hersteller Gheorghe Ludowicz, Vasile Gliga, Virgil Boda, Kalosi János und Nicolae Bazgan sind damit verbunden. Einer der größeren Geigenbauer ist die Firma Gyl.

Weinkellerei in Seuca

Im 14. Jahrhundert wurde Reghin erstmals als deutsche Siedlung erwähnt. Sie bestand damals aus zwei Teilen, einem deutschen und einem ungarischen, die durch einen Graben voneinander getrennt waren. Die alte Handelsstadt auf Adelsboden genoss Sondermarktrechte. Sie liegt verkehrsgünstig am wichtigen Fluss Mureș, und verdankte ihren einstigen Wohlstand der Flößerei. Die Flöße fuhren vom eigenen Mureșhafen flussabwärts in Richtung Arad. Außerdem kreuzten sich hier die alten Handelsstraßen, die nach Cluj, Bistrița, Toplița, Sovata und Târgu Mures führten. Daneben war und ist auch heute noch die Holzindustrie dominierend. Berühmt für ihre Originalität und Bildhaftigkeit war einst die Reener Mundart, von der leider heute nicht mehr viel zu hören ist.

▲ Karte S. 269

In den Revolutionsjahren von 1848 brannte die Stadt vollständig ab. Die bedeutende jüdische Gemeinde wurde im Holocaust von 1944 ausgelöscht.

Den ehemaligen **Marktplatz** nimmt heute eine Parkanlage ein, die von historischen Bürgerhäusern umrahmt ist. Außerdem sind einige Kirchen zu sehen: die **evangelische Kirche** von 1321 mit gotischen Portalen, Fenstern, Sakristeitürrahmen, Schlusssteinen. An der **griechisch-katholischen Kirche** im alten Friedhof wirkte Petru Maior, außerdem gibt es eine **orthodoxe Holzkirche** mit Malereien von Toader Zugravul und im Stadtteil Ungarisch-Regen eine **reformierte Saalkirche** mit romanischen Mauerteilen.

Die Umgebung von Reghin

Im Süden der Stadt liegt das eingemeindete **Apalina** (dt. Odendorf, ung. Abafája), einst ein Adelssitz mit Schloss und großem Park.

Etwa sechs Kilometer nördlich liegt das Dorf **Ideciu de Jos** (dt. Niedereidisch, ung. Alsöidécs), das bis 1944 eine deutsche Gemeinde war, ein klassisches Straßendorf mit dicht an dicht gereihten Häusern, deren Fronten und Torbögen eine geschlossene Mauerfront längs der Straße bilden. Um alte Salzquellen herum, deren obere Salzschichten sich gelöst und Bodenpfannen sowie Rutschungen gebildet haben, entstanden die Anlagen des Salzbades.

Von Reghin lohnt sich auch eine Fahrt in die **Gurghiului-Berge** (Munții Gurghiului). Auf dem Weg liegt **Gurghiu** (dt. St. Emerich, ung. Görgényszentimre) mit einer alten Szeklerburgruine. Ihre letztmalige Nutzung erfolgte während der Kuruzenkriege als zentraler Stützpunkt des Fürsten Franz II. Rákóczi. Dies führte zur Belagerung durch kaiserliche Truppen und ihrer Sprengung. Unterhalb der Burg entstand 1642 ein repräsentativer Herrensitz, in dem 1662 der Landtag stattfand. Seitdem war die Siedlung in Besitz verschiedener Eigentümer: Michael Teleki erwarb 1680 die Güter, 1770 ging die Domäne an die Familie Bornemisza, und im 19. Jahrhundert kam der Ort wieder an die Kammer und beherbergte 1880 den Kronprinzen Rudolf von Habsburg. Das Renaissance-Schloss erhielt seine barocke Fassung unter den Bornemisza. Im Ort wurde die Papiermühle wieder belebt, eine Glashütte und eine Porzellanmanufaktur eröffneten. Szekler wurden im Ostteil wieder angesiedelt, weswegen dieser heute noch Szeklerstadt genannt wird. Eine Forstschule wurde eingerichtet, die heute ein Jagdmuseum ist. Mehrere Kirchen vom 18. bis 19. Jahrhundert stehen hier.

Lăpușna (ung. Laposnya) liegt bereits auf 809 Metern Höhe und besitzt eine Holzkirche und zwei Jagdschlösser. Der Ort ist ein guter Ausgangspunkt für lange Wanderungen in den geschützten Fichten- und Tannenwäldern.

Schlösser und Herrensitze am Mureș

Am Mureș trifft man immer wieder auf die Spuren des ungarischen Adels und Hochadels.

In **Breaza** (dt. Bretezdorf, ung. Beeresztelke) und **Voivodeni** (dt. Johannisdorf, ung. Vajdaszentivány) stehen Schlösser der Familie Bánffy.

Im ungarisch besiedelten **Gornești** (dt. Kertzing, ung. Gernyeszéy) befindet sich eines der Teleki-Schlösser. Die Ortschaft war viele Jahrhunderte im Besitz der Familie Erdélyi, bis sie 1675 Michael I. Ápafi seinem Kanzler Michael Teleki übertrug. Anstelle eines Schlosses aus dem 15. Jahrhunderts ließ László Teleki

Fußgängerbrücke über den Mureș

1772 den Barockbau nach Plänen von Andreas Mayerhoffer errichten. Die repräsentative Form mit 52 Zimmern und 365 Fenstern geht auf das Jahr 1804 zurück. Es beherbergte einst eine bedeutende Bibliothek. 1944 vernichteten rumänische Garden das Inventar. Heute ist in dem Gebäude ein Krankenhaus eingerichtet. Im Park am Mureșufer stehen barocke und klassizistische Sandsteinplastiken.

Die mehrfach umgebaute reformierte Kirche ist die Grabstätte von Michael Teleki, dem ungarischer Ministerpräsidenten (1876–1947) sowie Sámuel (1739–1822) und Domokos Teleki (1810–1876). Von den Bánffy übernahmen die Teleki auch die Siedlung Glodeni (ung. Sárpatak), wo ein weiterer Herrensitz entstand.

Dumbrăvioara (dt. Scharberg, ung. Sáromberke) ist nicht das einzige Storchendorf Siebenbürgens, hier stehen sie aber unter besonderer Fürsorge. Dank der Initiative von Milvus konnte das Sámuel-Teleki-Storchenzentrum gegründet und in einem Trakt der Teleki-Burg eingerichtet werden. Die Familie Teleki gehörte dem ungarischen Hochadel an. Im Jahr 1670 kam sie in den Besitz der Siedlung Dumbrăvioara, wo einige Familienmitglieder sogar geboren wurden: der Bibliotheksgründer Sámuel Teleki (1739–1822), der Schriftsteller Domokos Teleki und der Afrikareisende Sámuel Teleki (1845–1910). Ihr barockes Schloss steht im Park, auf einer Anhöhe liegt die Familiengruft. Das Storchenmuseum zeigt eine Ausstellung zum Thema Störche und Vögel, beinhaltet eine ornithologische Bibliothek und einen Versammlungs- und Vortragsraum (www.ciconia.ro).

In **Ernei** (dt. Großarn, ung. Nagyerne) war die Familie des Barons Bálint ansässig, deren Schloss zu sehen ist.

Im 17. Jahrhundert erlebte **Sângeorgiu Mureș** (ung. Marosszentgyörgy) einen starken Zuzug von Rumänen und Roma, weswegen es auch als Cigányszentgyörgy bekannt wurde. Das Szeklerdorf war im 15. Jahrhundert Besitz des Paulinerklosters von Sîncrai und wurde von den Türken verwüstet. Auf dem Landtag von 1661 wurde Michael Ápafi hier zum Fürsten gewählt. Zwei Schlösser, eines der Familie Petki und eines der Familie Máriafy, standen hier. Nur letzteres blieb erhalten.

Reghin

Pensiunea White Horse, Tel. 075/477 98 58, www.pensiuneawhitehorse.ro. Die Pension liegt in Gornești an der E15 zwischen Reghin und Târgu Mureș. Sie wird von Ungarn geleitet, die saubere und komfortable Zimmer sowie eine sehr schmackhafte Küche bieten.

Hotel, Restaurant Valea Regilor, 3 Sterne, Tel./Fax 02 65/51 21 38, receptie@valearegilor.ro, www.valea regilor.ro. Das neue Hotel liegt außerhalb von Reghin Richtung Toplița an der DN 15.

▲ Karte S. 269

Im Mureștal bei Răstolița

Das obere Mureștal

Der Mureș (dt. Mieresch, ung. Maros) entspringt in 866 Metern Höhe in den Ostkarpaten und durchfließt Siebenbürgen in südwestlicher Richtung. Bei Toplița tritt er in den gleichnamigen Kreis Mureș ein, dessen erste Ortschaft am Mureș Ciobotani (ung. Csobotány) ist. Malerisch schlängelt er sich, mal flankiert von steilen Felswänden, mal von breiten Auen, vorbei an Ortschaften wie **Stânceni** (ung. Göde) mit sehenswerter Holzkirche und einer Mineralwasserabfüllanlage, Meștera (dt. Meisterhausen, ung. Mesterháza), Neagra (ung. Nyágra) mit der Cabana Șoimilor und Lunca Bradului (ung. Palotailva) mit einem großen Sägewerk.

Am linken Flussufer liegen die Orte Andreneasa (ung. Andrenászatélep) und Sălard (ung. Szálard), Ausgangspunkte für Wanderungen in das Giurghiu-Gebirge, und am rechten Flussufer **Răstolița** (ung. Ratosnya) auf 524 Metern Höhe, mit einer sehenswerten Holzkirche von 1800 und Ausgangspunkt für den Einstieg in den Nationalpark Căliman. Überall sind holzverarbeitende Betriebe ansässig; auch Andesit wird abgebaut.

Der Mureș ist ein beliebtes Anglerparadies, überall sieht man die Angler an seinen Ufern stehen. Der Fluss ist hier sehr fischreich und noch weitgehend unbelastet. Bis nach Târgu Mureș kann man schöne Kanufahrten unternehmen. Bei **Deda**, einem Eisenbahnknotenpunkt, endet der Mureșengpass.

In **Brâncovenești** (dt. Wetsch, ung. Marosvecs) steht oberhalb des Mureștals das ehemalige Kemény-Schloss inmitten eines großen Parks. Über römischen Resten entstand zunächst die Stammburg der Familie Losonci-Bánffy, der nach 1467 verschiedene Besitzer folgten. Im Jahr 1555 baute die Familie Kenid die Anlage zu einer Vierflügelanlage mit vier Ecktürmen um. Um 1600 war das Schloss im Besitz des nachmaligen Fürsten István Bocskai, von 1648 bis 1949 schließlich im Besitz der Familie Kemény. In den Zwischenkriegsjahren war hier der Treffpunkt des Schriftstellerverbandes Erdélyi Helikon, der vom letzten Schlossherrn, dem Schriftsteller und Theatermann János Kemény (1903–1971), gegründet wurde. Er ist auch hier bestattet. Heute ist im Schloss eine psychiatrische Anstalt eingerichtet. Besucher sind daher weniger erwünscht.

Es folgen nun größere Städte am Mureş wie Reghin und Târgu Mureş. Der Fluss wird hier wegen fehlender Kläranlagen und chemischer Fabriken, wie der Düngemittelfabrik Azomures SA in Mureş zum Teil stark verschmutzt. Im Kreis Alba nimmt der Mureş zur Rechten den Arieş und zur Linken die Târnava auf. Bei Arad, im Banat, erreicht er die ungarische Tiefebene, wo er Sümpfe bildet, und mündet schließlich beim ungarischen Szeged in die Theiß. Seine Gesamtlänge beträgt 766 Kilometer.

Das Căliman-Gebirge

Am Căliman-Gebirge (Munţii Căliman, ung. Kelemen Havasok) haben die Kreise Bistriţa-Năsăud, Suceava, Harghita und Mureş ihren Anteil. Das hohe und beeindruckende vulkanische Massiv hat eine Fläche von 2000 Quadratkilometern. Im Südosten grenzt es an die Wasserläufe des Sec und der Topliţa, die das Căliman-Gebirge von den Giurgeu-Bergen trennen, im Süden an das Tal des Mureş, der es vom Giurghiu-Gebirge trennt. Im Westen berührt das Căliman-Gebirge das siebenbürgische Becken. Seine nördliche Grenze wird vom Bistriţatal bestimmt.

Geologisch handelt es sich beim Căliman-Gebirge um die vulkanische Einheit des Andesit-Bogens der östlichen Karpaten. Im Gebirge sind viele **Mineralwasserquellen** bekannt. Die berühmtesten sind die von **Vatra Dornei** im Kreis Suceava. Im Kreis Mureş wird in **Stânceni** Mineralwasser abgefüllt. Die warmen Bradul- und Tineretului-Quellen werden in Freiluftbädern verwendet. Wasserflächen sind der Gletschersee Iezer, der Tăul Zânelor auf 1230 Metern Höhe und die Stauseen Colibiţa und Răstoliţa. Im Gebirge wurde ein Nationalpark eingerichtet.

▲ Karte S. 269

■ Der Nationalpark Căliman

Der Nationalpark hat eine Fläche von 2404 Hektar, auf der sich der große Vulkantrichter und der 1730 Meter hoch gelegene Gletschersee Iezer sowie Felsstatuen und Gruppen bizarrer Felsformationen befinden.

Folgende **Reservate** stehen im Căliman-Gebirge unter strengem Schutz: Das Reservat in den engen **Schluchten des Mureş** (Rezervaţia Defileul Mureşului) bietet seltenen und gefährdeten Tierarten Unterschlupf. Die röhrenförmigen Höhlen sind einmalig in Europa. Das botanische **Reservat Tinova Mare/Poiana Ştampei** ist eines der größten Torfmoore Rumäniens. Kiefern, Fichten, Pappeln, Erlen, Weiden sind hier am stärksten verbreitet. Das **Reservat Valea Repedea** (Kreis Bistriţa-Năsăud) ist interessant wegen seiner durch Erosion entstandenen pyroklastischen Formationen: Nadeln, Säulen, Pilze, Türme. Die **Reservate Râpa Mare** bei Budacul de Sus (Bistriţa-Năsăud), **Râpa Verde** und **Comţarnicul** bei Cuşma (Bistriţa-Năsăud) sind Fundstätten versteinerter Mollusken. Das botanische **Reservat Piatra Cuşmei** auf 1153 Meter und das **Reservat Piatra Corbului** (Bistriţa-Năsăud) weisen wunderschöne Felsformationen auf. Der **Sumpf Pârâul-Dobreanu** bei Bilbor (Kreis Harghita) auf 1010 Metern Höhe wird von vier Mineralquellen bewässert. Weitere Naturreservate sind: das Torfmoor von Şaru Dornei, die Fichten von Cuşma, die Schlammvulkane von Monor und Pădurea din Seş von Orhei. Im Park sind architektonische Monumente zu sehen, deren größter Teil im Kreis Suceava um Vatra Dornei zu finden sind, vor allem Holzkirchen. Als schönste Ortschaften gelten Bilbor und Păltiniş im Kreis Harghita sowie Dorolea, Petriş und Poiana Negrii.

Nationalparkwegweiser

Wanderungen im Căliman-Gebirge

Das Wandern im Căliman-Gebirge im Kreis Mureș ist nur ausdauernden und erfahrenen Bergwanderern zu empfehlen. Die Wanderungen dauern teilweise ganze Tage, Übernachtungsmöglichkeiten gibt es noch zu wenig, vielfach bleibt nur das Zelt. Beim Zelten ist, wie überall in den Karpaten, Vorsicht vor Bären geboten. Die Markierungen enden willkürlich, sind spärlich oder verblasst. Mit dem Bau eines neuen Salvamont-Informationszentrums wurde 2008 in Lunca Bradului (beim Sägewerk) begonnen (Salvamont Mureș, Tel. 0725/826668, www.ekemuh.ro).

Die **Einfahrt in den Nationalpark** erfolgt von der DN 15 bei **Răstolița** (524 m), einem Ort mit knapp 1000 Einwohnern. Folgt man dem Abzweig in den Nationalpark nur 100 Meter bis zum Haus Nr. 331, entdeckt man, versteckt hinter privaten Grundstücken, eine alte, sehr sehenswerte Holzkirche inmitten eines Friedhofes.

Karte: Hartă turistică, Munții Căliman, 1:60000, Dimap-Erfatur.

▸ **Bistra Mureșului (490 m) → Richtung Vf. Zăpodia Ursului (1005 m) → Vf. Scaunu (1381 m) → Culmea Scaunu → Poiana de Mijloc (1523 m) → Poiana Stejii (1470 m) → Fundul Porcului (1520 m) Poiana Moldovanca → V. Secului (1220 m) → Poiana Țignaca**

Markierung: blaues Band, erneuert, 5,5–6 Std., Höhenunterschied: 1033 m.

Der Ausgangspunkt Bistra Mureșului liegt 3 km östlich von Deda an der DN 15.

▸ **Răstolița (568 m) → Valea Vișei → Forsthaus Vișei (1215 m) → Poiana Compilor (1307 m) → Poiana Culmilor (1370 m) → Forsthaus Fundul Stejii (1470 m)**

Markierung: roter Punkt, 12 km, davon 5 km Forstweg, Höhenunterschied: 902 m, 4–5 Std.

Sovata

Der staatlich geförderte Bade- und Luftkurort Sovata (ung. Szováta) liegt im östlichen Teil des Târnava-Mică-Gebietes, dem sogenannten Salzland. Man erreicht die Stadt über die gut ausgebaute DN 13A nach 62 Kilometern. Sovata liegt inmitten von sehr alten Wäldern an der Westflanke des Gurghiu-Gebirges, einem Teil der Ostkarpaten im Becken unterhalb des Mezöhavas-Berges (1777 m) auf einer Höhe zwischen 436 und 610 Metern. Das Sovata-Becken ist von Bergen und Hügeln umgeben. Man findet in der Umgebung vor allem zwei Gesteinsarten in größeren Mengen vor: Andesit, ein dunkelgraues Ergussgestein, das am Cserepeskö abgetragen wird, und die weißen Halite, die Steinsalze, die als Perlen des Szeklerlandes gelten.

Vor Jahrmillionen dehnten sich hier die Lagunen eines Meeres aus, in denen sich Salz ablagerte. Es bildeten sich Dolinen, in denen sich im Laufe der Zeit Seen mit Salzwasser und Schlämmen sammelten, die eine heilende Wirkung haben. In und um Sovata existieren 40 **Salzquellen** von ingesamt 129 im gesamten Gebiet.

Aufgrund seiner Salzseen, Thermalwasser und Heilschlämme hat Sovata seit 1884 den Status eines Kurortes und seit 1954 den Status einer Stadt. Sechs Salzseen (Kigyós Tö) gibt es heute vor Ort. Ein siebter, Șerpilor (ung. Kigyó), ist versumpft. Daneben gibt es außerdem den Süßwasser-See Paraschieva (ung. Piroska).

Der größte See ist der **Lacul Ursu** (ung. Medve, dt. Bärensee), der erst 1875 durch den Einsturz einer Doline entstanden ist. Er liegt auf 502 Metern Höhe und hat eine Länge von 306 Metern und eine Breite von 182 Metern, die durchschnittliche Tiefe beträgt sechs Meter. Sein hoher Salzgehalt, 75 Gramm pro Liter bis zu einer Tiefe von zwei Metern und darunter bis 300 Gramm pro Liter, sind vergleichbar mit dem Salzgehalt des Toten Meeres. Die Fähigkeit des Salzes, die Sonnenwärme zu speichern, macht den See für heliothermische Kuren ideal. An der Oberfläche beträgt die Temperatur 21 und in einer Tiefe ab zwei Metern 33 Grad.

Der kleinere **Lacul Negru** (dt. Schwarzer See, ung. Fekele) besteht bereits seit dem Jahr 1710 und ist damit der älteste aller Salzseen in Sovata. Er hat eine Größe von 3810 Quadratmetern und eine maximale Tiefe von 6,20 Metern.

Um beide Seen rankt sich die Legende von der schönen Fee, die sich während ihres nächtlichen Spaziergangs durch den Wald in einen Schäfer verliebte. Jede Nacht kam sie nun ins Tal, um dem Flötenspiel des Schäfers zu lauschen. Eines Tages entdeckte sie ein junges Mädchen im Arm des Schäfers. Die Fee wurde zornig und verwünschte den Schäfer und seine Herde, die sofort zu Steinen erstarrten. Die Fee konnte jedoch ihren Schäfer nicht vergessen, wanderte Tag für Tag ohne zu essen und

Hölzhäuser in Sovata

▲ Karte S. 269

Am Lacul Negru

zu trinken zwischen den Felsen entlang, die Büsche zerrissen ihren Schleier, Lavendel spross auf ihren Pfaden. Nach vielen Tagen kam sie nach Hause, das Feuer flackerte noch im Ofen, sie fand keine Ruhe im leeren Haus. In ihrer großen Verzweiflung verfluchte sie ihr Haus, das sofort unterging. An dieser Stelle entstand der See, dessen Wasser sich am Feuer der Fee erwärmte. Die Fee lief rastlos umher, und als sie erschöpft war, setzte sie sich auf den Zoltán-Berg, wo sie weinte und weinte. Ihre Tränen sammelten sich zu einem See, der später als Negru-See bekannt wurde. Und die Fee weint bis heute.

Dem Ursu-See benachbart ist der **Aluniș-See** (dt. Haselnuss, ung. Mogyors) mit 3670 Quadratmetern und einer Tiefe von 7,4 Metern. Sein Wasser ist aber kalt. Der **Mierlei** (ung. Rigó) ist der jüngste der Seen und erst 1950 entstanden. Mit einer Größe von 2200 Quadratmetern und einer Tiefe von bis zu einem Meter ist er der Lieblingssee der Anwohner.

Die kleineren Seen **Verde** (ung. Zöld) und **Roșu** (ung. Vörös) befinden sich in der Nähe des Ursu-Sees. In ihrer Nähe kann man pittoreske Salzsteine sehen.

Die beiden großen Salzseen Uru und Negru sind öffentliche Schwimmbäder, die am Abend gegen 19 Uhr schließen. Alle anderen Seen sind frei zugänglich und liegen verwunschen inmitten des Waldes. An ihren Ufern gibt es aber keine Duschen.

Im Ort stehen große Hotelkomplexe, beispielsweise Sovata Danubius, Aluniș, Brădet und Făget, zur Verfügung, die alle Relikte aus der kommunistischen Zeit sind, aber komplett saniert und modernisiert wurden.

Die Privatisierung der Hotels hatte lange gedauert, bis ein ungarischer Konzern im Jahr 2001 die Anlagen gekauft hat. Sie bieten ganzjährig Kuren an.

Die Umgebung von Sovata

Die Ortschaft **Ilieși** (ung. Ilyésmezö) im Juhod-Tal, am Fuß des István-Felsens (1394 m), ist im 19. Jahrhundert entstanden und wurde von rumänischen Schäfern besiedelt, die sich mit der ungarischen Mehrheit assimilierten. Später zogen dann Szekler-Holzfäller hinzu.

Căpet (ung. Kopac) ist eine Gartenstadt am rechten Sovataufer und war ursprünglich eine Holzfällersiedlung. Die Bewohner sind weggezogen, und die alten Häuser wurden zu Wochenendhäusern.

Nur wenige Kilometer in Richtung Südwesten befindet sich die Ortschaft **Sărățeni** (ung. Sovárád). Während der römischen Epoche bestand hier das Castrum Sativum, die zentrale Behörde für den Salzbergbau. Auf 537 Meter Höhe steht die **Ruine der Festung Csom,** die von den Tataren zerstört wurde. In **Praid** (Kreis Harghita) befindet sich ein Salzbergwerk. **Corund** (ung. Korond, Kreis Harghita) ist berühmt für seine Keramik, und in **Seiche** (ung. Szejke) sind unzählige Szeklertore zu bewundern.

Die Umgebung von Sovata ist ein beliebtes Wandergebiet mit zahlreichen geschützten Pflanzen, unter ihnen Eiben, Karpaten-Lärche, Hahnenfuß, Engelwurz, Schachblume, wilde Narzissen und die Orchideenart gelber Frauenschuh. Verborgen leben hier Äskulap-, Pfeil und Schlingnattern. Geduldige Ornithologen können hier weiße und sehr seltene Schwarzstörche, das Auerhuhn, Wander- und Turmfalken, Rabenvögel und Adler beobachten.

Sovata

Vorwahl: +40/(0)265.
Internet: www.sovata.ro, www.sovata-alunis.ro.

Die Bahntrasse führt von Blaj über Praid nach Sovata. Derzeit wird diese Strecke vom privaten Betreiber Regiotrans betrieben und mit sechs Regionalzügen täglich bedient.

Es stehen Busverbindungen von und nach Sighișoara (72 Kilometer) Târgu Mureș (62 Kilometer), Reghin (40 Kilometer) und Odorheiu Secuiesc (45 Kilometer) zur Verfügung.

Hotel Sovata, 4 Sterne, Tel. 570151, Fax 570258, sovatahotel@szovata.ro, www.sovatahotel.ro. Erstes Haus am Platz, 2003 nach Generalsanierung wieder eröffnet, bietet ein umfangreiches Gesundheits- und Wellnessprogramm.
Pensiunea Speranța, 3 Sterne, Tel./Fax 570540, pensiuneasperanta@yahoo.com, www.pensiuneasperanta.ro.
Motel Villa Sara, Str. Trandafirilor 86, Tel. 570159, vilasara@yahoo.ro, www.vilasara.ro. Schlicht und modern in einem Haus im traditionellen Stil.

Camping Vasskert, Str. Principală 12A, Tel. 570902, vasskert@szovata.hu, www.szovata.hu. Zeltplätze und 8 Bungalows für 24 Personen. Der malerisch, inmitten von viel Grün angelegte Camping-Platz liegt im Zentrum am Sovata-Fluss.

Sighișoara

▲ Karte S. 286

Das mittelalterliche Kleinod Sighișoara (dt. Schäßburg, ung. Segesvár) besticht durch sein einzigartiges städtebauliches Gefüge, das sich wie selbstverständlich in die von Wald bedeckten Hügel einfügt. Inmitten der Siebenbürger Hochebene, dort wo der Bach von Șaeș in die Târnava-Mare (dt. Große Kokel, ung. Nagy Küküllö) mündet, entstand auf einem Bergrücken zunächst eine Oberstadt, die Burgstadt (rum. Cetatea). Als diese zu klein wurde, dehnte sie sich unterhalb des Berges aus und bildete die Unterstadt (rum. Orașul de Jos).

Geschichte

Die Stadt wurde unter der lateinischen Bezeichnung Castrum sex als sechste der sieben Burgen der Sachsen gegründet und ging unter dem altdeutschen Namen Schespurch in die Annalen ein. Im Jahr 1367 erhielt sie den Rang einer Civitas de Seguzwar, woraus sich die heutige rumänische Benennung entwickelte. Die unruhigen Zeiten zwischen dem 16. und 18. Jahrhundert erforderten die regelmäßige Instandhaltung der Wehranlagen, die bis heute bewahrt blieben. Später entwickelte sich Schäßburg zum Handwerker- und Handelszentrum, das von Szeklern, Rumänen und Sachsen bewohnt war. Da die wirtschaftliche Entwicklung der Neuzeit relativ spät einsetzte, wurden wenig bauliche Veränderungen vorgenommen. Erst durch die Industrialisierung nach dem Zweiten Weltkrieg veränderte Sighișoara sein Aussehen. Die Neubauten liegen jedoch alle abseits des historischen Stadtkerns.

Gefahr drohte diesem einzigartigen architektonischen Ensemble während der Ceaușescu-Ära. Dem Abrissplan sollte die gesamte Altstadt zum Opfer fallen, was durch die Revolution verhindert wurde. Nur ein würfelförmiger Kaufhausbau erinnert an diese Absichten. Er entstand an einer bereits planierten Schneise. Heute ist die gesamte Altstadt geschützt und seit 1999 Weltkulturerbe.

Sighișoara ist zu Recht ein beliebtes Ziel von Reisegruppen, entsprechend voll kann es in der Saison in den engen Gassen der Altstadt werden. In den letzten Jahren eröffneten mehrere charmante Hotels und Restaurants in schön renovierten Altstadthäusern der Ober- als auch der Unterstadt. Während sich die Touristen eher für eine Einkehr in der

Die neue orthodoxe Kathedrale von Sighișoara

An der Piață Hermann Oberth

Oberstadt entscheiden, ist ein lebendiges Kneipenleben mit vielen Einheimischen in der Unterstadt anzutreffen.

Im Westen der Stadt steht ein siebeneckiges, legendenumwobenes Türmchen von 1496, das **Türmchen auf der Steilau**, das einerseits vermutlich ein Wahrzeichen städtischer Immunität, andererseits auch ein bis zur Reformation der Anna oder Katharina geweihter Bildstock sein könnte. Deshalb wird es auch häufig als ›beim Steinernen Bild‹ (rumänisch: la Chip) beschrieben. Der Name Steilau leitet sich von Stii oder Stin, der Stein, und sächsisch von lai, leie, graue Erdart ab.

Sobald man sich dem Zentrum nähert, wird der Blick von der Brücke über die Târnava zunächst auf eine markante orthodoxe Kirche aus dem 20. Jahrhundert gelenkt. Eine ältere orthodoxe Kirche von 1788 steht in der Vorstadt Cornești.

Piață Hermann Oberth

Wenn man mit dem Auto kommt, parkt man am besten in der Unterstadt beim großen Busparkplatz am ehemaligen Markt, der Piață Hermann Oberth. Hier sieht man auch sofort die Touristen-

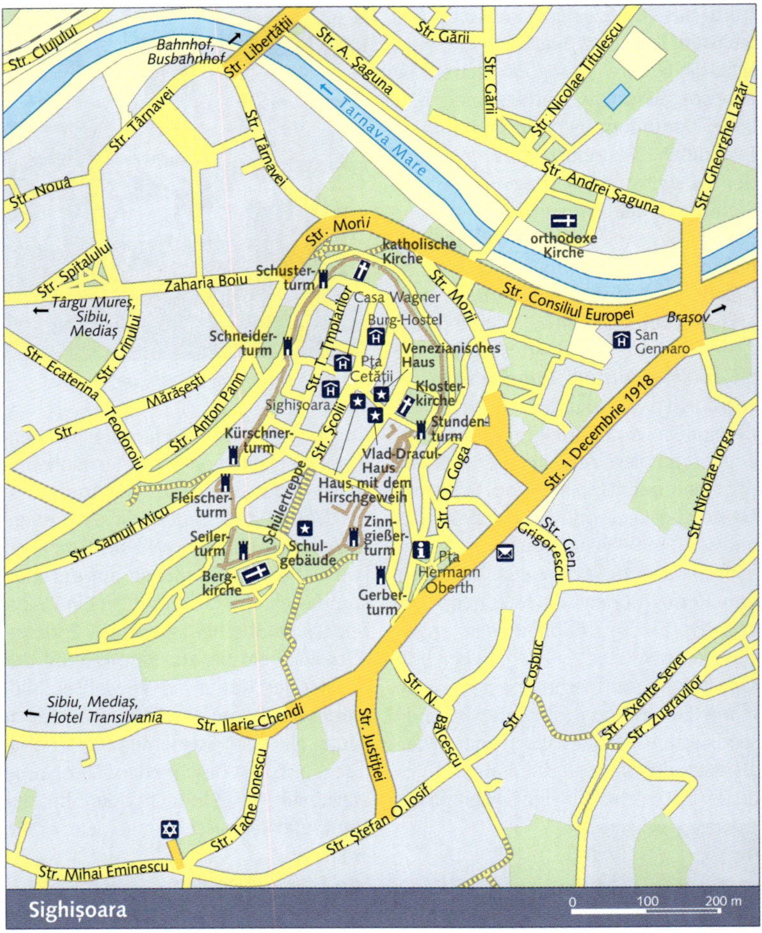

information. Zwei großzügig angelegte Straßen, die Baiergasse (Strada Horia Teculescu) und die Hüllgasse (Strada Ilarie Chendi) führen direkt auf den Marktplatz zu. Alle anderen Gassen sind mittelalterlich klein und dicht bebaut.

Stundenturm

Eine Verbindung zum Burgberg mit der Altstadt stellt der Stundenturm (Turnul Ceasului) dar. Jahrhundertelang war in ihm das Rathaus der Stadt untergebracht. Seine Lage am Rande der Burgterrasse zwischen beiden Stadtvierteln lässt ihn sowohl den Marktplatz als auch den Burgplatz gleichermaßen beherrschen. Als ehemaliger Torturm der Stadtbefestigung ist er auch heute noch das Haupttor zur Burgstadt.

Er entstand im 14. Jahrhundert und wurde nach einem Brand 1677 erneuert. Schlicht und ohne jede Dekoration,

Besucher auf dem Stundenturm

mit sehr kleinen Öffnungen im Mauerwerk, erhebt sich der Baukörper kontrastreich zur offenen Loggia des Obergeschosses. Das Dach ist schwungvoll verziert und wird von einer 64 Meter hohen, steil aufragenden Spitze bekrönt. Vier Ecktürmchen, einst das Autonomiesymbol einer mittelalterlichen Stadt, flankieren den Turmabschluss.

In den fünf Turmgeschossen befanden sich ehemals die Munitions- und Schatzkammer, das Archiv, Verwaltungsräume und zuletzt das Gefängnis. Seit dem Ende des 19. Jahrhunderts ist in ihnen das **Historische Museum** (Muzeul de Istorie) untergebracht. Im ersten Geschoss steht ein schönes Stadtmodell. Im Vorraum wird eine **Hermann-Oberth-Ausstellung** gezeigt. Daneben sind Keramik und Werkzeuge ausgestellt. Im zweiten Obergeschoss ist eine alte Apotheke eingerichtet. Im dritten und vierten Obergeschoss sieht man Möbel, Küchengerät und Werkzeuge der einzelnen Zünfte, in der vorletzten Etage nochmals Keramik und Uhren; im sechsten Stock endet der Turm.

Der Physiker und Raumfahrtpionier Hermann Oberth wurde 1894 in Hermannstadt geboren. Seine deutschstämmige Familie siedelte bald nach seiner Geburt nach Schäßburg um, wo Hermann von 1902 bis 1912 das Gymnasium besuchte. Nach seinem Studium in Klausenburg, München, Göttingen und Heidelberg lehrte er in Mediasch. Ersten Ruhm erlangte er mit seiner 1917 entworfenen 25 Meter langen Rakete, die mit Alkohol und Sauerstoff betrieben wurde. Von den Behörden zunächst verlacht, erschien 1923 sein Buch ›Die Rakete zu den Planetenräumen‹. Diese und weitere Veröffentlichungen wurden die Grundlagen der internationalen Raumfahrtliteratur. Beratend stand er Fritz Lang für seinen Film ›Die Frau im Mond‹ zur Seite. Als Professor wirkte er in Wien und Dresden, stellte sich in den Dienst Adolf Hitlers, indem er an der Entwicklung der ›Wunderwaffe‹ V2 beteiligt war. Nach dem Krieg bis zu seinem Tod 1989 in Nürnberg war sein berufliches Domizil Amerika. Einer seiner bekanntesten Schüler war Wernher von Braun.

Bei gutem Wetter lohnt sich der Turmaufstieg für den Ausblick auf die Umgebung und um die berühmte **Turmuhr** von Johann Kirchel von 1648 aus der Nähe zu betrachten. In den Nischen

Aufstieg zum Stundenturm

zweier Turmfassaden stehen Personifizierungen des Tages und der Nacht, des Friedens und der Gerechtigkeit. Rechts schlägt der Trommler die Stunden der Stadt. Um Mitternacht bewegen sich sieben römische Götterstatuen, pro Tag eine.

Die Oberstadt

Man betritt die auf einer breiten Terrasse angelegte Oberstadt durch den Stundenturm. Die Häuser sind dicht aneinander gereiht. Gleich neben dem Turm befindet sich das **Alberthaus**. Das ehemalige Internat des Joseph-Haltrich-Gymnaisums wurde kürzlich wieder renoviert und seiner alten Bestimmung zugeführt.

Das Zentrum der Oberstadt bildet die **Klosterkirche** (Biserica Mănăstirii) des ehemaligen Dominikanerklosters. Zur Kirche gehörte einst das daneben liegende Klostergebäude auf dem sogenannten Münchhof. Die Dominikaner waren vom 13. Jahrhundert bis zur endgültigen Übernahme des lutherischen Bekenntnisses – und damit zur Neuordnung des kirchlichen Lebens – hier ansässig. Im Jahr 1555 wurde der Orden, der im Laufe von 300 Jahren durch Freibriefe und Schenkungen und durch Einkünfte aus der Bettelei zu ansehnlichem Reichtum gelangt war, in Siebenbürgen aufgelöst, die Güter wurden säkularisiert, die Räume vom Stadtrat übernommen und das Gebetshaus zur Hauptkirche der evangelischen Bevölkerung. Bis ins 19. Jahrhundert nutzte man die Klostergebäude als Schulen. Zwischen 1886 und 1888 wurde anstelle des alten Dominikanerklosters das Komitatshaus, heute Bürgermeisteramt, gebaut. Die Maria geweihte Klosterkirche war 1492 bis 1515, während der letzten Blüte des Ordens entstanden.

▶ Karte S. 286

Der **Kreuzgang** zwischen ehemaligem Kloster und der Klosterkirche ist heute noch zugänglich. Ein Brand zerstörte die Kirche 1676 völlig. Ihr Wiederaufbau wurde barock gestaltet. So entstand eines der wenigen Beispiele eines siebenbürgischen barocken Altars von einem slowakischen Meister. Von der alten Ausstattung blieben ein Teil des ehemaligen Martinsaltars von 1521 und ein kelchförmiges Taufbecken erhalten. Der Zeit des Wiederaufbaus entstammte die erste Orgel mit einem Gehäuse vom Hermannstädter Maler Jeremias Stranovius (Malerei und Fassung der Holzarbeiten) und von Johannes Vest (Schnitzarbeiten). Auf dem Gehäuse sind Szenen aus dem Neuen Testament festgehalten. Die Figuren tragen porträthafte Züge damaliger Ratsmitglieder. Die Orgel wurde 1905 erneuert, mehrfach restauriert und verändert. Sehenswert ist die große Anzahl der anatolischen Teppiche. Es handelt sich dabei um Spenden von Kaufleuten, die mit den Tataren Handel trieben.

Schräg gegenüber der Klosterkirche liegt das **Venezianische Haus** (Casa Venețiana) aus dem 16. Jahrhundert. Erst im 19. Jahrhundert wurde es mit gotischem Zwillingsfenster und Erker ausgestattet.

Im **Vlad-Dracul-Haus** (Casa lui Vlad Dracul) soll Vlad Țepeș, das historische Vorbild des berühmten Grafen Dracula, im Jahre 1431 geboren worden sein, was jedoch nicht belegt ist. Hier befindet sich heute ein gemütliches Restaurant mit traditioneller Küche. Links und rechts davon schließen sich die gut erhaltenen weinfarbenen, laubgrünen und ockergelben Häuser des 16. und 17. Jahrhunderts an.

Der **Burgplatz** (Piață Cetății) war das städtische Zentrum mit Schandmal und

Das Haus mit dem Hirschgeweih

Schafott. Er ist umgeben von den Patrizierhäusern aus dem 17. und 18. Jahrhundert. Hervorzuheben ist das **Haus mit dem Hirschgeweih** (Casa cu Cerb), das dank der Messerschmitt-Stiftung vorbildlich saniert wurde. In ihm befinden sich heute ein heimeliges Hotel und das rumänisch-deutsche Kulturinstitut.

Die **katholische Kirche** (Biserica Catolică) stammt in ihrer heutigen Gestalt aus dem 19. Jahrhundert. In der kleinen Gemeinde sind vorwiegend die ungarischstämmigen Bürger der Stadt zu Hause.

Die **Burgbefestigung** bestand zunächst aus vier Meter hohen Mauern, die im 15. Jahrhundert um weitere drei bis vier Meter erhöht und ihre vierzehn Türme und vier Basteien weiter ausgebaut wurden. An der Burgmauergasse (Strada Zidul Cetății) kann man Reste der ehemaligen Burgbefestigung entdecken. Von vierzehn Wehrtürmen blieben neun erhalten. Entlang der Mauer sind in nordöstlicher Richtung anzuschauen: Schusterturm (Turnul Cizmarilor), erkennbar an seinem roten Spitzdach; Schneiderturm (Turnul Croitorilor), einfach und massiv, ehemals durch Eisengitter verschließbar; Kürschnerturm (Turnul Blănarilor), auf achteckigem Grundriss, und der Fleischerturm (Turnul Măcelarilor).

Die überdachte **Schülertreppe** (Scările Școlarilor) erleichterte den Schülern seit 1642 den Anstieg zur Bergschule und erhielt ihr heutiges Aussehen mit 175 Stufen im Jahr 1842.

Im Jahr 1619 entstand unterhalb der Kirche das sogenannte **Neue Schulgebäude**, welches in der Mitte des 18. Jahrhunderts umgebaut wurde. Daneben errichtete man 1792 das **Alte Gymnasium**, das 1901 sein heutiges Aussehen erhielt. In seinem Festsaal befanden sich Bilder mit sächsischen Persönlichkeiten, darunter Josef Haltrich und Bischof G.D. Teutsch. Im Zuge der Verstaatlichung wurden die Bilder 1948 abgehängt, doch 1993 konnte der ursprüngliche Zustand mit Spenden ausgewanderter Schäßburger wieder hergestellt werden. Seinerzeit wurden in dem Gymnasium nicht nur sächsisch-, sondern auch rumänisch-, ungarisch-, armenisch- und jiddischsprachige Kinder unterrichtet. Am Gymnasium wirkten auch der Volkskundler und Märchensammler Joseph Haltrich, nach dem es benannt ist, sowie der Dichter Michael Albert.

Die Bergkirche

Die Bergkirche (Biserica din Deal) ist ein besonderes Kleinod der mittelalterlichen Stadt. Über einem romanischen Vorgängerbau entstand 1345 eine Hallenkirche mit gotischem Chor, dessen Kapitelle denen der Michaelskirche von Cluj ähneln.

Ältester Teil des Gotteshauses ist die **Krypta** aus dem 12. Jahrhundert, die einzige erhalten gebliebene Siebenbürgens. Sie kann besichtigt werden und weist ein noch nicht vollständig erforschtes Tunnelsystem auf.

Der Westturm, ebenfalls aus dem 13. Jahrhundert, wurde 1429 während des Ausbaus in die dreischiffige spätgotische Halle einbezogen. Nach dem Erdbeben von 1838 wurde das Netzgewölbe der Seitenschiffe teilweise erneuert, während das Gewölbe im Chor eine hölzerne Nachbildung ist. Seit dem Jahr 2004 ist die Renovierung der Kirche abgeschlossen.

Für die Sanierung des Bauwerkes und die in ihr konzipierte Ausstellung mittelalterlicher Kunstwerke wurden die Verantwortlichen mit dem Europäischen Museumspreis ausgezeichnet.

Zur Ausstattung der Kirche gehört eine steinerne, mit gotischem Maßwerk verzierte **Kanzel**, die inschriftlich 1480 datiert ist, und ein spätgotisches fialenförmiges **Sakramentshaus** mit balusterförmiger Basis aus dem 16. Jahrhundert. Das **Chorgestühl** ist ein Werk des Tischlermeisters Johannes Reychmuth aus Schäßburg von 1523, seine Rückenlehnen werden Johann Stoß zugeschrieben.

Wandmalereireste haben sich im Chor, am Triumphbogen, im nördlichen und südlichen Seitenschiff sowie in der Turmvorhalle, dem Atrium, erhalten. In der Turmvorhalle begrüßt der Erzengel Michael als Seelenwäger, der die Teufel verjagt, von 1483 die Eintretenden. Die

Karte S. 286

In der Oberstadt, im Hintergrund die Bergkirche mit der Schülertreppe

Deutscher Grabstein auf dem Friedhof der Bergkirche

Darstellungen in der Torvorhalle, der Leidensweg Christi und im rechten Eingangsbereich Szenen aus dem Leben des Nikolaus werden ebenso wie das Jüngste Gericht und die Krönung Christi im nördlichen Seitenschiff dem Salzburger Meister Jakobus Kendlinger zugeschrieben und stammen aus dem Jahre 1488. In der Laibung erkennt man die Heilige Dreifaltigkeit, die Gottvater mit drei Gesichtern zeigt.

Größter Schatz der Kirche sind die ausgestellten herausragenden **mittelalterlichen Flügelaltäre**, die zu ihrem Schutz aus anderen Gotteshäusern hierher gebracht wurden. Im linken Seitenschiff ist der **Ursulaaltar** von 1503 ausgestellt. Er zeigt die Ursulalegende und stammt aus der sächsischen Siedlung Meeburg (dt. Beia, ung. Homorodbéne). Im rechten Seitenschiff steht der **Nikolausaltar** aus Cund von 1500. Im zweiten Joch des südlichen Seitenschiffs befindet sich der sogenannte **Martinsaltar** der Dominikanerkirche von Sighișoara. Seine Mitteltafel zeigt den heiligen Martin mit dem knienden Bettler zu Füßen. Der heilige Dominikus, gefolgt von drei Heiligen, hält seine Hand auf einen Hund in Anspielung auf die Rolle der Dominikaner während der Inquisition. Der Altar wird dem Meister Johann Stoß, einem Sohn des berühmten Veit Stoß, zugeschrieben, der sich aus der Slowakei kommend in Sighișoara niederließ.

Schönster Altar ist der heutige Hauptaltar, der **Altar der Anna Selbdritt** oder auch der Heiligen Sippe genannt wird. Er stammt aus Șaeș (dt. Schaas, ung. Segesd) und ist um 1520 entstanden. Sein Mittelbild stellt die Heilige Sippe, das heißt Verwandte Christi mütterlicherseits dar. Der Legende nach war die heilige Anna, Mutter Marias und Großmutter Christi, dreimal verheiratet. Sie und ihre drei Ehemänner samt den gemeinsamen Kindern und Kindeskindern, insgesamt 17 Personen, werden auf dem Altar gezeigt. Im rechten unteren Bildteil kniet ein betender Mann, vermutlich der Stifter. Das Bild ist in der Art der deutschen Renaissance sehr realistisch dargestellt. Alle Gestalten sind in vornehme Bürgertrachten gekleidet. Grün, die Farbe der Hoffnun, ist die dominierende Farbe. Auf die Predella hat der Maler die Auferweckung des Lazarus gemalt. Die Bekrönung oberhalb des Hauptbildes ist eine halbkreisförmige Lünette, die die heilige Apollonia mit Buch und Greifzange, in der Mitte die heilige Katharina mit Buch und Schwert und rechts die heilige Barbara mit dreifenstrigem Turm und Hostie zeigt.

Weitere Ausstattungsstücke sind bemerkenswert: das kelchförmige **Taufbecken** von 1400, ebenfalls aus Schaas, die **Statuen der vier Evangelisten** aus Lindenholz, alte **Grabsteine** und Volkskunst, darunter bemalte **Stollentruhen** aus Brădeni (dt. Henndorf, ung. Hégen).

Die Truhen befanden sich auf dem Dachboden der alten Wehrkirche und drohten nach der Abwanderung der Sachsen zu verwahrlosen. Die für die Aussteuer genutzten Truhen wurden kürzlich von deutschen Handwerkern restauriert. Die Bergkirche ist außen mit Sandsteinstatuen geschmückt, die leider stark verwittert sind. Darunter befinden sich Maria und die Heiligen Drei Könige.
An die Kirche schließt sich der **Friedhof** an. Zwischen ihm und der Kirche steht der **Seilerturm** (rum. Turnul Frânghierilor), der einzige bewohnte Turm der Stadtmauer. In ihm wohnt der Friedhofswärter. Ein Spaziergang über den Friedhof führt zurück in die sächsische Vergangenheit von Sighișoara.

In den Pausen verwandelt sich das Areal um die Kirche und den Friedhof in einen lebhaften Pausenhof der Bergschule.
Man kann nun den Fußweg statt der Treppe nehmen und am südwestlichen Teil der Burgmauer den 25 Meter hohen **Zinngießerturm** (Turnul Cositorarilor) am Entchenplatz besichtigen. Er wurde auf quadratischer Basis begonnen, im Obergeschoss über ein Fünfeck erweitert und mit dem Dach abgeschlossen. Einschläge der letzten Belagerung von 1704 sind zu erkennen. Vom **Gerberturm** sind nur Ruinen zu sehen. Einst verband ein Wehrgang beide Türme, dessen letzter Rest sich am Zinngießerturm erhielt.

Sighișoara

Vorwahl: +40/(0)265.
Internet: www.sighisoara.com.
Touristeninformation: in der Unterstadt an der Piață Hermann Oberth, gleich beim Busparkplatz. Mo–Fr 9–12 und 15–18 Uhr, Sa 9–13 Uhr.

Für alle Hotels in Sighișoara gilt, dass man vor allem in der Sommersaison rechtzeitig reservieren sollte.
Hotel Transilvania, 3 Sterne, am Stadtrand Richtung Mediaș, Str. N. Filipescu 1 A, Tel. 77 05 00, Fax 77 05 01, www.hoteltransilvaniasighisoara.com. DZ 70 Euro. Schöne Zimmer, großer Parkplatz und gute Küche.
Hotel Casa Wagner, 3 Sterne, Oberstadt, Piață Cetății 7, Tel. 50 60 14, Fax 50 60 15, www.casa-wagner.com. DZ 60 Euro. Stilvolles, mit alten Möbeln eingerichtetes Hotel mit gutem Restaurant.
Pension Casa cu Cerb (Haus mit dem Hirschgeweih), Oberstadt, Str. Școlii 1, Tel. 77 46 25, Fax 77 73 49, www.casacucerb.ro. DZ 50 Euro. Das denkmalgeschützte Gebäude (17. Jhd.) wurde von der Münchener Messerschmidt-Stiftung restauriert und beherbergt jetzt schöne Gästezimmer, ein Restaurant sowie Tagungsräume für bis zu 30 Personen. Das Haus wird oft von Gruppen genutzt, rechtzeitige Anmeldung ist angeraten.
Hotel Sighișoara, Oberstadt, Str. Școlii 4–6, Tel./Fax 77 10 00, www.sighisoarahotels.ro. DZ 60 Euro. Schönes, schlichtes Hotel in einem Gebäude aus dem 16. Jahrhundert, freundliches Personal.
Pensiunea San Gennaro, Unterstadt, Str. Consiliul Europei 3, Tel. 77 19 79, 77 92 63. DZ 35 Euro. Liebevoll renoviertes Altstadthaus mit 24 Betten.
Burghostel, Oberstadt, Str. Bastionului 4-6, Tel. 77 84 89, ganzjährig, www.burghostel.ro, 10–15 Euro. Interkulturelles Begegnungszentrum mit Internetcafé und Jugendherberge in einem historischen Gebäude.

▶ Karte S. 286

Historisches Museum im Stundenturm, Mo 10–15.30 Uhr, Di–Fr 9–18 Uhr und Sa/So 9–16 Uhr.
Bergkirche, tgl. außer Mo 10–17 Uhr. Auch eine lohnenswerte Führung in deutscher Sprache wird angeboten. Am Sonntag findet um 10 Uhr ein Gottesdienst in deutscher Sprache statt.

Authenic Souvenir, Oberstadt, Str. Scolii 15, Tel. 07 42/60 75 42, dragosdraganescu@yahoo.com.

Die Umgebung von Sighişoara

In der Umgebung von Sighişoara sind einige ursprüngliche Sachsendörfer mit ehemals stattlichen Kirchenburgen mit dem Auto, mit dem Fahrrad und manche gar zu Fuß zu erkunden: in **Daneş** (dt. Dunesdorf, ung. Dános) eine neoklassizistische Saalkirche, im Weinort **Seleuş** (dt. Großalisch, ung. Nagyszöllös) die ummauerte spätgotische Saalkirche mit Kreuzrippengewölbe im Chor, in **Criş** (dt. Keresd, ung. Kreisch), einem ehemaligen Hörigendorf der Familie Bethlen, ein Bethlenschloss und die komplett erneuerte evangelische Kirche.

Apold

Von der DN14 führt eine malerische Nebenstraße vorbei an Obstplantagen und Hopfenfeldern über Şaeş (dt. Schaas, ung. Segesd) mit einer neueren Kirche innerhalb alter Wehrmauern nach Apold (dt. Trappold ung. Apold).
Die **Kirchenburg** steht auf einem Ortshügel, der im Osten vom Schaaser Bach umflossen wird. Wie viele Kirchen wurde auch diese als romanische Basilika konzipiert, dann zur gotischen Hallenkirche umgebaut und befestigt. Dazu wurde der gotische Glockenturm erhöht und mit einem Wehrgang versehen. Die erste Umfassung erfolgte im 15. Jahrhundert, hundert Jahre später wurde ein zweiter Bering gebaut. Das Torhaus gewährte im Mittelalter den einzigen Zugang zur Burg. Es wurde anstelle eines Wehrturms 1840 errichtet. Über dem Tor befand sich die Wachstube, die heute als Wohnraum für wandernde Handwerker genutzt wird. Heute steigt man über die steile Treppe bergauf und kommt über eine erst im 19. Jahrhundert in die Mauer gebrochene Tür in die Burg. Rechts daneben steht das Burghüterhaus, in dem ein Informationsbüro eingerichtet werden soll. Weitere Wehrtürme sind der Weiße und der Glockenturm, der an seiner Uhr von 1723 zu erkennen ist. Während der Sanierung des hölzernen Wehrgangs entdeckte man im Jahr 2006 eine hölzerne Skulptur, Bogdan Mischi genannt, die vermutlich von einem Altar stammt.
Die **Innenausstattung** beinhaltet eine sehr dekorative, barocke Kanzelkrone von Georg Philippi, eine neue Orgel, die in das Gehäuse des Schäßburger Meisters Johann Theiss von 1821 eingefügt wurde, und, aus gotischer Zeit, die Sakramentsnische und das Portal zur Sakristei. Die Kirchenburg ist täglich von 9–17 Uhr geöffnet (Burghüter Sebastian Bethge, Tel. 07 24/15 59 77). Eine weniger gute Nebenstraße führt über **Daia** (dt. Denndorf ,ung. Szászdalya) mit einer langsam verfallenden Kirchenburg weiter nach Saschiz.

Das Weltkulturerbe von Saschiz

Der Marktort Saschiz (dt. Keisd, ung. Szászkézd) wird auch die Gemeinde der sieben Kirchen genannt, von denen fünf nachgewiesen werden konnten. Sein deutscher Ortsname soll sich vom magyarischen Wort Kés, die Hand, ableiten, wobei die Hand als Synonym für Schutz steht. Erstmals wird das Keisder Kapitel, zu dem die sieben Gemeinden von Keisd, Klosdorf, Arkeden, Denndorf, Deutschkreuz und die beiden verschwundenen Dörfer Adamsdorf und Diawaldia gehörten, im Jahr 1309 erwähnt. Sie erbauten, laut Inschrift von 1347, gemeinsam die **Burg**, vermutlich an der Stelle eines römischen Castrums, von dem aus man die alte römische Straße zwischen Reps und Schäßburg überwacht hatte, und erwarben sich so das Recht, im Falle eines Angriffs in die Burg zu fliehen. Von Schäßburg kommend erhebt sie sich linker Hand auf dem Galgen- oder Burgberg. Heute nur noch als Ruine erhalten, besaß sie einst sechs Türme, die durch einen an der Ringmauer verlaufenden Wehrgang verbunden waren. Der Hauptburg war im Osten eine Vorburg vorgelagert, von der nur noch Fundamente erhalten sind. Im Burghof befanden sich zwei Fischteiche, ein 60 Meter tiefer Brunnen, aus dem ein Tunnel aus der Burg führte, und eine

Blick auf Saschiz und die Kirchenburg

▲ Karte S. 269

Dorfstraße in Apold

Kapelle, die 1927 zur Jugendherberge umgebaut wurde. Sie ist in Resten erhalten. Die Burg bot zunächst genügend Schutz, so dass die Transformation der Kirche zu einer Wehrkirche hinausgezögert wurde. Ein Spaziergang von etwa 1,2 Kilometern führt in zwei Varianten hoch zur Burg.

Im Ort selbst steht direkt an der durch den Ort führenden E60 die **Wehrkirche des heiligen Stephan von Ungarn**. Sie entstand anstelle von zwei Vorgängerinnen, einer romanischen und einer zisterziensischen, in den Jahren 1493 bis 1525. Es handelt sich um eine einschiffige, turmlose Saalkirche im Stil der Spätgotik mit langem Chor. Im Zuge ihres Umbaus zu einer Wehrkirche wurden Langhaus und Chor mit einem Wehrgeschoss überhöht. Die Außenwände erhielten dazu als Unterbau Strebepfeiler, die durch Blendbögen zusammengefasst wurden und das gesamte Bauwerk wie einen Gürtel umfingen. Schießscharten, Gusslöcher und ein Wehrgang vervollständigen die wuchtige Anlage. Im Norden des Chors befindet sich eine kleine quadratische Sakristei mit zwei Obergeschossen, quasi ein Sakristeiturm.

Im Inneren besitzt die Kirche einen barocken Altar von 1735, eine Kanzel von 1709, ein dreiteiliges Taufbecken aus drei Jahrhunderten und eine Barockorgel. Ältestes Ausstattungsstück ist das spätgotische Gestühl.

Ein Wehr- und Glockenturm aus Bruchstein und Ziegeln steht abseits der Sakristei. Nach 1677 wurde die Funktion als Wehrturm hinfällig und der Turm zum Glockenturm ausgebaut, der stilistisch an den Schäßburger Torturm erinnert, unter anderem auch wegen seiner glasierten Dachziegel. Im Nordfenster des Obergeschosses steht eine Bogdan genannte Holzfigur, die auf einer Pauke die Viertelstundenschläge der Turmuhr begleitet. Kirche und Turm wurden von einer Ringmauer umgeben. Heute gehören die Dörfer Klosdorf und Zoltendorf zu Keisd. Das so gebildete Siedlungsgebiet ist von Obst-, Wein- und Hopfenfeldern, Weiden, Ackerland und bewaldeten Hügeln umgeben.

Rund um Saschiz

Das Dorf **Cloaşterf** (dt. Klosdorf, ung. Miklóstelke), einst Kerzer Domäne, wurde 1322 als Villa Nikolai nach seiner ersten, Nikolaus geweihten Kirche benannt. Klos ist nur eine Abkürzung des Namens Nikolaus. Die Wehrkirche von 1521 weist die älteste Signatur eines Baumeisters in Siebenbürgen auf, diejenige Stephan Ungars. In der Kirche finden Orgelkonzerte statt. Bei Haus Nr. 98 beginnt ein Fußweg, auf dem man ins sieben Kilometer westlich gelegene Dorf Daia wandern kann.

An der DN13 liegt das liebevoll geschmückte rumänische Dorf **Mihai Viteazu** (dt. Zoltendorf, ung. Zóltány). Ein Abstecher über eine schlechte Straße führt zur nordöstlich gelegenen Ortschaft **Archita** (dt. Arkeden, ung. Erked). Ein trutziges, leider verfallendes Ensemble einer von zwei vollständig erhaltenen Wehrmauern umgebenen Kirchenburg mit heute noch sieben Türmen, Gemeindesaal und Pfarrhof dominieren einen dreieckigen Anger.

Bei **Albeşti** (dt. Weißkirch, ung. Fehéregyház), siegten am 31. Juli 1849 die mit der zaristischen Armee verbündeten Österreicher gegen die ungarischen Revolutionstruppen unter General Bem. Dabei fanden der ungarische Freiheitsdichter Sándor Petőfi und der Publizist Anton Kurz den Tod. Auf dem evangelischen Friedhof befindet sich ein Petőfi-Denkmal, daneben das Petőfi-Museum. Die sächsische Gründung geriet seit 1552 in den Besitz der Grafenfamilie von Haller, die hier ihren Stammsitz hatte.

Das Gebiet um Keisd wurde wegen seiner vielseitigen Flora und Fauna und den vielen architektonischen Denkmälern in das Netzwerk von Natura 2000 aufgenommen.

Umgebung von Sighişoara

In Saschiz: **ADEPT Tourist Information Centre**, Str. Principală 166, Mo–Fr 9–18 Uhr, Sa 9–17 Uhr. www.saschiz.ro.

In Saschiz: **Hanul cetăţii**, Tel./Fax 0265/711793, mobil 0721/585767, www.hanulcetatii.ro. Pittoreskes Gästehaus mit Gastgarten.

In Seleuş: **Gästehaus Pfarrer Albert Schaser**, Tel. Demirel Hermann 0745/192085 und Mirela Hermann 0740/769937. Seit 2006 stehen in diesem renovierten Pfarrhaus in vier Zimmern 24 Betten zur Verfügung.

Das östliche Siebenbürgen ist in seinen Kreisen Harghita und Covasna stark ungarisch geprägt und bildet mit seinen sanfteren Gebirgsformationen eine fließende Grenze zum ehemaligen Fürstentum Moldau.
Die Zeit scheint hier mancherorts trotz Wende immer noch stehengeblieben zu sein.

Das östliche Siebenbürgen

Kreis Harghita

Dieser weniger bekannte Kreis im ungarisch geprägten Szeklerland bietet neben den verschiedenen Massiven der Karpaten mit ihren tiefen Wäldern und steilen Felswänden auch zahlreiche Kurbäder und unitarische Kirchenburgen.

Miercurea-Ciuc

Miercurea-Ciuc (dt. Széklerburg, ung. Csikszereda) liegt am Fluss Olt im Ciuc-Becken zwischen Harghita- und Ciucului-Gebirge. Von seinen 40 000 Einwohnern sind über 30 000 Szekler, so dass hier zwei Amtsprachen gelten: Ungarisch und Rumänisch. In der Umgebung findet man Naturerscheinungen wie Mofetten, Mineralquellen sowie Moor- und Sumpfgebiete. Mircuera Ciuc selbst ist ein Badekurort mit Mineralwasserquellen (19–23 °C). Es gibt drei FreibädeDer ungarische Name der Stadt setzt sich

Sanierte Gebäude in der Fußgängerzone

zusammen aus Csik (turksprachlich Grenze) und Szeredea (ungarisch Mittwoch, Tag des Wochenmarktes). Seit dem 12. Jahrhundert siedelten hier Szekler, im 16. Jahrhundert wurde der Ort erstmals als Marktflecken erwähnt.

Im 17. Jahrhundert wurden im Ort wiederholt Stuhlsversammlungen abgehalten. Miercurea-Ciuc war einer der wichtigsten Szeklergrenzposten im Habsburger Reich, so dass von 1764 bis 1849 eines der Szekler-Grenzregimenter in der Mikó-Burg stationiert war.

Die Stadt ist bereits seit dem 19. Jahrhundert an das Eisenbahnnetz angeschlossen, und nach dem Zweiten Weltkrieg begann die Industrialisierung, wobei viel Textilindustrie etabliert wurde. Bekannte Eishockeyspieler, wie der bereits verstorbene Istán Antal, wurden hier geboren.

Die Stadt hat in den letzten Jahren einiges zu ihrer Verschönerung getan, was sich über die neuen Fahrradwege bestens erkunden lässt.

Der Kreis Harghita im Überblick

Name: Județul Harghita (ung. Hargita Megye).
Lage: im Osten Siebenbürgens.
Hauptstadt: Miercurea-Ciuc.
Fläche: 6639 qkm.
Einwohner: 325 000, davon 84,6 % Szekler, 14,1 % Rumänen, Roma und wenig Deutsche.
Landschaften: Gebirgszüge von Gurghiu, Harghita und Hășmaș; Beckenlandschaft von Ciuc und Giurgeu.
Empfehlenswerte Aktivitäten: Wandern im Harghita-Gebirge und im Nationalpark Bicaz-Klamm.
Bemerkenswert: historische Landschaft Salzland.
Internet: www.harghita.ro.
Vorwahl: 0266.
Autokennzeichen: HG.

▶ Karte S. 300

Sehenswürdigkeiten

Wer von Süden in die Stadt kommt, fährt direkt auf das Burgschloss zu. Es ist heute von einigen historistischen Bauten umgeben: dem **Rathaus**, 1884 bis 1886 als Sitz des Komitats errichtet, der **orthodoxen Kirche** (1929–1935) auf dem ehemaligen Marktplatz, heute Bischofssitz, und dem **Justizpalast**. Weitere sehenswerte auf die Stadt verteilte Denkmäler sind: die **römisch-katholische Kirche** von 1758 sowie das **Márton-Áron-Gymnasium** an der gleichnamigen Straße, 1668 als Franziskaner-Klosterschule in Şumuleu gegründet und im Jahr 1911 in das klassizistische Schulgebäude nach Miercurea-Ciuc verlegt.

Am Beginn der relativ langen **Fußgängerzone** steht der sozialistische Bau des Kulturzentrums. In der Flaniermeile mit Cafés und Geschäften wurden einige historische Gebäude bereits restauriert. Der siebenbürgische Fürst Gabriel Bethlen vergab den Ort im Jahr 1615 an den Csiker Oberkapitän Ferenc Mikó von Hidvég, der anstelle einer älteren Steinfestung ein **Schloss** im Renaissance-Stil errichten ließ. Dieser älteste Profanbau der Stadt ist eine Vierflügelanlage mit vier basteiartig ausgebauten Ecktürmen auf quadratischer Basis. Er wurde während der kriegerischen Auseinandersetzungen zwischen Türken, Tataren und Habsburgern zerstört und durch den

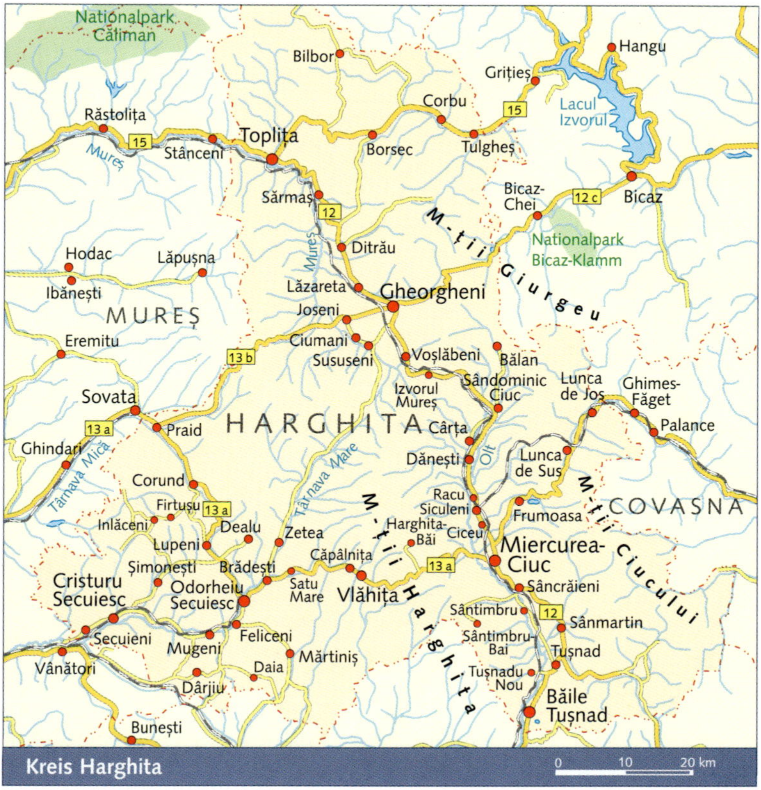

Kreis Harghita

habsburgischen General Stefan von Steinville 1714 bis 1716 erneuert. Heute ist in ihm ein **Szekler-Museum** mit ethnographischen, historischen und naturwissenschaftlichen Exponaten eingerichtet. In den Freilichtanlagen stehen alte Szeklerbauten und Szekler-Hoftore. Außerdem werden Festspiele, Wechselausstellungen und Konzerte veranstaltet. In der Grünanlage vor dem Burgeingang stehen die Denkmäler von Sándor Petöfi und Nicolae Bălcescu.

Franziskanerkloster Șumuleu

Der 1930 eingemeindete Stadtteil Șumuleu heißt heute Miercurea-Ciuc-Șumuleu (dt. Schomlenberg, ung. Csiksomlyó). Das frühere Várdotfalva ist bis heute eine der wichtigsten Wallfahrtsstätten der katholischen Szekler und Moldauer Csángós. Hier befindet sich ein Kirchen- und Klosterkomplex, der auf die Franziskaner zurückgeht. 1442 stiftete Johann Hunyadi anlässlich seines Sieges bei Marosszentimre einen gotischen Kirchen-

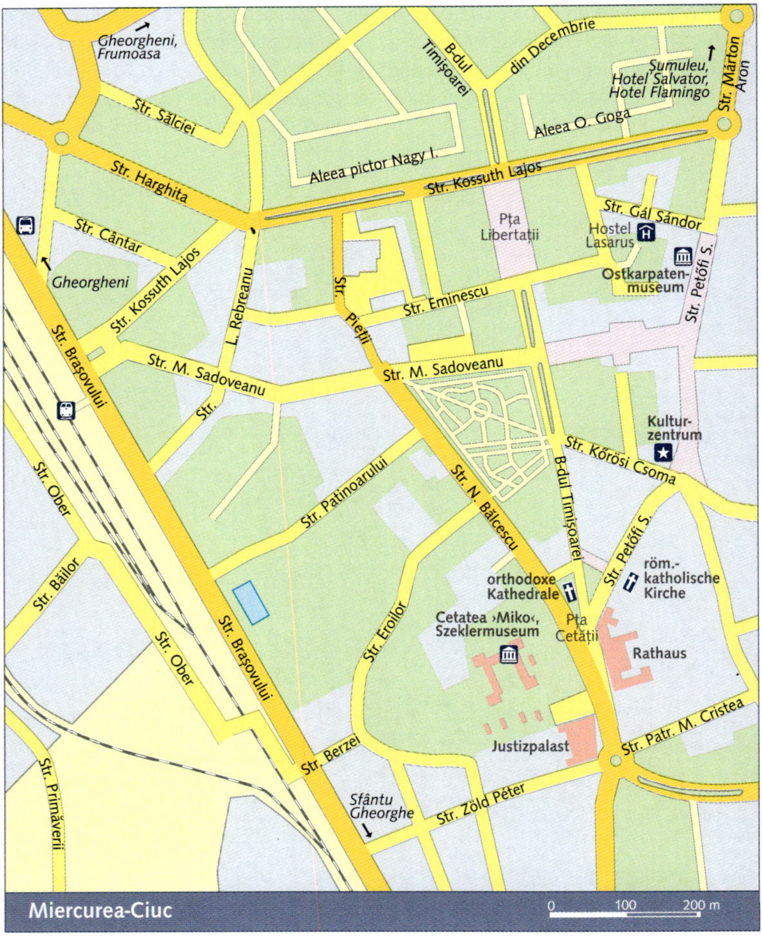

Miercurea-Ciuc

bau. Im Jahr 1444 forderte Papst Eugen IV. in einer Bulle die Gläubigen auf, den Bau der Kirche zu unterstützen. Wiederholt wurde die Kirche Opfer von Plünderung und Brandschatzung, wurde aber anschließend immer wieder restauriert.

Der Klosterkomplex wurde 1733 bis 1759 unter Verwendung gotischer Elemente des Vorgängers barock erneuert. Die barocke Kirche mit ihrer Zweiturmfassade und einer großen Krypta wurde im Jahr 1804 begonnen und 1838 vollendet. Ihre letztmalige Ausmalung erhielt sie 1911. Die Schäden des Erdbebens von 1940 wurden noch während des Krieges beseitigt. 1948 wurde die Kirche von Papst Pius XII. zur Basilika Minor erhoben.

Größter Kirchenschatz ist die überlebensgroße **Marienstatue aus Lindenholz**, das Werk eines unbekannten Meisters. Rechts und links von ihr stehen Stephanus und Ladislaus. Bei diesen handelt es sich um Arbeiten aus Südtirol von 1905. Die wundertätige Wirkung der Marienstatue zieht bis heute Gläubige und Pilger an. Am Pfingstsonntag wird ihr Festtag begangen.

Eine klangschöne **Orgel** mit drei Manualen, 36 Varianten, 2600 Pfeifen, eine der größten und modernsten Siebenbürgens, ist nicht nur während der Liturgie, sondern auch während der Sommerkonzerte zu hören.

Die bemalten **Kirchenfenster** wurden 1905 in Grottau, heute Tschechien, bestellt. An den Pfeilern weisen **Inschriften** auf die vielfältige ethnologische Zusammensetzung der Region hin, unter anderem entdeckt man dort auch armenische Namen.

Zum Klosterkomplex gehören außerdem die benachbarte **Johanneskapelle** und das **Gebäude des Krankenhauses**, einst der Sitz des ehemaligen Csiker Stuhls. Die Klosterbibliothek geht auf das 16. Jahrhundert zurück.

Im Kloster wirkte seit 1655 János Kájoni (1629–1687), Musiklehrer, Organist und berühmt für seine Kirchengesangssammlung ›Cantionale Hungarico Lati-

Das Franziskanerkloster Şumuleu

num‹. Er begründete 1677 im Kloster die erste Druckerei des Szeklerlandes.

Beim Kloster befindet sich eine schöne Gastwirtschaft mit Hotel. Der Vorort ist auch ein beliebtes Wohngebiet, in dem sehr anmutige Neubaugebiete entstanden sind.

In der unmittelbaren Umgebung stehen weitere Kirchen und Kapellen, zu denen **Pilgerwege** mit den Kreuzwegstationen führen: auf dem Berggipfel, Kis-Somlyó, die Salvatorkapelle, ebenfalls eine Stiftung Johann Hunyadis zur Erinnerung an seinen Sieg gegen die Osmanen bei Belgrad von 1456. Sie besitzt einen gotischen Chor, Wandmalereien und eine bemalte Kassettendecke. Unweit davon stehen die kleine Jesuskapelle und ein Kilometer östlich des Klosters die Antoniuskapelle mit Emporenmalereien.

Auch die benachbarte Gemeinde **Ciuboteni** (ung. Csikcsobotfalva) gehört heute zu Miercurea-Ciuc. Sie besitzt eine malerische Dorfkirche inmitten des Friedhofs.

Frumoasa

Auf dem Weg nach Frumoasa sieht man linker Hand die unter Denkmalschutz stehende mittelalterliche Johanneskirche. Die Landschaft ist hier weit und sanft.

Frumoasa (ung. Csikszépviz), die Armenierstadt, liegt zentral im Szeklerstuhl Csik, unweit vom Ghimeşpass in 1159 Metern Höhe. Vor der Besiedelung des Passes im 18. Jahrhundert war der Ort durch seine exponierte Lage für die Grenzverteidigung sehr wichtig. Fürst Michael Ápafi I. siedelte hier 1668/69 Armenier aus der Moldau an. Sie kamen in mehreren Wellen und belebten mit ihren weitreichenden Handelsbeziehungen über die Krim bis in den Iran maßgeblich das Wirtschaftsleben der Siedlung. Im 19. Jahrhundert betrug ihr Anteil an der Gesamtbevölkerung ein Sechstel. Zunächst unterhielten die Armenier ihre eigenen Kirchen, assimilierten sich aber im Laufe der Zeit und schlossen eine Kirchenunion mit der katholischen Kirche. Frumoasa ist eine der vier anerkannten armenischen Niederlassungen in Siebenbürgen neben Dumbrăveni (dt. Elisabethstadt), Gheorgheni (dt. Niklasmarkt) und Gherla (dt. Armenierstadt).

Das Zentrum besteht aus einem ovalen Hauptplatz, der von historischen Bauten umstanden ist. Die **ehemalige armenische Kirche** ist heute katholisch. In ihr treffen sich mehrmals jährlich ausgewanderte und verbliebene Armenier, um hier den Gottesdienst zu zelebrieren. Am Triumphbogen vor dem Chor sind die armenischen Inschriften zu lesen.

Im **ehemaligen Pfarrhaus** wird seit einigen Jahren ein Kinderheim unterhalten. Derzeit leben hier knapp 50 Kinder, die von Franziskanerinnen betreut werden. Dank großzügiger Spenden der Entertainer Siegfried und Roy konnte das Heim erst kürzlich um einen Neubau erweitert werden.

Auf einer Anhöhe steht die große katholische Kirche des 19. Jahrhunderts. In der orthodoxen Kirche des Ortes wird die Liturgie auch für die umliegenden Gemeinden zelebriert.

Die Umgebung von Frumoasa

Bei Frumoasa befindet sich ein **Stausee**, der zum Baden, Angeln und Bootfahren einlädt. Der westlich von Frumoasa gelegene **Ghimeş-Pass** (ung. Gyimes) liegt im mittleren Teil der Ostkarpaten, dem Ciuc-Gebirge, und ist ein wichtiger Gebirgsübergang in die Moldau.

Die Gemeinde **Ghimeş Făget** (ung. Gyimesbükk) gehört bereits zum Kreis Bacău und ist eine der drei jüngeren

▲ Karte S. 300

Gemeinden, in die die weitläufigen Siedlungen aus kilometerweit verstreuten Gehöften verwaltungsmäßig zusammengefasst sind. Die beiden anderen Gemeinden, **Lunca de Sus** (ung. Gyimesfelsölok) und **Lunca de Jos** (ung. Gyimesközéplok), gehören zum Kreis Harghita. Das Gebiet war ursprünglich staatsferner, offen gelassener Gemeindebesitz. Bis ins 18. Jahrhundert war das Ghimeș-Tal Teil des eher unbestimmten Grenzsaumes Siebenbürgens gegen den osmanischen Vasallen Moldau. Die Gegend blieb bis auf Räuberbanden, Steuer- und Fahnenflüchtige unbewohnt. 1694 erfolgte der letzte Tatareneinfall über den Pass. Kaiser Joseph II. berichtigte die Grenzen 1785. Dabei wurde das Gebiet den Szekler-Grenzregimenten an der Militärgrenze übergeben. Sie errichteten eine Burg, Schanzanlagen sowie eine Grenzstation. Franziskaner begründeten eine Pfarrei; die erste Kapelle entstand 1827. Schlechte und schwer zugängliche Böden und dazu das rauhe Klima ließen lediglich der Viehzucht und Holzfällerei Raum. Der Betrieb von Sägemühlen brachte Anfang des 19. Jahrhunderts den Anschluss des Tals an den Rest des Landes. Hier entwickelte sich die Regionalkultur der Gyimeser Csángó. Sie gelten als sehr katholisch und unternehmen zahlreiche Wallfahrten, auch nach Miercurea-Ciuc-Șumuleu.

Miercurea-Ciuc

Vorwahl: +40(0)266.

Touristeninformation: Piața Cetății 1, Tel./Fax 317007, http://mail.miercureaciuc.ro, csikinfo@szereda.ro.

Hotel Salvator, 2 Sterne, Str. Szék 147, Tel. 313452, Fax 372145, www.salvator.ro. DZ 40 Euro. 3 km außerhalb des Zentrums an der Straße nach Șumuleu. Einfaches sauberes Haus im Konakstil.

Hotel Flamingo, Str. Toplișiei 141 A, Tel./Fax. 313600, www.hotelflamingo.ro. Eines der wenigen Hotels in der Stadt.

Jugendherberge Hostel casa Lasarus, Str. Gál Sándor 9, Tel. 310497, www.lasarushostel.ro. Ganzjährig, 4 Säle à 7 Betten, 15 Euro mit Frühstück.

Szekler-Museum (Muzeul Secuiesc al Ciucului), im Schloss, Piața Cetății 2, www.csszm.ro, tgl. 8–20 Uhr.

Ostkarpatenmuseum (Muzeul național al carpaților răsăriteni), Sektion Miercurea-Ciuc, Str. Petöfi Sándor 23, tgl. außer Mo 9–17 Uhr.

Die Ciuc-Senke

Die Eisenbahnlinie Brașov-Deda führt durch die Ciuc-Senke (ung. Csik), den ehemaligen Szeklerstuhl Csik, an den viele Ortsnamen erinnern. Jede größere Siedlung in dieser Zone hat einen Bahnhof. Von vielen Ortschaften führen Forst- oder Wanderwege in die Gebirge, vor allem in das Harghita-Gebirge.

In **Sândominic Ciuc** (ung. Csikszentdomokos) wurde einerseits der von Michael dem Tapferen vertriebene siebenbürgische Fürst Kardinal András Báthory ermordet, andererseits der katholische Bischof Áron Márton 1896 geboren.

In **Cârța** (ung. Csikkarcfalva), auf 721 Metern Höhe, steht eine befestigte, katholisch gebliebene Wehrkirche des 15. Jahrhunderts mit barocken Veränderungen.

Dănești (ung. Csikdánfalva) ist ein Zentrum für die Herstellung von schwarzer unglasierter Keramik. Bis heute wird traditionell und von Hand gearbeitet.

Băile Dugaș ist ein beliebter Badeort mit Warmwasserbecken und Wannenbädern.

Mădăraș (ung. Csikmadaras) ist nicht nur ein Wander-, sondern auch ein gefragtes Jagdgebiet.

Racu (ung. Csikrákos) besteht aus zwei Ortsteilen: Racu-Dorf und Racu-Bad. Die mehrfach veränderte, ehemals gotische Kirche von Racu-Dorf besitzt einen massiven Glockenturm, der mit tierähnlichen Figuren und astrologischen Zeichen verziert ist. Auf dem Friedhof fand Péter Zöld, der Anführer des Bauernaufstandes von 1764, seine letzte Ruhe. Racu-Bad entstand rechts des Olt 1937 als Kurort. Die Badeanlagen wurden zwischenzeitlich stillgelegt.

Siculeni (ung. Csik-Madéfalva) ist wegen der Bartholomäusnacht in die Geschichte eingegangen. Ein Denkmal von 1905 erinnert an das Blutbad vom 7. Januar 1764. Die Habsburger hatten ihre Militärgrenze teilweise gewaltsam und gegen den Widerstand der Szekler errichtet. Man wehrte sich gegen die folgende Zwangsrekrutierung und die Beschneidung alter Freiheiten. Es kam zur Schlacht. Dem österreichischen Militär standen freie Bürger des Szeklerlandes unter Führung des Priesters Péter Zöld gegenüber. Die Habsburger töteten Tausende, und viele Szekler flohen dauerhaft in die Moldau und siedelten sich zunächst bei den dort lebenden Csángós an. Später gründeten sie in der Bukowina einige Szeklerdörfer.

In der katholischen Kirche von **Sântimbru** (ung. Csikszentimre) wird der einzige Flügelaltar des Szeklerlandes verwahrt. Der ungarische Name des Ortes setzt sich zusammen aus ›Csik‹ vom Csiker Becken und ›Imre‹ (dt. Emmerich), dem Schutzpatron der Gemeinde. Emmerich war neben seinem Vater Stephan I. und König Ladislaus der dritte heilige Ungar im Bunde. Die Mutter von Imre war Königin Gisela, die seliggesprochene Schwester Kaiser Heinrichs II. Imre war für die Thronfolge vorgesehen, verstarb aber kurz vor seiner Krönung an einer Wunde, die er sich auf der Eberjagd zugezogen hatte. Seine Heiligsprechung gründete sich auf seine Enthaltsamkeit und unverbrüchliche Treue im Gehorsam gegenüber seinem Vater und dessen Aufgaben. Alle drei Heiligen werden sowohl in Ungarn als auch im Szeklerland sehr verehrt und vielfach dargestellt. Vom Altar ging der plastische Inhalt verloren, und lange lagerten die Reste auf dem Dachboden, weil 1786 ein modischer barocker Ersatz installiert wurde. Die heutige Fassung zeigt auf der Festtags- wie Werktagsseite die gemalte Passion Christi.

Bei der Ernte

Karte S. 299

Ciuc-Senke

In Racu: **Hanul Cserekert**, Str. Bogat 251A, Tel. 0266/379111, 0745/180649. Schöner Landgasthof, der außerhalb des Gasthofes in einer Dorfvilla Zimmer unterhält.

In Sântimbru: **Gästehaus Király**, Tel. 0266/371499, office@tectumszallas.ro.

Das Harghita-Gebirge

Das waldreiche Gebirge ist das südliche Ende einer Vulkankette, die im Karpatenbogen liegt. Es ist ungefähr 90 Kilometer lang und etwa 40 Kilometer breit.

Die östlichen Abhänge des Harghita-Gebirges sind steil und werden durch die Täler von Ciuc- und Giurgeu-Gebirge begrenzt, während die westlichen Abhänge eine 20 bis 30 Kilometer breite Hochebene bilden, die sich bis an den Rand des transsilvanischen Beckens erstreckt.

Das wasserreiche Gebirge liegt zwischen den Flüssen Olt im Osten und Târnava Mare im Westen. Es weist mittlere Höhen auf, sein höchster Gipfel ist der Vf. Mădăraș mit 1800 Metern. Seine Entstehung verdankt es mehreren aufeinander folgenden vulkanischen Eruptionen, die zur Entstehung einer Reihe von Vulkankegeln geführt haben. Seine Lage am östlichen Rand des transsilvanischen Beckens hat häufig wolkenreiche, regnerische und kalte Tage zur Folge. Im Durchschnitt werden hier nur 66 bis 80 Sonnentage im Jahr gezählt.

Eine Besonderheit des Harghita-Gebirges ist sein Reichtum an Mineralquellen und Torfmooren, die sich sowohl in den Höhen als auch in den Tälern befinden und geschützt werden.

Unter den zahlreichen botanischen Reservaten sei der **Lacul Dracului** (dt. Teufelssee, ung. Ördög-tö) im nördlichen Teil des Harghita-Gebirges sowie die Karstformationen der **Cheile Vârghișului** am südwestlichen Rand des Gebirges hervorgehoben. Letztere erstreckt sich auf vier Kilometern über die Kreise Covasna und Harghita. Der Vârghisbach besitzt zwei Flussbetten: eines an der Oberfläche und eines darunter. Ein Teil der Wassermenge fließt unterirdisch weiter und erscheint nach etwa zwei Kilometern wieder an der Oberfläche. In Trockenperioden ist die Oberfläche ebenfalls trocken. Auf mehreren Ebenen ist die Schlucht von malerischen Höhlen flankiert, wovon die Orbán Balázs im Kreis Harghita mit 1100 Metern Länge die eindrucksvollste ist. Häufig dienten die Höhlen der lokalen Bevölkerung als Zuflucht in Zeiten des Krieges.

Festungen im Harghita-Gebirge

Im Harghita-Gebirge und im Ciuc-Becken lässt sich beim Wandern auch Archäologisches entdecken. Allenthalben sieht man Ruinen inmitten der Landschaft aufragen. Diese Festungen waren am Fuße des Harghita-Gebirges dicht an dicht aneinandergereiht. Die dadurch gebildete Linie definierte in der Antike die Grenze des römischen Reiches.

In **Băile Jigodin** wurden Überreste von drei Festungen entdeckt: Cetatea Jigodin, Cetatea Mică (ung. Kisvár) und die Festung auf dem Harom-Hügel.

Die **Cetatea Ciceului** befindet sich auf dem Stânca Cetății, etwa neun Kilometer westlich vom Dorf Ciceu. Sie ist eine der vielen Festungen wie die **Cetatea Zete** und **Subcetate-Zetea**, die Beobachtungszwecken dienten und schon im Mittelalter zur Zufluchtsstätte für die Mönche wurden. Die **Cetatea Racului** befand sich auf dem Bogát-Hügel. An ihrer Stelle wurden Gegenstände aus der Bronzezeit und Keramik aus der Zeit der Völkerwanderungen gefunden.

Bäder im Harghita-Gebirge

Mitten im Gebirge, südlich von Miercurea-Ciuc, liegt **Sântimbru-Băi** auf 1250 Metern Höhe. Der Kurort ist berühmt für seine Mofetten sowie die heilende Wirkung seines Mineralwassers. Zu Fuß erreicht man ihn über einen Forstweg entlang eines Wasserlaufs, der in Sâncrăieni (ung. Csikszentkirály) beginnt.

Der Kurort **Harghita-Băi** (ung. Hargitafürdö) auf 1350 Metern Höhe befindet sich im zentralen Abschnitt des Gebirges. Der untere Teil entstand als Bergbausiedlung, in der Kaolin abgebaut wurde. In der Dorfmitte sind Skipisten, Rodelbahn und markierte Wanderwege zu finden. Mineralwasserquellen und bekannte Mofetten, aus denen Kohlendioxid und Schwefelwasserstoff ausströmen, werden zu Heilzwecken bei Herz- und Gefäßerkrankungen sowie gegen Rheuma genutzt. Von hier kann man zu einigen Harghita-Gipfeln wandern. Im Sommer bestehen tägliche Busverbindungen zwischen Harghita-Băi und dem 22 Kilometer entfernten Miercurea-Ciuc.

Weitere Bäder im Harghita-Gebirge sind der 200 Jahre alte Kurort **Băile Chirui** (ung. Kérulyfürdö) auf 740 Metern Höhe im Tal des Chirui; der Sommerbadeort **Perla Vlăhița** auf 825 Metern Höhe im Vârghiștal, etwa zwei Kilometer von Vlăhița (ung. Szentegyháza) entfernt, und **Băile Selters** auf 740 Metern Höhe, das nur nur über einen nichtasphaltierten Weg von Perla Vlăhița zu erreichen ist. Salzhaltige Quellen sind hier gefasst.

Vlăhița ist ein Zentrum für Metallurgie. Eine hydraulische Gießerei aus der zweiten Hälfte des 19. Jahrhunderts kann besichtigt werden.

Căpâlnița (ung. Kápolnásfalu) ist für seine Volkskunst, Holzschnitzereien und handgewebten Stoffe bekannt.

Der alte Kurort **Băile Homorod** weist zwölf Mineralwasserquellen auf, hat ein spezielles Klima und bietet gute Übernachtungsmöglichkeiten.

Von **Izvoare** (ung. Ivó) aus lässt sich auf dem Bergrücken des Harghita-Gebirges nach Miercurea-Ciuc oder zum Gipfel Mădăraș Mare wandern.

Mărtiniș (dt. Sankt-Marten, ung. Homoródszentmárton) besteht seit dem 14. Jahrhundert und ist vor allem für seinen Reichtum an Steinsalz bekannt. Im Ort befand sich der Stammsitz der Adelsfamilie Biró.

Honigverkauf im Harghita-Gebirge

▲ Karte S. 299

Wanderungen im Harghita-Gebirge

Das Harghita-Gebirge wurde bisher kaum von ausländischen Touristen aufgesucht. Die Markierungen sind nicht immer durchgängig, und es gibt eher wenige Einkehrmöglichkeiten. In einer Sechstagestour, die beim Liban-Pass im Nordwesten beginnt und beim Hatod-Pass im Süden endet, lässt sich das Gebirge durchwandern. Die einzelnen Touren dauern etwa 5–6 Stunden.

Karte: Hartă turistică, Munții Harghita, 1:60 000, Dimap-Erfatur.

▸ **Cârța → Băile-Borvizul Madicea → Poiana Madicea → Lacul Dracului**
Markierung: blaues Kreuz, Forstweg, 16 km ,5 Std., Höhenunterschied 535 m.

▸ **Racu → Sankt Jakob-Kapelle → Vf. Ars (ung. Nagyégés) → Cetatea Racului (1266 m) → Cabana Harghita Mădăraș**
Markierung: blaues Kreuz, 16 km, 4–5 Std., Höhenunterschied 575 m.

▸ **Harghita-Băi → Miercurea-Ciuc**
Markierung: blaues Kreuz, 9 km, 2,5 Std.

▸ **Harghita-Băi → Cetatea Ciceu → Satul Olt → Siculeni**
Markierung: blauer Punkt, blaues Dreieck, 14 km, 4–5 Std., Höhenunterschied 575 m.

Harghita-Gebirge

Campingplätze: in Harghita-Băi und Băile Dugaș.

In Harghita-Băi: **Pensiunea Bella Vita Marien**, 3 Sterne, Str. Harghita, Tel. 07 58/99 46 31, www.bellavita.marien.ro. Kleine Privatpension auf 1345 m Höhe mitten im Tannenwald.

Cabana Harghita Mădăraș, Tel. 07 23/02 42 32, www.menedekhaz.ro. DZ 20 Euro. Gemütliche Holzhütte unterhalb des Mădăraș-Gipfels auf 1350 m.

Die Giurgeu-Senke

Dort wo das Harghita- und das Giurgeu-Gebirge fast aufeinander treffen, befindet sich die Ortschaft **Izvorul Mureș** (ung. Marosfö), benannt nach und entstanden an der Quelle des Mureș. Von hier gibt es Wandermöglichkeiten in alle Himmelsrichtungen.

Gheorgheni

Gheorgheni (dt. Niklasmarkt, ung. Gyergyószentmiklós) liegt bereits in der Giurgeu-Senke im Belchia-Tal (ung. Belcina), zwischen 700 und 800 Metern über dem Meeresspiegel. Es ist nach dem Schutzpatron der Pfarrkirche Sankt Nikolaus de Gyergyó benannt und besaß immer schon ein weitreichendes Siedlungsgebiet, das durch Eingemeindung zahlreicher Weiler noch vergrößert wurde. Während seiner wechselvollen Geschichte erlebte Gheorgheni im 17. Jahrhundert den Zuzug von Armeniern aus der Moldau. Sie belebten den Handel vor allem mit Holz und Lederwaren.

Zentrum ist ein trapezförmiger Platz mit einem Park in der Mitte, der von einigen historischen Bauten umgeben ist. Im **Vertánshaus** von 1787 ist heute das Tariszynás-Márton-Stadtmuseum eingerichtet. Die weiteren Sehenswürdigkeiten sind in der Weitläufigkeit der Stadt verteilt. Im Nordosten steht die ummauerte **armenisch-katholische Kirche** und, anstelle einer gotischen Kirche aus dem 15. Jahrhundert, die barocke, ebenfalls ummauerte **katholische Pfarrkirche** des 18. Jahrhunderts. Am Stadtrand Richtung Lacul Roșu gibt es **Ruinen der Bothburg** (ung. Bothvára), deren Eigentümer

In Gheorgheni

András Both in den Kuruzenkriegen fiel. In Gheorgheni wurde der ungarisch-jüdische Dichter Salamon Ernö (1907–1943) geboren. Er wurde in die Ukraine deportiert, erkrankte in einem Lager an Typhus und wurde in der Folge erschossen. Sein Denkmal steht vor dem Gymnasium, das seinen Namen trägt.

Gheorgheni ist Ausgangspunkt für Wanderungen ins Gebirge Haşmaşul Mare mit Roşu-See und Bicaz-Klamm, zu den Oltquellen bei der Fagul-Inalt-Spitze und der Piatra Singuratică, dem einsamen Felsen, aber auch in das Giurgiu- und Giurgeu-Gebirge.

Lăzareta

In Richtung Borsec passiert man die Ortschaft Lăzareta (ung. Gyergószárhegy) an der alten Straße zum Tulgheş-Pass (ung. Tölgyes). Sie ist bekannt als Sitz der Familie Lázár: Bernhard Lázár wird um 1400 als Stuhlsrichter erwähnt, Valentin Lázár ist 1462 als Oberkönigrichter der Csík und ihrer Filialstühle nachweisbar.

Ein erster Wohnturm des späteren **Lázár-Schlosses** entstand um 1450 und wurde um 1532 auf seine heutigen Ausmaße erweitert. Um 1631 veranlasste István Lázár IV. den Umbau im Renaissance-Stil. Das Schloss wurde 1707 durch die Habsburger zerstört, dank Férenc Lázár jedoch wieder hergestellt, gleichzeitig erfolgte der Umbau des Rittersaales, in dem im 18. Jahrhundert die Stuhlssitzungen abgehalten wurden. Bis ins 19. Jahrhundert verwahrloste das Anwesen und wurde 1967 renoviert. Die Anlage gilt als eine der schönsten Renaissance-Anlagen Siebenbürgens.

Ab Mitte des 17. Jahrhunderts entwickelte sich oberhalb des Ortes ein **Franziskanerkloster**, welches Stefan Lázár V. trotz eines fürstlichen Verbots förderte. In ihm war von 1771 bis 1906 eine Schule untergebracht. Seine Mönche wurden 1951 ausgewiesen. In den 1970er Jahren nutzte man die Gebäude als Künstlerwerkstatt; 1992 wurde der Komplex dem Orden zurückgegeben. Nun befindet sich die Künstlerwerkstatt im Schloss. Im Kloster liegt die Grabstätte des gelehrten Franziskaners Kájoni János aus Miercurea-Ciuc-Şumuleu.

Im Norden des Dorfes liegt der **Tatarenhügel** mit einer Gedenksäule, die an den

Schwimmbad in Toplița

▲ Karte S. 299

erfolgreichen Kampf gegen den Tatareneinfall von 1658 erinnert. Im Zuge des Ersten Weltkriegs, als Siebenbürgen noch Teil Ungarns war, verübten die einrückenden rumänischen Truppen im Jahr 1916 ein Massaker an den Dorfbewohnern.

Ditrău und Toplița

Von weitem erkennt man schon die Ortschaft Ditrău (dt. Dittersdorf, ung. Gyergyóditró) an ihrer direkt an der Hauptstraße gelegenen Kirche mit ihrer monumentalen, neogotischen Zweiturmfassade.

Toplița (dt. Töplitz, ung. Maroshévíz) liegt an der Mündung des gleichnamigen Baches in den Mureș. Römische Münzfunde und Quellen einer dakischen Festung Sangidava sprechen für eine alte Besiedelung. Im 20. Jahrhundert wurden hier Holzverarbeitung und Textilindustrie forciert. Das **Kloster Sf. Ilie** von Toplița besitzt ein regionales Museum. Das Kirchlein wurde ursprünglich in Stânceni gebaut (1845–1847) und 1910 an den heutigen Ort versetzt.

Im Ortsteil Bradul, einen Kilometer vom Zentrum am Fuß der Gurghiu-Berge gelegen, wird ein **Schwimmbad** mit warmem Quellwasser gespeist. Die Region kennt über 2000 Mineralquellen. Hinter Toplița beginnt der geschützte Mureșengpass. Von Toplița bieten sich Wanderungen in das Gurghiu-Gebirge an.

Der Nationalpark Bicaz-Klamm

Das Hășmaș-Gebirge ist aus älterer Zeit auch als Hăghimaș- oder Curmătura-Gebirge bekannt. Es liegt im Zentralgebiet der Ostkarpaten. Für die meisten ist das Massiv mit dem Lacul Roșu (ung. Gyilköstö) und der Cheile Bicazului (dt. Bicaz-Klamm, ung. Békas-szoros) verbunden, die einschließlich des Gipfels Piatra

Baumreste im Lacul Roșu

Singuratică (ung. Egyes Kö, 1608 m) zum Parcul Național Bicazului-Hășmaș erklärt wurden. Siebenbürgen hat mit seinem Kreis Harghita einen kleinen Anteil an diesem Nationalpark. Höchster Gipfel des Gebirges ist der Hășmașul Mare mit 1793 Metern Höhe, an dem der Olt, längster Fluss Siebenbürgens, entspringt. Die Bergbaustadt Bălan, in der bis heute Kupfer abgebaut wird, eignet sich als Ausgangspunkt für Wanderungen und Reittouren ins Hășmaș-Gebirge, unter anderem zum Lacul Roșu.

Der Lacul Roșu

Der Lacul Roșu (ung. Gylikostó) liegt in 938 Metern Höhe. Seinen Namen verdankt er eisenhaltiger Tonerde, die ihm den rötlichen Schimmer gibt. Im Jahr 1837 rutschte ein bewaldetes Felsmassiv aus über 1000 Metern Höhe in den Fluss. Das Gestein wirkte wie ein Staudamm: Die Nadelbäume ertranken und ragen jetzt nur noch mit ihren kahlen Spitzen aus dem See hervor, aus dem die Bicaz fließt. Der See hat eine Fläche von 12,7 Hektar und eine maximale Tiefe von 10,5 Metern. Auf seiner Ostseite hat sich die Streusiedlung Lacu Roșu zu einem Luftkurort entwickelt. Von hier sind wunderbare Wanderungen um den See, auf den Suhard, durch und um die Bicazklamm herum zu machen. Die Ortschaft selbst wirkt noch etwas unstrukturiert. Es fehlt an einer übergeordneten Touristeninformation, die Pensionen stehen verstreut in der Landschaft, und es gibt zu wenig Parkplätze und Aussichtspunkte. Auch mit den Busverbindungen von Bicaz (32 km) oder Gheorgheni (26 km) hapert es noch. Die Landschaft hingegen ist einzigartig.

Höhlenforscher sind vom Licașschacht begeistert. In einem bis zu 200 Meter tiefen, senkrechten Schlund hängt in 40 Metern Tiefe ein 10 Meter großer Eisblock, der auf alten Fichtenstämmen lagert und selbst bei drei Grad Celsius im Sommer nicht schmilzt. Man erreicht den Kurort mit dem Auto von Westen über Gheorgheni, zu dem es verwaltungsmäßig auch gehört, und von Osten über Bicaz und seinen Stausee. Die DN 12 C passiert die Klamm und den See.

Die Bicazklamm

Der Pasul Pângarați auf 1256 Metern Höhe verbindet die Region Moldau und das siebenbürgische Szeklerland. Hier, in den waldreichen Ostkarpaten, liegt eine der spektakulärsten Naturerscheinungen Siebenbürgens, die Bicaz-Klamm. Auf einer Länge von etwa sechs Kilometern hat sich der Bicazbach (rum. Părâul Bicazului) tief in den weißen Kalkstein eingegraben. 200 bis 400 Meter hohe Felswände flankieren den Flusslauf. Als schönster Abschnitt gilt der sogenannte Höllenschlund (rum. Poarta Iadului, ung. Pokol kapuja), der sich durchwandern lässt. An seinem Beginn reihen sich viele Souvenirstände aneinander. Immer schmaler und beängstigender wird hier die Straße. In der Umgebung der Schlucht sind herrliche Wanderungen möglich. Eine führt ins Valea Bicăjel mit der Cheile Bicăjeluliu. Die Botaniker schätzen die Flora der Peștera Ghiocelul (dt. Schneeglöckchenhöhle) und des Piatra Altarului (dt. Altarfelsen, 1154 m), die Kletterer die alpinen Trassen, die bereits zum Kreis Neamț gehören.

Wanderungen am Lacul Roșu und in der Bicaz-Klamm

Karte: Hartă turistică, Munții Giurgeu și Hășmaș, 1:60 000, Dimap-Erfatur sowie aus demselben Verlag: Zona Lacul Roșu și Cheile Bicazului, 1:15 000.

▸ **Lacul Roșu → Rundweg um den See mit Gelegenheit zur Vogelbeobachtung.**

Markierung: rotes Kreuz, 2,5 km, 1 Std.

▸ **Lacul Roșu → Cheile Bicăjelului → Cheile Bicazului.**

Markierung: gelbes Band, 4 Std., 10 km, Höhenunterschied 50 m.

Vom Kurort führt die Route nach Osten, quert den Șaua Vereșcheu und folgt dem Drumul Surduclui bis zur Cheile Bicăjelului und endet dann auf der DN 12C, um durch den Höllenschlund zurückzugehen.

▸ **Lacul Roșu → Șaua Țifrea → Cheile Bicazului.**

Markierung: gelbes Dreieck, 3,5 km, 1 Std., leicht

▸ **Lacul Roșu → Cabana Piatra Singuratică.**

Markierung: blaues Band, rotes Band, 19 km, 6 Std., nicht im Winter.

▸ **Lacul Roșu → Cabana Suhard → Vf. Suhardul Mic.**

Markierung: blaues Dreieck, 3 km, 1,5 Std, das ganze Jahr.

▸ Karte S. 299

Der Weg beginnt im Zentrum der Siedlung, quert die DN 12 C, führt in Nord-West-Richtung bis zur Suhard-Hütte. Ein Pfad verläuft ab da unterhalb der Felswand des Suhardul Mic bis zum Șaua Suhardului (1180 m). Durch den Wald geht der Aufstieg zum Gipfel des Suhardul Mic (1346 m), von dem man eine schöne Aussicht auf die Umgebung hat.

Giurgeu-Senke und Nationalpark

Vorwahl: +40/(0)266.

Bergrettung (Salvamont) Gheorgheni (ung. Dancurás), Tel. 0745/979425, 0722/765467.

Reiseveranstalter: Outdoor Adventures, Gheorgheni, Str. Carpați 24, Kontakt Csibi Márti, Tel. 0749/462069, und Dr. Biro László, Tel. 0745/032045, Tatár Attila, Tel. 0740/260233, www.outdoor-adventures.ro. Geboten werden Expeditionen, Touren zum Sudhardul Mic, Piatra Roșie, Piatra Maria, Fahrradtouren, Höhlentouren in die speläologische Zone von Lacul Roșu und Bicaz-Klamm, Skitouren und Klettertouren in die Bicaz-Klamm, Fototouren, Trüffelsuche, Reittouren.

In Gheorgheni:

Hotel Rubin, Str. Gábor Áron 1, Tel. 365554, Fax 365556, www.rubinhotel.ro, rubinhotel@email.ro. 22 Zimmer, einfaches Haus im Zentrum.

Gästehaus Anita 6, Richtung Lacul Roșu, Tel. 352745, Fax: 352745, E-Mail: anitaeniko@freemail.hu.

Cabana Anda, 5 km Richtung Lacul Roșu, Tel. 365022, 0721/290688, Fax 364110, cabana.anda@gmail.com.

In Lacu Roșu:

Hotel Lacul Roșu, 2 Sterne, Tel. 380036, www.hotellacurosu.ro. Ein sehr einladender Neubau mit 32 Zimmern direkt hinter dem See.

Cabana Bey Kay, 17 km vom Resort entfernt, DN 12, Kilometer 7, 5 Zimmer, Tel. 0745/705947. DZ 90 Euro. Nicht ganz billiges, aber romantisches Haus, das einem Maler gehört.

In Lacul Roșu gibt es zudem einen **Campingplatz**.

Borsec

Von Toplița aus erreicht man über den Borsec- oder Creangă-Pass den in 880 Metern Höhe gelegenen ehemaligen Nobelkurort Borsec (dt. Bad Borseck). Parallel zur Passstraße verlief eine Schmalspurbahn zwischen Toplița und Borsec, die aber leider stillgelegt wurde. Berühmt ist der Ort für sein Mineralwasser, das in jedem Restaurant Siebenbürgens zu haben ist.

Schon für das Jahr 1770 ist die Abfüllung von Mineralwasser hier belegt, das von Fuhrleuten aus Gheorgheni in Tongefäßen bis nach Wien gebracht wurde. Im Jahr 1804 erhielten Valentin Günther und Anton Zimmethausen das kaiserliche Privileg, acht Jahre lang das Wasser von Borsec nach Wien bringen zu dürfen. Dazu wurde eine Flaschenfabrik gebaut, für die man Glasbläser aus Böhmen holte. Nachdem Anton Zimmethausen hier 1807 geheilt wurde, mietete er die Badeeinrichtungen, die er erweiterte und wodurch er den Kurort über die Grenzen der Region hinaus bekannt machte.

Das Wasser enthält reichlich Kohlensäure, Karbonat sowie Kalk- und Magnesium. Behandlungen werden mit Bädern und Trinkkuren vorgenommen. Borsec

Campingplatz in Borsec

verfügt heute über 13 Mineralwasserquellen, die größtenteils im Zentrum gefasst sind und zum Probieren einladen. Außerdem wird Tafelwasser abgefüllt. Die alte Abfüllanlage steht mitten im Ort, eine neue Anlage ist seit einigen Jahren zusätzlich an der Hauptstraße in Betrieb. 42 000 Liter werden pro Stunde und Anlage abgefüllt.

Im sozialistischen Rumänien traf sich hier die politische Elite des Landes. Auch die Familie Ceaușescu unterhielt hier ihre eigene Villa, ging zur Kur und auf die Jagd. Schon um die Wende vom 19. zum 20. Jahrhundert waren Luxusvillen entstanden. Nach dem Ersten Weltkrieg fand hier sogar ein Kongress statt. Wohlstand und Eleganz des einstigen 4000-Betten-Kurortes lassen sich vielleicht noch an den ehemals prächtigen Jugendstilfassaden in der Fußgängerzone erahnen. Die Villen waren im Kommunismus verstaatlicht worden, und sehr heruntergekommen gingen sie im Jahr 2000 an die ehemaligen Besitzer zurück. Diesen fehlt das Geld für eine grundlegende Sanierung. Da es auch keine potentiellen Käufer gibt, verfallen die einst wunderschönen Bauten langsam. Auch die relativ bescheidene Ceaușescu-Villa wird nicht mehr gepflegt. Für den Aufbau eines überregionalen Touristengebietes fehlt das staatliche Interesse. Der Bürgermeister, ein Mitglied der ungarischen Minderheit in Rumänien, engagiert sich für die Wiederbelebung seiner Heimat, sieht sich aber mit teilweise unüberwindlichen Problemen konfrontiert. Ideen zur Rehabilitierung der Ortschaft gibt es viele; beispielsweise die einer Vereinsgründung der Besitzer, um gemeinsam ein Entwicklungsprojekt ins Leben zu rufen. Sportanlagen sollen mit Unterstützung der rumänischen Regierung gebaut werden. Ein Stadion wurde schon fertiggestellt.

Die Privatisierung hat auch den Forst erreicht. Nur zehn Prozent des Borsec umgebenden Waldes verblieben in Staatsbesitz. Der größere Teil wurde reprivatisiert oder von abgelösten Amtsträgern aus Staatsbesitz an Privatleute verkauft. Die Folge ist ein unkontrolliertes Abholzen. Gerne werden die lichten Stellen nur als Folge der Sturmschäden beschrieben. Von der Straße sind diese Lichtungen teilweise gar nicht zu sehen, weil man die Hölzer entlang der Straße wie eine Kulisse stehen ließ. Erst beim Wandern werden die Schäden sichtbar. Vielfach trifft man auf durch Transportfahrzeuge völlig zerstörte Wanderwege, die bei geringster Feuchtigkeit absolut nicht zu überwinden sind. Die Sägewerke sind eben auch Arbeitgeber der Stadt.

Lohnenswert ist trotz des Verfalls ein Bummel durch die Fußgängerzone mit einigen schönen **Jahrhundertwendebauten** und den gefassten **Quellenhäuschen**. Auch eine Synagoge blieb erhalten. Vom Zentrum aus lassen sich kürzere Spaziergänge zu einigen Höhlen, dem Travertin-Steinbruch und den Quellen

▶ Karte S. 299

Landschaft bei Borsec

unternehmen. Etwas längere Wanderungen sind nördlich von Borsec möglich, davon führt eine zum Fâget auf 1308 Meter. Die Nadelwälder sind sehr wildreich und für Jäger ein Eldorado. Im Ort leben 2800 Menschen, von denen 80 Prozent der ungarischen Minderheit angehören. Mehrere kleinere Pensionen haben sich etabliert und bieten zwischenzeitlich auch Sauna und Jacuzzi an. Einmal in der Woche findet hier an der Hauptstraße ein Markt statt. Im Sommer und Herbst werden von den Roma Beeren sowie Pilze gesammelt und angeboten. Über Tulgheș, einen Luftkurort mit sozialistischem Sanatorium für Lungenkranke, erreicht man die Moldau mit dem Bicaz-Stausee.

Wanderungen um Borsec

Karte: Hartă turistică, Munții Giurgeu și Hășmaș, 1:60 000, Dimap-Erfatur.

▸ **Borsec (880 m) → Cabana Făgetul (1260 m) → Vf. Făgului.**

Markierung: blaues Band, Forstweg, 3 km, 1,5 Std.,leicht.

Der Weg ist durch schwere Laster stark geschädigt worden und daher bei Regen kaum zu empfehlen. Von oben hat man einen schönen Blick auf das Giurgeu-Gebirge. Die Cabana Făget ist in Privatbesitz. Von hier kann man nach Bilbor wandern und weiter ins Căliman-Gebirge. Der Weg zurück geht durch den Wald auf einem Forstweg ohne Markierung. Man kommt beim Campingplatz wieder in den Ort.

▸ **Borsec → Cabana Făgetul → unterhalb Mezovez (1350 m) → unter Vf. Țifra (1300 m) → Valea Bistriciori (785 m) → Valea Cupelor → Borsec (880 m).**

Markierung: blaues Band, blauer Punkt, 22 km, 7–8 Std.,.nicht im Winter.

▸ **Borsec → Peștera de gheță (Eishöhle).**

Markierung: rotes Kreuz, 1 Std.

▸ **Borsec → Peștera Urșilor (Bärenhöhle).**

Markierung: rotes Dreieck, 45 Minuten.

▸ **Borsec → Scaunul Rotund (ung. Kerekszék, dt. Travertin-Kalktuff-Steinbruch).**

Der Weg führt am Stadion vorbei. 45 Minuten.

Borsec

Vorwahl: +40/(0)266.

Touristeninformation: gleich im Zentrum beim Parkplatz, hier gibt es auch Schautafeln, www.borsec-infoturism.ro, www.borszek.eu.

Motel Toplița Secu, zwischen Toplița und Borsec an der DN 15 , Tel. 341693, www.cabana-secu.ro. Einfache Unterkunft mit Gasthaus.

Hotel Villa Riki, Borsec, Str. Jokai Mor 19. Tel. 337602, Fax 337526, www.villariki.com. Eine der gelungenen Privatinitivativen in einem schönen Holzhaus oberhalb der Stadt mit Restaurant, Terrasse, Sauna und Jacuzzi.

Pensiunea Muskátli, 2 Sterne, Borsec, Bul. Izvoare 35A, Tel. 337169. Mitten in der Fußgängerzone, regionaltypischer Bau mit 16 Zimmern.

Camping Eti der Familie Bara, Borsec, Str. Carpați 100, Tel. 337169. Schöne Anlage mit kleinen Holzhütten.

Das Salzland

Das Salzland (ung. Sóvidék) gehörte geschichtlich zum Szeklerland. Ethnisch sind die Dörfer vor allem ungarisch, im Norden mehr dem reformierten Glauben, im Südosten mehr dem katholischen Glauben zugehörig. Die Namen vieler Ortschaften in der Region, wie Sovata, Sărăteni, Salzberg, beziehen sich auf den Salzabbau.

Praid

Praid (dt. Salzberg, ung. Parajd) liegt in 506 Metern Höhe am Fuße des Gurghiu-Gebirges im Tal der Târnava Mică. Seit dem Mittelalter leben hier die Szekler. Der Ort wurde durch seine Salzbergwerke bekannt, die schon zu Römerzeiten genutzt wurden. Vom Mittelalter bis zur Neuzeit wurden das gesamte Szekler- und Sachsenland von hier mit Salz versorgt. Bis zu 600 Tonnen Salz werden noch heute pro Tag gefördert. Im Grunde ruht die gesamte Ortschaft auf einem unterirdischen Salzberg (rum. Dealul Sărat), der aus einer 1600 Meter dicken Salzmasse besteht und über Jahrzehnte die Weltbevölkerung mit Salz versorgen könnte.

Das **Bergwerk** kann besichtigt werden. Tickets werden schräg gegenüber dem Freibad verkauft. Von hier startet der Bus zum Bergwerk. Dessen Eingang befindet sich an der Landstraße, neben dem Salzamt. In ihm wird nicht nur Salz abgetragen, sondern auch Behandlungen durchgeführt. Freizeiteinrichtungen und sogar eine kleine Kirche, in der jeden Sonntag Gottesdienst zelebriert wird, sind dort eingerichtet. Die Atmosphäre der Salzminen lindert Atemwegserkrankungen und Allergien. Zentral im Ort befindet sich ein **Freibad mit heilendem Salzwasser**. Außerdem werden warme Wannenbäder mit Salzwasser verabreicht. Um die Schönheiten des Ortes bekannter zu machen und den sanften Tourismus stärker zu fördern, wurde auf Privatinitiative der Verein 03Zone im Jahr 2003 gegründet. Es gibt nette Gasthäuser und einige Pensio-nen. In Praid lebte der ungarische Dichter und Übersetzer Lajos Áprily (1887–1967), der auch für die Literaturzeitschrift Nyugat schrieb.

Corund

Die DN 13B führt von Praid nach Gheorgheni über die Gurghiu-Berge und den 1287 Meter hohen Bucinpass. Corund (ung. Korond) liegt 592 Meter hoch, ist siebzehn Kilometer von Sovata entfernt und seit alters her ein bedeutendes

▲ Karte S. 299

Töpferzentrum Siebenbürgens. Das Ortswappen zeigt deshalb auch einen großen blauweißen Krug auf rotem Grund. Fast jeder zweite Bewohner war hier Töpfer, weshalb stattliche Häuser gebaut werden konnten. Töpferladen an Töpferladen reiht sich auch heute noch entlang der Hauptstraße. Daneben werden Souvenirs wie Körbe, bestickte Hemden und Gestricktes angeboten. Berühmte Keramiker sind Lajos István und der vesrtorbene Pal Antal, dessen Werkstatt weitergeführt wird und besichtigt werden kann.
Auch **Kirchen** fehlen nicht: die alte katholische Kirche von 1553 wurde 1911 durch einen Neubau ersetzt, und auf dem Hügel östlich des Ortes steht die unitarische Kirche, spätgotisch erbaut und später verändert. Im Zentrum ist ein kleines **Dorfmuseum** eingerichtet. Früher bestand in Corund ein Aragonit-Bergwerk, wo das calcitähnliche Mineral abgetragen wurde. Es wurde stillgelegt und der Berg zum Naturschutzgebiet erklärt. Und im 19. Jahrhundert besaß der Ort ein viel bekannteres Mineralwasserbad als Sovata.

Firtușu

Auf schlechter Straße erreicht man das Szeklerdorf Firtușu (ung. Firtosváralja) auf 757 Metern Höhe. Der ältere Name Besenyöfalva deutet auf die Besiedlung von Petschenegen, die hier vom 12. bis 14 Jahrhundert als Grenzwächter angesiedelt wurden. Auf 1062 Metern Höhe steht die alte ungarische Grenzburg. Archäologische Grabungen brachten hier Grundmauern einer halbrunden Kirche zum Vorschein. Franziskaner zogen kurzfristig in die Burg ein und hinterließen eine Kapelle. Im Dorfzentrum steht eine unitarische Dorfkirche mit einem Turm von 1840.

Inlăceni

Eine Nebenstraße führt in südwestlicher Rictung nach Inlăceni (ung. Énlaka) auf 652 Metern Höhe mit einer ummauerten unitarischen Kirche. Ihr ältester Teil ist der Chor, die Innenausstattung stammt aus dem 18. Jahrhundert. Maler und Tischlermeister haben sich mit Inschriften verewigt. Renovierungen der 70er Jahre des vergangenen Jahrhunderts brachten Reste des Vorgängers aus dem 13. Jahrhundert zutage. Berühmt ist die Kirche als Fundort einer Szeklerrune, die einen Lebensbaum in ungarischer Dekoration zeigt, umrahmt von alten ungarischen und sarmatischen Symbolen. Sehenswert ist die Umgebung wegen der Entdeckung von **Resten eines römischen Castrums**. Die Siedlung Cușmedul gehörte zum nordöstlichen Grenzwall Dakiens zur Zeit des römischen Kaisers Caracalla.

Töpferladen in Corund

Cristuru Secuiesc

Cristuru Secuiesc (dt. Kreutz, ung. Székelykeresztúr) befindet sich im westlichen Teil des Szeklerlandes an der Bahnlinie von Sighișoara nach Odorheiu Secuiesc. Die Stadt entstand aus zwei räumlich und rechtlich getrennten Siedlungen: Cristuru-Dorf und Cristuru-Stadt. Hier fanden berühmte Märkte, darunter die Viehmärkte, statt, die preisbestimmend fürs Szeklerland wurden. Im 18. und 19. Jahrhundert war der Name Szitáskeresztúr für den Ort üblich, der auf das Handwerk der Siebmacherei verweist. Während der Reformation schlossen sich die Bewohner mehrheitlich dem unitarischen Glauben an. Außerdem gab es auch eine sabbatarische Gemeinde. Immer wieder gab es auch Auseinandersetzungen zwischen den Konfessionen.

In der Stadtmitte sind einige **Kirchen** zu sehen: Eine spätgotische katholische Kirche mit Malereiresten im Inneren. Nach der Reformation wurde die Kirche unitarisch, seit 1767 ist sie wieder katholisch. Die reformierte Kirche wurde 1762 bis 1782 erbaut und gehörte anfangs auch den Unitariern.

Mit seinem 1793 gegründeten unitarischen Gymnasium begann die Entwicklung zum Schulzentrum im Szeklerland. Daraus ging das **Orbán-Balázs-Lyzeum** hervor, das in einem Gebäude von 1913 eingerichtet ist.

In der Zwischenkriegszeit wurde die Stadt in Ion Gheorghe Duca, nach dem Namen eines ermordeten rumänischen Politikers, umbenannt. In der Ära Ceaușescu befand sich hier das zweitgrößte Kinderheim des Landes, es wurde im Jahr 2002 geschlossen. Im August 2005 wurde die Umgebung der Stadt von schweren Überschwemmungen heimgesucht.

▲ Karte S. 299

i Salzland

Internet: www.szabadidokalauz.ro.

Pensiunea Stefania, Praid, Görgényalia 904, Tel. 0744/366439, Tel. 0266/240319, Stefaniapanzio@hotmail.com. DZ 38 Euro. Ein altes Bauernhaus wurde zu dieser kleinen familiären Pension ausgebaut. Die Zimmer sind mit ungarischen Textilien geschmackvoll gestaltet.

Gasthaus Csatári, Praid, Str. Tanorok 1145, Tel. 0266/240474.

Odorheiu Secuiesc

Odorheiu Secuiesc (dt. Oderhellen, ung. Székelyudvarhely) war einst kulturelles Zentrum im westlichen Szeklerland. Schon im frühesten Mittelalter verteidigten die ersten Ungarn von hier die Verhaue unter dem Harghita-Gebirge gegen Eindringlinge. Aus römischer Zeit wurden im Stadtgebiet Reste eines Castrums gefunden, über das später ein Dominikanerkloster gebaut wurde. Dieses soll der Wojwode Stephan Báthory 1492 zur Burg umgebaut haben. Nach einem Szekleraufstand ließ der siebenbürgische Fürst Johann II. Sigismund die Burg verstärken. Der Bau wurde trotzdem noch einige Male durch die Szekler und die Kuruzen zerstört. Danach blieb das Schloss eine Ruine, auf der 1891 eine Schule errichtet wurde. Die Renaissanceformen der Burg mit ihren vier Basteien, benannt nach Fóris, Hajdú, Telegdi und Bánffy, sind noch gut zu erkennen.

In der Stadt stehen einige sehenswerte Gebäude: Im Zentrum steht an einer Grünanlage die **reformierte Kirche** von 1780 im Barockstil. Sie hebt sich durch ihren Westturm ab. Der Bau der Kirche wurde vom Rektor des reformierten Kollegiums, Kis Gergely, veranlasst. Seine Initialen sind auf den Dachziegeln zu sehen. Der Kirche benachbart ist das **ehemalige Komitatshaus** von 1895, das zum Rathaus wurde. Der kleine **Zentrumspark** birgt einige Denkmäler; seit 1995 auch eines für den Schriftsteller Orbán Balázs.

Die **Franziskanerkirche** von 1712 weist sich durch ihre barocke Zweiturmfassade aus, auch wenn sie ihre heutige Form erst 1928 erhielt. Sie gilt als älteste Kirche im Zentrum. Im Inneren steht eine Orgel aus Pécs. Nach zwischenzeitlicher Auflassung ist das Gotteshaus heute den Klarissen übereignet.

Die **orthodoxe Kirche** im neobyzantinischen Stil stammt von 1920. Im 19. Jahrhundert wurde auch eine unitarische Gemeinde gegründet, die erst 1905 selbständig wurde. Ihre Kirche wurde 1908 geweiht.

Westlich der Stadt steht die **Jesuskapelle** (ung. Jézus Szive-Kirche), deren Grundriss ein Quadrat mit vier halbrunden Absiden zeigt. Sie wird unterschiedlich datiert: wegen ihrer Form in die Romanik, wegen ihrer Details ins 16. Jahrhundert. Eine Kassettendecke wurde 1677 eingezogen. Die Mauer stammt von 1830.

Im Jahr 1672 stiftete der fürstliche Kanzler Johann Bethlen ein reformiertes Kollegium, das mit einer reichen Bibliothek ausgestattet wurde und zur führenden Bildungsanstalt avancierte. Im alten Gebäude aus dem 18. Jahrhundert besteht heute ein Internat. Ein neues Schulgebäude wurde 1912 gebaut und beherbergt das **Benedek-Elek-Lyzaeum**. Benedek-Elek war ein berühmter Märchenerzähler und Kinderbuchautor. Ihm wurde hier auch mit einem Denkmal gedacht. .Einige seiner Märchenfiguren

Gymnasium in Odorheiu Secuiesc

stehen im Park. Neben der Schule lädt eine gemütliche Konditorei ein.

Die Jesuiten gründeten 1593 unter Gergely Mészáros eine Schule. Das ehemalige **katholische Gymnasium** ist ein repräsentativer Jugendstilbau und trägt den Namen des Schriftstellers Tamási Áron. Das ehemalige **Komitatshaus** von 1895 wurde zum Rathaus.

Im 20. Jahrhundert entstanden, wie fast überall, Fabriken und Wohnblockviertel; auch die Zusammensetzung der Bevölkerung hatte sich verändert: Von derzeit 36 000 Einwohnern sind etwas mehr als 10 000 Rumänen, aber kaum Deutsche.

Die Franziskanerkirche

Im Jahr 2005, als Siebenbürgen von starken Überschwemmungen heimgesucht wurde, war Odorheiu Secuiesc besonders betroffen. Nördlich der Stadt liegt **Băile Seiche**, eine Ortschaft, die dank ihrer Mineralquellen als Naherholungsgebiet dient. Hier besaß der Schriftsteller Orbăn Balász (1829–1890) ein großes Anwesen, auf dem er gemäß seinem Wunsch seine letzte Ruhe fand. Das Anwesen wurde zur Parkanlage, in die Szeklertore integriert wurden, und ist ein beliebter Freizeitpark.

Noch ein paar Kilometer weiter trifft man auf Lupeni (ung. Farakslaka), den Geburtsort des bekannten ungarischen Schriftstellers Tomasi Áron, dem hier eine große Gedenkstätte eingerichtet wurde.

i Odorheiu Secuiesc

Pensiunea Korona Táiház, Varosháza ter 12/2, Tel. 0266/217227, Fax 218061, www.koronapanzio.ro. Die Pension liegt mitten in der Altstadt in einem liebevoll sanierten historischen Gebäude. Zur Pension mit gemütlichen Zimmern gehört ein großer Biergarten, der Szekler-Küche sowie Livemusik bietet. Zusätzlich bietet das 20 Kilometer außerhalb der Stadt liegende Ferienhaus Platz für 15 Personen. Hier kann man im 500 Meter entfernten Stausee baden oder angeln.

Haáz Rezsö Múzeum, Str. Kossuth-Lajos 29, Tel. 0266/218375, www.hrmuzeum.ro. Mo–Fr 9–16 Uhr, Sa/So 9–13 Uhr. Das Museum beherbergt die Sammlung des ehemaligen reformierten Kollegs. Es trägt den Namen des Zeichenlehrers und Ethnographen Haáz Rezsö.

▲ Karte S. 299

Mugeni

In Mugeni (ung. Bögöz) steht eine **mittelalterliche Kirche** am linken Ufer der Târnava Mare. Das gotische Kleinod besitzt kostbare Steinmetzarbeiten und Wandmalereien von 1400. Die Wandmalereien bedecken die Westwand in drei Rängen. Das obere Register ist der Legende des heiligen Ladislaus gewidmet, einem Thema, dem in den Szeklerkirchen eine besondere Bedeutung zukommt und das mehrfach nachweisbar ist. In diesem Register ist der Kampf des Ladislaus gegen die Kumanen dargestellt. Im mittleren Register folgt die Legende der heiligen Margarethe von Antiochien und im unteren Register das Jüngste Gericht, die Auferstehung und die Heiligen Dorothea und Veronika. Im Chor erkennt man Sonne, Mond und zwei Sterne, die Symbole des Szekler-Wappens. Die Kassettendecke von 1724 geht auf den sächsischen Tischlermeister Stephan Fabritius und Daniel Philip zurück.

Die unitarische Kirche von Dârjiu

Man erreicht Dârjiu (dt. Dersch, ung. Székelyderzs) über eine nichtasphaltierte Straße über die Ortschaften Daia, Ighiu und Klieş oder über Odorheiu Secuiesc und Ulieş. Eine dritte Variante über Archiţa (dt. Arkeden) ist mit dem Auto aufgrund schlechter Straßenverhältnisse nicht ganz unproblematisch. Die Kirche ist eine der schönsten Szeklerkirchen Siebenbürgens und gehört seit 1999 zum UNESCO-Weltkulturerbe. Im Mittelalter und in der frühen Neuzeit war die Siedlung eng mit der Familie Pétky verbunden. Der Kanzler Johannes Pétky besaß hier ein Herrenhaus. Die alten Grabsteine der Familie Pétky werden heute in der Kirchenburg aufbewahrt. Der Ort im wichtigen ehema-

Wandmalerei aus dem Jahre 1400 in Mugeni

ligen Oberheller Stuhl wurde erstmals im Jahr 1334 unter dem Namen ›de Ers‹ erwähnt. Er ist von Ungarn und Szeklern bewohnt, die teils katholischen, teils unitarischen und teils calvinistischen Glaubens sind.

Man betritt die Kirchenburg vom benachbarten Pfarrhaus. Die Gesamtanlage besteht aus einem doppelten Bering mit fünf rechteckigen Wehrtürmen, einem Torturm und dem Kirchhof mit dem nach Osten ausgerichteten Gotteshaus. Die Dächer der Mauern sind tief nach unten gezogen. Die Kirche geht auf das 13. Jahrhundert zurück. Im 15. Jahrhundert wurde der Chorabschluss polygonal verändert, die spätgotischen Fenster eingesetzt und der Ausbau zur Wehranlage vollzogen.

Das lichte Innere ist von einem spätgotischen Netzgewölbe auf Konsolen überzogen und überrascht durch seine **Wandmalereien von 1419**. Sie stammen aus der katholischen Ära des Ortes und wurden von den Kirchenmalern Paul und Stefan, seinem Sohn, gefertigt. Auf der Südseite des Langhauses sind von Osten nach Westen drei heilige Bischöfe dargestellt. Nur der zweite, Sath, und der dritte, bei dem es sich laut Inschrift um Kilian handelt, lassen sich identifizieren. Es folgen das Jüngste Gericht und die Bekehrung des Paulus mit Ananias, der Paulus von seiner Blindheit heilt, und den Soldaten aus dem Saulusgefolge, von denen einer ein Banner mit einer Inschrift trägt. Auf der Nordwand wird die Ladislaus-Legende in mehreren Szenen erzählt. Der ungarische Nationalheilige Ladislaus I., König von Ungarn seit 1077, kämpfte mit seinem Cousin Salomon gegen die Kumanen. Die Darstellungen umfassen: Verfolgung der Kumanen, Kampf zwischen König und Kumane, Enthauptung des Kumanen, die Rast. Der Zyklus wurde mit dem Einbau der Empore beschädigt. Weitere Malereien im Chor sind schlecht erhalten.

UNESCO-Welterebe Dârjiu

Im Inneren der Kirche von Dârjiu

Sehenswert sind weiterhin ein **ungarischer Runenstein**, der 1929 in der Kirche entdeckt wurde, und die vielen liebevoll bestickten **textilen Dekorationsstücke**, beispielsweise die Buchhüllen für die Gebetbücher.

In den **Türmen** der Wehranlage werden auch heute noch die Wertsachen der unitarischen Gemeinde aufbewahrt, im Speckturm hängt immer noch der Speck, und im Kirchhof stehen große hölzerne **Truhen**, in denen das Getreide der einzelnen Familien verwahrt wird. Die Kirche ist in der Regel täglich von 9–17 Uhr geöffnet.

Die Kirche von Daia

▲ Karte S. 299

Wenn man schon in dieser Gegend ist, lohnt sich auch der Besuch der Kirche von Daia (rum. Secuiască, ung. Székelydálya) im ehemaligen Szeklerstuhl Oderhellen. Die Renovierung der sehenswerten gotischen Pfarrkirche ist noch nicht abgeschlossen. Ihr 50 Meter hoch aufragender Turm steht im Kontrast zum zierlichen Inneren. Das reformierte Gotteshaus soll im 14. Jahrhundert erbaut worden sein und erhielt 400 Jahre später einen Mauerring, der im Osten das alte Rathaus umschloss. Auf der Nord- und Südseite des Kirchenschiffs findet man fragmentarisch erhalten gebliebene Wandmalereien aus dem 16. Jahrhundert. Sie bedeckten einst in mehreren Registern vollständig die Mauern. Die Reste von Reitern lassen auf eine Schlachtdarstellung schließen. Die Malereien waren, einschließlich derjenigen im Chor, während der Reformation übertüncht worden und wurden erst 1886 wieder entdeckt. Die Kassettendecke von 1630 wurde wohl zum Zwecke der Sanierung abgetragen, derzeit ist nur der offene Dachstuhl zu sehen. Der ehemalige Turm und der überhöhte Wehrchor waren im 19. Jahrhundert abgetragen worden, der heutige stammt von 1834. Im Inneren wird ein Grabstein von Kata Kornis, Gemahlin des Johann Pétki, verwahrt.

Die Kirche in Daia wird renoviert

Die Mikroregion Ciomad Balvanyos

Die Mikroregion (rum. Mikroregiunea Csomad Balvanyos, ung. Csomád Bálványos Kistérég) erstreckt sich im Süden des Kreises Harghita und im Norden des Kreises Covasna. Kultur- und Naturschätze sind hier vereint. Im Kreis Harghita gehören die Ortschaften Lăzărești, Tușnad Nou, Tușnad Sat, Tușnad Băile und im Kreis Covasna die Ortschaften Porte Bixad, Băile Balvanyos und Turia dazu.

Innerhalb dieser Region kann man einige unter Schutz stehende **Moor- bzw. Sumpfgebiete** und geologische Besonderheiten zu erwandern. Die Piatra Soimilor (dt. Falkenfelsen, ung. Sólyomköhöz) ist ein Vulkanfelsen aus Andesit, auf dem seltene Pflanzen zu finden sind. Seltene und geschützte Pflanzen finden sich in den botanischen Reservaten des Valea de Mijloc in 640 Metern Höhe, etwa einen Kilometer von Tușnad Nou entfernt in Nadas auf einer Höhe von 700 Metern, in Nyirkert (5 Hektar), in Băile Ozunca (8 Hektar) und in den Mooren Csemö und Benes. Letzteres liegt mit 80 Hektar am rechten Ufer des Olt.

Bei Bixad führt eine sanierungsbedürftige Straße nach 17 Kilometern zum **St.-Annen-See** (rum. Lacul Sf. Ana, ung. Szent Anna tóhoz) im Vulkanmassiv Ciomatul Mare. Der einzige Kratersee Rumäniens liegt 950 Meter hoch und hat eine Fläche von knapp zwei Quadratkilometern bei einer maximalen Tiefe von 7,5 Metern. In ihm wird gerne gebadet. An seinen Ufern steht eine katholische Kapelle, vermutlich auf den Ursprüngen eines heidnischen, römischen Tempels.

Einen Kilometer nördlich des Sees befindet sich das **Naturschutzgebiet des Tinovul Mohoș** (ung. Mohós tözegláp) auf

Die orthodoxe Kirche in Băile Tușnad

1050 Metern Höhe, ein Moor mit reichem Torfbestand und seltenen Pflanzen wie wildem Rosmarin und Sonnentau.

Für Geologen ist die **Peștera Puturosul** (dt. Stink-Höhle, ung. Büdösbarlang) interessant. Die Mofette in einem aufgelassenen Schwefelberg liegt auf einer Höhe von 1052 Metern; sie ist nicht ganz ungefährlich, weil man an den Gasen ersticken kann. Man erreicht sie auf dem Weg nach Turia, von dem kurz vor der Passhöhe (940 m) ein Waldpfad abführt.

Der Kurort Băile Tușnad

Tușnad (dt. Bad Tuschnad/Kaiserbad, ung. Tusnadfürdö) liegt im mineralwasserreichen Szeklerland. Unzählige Quellen und Mineralwasserbäder verschiedenster chemischer Zusammensetzung sind dank der vulkanischen Gebirge hier anzutreffen. Die Ortschaft besteht aus drei Ortsteilen: Tușnad-Dorf, Neu-Tunad und Tușnad-Bad.

Bemalter Glockenturm in Băile Tușnad

Tușnad-Sat (dt. Tușnad-Dorf, ung. Tusnádfalu) ist ein berühmtes Steinmetzzentrum. In seiner Ortsmitte befindet sich direkt an der Landstraße eine Mineralwasserquelle, die von vielen genutzt wird, um ihre Wasservorräte wieder aufzufüllen. Gegenüber befindet sich das im Jahr 2005 eingerichtete **Mineralwassermuseum**, in dem man über die Herkunft, Verwendung und Verwertung des Mineralwassers, über die Geologie, die Hydrogeologie, die Geschichte des Wassers und die Geschichte der Badekultur einiges erfährt (Muzeul de Apă Minerală/Borvizmuzeum Tusnád, www.csszm.ro). Außerdem wurde auch eine Mineralwasserstraße angelegt, an der man die Mineralquellenorte erwandern kann.

Tușnad Nou (ung. Újtusnad) entstand auf 650 Metern Höhe als neue Siedlung mit 43 Familien aus Tușnad, die nach dem großen Brand vom September 1822 umgesiedelt wurden. Hier befindet sich die **Mineralwasserfabrik**, die Tafelwasser abfüllt.

Schönster Ortsteil ist **Băile Tușnad** (dt. Bad Tuschnad, ung. Tusnádfürdö) in 690 Metern Höhe am Olt. Seine Heilwasserquellen sind seit 1420 bekannt, der Bade- und Kurbetrieb besteht seit 1842 aufgrund einer entsprechenden Weisung des Kaisers Franz Joseph. Damals begann der Bau von eleganten Villen und Heilbädern. Zeitweise wurde das Bad auch Kaiserbad Tuschnad genannt. Eine Straße wurde gebaut und der **Ciucaș-See** angelegt. Die Mineralquellen Mikes, Ápor, Rudi, Ileana, und St. Anna wurden gefasst. Nach dem Zweiten Weltkrieg wurde an diese Entwicklung angeknüpft. Neue Hotels und Restaurants sowie ein Heilzentrum entstanden. Eine katholische und eine orthodoxe Kirche vervollständigten das Ensemble. Seit 1968 hat Tușnad den Rang einer Stadt.

Die Mineralquellen enthalten Kohlendioxid und sind basisch sowie eisen- und salzhaltig. Thermal- und andere Heilbäderkuren sind möglich. Außerdem werden Mofetten und Heilschlamm genutzt. Man kurt hier gegen Rheuma, nervöse Leiden und gynäkologische Probleme. Daneben gibt es zahlreiche Wander- und Sportmöglichkeiten in unmittelbarer Umgebung. Es wird jedoch immer wieder von Bären gewarnt, die hier zahlreich vertreten sind und ihre Scheu vor den Menschen abgelegt zu haben scheinen.

▲ Karte S. 290

Wanderungen rund um Băile Tușnad

▸ **Băile Tușnad → Apor Turm → Ludmilla-Hügel → Băile Tușnad.**

Markierung: roter Punkt, 0,5–1 Std., 1,5 km.

Der Ludmilla-Hügel erhielt seinen Namen im Jahre 1872. Ludmilla war die

Frau von Baron Ferenc Kálnoky. Während der Revolution von 1848 bis 1849 kam dem Gipfel eine strategische Bedeutung zu. 1849 gelang es nämlich General Sándor Gál, dem Befehlshaber der Székler-Armee, den Angriff russischer und österreichischer Truppen an dieser Stelle zurückzuschlagen, obschon er nur über 3 Kanonen und 200 Soldaten verfügte.

▸ **Băile Tuşnad → Cabana Lacul Sfânta Anna**.

Markierung: rotes Kreuz, Aufstieg 3–4 Std., Abstieg 2–3 Std., 6 km, 554 m Höhenunterschied. Bei Schnee und Regen Glätte- und Rutschgefahr.

▸ **Băile Tuşnad → Piscul Cetăţii → Cabana Lacul Sfânta Ana → Muchia Lacului → Bixad.**

Markierung: blaues Band, Aufstieg 4–5 Std., Abstieg 3–4 Std., 14 km, 560 m Höhenunterschied, ganzjährig, nur bei guter Kondition.

Die Ruinen einer Festung liegen auf 1083 m Höhe. Sie war einst von einer 1 km langen Mauer umgeben und wurde während der Völkerwanderung als Beobachtungsposten genutzt.

▸ **Lacul Sfânta Ana → Hotel Carpaţi.**

Markierung: gelbes Kreuz, 1,5–2 Std., 7 km, 245 m Höhenunterschied, ganzjährig, beliebte Route.

Băile Tuşnad

Vorwahl: +40/(0)266.

Informationszentrum: Centul de Informare Ecoturistică/Ökoturisztikai/Információs Központ (CIE), Str. Ciucaş 62 B, Tel. 0723/357650, www.eco-turism.ro.

Băile Tuşnad ist mit dem Zug und mit dem Bus von Braşov und Miercurea-Ciuc zu erreichen.

Pensiunea Vila Şoimul (ung. Sólyom Villa), Str. Ciucaş 62/B, Tel. 0723/752990, 0744/924540, www.eco-turism.ro. Insgesamt 20 Betten, 6 DZ direkt am Olt, sehr liebevoll hergerichtetes, traditionelles Haus mit malerischem Garten. Klein, familiär, Mitglied im Eco-Tourismus-Verband.

Hanul Csiki határ, Tel. 0753/341105, www.csikihatar.ro. Ein echtes ungarisches Gasthaus, 4 km südlich von Băile Tuşnad.

Hotel Fortuna, 3 Sterne, Str. Kovács M. 68, Tel. 335216, Fax 335275, www.hotelfortuna.ro. Größeres Hotel mit Kur- und Wellnessbereich.

Jugendherberge Pension Szurdok, Str. Oltului 78, Tel. 311217, molnartur@yahoo.com, www.bailetusnad.ro. DZ 7 Euro. Ganzjährig geöffnet.

Restaurant Ciucaş, modernes Gebäude mit schönen Holzveranden zum Ciucaş-See, traditionelle Küche.

Vermietet werden Fahrräder, Mountainbikes, Boote auf dem St.-Annen-See, dem Olt-Fluss und dem Ciucaş-See. Bademöglichkeiten bestehen im St.-Annen-See und im Open-Air Schwimmbad mit natürlichem Mineralwasser in zwei Becken.

Sportmöglichkeiten: Volley-, Basket- und Fußball. Im Hotel Tuşnad stehen Tennisplätze zur Verfügung. Im Winter kann man Skilanglaufen, Schlittschuhlaufen. Das Gebiet um Tuşnad ist auch Jagdgebiet.

Kreis Covasna

Der dünn besiedelte und noch wenig besuchte Landkreis bietet szeklerische Klänge und Dörfer, Dünen, Moore, Mofetten, Quellen und Wälder.

Sfântu Gheorghe

Sfântu Gheorghe (dt. Sankt Georgen, ung. Sepsiszentgyörgy), eine Kleinstadt mit 60 000 Einwohnern, stand viele Jahrhunderte in Konkurrenz zu dem nicht weit entfernten Brașov. Sie hat sich an beiden Ufern des Olt bis zu den Ausläufern des Baraolt-Gebirges entwickelt und ist das Zentrum der ungarisch-szeklerisch geprägten Region Drei-Stühle. Im Jahr 1461 erhielt die Siedlung Stadtrecht, wurde 1568 von den Türken und 1658 von den Tataren zerstört.

Das 20. Jahrhundert zeichnete sich durch Industrieansiedlung, vor allem Möbel und Textilien aus. Daran knüpfte der deutsche Bekleidungshersteller Bernhard Leineweber GmbH, besser bekannt unter der Marke Brax, an und verlegte im Jahr 2001 einen Teil seiner Produktionsstätten hierher. Fünfhundert Mitarbeiter sind hier beschäftigt. Im Jahr 2008 baute auch der Verpackungshersteller Semoflex ein neues großes Werk.

Der Kreis Covasna im Überblick

Name: Județul Covasna (ung. Kovászna Megye).
Lage: im Südosten Siebenbürgens.
Fläche: 3710 qkm, in etwa der historische Verwaltungsbezirk Drei Stühle (ung. Három Szék, rum. Treiscaune).
Einwohner: 222449 (2002): 73,8 % Szekler, Rumänen und Roma.
Hauptstadt: Sfântu Gheorghe.
Landschaften: Harghita-Gebirge, Baraolt-Berge und Mikroregion Ciomad Balvanyos, Oltschleife, Vrancei- Penteleu-, Ciucu und Nemiragebirge.
Bemerkenswert: Infrastrukturell besteht Nachholbedarf, es fehlt an Touristeninformationen, Markierungen, Wanderkarten, Unterkünften und Gasthäusern. Die Beschriftung der Straßen ist teilweise ausschließlich ungarisch.
Internet: www.kovaszna.ro.
Vorwahl: 0241.
Autokennzeichen: CV.

Das Zentrum der Kleinstadt ist der **Freiheitsplatz** (rum. Piață Libertații, ung. Szabadság-Tér). Er hat seinen ehemaligen Marktcharakter durch die Begrünung vollständig verloren, obgleich er von historischen Gebäuden wie dem ehemaligen **Rathaus**, dem **Mikó-Gymnasium** von 1859, dem **Landesarchiv**, dem **Teatrul Mureșanu** und der katholischen **Josefskirche** umgeben ist.
Nördlich des Zentrums steht die calvinistisch-reformierte **Kirchenburg** (Biserică fortificată, ung. Vártemplom) aus dem 15. Jahrhundert, die nach dem Vorbild sächsischer Kirchen als gotische Saalkirche erbaut wurde. Von den beiden ehemaligen Ringmauern blieben nur der innere Bering und ein Torturm, der zum Glockenturm umgebaut wurde, erhalten. Im Jahr 1802 wurde ein Teil der Kirche zerstört und im Renaissance-Stil erneuert.
Das **Szekler-Nationalmuseum** ist in einem Gebäude von Karoly Kos von 1879 eingerichtet und sehr sehenswert. Es werden unter anderem originale Szeklertore und Volkskunst gezeigt. Derzeit wird in der Kleinstadt eine Fußgängerzone eingerichtet.
Ein beliebtes Naherholungsgebiet ist der Badeort **Băile Șugaș** (dt. Schugasch-Bad, ung. Sugasfürdö) in 760 Metern Höhe am Fuß des Gugău in den Baraolt-Bergen mit Freibad.

Sfântu Gheorghe (Karte S. 327)

Touristeninformation, Str. 1. Decembrie 1918, 2, Tel. 0267/316474, www.sfantugheorgheinfo.ro.

Hotel Castel, 3 Sterne, Str. Zivorului 2, Tel. 0267/318700, www.hotelcastel.ro. 38 Zimmer, DZ 95 Euro. Neues Hotel am nördlichen Stadtrand.

Nationales Szeklermuseum, Str. Kos Karoly, tgl. außer Di 9–17 Uhr.

Rund um das Baraolt-Gebirge

Das Baraolt-Gebirge (rum. Munții Baraolt, ung. Baroti hegesek) ist ein Mittelgebirge in der Oltschleife und gehört zu den Ostkarpaten. Der höchste Gipfel ist der Vârful Horvad mit 1019 Metern Höhe. Das Gebirge ist wald- und wildreich und ein beliebtes Wandergebiet. Leider fehlt es an gutem Kartenmaterial und verlässlichen Markierungen. Eine Wanderung von Baraolt ist über Miclosoara nach Aita Mare möglich.

Araci

Die erste Ortschaft am Olt im Kreis Covasna ist Araci (dt. Arendorf, ung. Árapatak) mit einem spätbarocken Mikó-Schloss und einer im Laufe der Zeit veränderten Kirchenburg. Nur sechs Kilometer weiter folgt Hăghig (dt. Fürstenburg, ung. Hidvég) mit einem weiteren Landsitz der Familie Mikó. Die Straße ist durchgängig in gutem Zustand.

Belin

Belin (dt. Blumendorf, ung. Bölön) besitzt viele Kirchen, die man bei der Einfahrt in das Dorf an ihren Türmen schon erkennen kann. Besonders prägnant ist die im neoromanischen Stil 1823 erneuerte **unitarische Kirch**e wegen ihrer großen Kuppel. Sie ist von einer 200 Jahre älteren Mauer und deren Türmen umgeben. Ein Treppenweg führt von der Hauptstraße zur Kirche. Unterhalb wird mit einem Denkmal dem Übersetzer, Schriftsteller, Gelehrten und Reisenden Bölöni Farkas Sándor, 1795–1842, gedacht. Er wurde in Belin geboren und ist im unitarischen Kolleg von Cluj ausgebildet worden. Unter seinen Übersetzungen in die ungarische Sprache ist besonders diejenige von Schillers ›Don Carlos‹ hervorzuheben. Seine Reise durch Amerika dokumentierte er in einem Reisebericht, in dem er seiner großen Bewunderung für die amerikanische Demokratie Ausdruck gibt. Das Buch wurde von der katholischen Kirche verboten und liegt heutzutage in ungarischer und englischer Sprache vor. Ein Wanderweg (rotes Dreieck) führt in die Nachbargemeinde. Direkt an die Ostmauer der unitarischen Kirche schließt sich eine kleine calvinistisch-reformierte Kirche an, und wenn man den Feldweg entlang läuft, trifft man auf eine weitere Kuppelkirche der rumänisch-orthodoxen Gemeinde.

Die unitarische Kirche in Belin

▲ Karte S. 324

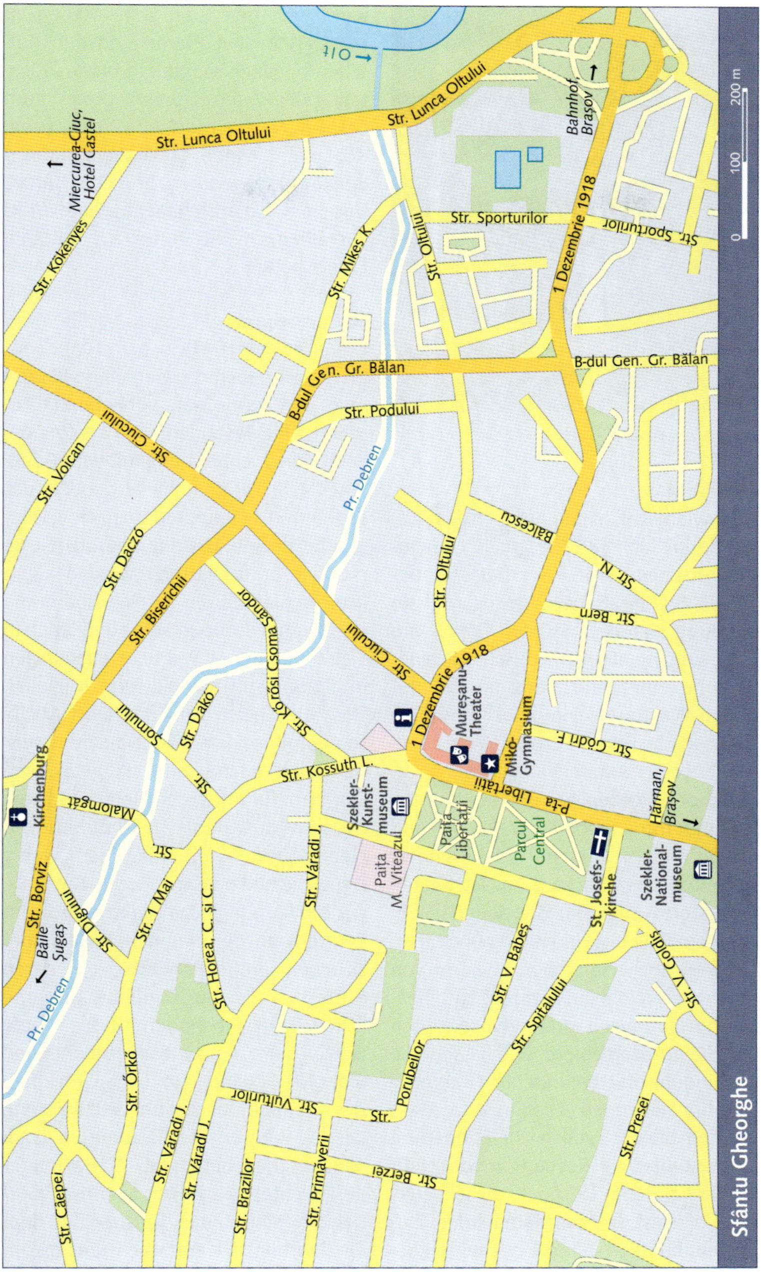
Sfântu Gheorghe
0
100
200 m
Olt
Str. Lunca Oltului
Miercurea-Ciuc, Hotel Castel
Bahnhof, Brașov
Str. Sporturilor
1 Dezembrie 1918
Str. Oltului
Str. Mikes K.
Str. Kökényes
B-dul Gen. Gr. Bălan
Str. Podului
Str. Ciucului
Pr. Debren
Str. Voican
Str. Daczó
Bălcescu
Str. N.
Str. Bern
Str. Biserichii
Str. Kőrösi Csoma Sándor
Mureșanu Theater
Mikó-Gymnasium
Str. Gödri F.
Str. Kossuth L.
Str. Dakó
Str. Somului
Szekler-Kunst-museum
Paița Libertății
P-ta Libertății
Parcul Central
Hărman, Brașov
Kirchenburg
Str. Malomgát
Str. Váradi J.
Paița M. Viteazul
Str. Josefs-kirche
Szekler-National-museum
Str. Borviz
Băile Șugaș
Str. Digului
Str. 1 Mai
Str. Horea, C. și C.
Str. V. Babeș
Str. V. Goldiș
Str. Spitalului
Str. Porubeilor
Str. Vulturilor
Str. Őrkő
Str. Presei
Str. Berzei
Str. Primăverii
Str. Brazilor
Str. Căepei

Holzstelen in Aita Mare

Aita Mare

Aita Mare (dt. Aitau, ung. Nagyajta) wurde im Jahr 1332 erstmals genannt und erscheint 1567 im Register der Szekler-Stühle als bevölkerungsreichste Siedlung der drei Stühle. Gleich am Orts-eingang steht malerisch auf einer Anhöhe eine reformierte Kirche mit einem Westturm. Die befestigte unitarische Kirche liegt im Ortszentrum ebenfalls auf einer Anhöhe und ist von einem Friedhof umgeben. Sie entstand anstelle eines romanischen Vorgängers und wurde vom 15. auf das 16. Jahrhundert befestigt. Der Glockenturm ist jünger. Ihr Inneres birgt ein Sternengewölbe. Auf dem Friedhof sind nicht nur Gräber, sondern auch Holzstelen in Form von geschnitzten Pfählen (Lanzen) zu sehen. Solche Holzstelen sind sehr spezifisch für die Szeklergebiete und lassen die Verbindung mit heidnischer Grabmalstradition erkennen. Hier in Aita Mare wurden die Holzstelen zur Erinnerung an die Opfer der Revolution von 1848 geschnitzt. Jedes Dorf hat hier sein eigenes Volksfest. In Aita Mare wird alljährlich ein buntes Weinfest begangen, obwohl weit und breit keine Reben zu sehen sind. Auf Pferden oder in Kutschen begeben sich die in bunte Trachten gekleideten Dorfbewohner zum Fest. Im Nachbardorf Aita Medie (ung. Középajta) wurde 1784 der Botaniker Benkö Jozsef geboren. Er ist der Verfasser eines botanischen Standardwerks zur Pflanzenwelt von Siebenbürgen, Erdély flóraja.

▲ Karte S. 324

Micloșoara

Das Szeklerdorf Micloșoara (ung. Miklósvár) ist neben der Gemeinde Baraolt eine rein katholisch gebliebene Ortschaft, eine Besonderheit in der Region. Seine Geschichte ist eng mit dem Adelsgeschlecht der Kálnoky verbunden, das seit dem 13. Jahrhundert nachweisbar ist und dessen Existenz über 25 Generationen zurückverfolgt werden kann. Die Nachfahren der Familie sind in die alte Heimat zurückgekehrt und leben in Siebenbürgen, unweit ihrer ehemaligen Besitztümer in Kálnoky und Micfalău. Das 500 Seelen zählende Dorf Micloșoara mit seinen 250 Hausnummern bezaubert durch seine intakt gebliebene Dorfstruktur mit vielen zierlichen Landhäusern aus dem 18. Jahrhundert. Neben Szeklern leben hier ganz wenig Deutsche und natürlich Roma. Die Holzwirtschaft bringt das tägliche Brot. Im Zentrum an der Hauptstraße befindet sich eine große Parkanlage, in deren Mitte sich das alte **Jagdhaus** der gräflichen Familie befindet. Dieses wurde Graf Tibor Kálnoky vom rumänischen Staat für 49 Jahre zum Lehen gegeben. Der Graf bemüht sich um die Sanierung des Jagdhauses. Zwei Räume im Jagdhaus wurden bereits als Gästezimmer hergerichtet. Zunächst aber hat Graf Kálnoky einen alten Gutshof aus dem 18. Jahrhundert erworben und diesen vorbildlich restauriert. Er benutzt ihn nun als Gästehaus. Der Graf hat in der Folge noch weitere, verteilt im Dorf liegende Anwesen gekauft und liebevoll bis ins letzte Detail saniert. Nun gibt es Platz für 22 Gäste, verteilt auf zehn Zimmer in unterschiedlichen Häusern (s.u.). Derzeit wird die ehemalige Dorfschenke komplett und authentisch saniert und soll schon bald wieder an ihre Vergangenheit anknüpfen. Die Geschichte der Siedlung begann 1211 mit einem Freibrief für den deutschen Orden. Zunächst war der Ort von Szeklern bewohnt, die teilweise in Untertänigkeit zur Magnatenfamilie Kálnoky gerieten. Im 17. Jahrhundert gab es 13 freie Familien gegen acht hörige. Die Gemeinde bekannte sich im 17. Jahrhundert mehrheitlich zur Reformation, wurde aber unter Ádam Kálnoky wieder katholisch.

Micloşoara

Gästehaus Kálnoky, Micloşoara Nr. 186, Tel. 0267/355717, 0743/100311, www.transylvaniancastle.com, k@transylvaniancastle.com. 10 DZ stehen stehen verteilt auf mehrere feinfühlig sanierte Bauten im Dorf bis jetzt zur Verfügung. Der Preis beträgt pro Nacht zwischen 39 und 49 Euro mit Frühstück. Neben Wanderungen, Reitausflügen und einem Kulturprogramm begleitet der Hausherr, von Beruf Veterinär, persönlich Wanderungen mit Vogelbeobachtung. Den Ideen des jungen Grafen Kálnoky, das Detail zu beleben, wurde in allen Räumlichkeiten des Gästehauses Rechnung getragen. So wurden alte Möbel sorgfältig wieder hergestellt, die Zimmer aber zusätzlich mit modernem Komfort ausgestattet.

Das Gästehaus Kálnoky in Micloşoara

Căpeni

Căpeni (ung. Köpec) ist ein Szeklerdorf mit einer mittelalterlichen reformierten **Kirche**, die Malereien und eine Kassettendecke birgt, und einem schönen **Herrenhaus** aus dem 18. Jahrhundert. Die Siedlung wurde während der Revolution von 1848 fast vollständig zerstört. Am Abzweig nach St. Augustin erinnert ein Denkmal daran.

Baraolt-Senke

Baraolt (ung. Barót) ist eine Kleinstadt mit Krankenhaus, Tankstellen und wenigen Geschäften, aber einem schönen Umland. Es ist der größte Ort der Baraolt-Senke. Hier gibt es mannigfaltige Gesteine und Bodenschätze, darunter Kalkstein und Lignit, sowie zahlreiche Mineralquellen. Durch ein spezifisches Mikroklima konnte sich eine charakteristische Pflanzen- und Tierwelt entwickeln. Zur Zeit der Römer lag die Region im Kreuzungsbereich des Limes. Dies belegen die Reste von Befestigungen in Augustin (Kreis Braşov) und Rákos. In und um die Senke hat sich seit dem 17. Jahrhundert der Bergbau entwickelt. In Herculian (ung. Magyarhermány) steht die Ruine eine Hochofens, in Vârghiș und Baraolt wird seit dem 19. Jahrhundert Lignit, eine minderwertige Steinkohle, abgebaut. Der Bergbau steht aber seit der Wende still. Die Ortschaft wird im Andreanum bereits erwähnt und war vermutlich seit alters her von Szeklern bewohnt. Der Ort besitzt einen älteren Teil und ein Wohnblockviertel aus der kommunistischen Zeit. Im Ort stehen zwei katholische Kirchen, eine ummauerte mit Turm im barocken Stil, die den eingestürzten Vorgänger ersetzte, und eine Rokoko-Kapelle sowie einen echten moldauischen Dreikonchentypus einer orthodoxen Kirche.

Baraolt ist Geburtsort des Dichters und Pädagogen Dávid Baróti Szabó und des Schriftstellers Mózes Gaál, denen mit Büsten hier gedacht wird.

Von Baraolt gelangt man ins **Perșani/ Geisterwald-Gebirge**. Es wird zu den Ostkarpaten gezählt, obgleich sein südlicher Teil eigentlich zu den Südkarpaten gehört. Sein höchster Gipfel ist der Vârful Cetății mit 1104 Metern. Das Gebirge besteht vorwiegend aus Basalt, Schiefer und Flysch (ein Sedimentgestein).

Denkmal für Minenarbeiter in Baraolt

▲ Karte S. 324

Im **Bergbauzentrum Vârghiș** (ung. Varghyas) ist ein verwunschener Landsitz der Familie Dániel zu sehen. Zwei Künstlerfamilien, die Sütö und die Máthé, sind hier ansässig. Sie fertigen bemalte Möbel und Holzskulpturen. Die Ortschaft eignet sich als Ausgangspunkt für eine Wanderung in die **Cheile Vârghișului** (ung. Varghyas szurdok). Mehrere Höhlen, darunter auch die Peștera Tâtarilor und Sura de Piatra, sind hier zu sehen. Sechs Stunden benötigt man, um zur Peștera Mare de la Merești zu kommen. Markierung: rotes Dreieck. Unweit des Dorfes befindet sich eine große Wiese, auf der im Frühjahr viele wilde Narzissen blühen.

Eine landschaftlich schöne, waldreiche Strecke führt von Baraolt nach Micfalău. Auf dem Weg liegen die Ortschaften **Bățanii Mici** (ung. Kisbacon), Geburtsort und Gedenkstätte des Schriftstellers Benedek Elek, 1859–1929, Erzähler und Begründer der Kinderliteratur in ungarischer Sprache, und **Herculian**, einst römischer Grenzort. Von hier lassen sich Wanderungen ins südliche Harghita-Gebirge unternehmen. Aber die Markierungen müssten aufgefrischt werden.

In **Ozunca Băi** (ung.Uzoncafürdö) gibt es Mineralquellen und für Botaniker ein Torfreservat, wo siebenbürgische Endemiten wachsen. Auf der Passhöhe des **Pasul Hatod** auf 710 Metern Höhe lädt der Hanul Hatod zum Übernachten ein. Im Restaurant Murgo kann man in schöner Natur speisen.

Malnaș

Malnaș (ung. Málnás) besteht aus drei Ortsteilen: Malnăș, Micfalău (ung. Mikujfal) und Malnaș-Băi (ung. Málnás Fürdö) und ist landesweit durch seine

Heilwasserquellen bekannt. Die Wasservorräte werden seit 1830 durch Bohrung erschlossen, und das gewonnene Wasser wird anschließend in Flaschen abgefüllt. Die Heilquellen und eine Mofette werden für den Kurbetrieb genutzt.

Olteni und Bodoc

In Olteni (ung. Oltszem) steht ein **Schloss** der Familie Mikó von 1870, das als Kinderheim genutzt wird.
Bodoc (ung. Sepsibodok) ist eine Gemeinde mit vielen Mineralwasserquellen; das abgefüllte Wasser wurde als Bodok-Mathilda-Wasser bekannt. Die Quellen befinden sich oberhalb der Ortschaft am Waldrand. In der Neuzeit war es Zentrum der Besitzungen der Grafenfamilie Mikó. Später mischte sich die Bevölkerung aus Hörigen mit Soldaten, die an der Militärgrenze stationiert waren. Letztere bildeten 1830 die Mehrheit. Im Zentrum stehen das **Rathaus** und, davor, ein Denkmal für die Helden des Zweiten Weltkriegs. Unauffällig steht die zierliche gotisch-reformierte **Kirche** mit ovalem Bering im Ort. Sie wurde auf Veranlassung von Nikolaus Mikó, dem Kanzler des Fürsten Gabriel Bethlen 1651 wiederhergestellt. In der Kirche befindet sich auch eine Grabplatte mit dem Familienwappen der von Mikós. Vom Herrenhaus aus dem 17. Jahrhundert sind Reste erhalten. Im Norden stehen noch Ruinen der Fluchtburg Kincsás.
Überall in den Dörfern sind die Storchennester auf den Türmen zu sehen.

Calnic

Calnic (ung. Kálnok) mit unitarischer Kirche aus dem 13. Jahrhundert war Stammsitz der ungarischen Magnatenfamilie Kálnoky, deren **Schloss** noch zu sehen ist. In **Zoltan** (ung. Élfalvazoltán) steht eine Klosterkirche, und **Ghidfalău** (ung. Gidófalva), 547 Meter, besitzt eine reformierte **Kirchenburg** auf der Anhöhe. Wie in vielen Ortschaften Siebenbürgens, entstand auch diese Kirche bereits im 13. Jahrhundert und erhielt zweihundert Jahre später einen Bering. Den Schlüssel erhält man im Wohnhaus gegenüber.

Bicsad

Die Ortschaft Bicsad am Rand der Baraolt-Berge gehört mit Băile Balvanyos und Turia bereits zur Balvanyos-Ciomad-Mikro-Region. Bicsad (dt. Bixad, ung. Sepsibükszád) liegt im Olttal, im südlichsten Teil der Tușnad Schlucht, auf 663 Metern Höhe. Es ist eine im 18. Jahrhundert erneuerte Siedlung des Mittelalters, die auf Initiative der Familie Mikó, die hier eine Glashütte besaßen, entstanden ist. Die Ortschaft lebt heute vor allem von der Viehzucht. Romafrauen verkaufen am Straßenrand Waren.
Nordöstlich der Ortschaft stehen die Ruinen zweier **Burgen**: Falkenstein (ung. Solyomkö) und Vápa, die beide während des Türkeneinfalls 1421 zerstört wurden.

Szeklertor in Bodoc

Turia
Turia (ung. Torja) liegt auf 599 Metern Höhe und besteht aus mehreren Siedlungen, von denen einige zum freien Szeklerstuhl Kézdi, die anderen als Untertanendörfer der Familie Apor zum Oberweißenburger Komitat gehörten. Im erhalten gebliebenen Herrenhof der Familie Apor war der Historiker und Dichter Peter Apor (1676–1752) geboren worden. Eine katholische Kirche von 1822 mit älteren Glocken und eine reformierte Kirche, die von einer ovalen Ringmauer mit Schießscharten und Torturm umgeben ist, sind zu besichtigen. Wenige Kilometer trennen Turia von der Kleinstadt Târgu Secuiesc.

Bálvanyos
Bálvanyos (dt. Kaiserbad, ung. Siszárfürdö) liegt bereits auf 850 Metern Höhe, kurz unterhalb der Passhöhe. Der Luft- und Badekurort ist ganzjährig in Betrieb. Von hier bieten sich einige Wanderungen an. Unweit der Passhöhe steht ein großes Sanatorium.

Bixad

Best Western, Tel. 0267/360700, Fax 360310, www.bestwesternhotels.ro. Verlässliche Qualität.

Zwischen Ozun und Oituz-Pass

Die Sanddünen von Reci
Das Naturreservat von Reci (rum. Mestecănișul Reciului) erstreckt sich am linken Ufer des Părăul Negru (dt. Schwarzbach). Es handelt sich um das einzige Flusssand-Dünengebiet Siebenbürgens. Es ist vier Kilometer lang, zwei Kilometer breit und hat eine Fläche von 34 Hektar. Zwischen den etwa fünf Meter hohen Dünenhügeln sammelt sich Grundwasser, das sich zu zahlreichen kleinen Tümpeln aufstaut. Auf den Hügeln stehen zahlreiche Birken, und auf tieferen Seen blühen weiße Seerosen. Eine Kiefernpflanzung am Rande des Dünengebietes schützt gegen Wind und bindet den Sand. Botaniker finden eine vielfältige Wasser- und Sumpfpflanzenkultur vor, darunter gelbe Teichrosen und Sumpfschwertlilien. Auf den verfestigten Sanddünen wachsen unter anderem Sand-Strohblumen, Leinkrautarten und die gemeine Nachtkerze. Den Einstieg in das Reservat findet man von der DN 12E auf der rechten Seite hinter Reci. Auf der gegenüberliegenden Straßenseite befinden sich ein künstlicher Badesee und ein Campingplatz. Zwischen den Ortschaften verkehren Minibusse, über Covasna führt aber auch eine Zugstrecke.

▲ Karte S. 324

Dalnic
Dalnic (ung. Dálnok) ist der Geburtsort von György Dózsa, dem hier ein Monument und eine Gedenkstätte gewidmet sind. Die einen sehen in ihm einen Helden, die anderen einen Verbrecher. Der Szekler wurde um 1470 geboren, zeichnete sich als Reiterhauptmann in den Türkenkriegen aus und wurde dafür vom König geadelt. In dieser Zeit erstarkten die reichen Magnaten, während die Landbevölkerung verarmte. Als Papst Leo X. 1513 zu einem weiteren Kreuzzug gegen die Türken aufrief, wurde Dózsa von Tamás Bakócz mit der Aufstellung eines Heeres beauftragt. In kürzester Zeit sammelten sich etwa 100000 Bauern, als Kuruzen bekannt. Der Adel fürchtete um seine billigen

Hinweistafel zum Sanddünenreservat

RÉTYI NYÍR 2002
REZERVAȚIE
RÉTYI NYíR
VÉDETT TERÜLET

Arbeitskräfte und verweigerte die Ausgabe von Nahrungsmitteln. Ein Aufstand wurde ausgelöst, dessen militärische und spirituelle Führer Dózsa und der Pfarrer Lörinc Mészáros waren. Siebenbürgen wurde überfallen und geplündert. In Temeșvar geriet Dósza in Gefangenschaft, wurde öffentlich gefoltert und hingerichtet, sein Leichnam zur Schau gestellt. Sandor Petöfi, Teilnehmer an der Revolution 250 Jahre später, verewigte ihn in seinem Gedicht: »Noch bittet euch das Volk, lasst euch erweichen! - Das Volk wird furchtbar, wenn es aufbegehrt. - Wenn mit Gewalt sich's nimmt, was ihr verweigert! - Ihr Herrn, habt ihr von Dózsa nie gehört? - Man ließ ihn auf dem Eisenthron verbrennen. - Hat das Gedenken man so ins Gegenteil verkehrt? Sein Geist ist selber Feuer! Drum gebt acht.« Die Gemeinde liegt am gleichnamigen Bach und ist erst seit dem Jahr 2004 unabhängig.

Das Freilichtmuseum in Cernat

Die Ortschaft Cernat (ung. Csernáton) besteht aus einem oberen Ortsteil, Cernat de Sus (ung. Felsöcsernáton), und einem unteren Ortsteil, Cernat de Jos (ung. Alsócsernáton). Eine gute Beschilderung führt, vorbei an ehemaligen Herrenhäusern mit bunten Szeklertoren durch den oberen Ortsteil bis zum Dorfmuseum, dem einzigen Freilichtmuseum der Szekler. Das Museum befindet sich auf dem ehemaligen Gut der Familie Domokos. Seit 1913 wurden die Objekte von Pál Haszman gesammelt und sind seit 1973 hier ausgestellt: Szekler-Häuser aus dem 18. und 19. Jahrhundert, landwirtschaftliches Gerät, ein Maislager, holzgeschnitzte Szeklertore, eine Gutsküche, ein Brunnen, die Statuen der hier gebürtigen Gelehrten Antal Vegh (1811–1882) und Peter Bod (1712–1768), ein Lapidarium und die Ausgrabung von Steinöfen des 7./9. Jahrhunderts. Es werden Künstlertage veranstaltet, für die ein Atelier auf dem Areal zur Verfügung steht. In den schönen Herrenhäusern im Ort sind unter anderem eine Schule und diverse Verwaltungseinrichtungen etabliert. Das Museum ist täglich von 9–18 Uhr geöffnet; im Winter nur bis 16 Uhr.

▲ Karte S. 324

Târgu Secuiesc

Târgu Secuiesc (dt. Szekler-Neumarkt, ung. Kézdvásárhely) liegt am alten Handelsweg zwischen Siebenbürgen und der Moldau, zwischen Brașov und Oituz-Pass. Ehemals war es auch von Deutschen bewohnt, heute leben hier fast nur calvinistisch reformierte Szekler. Das kleine Städtchen besitzt einen geschlossenen Altstadtkern, dessen Zentrum die Piață Áron Gábor mit einem Denkmal des Szeklerhelden ist. Hier hat er seine Kanonen gegossen. Als im Jahr 1834 ein Feuer ausbrach, dem ein großer Teil der Stadt zum Opfer fiel, wehrten sich die Bürger gegen einen modernen Wiederaufbau.

Um den Platz waren Einzelgehöfte mit dazwischen liegenden Höfen angeordnet, an deren Stellen sich strahlenförmig kleine Gässchen entwickelt haben. Schon im 15. Jahrhundert lebte man vom Handel und Handwerk, deren Vertreter in Gilden und Zünften organisiert waren. Am Platz steht das alte Rathaus, in dem seit 1973 ein **Gildenmuseum** (Muzeul Breslelor) eingerichtet ist. Es ist Montag bis Donnerstag von 9–16 Uhr, Samstag von 9–13 Uhr und Sonntag von 9–14 Uhr geöffnet. Ein Saal ist Áron Gábor gewidmet, und außerdem sind Kanonen aus der Gießerei Mózes Turóczi ausgestellt. Im Nachbarhaus befindet sich ein kleines **Kunstmuseum**. Nach der

Einrichtung der Siebenbürgischen Militärgrenze 1764 wurde der Ort Sitz des zweiten Szekler-Infanterieregiments. Im Jahr 1823 wurde eine **Unteroffiziersschule** gegründet, deren Gebäude nun ein Baudenkmal ist. Das **Nágy-Mózes-Gymnasium** geht auf die erste Schule von 1751 zurück und ist in einem Gebäude von 1906 untergebracht. Unzählige Kirchen sind noch zu sehen: unter anderen das **Minoritenkloster** von 1692 und die barocke **Dreifaltigkeitskirche** aus dem 18. jahrhundert. Als Naherholungsort dient der Kurort Fortyogó mit Hallenschwimmbad und Freibad.

Sânzieni

Fünf Kilometer in Richtung Norden, im Cașin-Tal, liegt das mittelalterliche Petschenegendorf Sânzieni (ung. Kézdiszentlélek). Auf dem Berg Perkö auf 719 Metern Höhe stand bis zum ersten Mongolensturm eine Königsburg, auf die eine Burg der Familien Tarnóci oder Mikes folgte. Sie kam dann in den Besitz der Familien Károlyi, Kiánoky und Béldi. Heute liegt sie in Ruinen. Nur die katholische Burgkapelle St. Sephan von 1372 ist mit späteren Veränderungen erhalten. Die gotische katholische Kirche mit barocker Innenausstattung wurde zur Wehrkirche umgebaut.

Bretcu

Über Lunga/Nyuitód erreicht man Brețcu (dt. Bretz, ung. Bereck). Der Ort ist nicht nur Geburtsort von Áron Gábor, sondern man findet dort auch die Ausgrabungsstätte eines römischen Castrum mit vier Toren und eine Burgruine Beneturné Cetatea Venetur.

Oituz

Grenzort zwischen Transsylvanien und der Moldau ist Oituz (ung. Ojtoz). Der Handelsweg in die Moldau wurde früher von Brașov instand gehalten und zur Not mit gefällten Baumstämmen gesperrt. Von hier wanderten die Slawen im 7. und 8. Jahrhundert ein und drangen die Mongolen im 13. Jahrhundert in Siebenbürgen ein. 1623 veranlasste Georg II. Rákóczi den Bau einer Grenzburg, die von den Osmanen 1787 zerstört wurde. Während der Revolution von 1848 wurden sie nochmals genutzt. Spärliche Reste sind zwei Kilometer vom Dorfausgang auszumachen.

Am **Oituz-Pass** verlief die Grenze zwischen Habsburg und dem Osmanischem Reich. Während des Ersten Weltkriegs spielte der Oituz-Pass eine wichtige Rolle: Nachdem rumänische Truppen in Siebenbürgen eingefallen und wieder vertrieben worden waren, musste sich die rumänische Regierung samt Königshaus in die Moldau zurückziehen. Im Sommer 1917 fanden bei Marasti (Moldau), Mărășești (Moldau) und am Oituz-Pass wiederholt Kämpfe zwischen Deutschen und Rumänen statt. Am 17. Dezember folgte ein Waffenstillstand, am 17. Mai der Friedensvertrag von Bukarest. Während des Zweiten Weltkriegs führte hier die sogenannte Árpád-Front der mit den Deutschen verbündeten Ungarn entlang. Bei Wanderungen sieht man immer noch die Bunker. Auf der Passhöhe kann man nett einkehren, und in der Moldau lädt der gemütliche Hanul (ung. Fogado) Anselmo, Tel. 02 67/368 65, zu einer Rast ein.

Hotel Villa Westfalia, in Târgu Secuiesc, außerhalb in Richtung Oituz, Str. Bem Jozsef 32, Tel. 02 67/360 171, mobil 07 88/60 86 65, Fax 360 171. Preiswerte einfache Unterkunft

Der Kurort Covasna

Das Heilbad Covasna liegt am gleichnamigen Bach an einem bewaldeten Berghang auf 600 Metern Höhe. Es war unter den Kommunisten eine Hochburg des Badetourismus. Obschon die aus den Zeiten des Kommunismus stammenden Hotelkomplexe noch vorhanden sind, ist von der ehemaligen Geschäftigkeit heute wenig zu spüren. Die alten Hotels wurden noch nicht privatisiert, neue Impulse fehlen, die EU-Gelder wurden auf Eis gelegt, und die Jugend wandert ab. Lediglich das neu erbaute und im Jahr 2007 eingeweihte moderne und komfortable Hotel Clermont gibt Anlass zu Hoffnung im Tourismusbereich. Auch das Ausland engagiert sich: Eine Studentengruppe der Höheren Fachschule für Tourismus in Luzern hat sich mit den Problemen der Kleinstadt auseinandergesetzt und leistet Hilfe zur Selbsthilfe. Es wurde ein Studentenaustausch im Bereich Tourismus initiiert. Die Studenten legten den Vita Parcour mit acht Stationen direkt vor dem Krankenhaus an, richteten die Webseiten für einige Hotels wie das ›Hefaistos‹ ein und initiierten zwei Wege, den **Wood-Trail** und den **Trail of Art**. Arbeitsplätze bieten eine Getränkeabfüllanlage und die Waldwirtschaft.

Die Kleinstadt mit 12 000 Einwohnern liegt am Fuss der Munții Vracei und ist bekannt für ihre Mineralquellen und starken Kohlendioxyd-Austritte, die sogenannten **Mofetten**, was ihr den Ruf als ›Stadt der 1000 Quellen‹ eingetragen hat. Auch ihr Name vom slawischen Wort Kvas, für sauer, lässt auf die Quellen schließen. Deshalb zog es viele Rumänen einmal jährlich auf Staatskosten hierher, um ihre Herz-Kreislauf-Beschwerden zu kurieren. Ein großes Krankenhaus mit der größten kardiologischen Abteilung Rumäniens ist hier ansässig.

Im Zentrum an der Piață Körösi Csoma Sándor befindet sich das sogenannte **Teufelsmoor** (rum. Baltă Dracului, ung. Pokolsár), ein Schlammvulkan. Aus einer natürlichen Mineralwasserquelle treten gleichzeitig Schlamm und Kohlensäure aus. Sie gilt als Beweis für die vulkanischen Bewegungen mit mehreren Ausbrüchen in der Vergangenheit. Weitere Naturerscheinungen sind die Mofetten Bene/Benegözlö, Barócz/Bardócz und Gözlö.

▲ Karte S. 324

Herrenhaus in Zăbala

Körösi Csoma Sándor (1784–1842), der große Linguist, Orientalist und Tibetforscher, ist hier geboren. Seine Büste vor dem Kulturhaus und eine Gedenkstätte von 1999 halten die Erinnerung an ihn wach. Auch der geistliche Justinian Teculescu wird in Covasna sehr verehrt.

In der Stadt steht eine ganze Reihe von Sakralbauten, deren ältester die **orthodoxe Nikolauskirche** von 1798 ist. Alle anderen Kirchen wurden vom 19. bis ins 20. Jahrhundert gebaut.

Covasna ist von dichten Wäldern umgeben. Diese wurden jedoch durch Unwetter und Schneestürme, besonders im Jahr 2005, stark gelichtet. Die Aufräumarbeiten hatten die Etablierung einer Holzverarbeitungsindustrie zur Folge. Die Umgebung böte sich als Wander- und Skigebiet an, ist aber in touristischer Hinsicht eher unterentwickelt. Es gibt kaum Wegmarkierungen und kein Kartenmaterial, von Hütten ganz zu schweigen.

Ausflüge von Covasna

Es empfehlen sich Ausflüge zum **Valea Zânelor** (dt. Tal der Feen, ung. Tündérvölgy) und zu der sogenannten **Schiefen Ebene** (Planul înclinat de la Covasna/ipartörténeti emlék), einem altertümlichen Aufzug für den Holztransport von 1886. An dieser Stelle befindet sich der Ausgangspunkt der Funicolar (Standseilbahn) für den Holztransport, deren Erhalt immer wieder in Frage gestellt wird.

Zwei Dörfer in der Umgebung von Covasna lohnen ebenfalls einen Besuch: **Zăbala** (ung. Zabola) ist nördlich gelegen und besitzt eine trutzige gotische **Wehrkirche**, mit schöner Kassettendecke und kostbar behauenen Konsolen sowie einen schmucken **Herrenhof** (Curia Basa), der seit 1703 im Besitz der Familie Mikes ist. In der Parkanlage hinter dem Landsitz befindet sich die Familiengruft. Graf Imre Mikó (1805–1876) wurde hier geboren. Dem Stifter und Gründer mehrerer ungarischer Vereine wurde eine Büste gestiftet. **Szeklerhäuser** und ein **privates Dorfmuseum** machen den Besuch hier zu einem Erlebnis. Schade, dass es noch an einem gemütlichen Gasthaus fehlt.

Ghelința (dt. Gelentz, ung. Gelence) stellt einen Höhepunkt einer Fahrt ins Szeklerland dar. Die romanisch gotische **Emmerichskirche** birgt kostbare Wandmalereien. Das ursprüngliche Netzgewölbe war eingestürzt und 1628 durch eine Kassettendecke ersetzt worden, die man mit siebenbürgischen Wappen verzierte. Die Wände schmückt ein Wandmalereizyklus des 15. Jahrhunderts zum Leben des heiligen Ladislaus, das dritte Beispiel dieses Themas im Szeklerland. Außerdem sind an der Südwand Jüngstes Gericht und Leben der heiligen Katharina, an der Ostwand Paradies und Auferstehung sowie an der Nordwand Leben des Jakobus, Bethlehemitischer Kindermord, Flucht nach Ägypten und Marientod zu erkennen. Vom Ort ist eine Wanderung zur Cetatea Mare möglich.

Covasna

Covasna Wellness Hotel Clermont, 4 Sterne, Str. Mihai Eminescu 225 A, Tel. 0267/342123, Fax 342124, www.clermonthotel.ro. Ganzjährig Rundum-Pakete zum Kuren bei Herz-Kreislauf-Problemen, Funktionsstörungen von Leber und Pankreas sowie Magen- und Darmkrankheiten.

Hotel Hefaistos, 2 Sterne, Str. Unirii 6, Tel. 0267/340213, Fax 340329, www.digicom.ro/hefaistos. Kurhotel mit einem gewissen spätsozialistischem Charme.

Camping-Platz im Valea Zânelor.

Sprachführer

Rumänisch gehört zu den romanischen Sprachen. Wenngleich der Wortschatz teilweise stark slawisch beeinflusst ist, so wird man mit Französisch- oder Italienischkenntnissen vieles verstehen können und auch selbst verstanden werden. Für Reisende mit guten Kenntnissen einer anderen romanischen Sprache ist die Mitnahme eines Rumänisch-Sprachführers sinnvoll. Da vor allem im Norden und Osten Siebenbürgens viele Menschen Ungarisch sprechen, werden die entsprechenden ungarischen Bezeichnungen mit angegeben.

Wem es zu kompliziert ist, sich mit der rumänischen oder gar der ungarischen Sprache zu beschäftigen, wird sich in den Touristenzentren in der Regel auch auf Englisch und vielerorts sogar auf Deutsch verständigen können.

Für den Umgang mit rumänischen Land- bzw. Wanderkarten empfiehlt sich ein Blick auf die Seiten 355 bis 358 in diesem Sprachführer.

Das rumänische Alphabet

a	wie in Andreas
ă	kurzes e wie in Vater
â	dumpfes ü
b	wie im Deutschen
c	vor a, o u wie k vor e oder i wie› tsch‹ (ciorba – tschorba, Ceaușescu – Tschauschesku)
che	ke
chi	ki
g	vor a, o u wie g
	vor e oder i wie ›dsch‹
d. e. f, g, h	wie im Deutschen
i	unbetontes auslautendes i nach Konsonanten, es wird nur angedeutet (București – Bukurescht)
î	entspricht ›â‹, es wurde durch die Orthographiereform von 1993 in einigen Fällen abgeschafft
j	stimmhaft sch
k, l, m, n, o, p, r, s	wie im Deutschen
ș	stimmloses sch
t	wie im Deutschen
ț	wie z
u, v, x	wie im Deutschen
z	wie stimmhaftes s in Sonne, die Kombination ›zi‹ wird als stimmhaftes ›sch‹ ausgesprochen

Deutsch	Rumänisch	Ungarisch
Allgemeines		
Guten Tag!	Bună ziua!	Jó napot!
Hallo!	Alo!	Halló!
Guten Morgen!	Bună dimineața!	Jó reggelt!
Guten Abend!	Bună seara!	Jó éstét!
Gute Nacht!	Noapte bună!	Jó éjszakát!
Auf Wiedersehen!	La revedere!	Viszontlátásra!
Tschüss!	Pa!	Szervusz!
Gute Reise!	Drum Bun!	Jó utazást/jó utat!
ja/nein	da/nu	igen/nem
vielleicht	poate	talán
Danke!	Mulțumesc! Mulțumim!	Köszönöm!
Bitte schön!	Poftiți!	Kérem (szépen)!
Bitte! (jmd. um etwas bitten)	Vă rog!	Kérem!
Entschuldigen Sie bitte!	Scuzați!/Scuze!	Elnézést kérek!
Gerne! Sehr gerne!	Cu plăcere! Cu multă plăcere!	Szivesen, nagyon szivesen!
Herr/Frau	domn/doamnă	férfi/nö
Ich/er/sie (die Frau/die Gruppe) bin/ist...	Eu sunt/el/ea este	Én/ö/ön
Mein Name ist .../ ich heiße ...	Numele meu este .../ Mă cheamă ...	Az én nevem ...
Woher?	De unde?	Honnan?
Woher kommst du/ kommen Sie ?	De unde ești/sunteți?	Te honnan jössz? Ön honnan jön?
Ich komme aus Deutschland.	Sunt din Germania.	Én Németországból jövök.
Wie heißen Sie?	Cum vă cheamă?	Hogy hivják Önt?
Ich verstehe Sie nicht.	Nu înțeleg.	Én nem értem Önt.
Ich habe verstanden.	Am înțeles.	Megértettem.
Könnten Sie das aufschreiben?	Puteți scrie acest lucru?	Fel tudná ezt irni?

Deutsch	Rumänisch	Ungarisch
Wie geht es Dir/Ihnen?	Cum îți/vă merge?	Hogy vagy? Hogy van?
Uns (mir) geht es gut.	Ne/îmi merge bine.	Mi jól vagyunk./ Én jól vagyok.
Danke, gut!	Mulțumesc, bine!	Köszönöm, jól!
Na, geht so.	Merge.	Hát, ugy megy.
Es tut mir (uns) leid.	Îmi (ne) pare rău.	Sajnálom/Sajnáljuk.
Gestatten Sie?	Îmi dați voie?	Megengedi?
und	și	és
oder	sau	vagy
in	în	ba, be
mit/ohne	cu/fără	val, vel nélkül
bis, zu	până, la	amig, zárva
Warum? Was?	De ce? Ce?	Miért/mi?
Was ist das?	Ce este asta?	Mi ez?
nichts	nimic	semmi
Was für ein Dokument ist das?	Ce fel de document este ăsta?	Milyen okmány ez?
Wie?	Cum?	Hogyan?
Wie heißt/heißen Du/ Sie	Cum te cheamă? Cum vă cheamă?	Hogy hivnak?
Wer?	Cine?	Ki?
Wer ist Herr/Frau ...?	Cine este domnul/doamna ...?	Ki ez a férfi .? Ki ez a nö ...?
Welche?	Care?	Melyik?
Wie heißt auf Ungarisch/Rumänisch?	Cum se zice pe ungurește/pe românește?	Hogy van ez magyarul/ románul?
Ich habe das nicht verstanden!	Nu am înțeles asta!	Én nem értettem meg!
Hilfe!	Ajutor!	Segitség!
Darf ich bei Ihnen telefonieren, bitte?	Vă rog frumos îmi dați voie să dau un telefon de la dumneavoastră?	Megengedné hogy telefonáljak?

Deutsch	Rumänisch	Ungarisch
Zeitangaben		
Wie spät ist es?	Căt este ceasul?	Hány óra van?
Es ist ein (zwei) Uhr.	Este ora unu (două).	Két óra van.
Wann?	Când?	Mikor?
Um wieviel Uhr?	La ce oră?	Hány órakkor?
halb	jumătate	fél
Stunde	oră	óra
heute/morgen/übermorgen	azi/mâine/poimâine	ma/holnap/holnap után
gestern/vorgestern	Ieri/alaltăieri	tegnap/tegnap elött
morgens/mittags/abends	Dimineața/prânz/seara	reggel/délben/este
In einer Stunde.	Peste o oră.	Egy óra múlva.
nachher/vorher	după/înainte	utána/elötte
gleich	imediat	rögtön
früh/spät	devreme/târziu	korán/késön
Tag/e	zi	nap/napok
Woche	săptămână	hét
Montag	luni	hétfö
Dienstag	marți	kedd
Mittwoch	miercuri	szerda
Donnerstag	joi	csütörtök
Freitag	vineri	péntek
Samstag	sâmbătă	szombat
Sonntag	duminică	vasárnap
Monat/e	lună/luni	hónapok
Januar	ianuarie	január
Februar	februarie	február
März	martie	március
April	aprilie	április
Mai	mai	május

Deutsch	Rumänisch	Ungarisch
Juni	Iunie	junius
Juli	Iulie	julius
August	august	augusztus
September	septembrie	szeptember
Oktober	octombrie	október
November	noiembrie	november
Dezember	decembrie	december
Jahr	an	év
Frühling	primăvară	tavasz
Sommer	vară	nyár
Herbst	toamnă	ösz
Winter	iarnă	tél
Unterwegs		
Welche Straße führt nach ...?	Care stradă duce la ...?	Melyik út vezet ...?
Wann?	Când?	Mikor?
Wann fährt der Autobus/Zug?	Când pleacă autobuzul/ trenul?	Mikor megy a busz/ vonat?
Reservierung	rezervare	foglalás
Wo?	Unde?	Hol?
Wo ist die Toilette?	Unde este toaleta?	Hol van a vécé?
Wieviel?	Cât?	Mennyi?
Wieviel kostet das?	Cât costă asta?	Mennyibe kerül ez?
dieser, diese, dieses	acesta, aceasta, acesta	ez/az/emez/amaz
suchen, ich suche	a căuta, eu caut	keresni/én keresek
haben, ich habe	a avea, eu am	van valamije, nekem van
zahlen, ich zahle	a număra, eu număr	fizet, én fizetek
sprechen, ich spreche	a vorbi, eu vorbesc	beszéli, én beszélek
kaufen, ich kaufe	a cumpăra, eu cumpăr	venni, én veszek
ich möchte, wir möchten	eu doresc, noi dorim	én szeretnék, mi szeretnénk

Deutsch	Rumänisch	Ungarisch
groß/klein	mare/mic/mică	nagy/kicsi
Ortsangaben		
Süden/südlich	sud, sudic/la sud de, meridional	dél/déli
Norden/nördlich	nord/nordic/la nord de	észak/északi
Osten/östlich	est/estic/la est de	kelet/keleti
Westen/westlich	vest, occident, apus/vestic/la vest de	nyugat/nyugati
hier/dort	aici/acolo	itt/ott
rechts/links nach rechts/links	dreapta/stânga, la dreapta/la stânga	jobb/bal
geradeaus	drept înainte, oder einfach înainte	egyenes
zurück	înapoi	vissza
immer weiter	tot înainte	mindig tovább
gegenüber	vizavi, în faţă	szemben
weit/nah	departe/aproape	messze/közel
Kreuzung	intersecţie	keresztezödés
Ampel	semafor	lámpa
Im Zentrum	Centru	Központban
außerhalb der Stadt	în afara oraşului	városon kivül
(gleich) hier	(chiar) gici	rögtön itt
(genau) da	(chiar) acolo	pontosan ott (itt)
um die Ecke	după colţ	a sarkon
Wo ist/sind ...?	Unde e/este/sunt ...?	Hol van ...?
Ich suche den Weg nach ...	Caut drumul spre ...	Melyik út vezet ...
Ich möchte ...	Doresc...	Szeretnék ...
Bitte, wo ist das Hotel ›Europa‹?	Unde este hotelul Europa, vă rog?	Kérem, hol van a hotel Europa?
Wie komme ich ins Zentrum der Stadt?	Cum ajung în centrul oraşului?	Hogy jövök a város központjába?

Sprachführer

Deutsch	Rumänisch	Ungarisch
Verkehrsmittel		
unterwegs	pe drum	útközben
Fahrrad	bicicletă	kerékpár
Fahrradweg	drum pentru bicicliști	kerékpárút
Flughafen/Flug	aeroport/zbor	repülötér/repülés
Koffer	valiză	bőrönd
Abflug	decolare	fölszállás
Bahnhof	gară	pályaudvar
Wo ist der Bahnhof/ Hauptbahnhof?	Unde este gara/gara principală?	Hol van a föpályaudvar?
Zug	tren	vonat
Zugabteil	wagon/compartiment	vasúti fülke
reservieren	a rezerva	foglalni/lefoglal
Fahrplan	mersul trenurilor	menetrend
Gepäckaufbewahrung	sală de/pentru bagaje	csomagmegörzö
Fahrkartenschalter	ghișeul de bilete	jegypénztár
Fahrschein	bilet	menetjegy, jegy
Ich möchte einen Fahrschein nach ...	Aș dori un bilet spre ...	Én szeretnék egy jegyet ...
einfacher Fahrschein	bilet simplu doar dus	menetjegy
hin und zurück	dus și întors	o da és vissza
Platzkarte	bilet de rezervare a locului în tren	helyjegy
Schaffner	conductor	kalauz
Fernschnellzug	tren rapid/express	gyorsvonat/távolsagi vonat
Schnellzug	tren accelerat	gyorsvonat
Personenzug	tren pesonal	személyvonat
Wann fährt der nächste Zug?	Când pleacă următorul tren?	Mikor megy a következö vonat?
Wann fährt ein Zug?	Când pleacă un tren?	Mikor megy a vonat?

Deutsch	Rumänisch	Ungarisch
Ist das der Zug nach ...?	Acesta este trenul spre ...?.	Ez a vonat ... megy?
Ankunft/Abfahrt	sosire/plecare	érkezés/ indulás
Pünktlich	punctual	pontos
Bahnsteig	peron	peron
Fahrpreis	prețul biletului de călătorie	menetdij
Linienbus	autobuz	menetrendszerü busz
Reisebus	autocar	társasutazási busz
Busbahnhof	autogară	buszpályaudvar
Haltestelle	stație/haltă	magállóhely
Schiff	navă, vapor	hajó
Ablegestelle	loc de depozitare	kikötö
Auto	mașină	auto
Tankstelle	stație de benzină	benzinkút
Zeuge	martor	tanu
Verkehrspolizei	poliție rutieră	közlekedésrendészet
Verkehrsunfall	accident	közlekedésibaleset
Panne, Schaden	pană/daună	defekt, kár
Ich möchte einen Unfall (Überfall) anzeigen.	Doresc să denunț un accident (atac).	Szeretnék egy balesetet jelenteni.
Wo ist die nächste Tankstelle? Telefonzelle?	Unde este cea mai apropiată stație de benzină/cabină telefonică?	Hol van a következö benzinkút? telefonfülke?
Wieviel wollen Sie?	Cât doriți?	Mennyit kér?
Geben Sie mir bitte Benzin/Super/Diesel/bleifrei	Dați-mi, vă rog benzină normală/super/diesel/ fără plumb!	benzint szeretnék!
Machen Sie den Tank bitte voll!	Faceți-mi vă rog plinul!	Tankolja tele legyenszives!
Wo ist die nächste Werkstatt?	Unde este cel mai apropiat service auto?	Hol van egy autójavitó mühely?

Deutsch	Rumänisch	Ungarisch
Straßenbahn/Trolleybus	tramvai/troleibus	villamos/trolibusz
Pferdewagen/Lkw/ Motorrad	trăsură/căruță/camion/ motocicletă	lovaskocsi/autó/motor
Straßenbeschilderung		
Achtung/Vorsicht!	Atenție	Figyelem/Vigyázat
Verboten	Interzis	Tilos
Achtung	Atenție	Figyelem
Grenze	Graniță	Határ
Zoll/Zollkontrolle	Vamă	Vám/Vámvizsgálat
Fahrzeugpapiere	Documentele mașinii	Autópapirok
Reisepass	Pașaport	Útlevél
Umleitung	Ocolire	Terelö
Umgehungsstraße	Ocolire	Kitéröútuvonal
Vorfahrtberechtigte Straße	Stradă cu prioritate	Elsöbbséggel rendelkezö út kijárat
Ausfahrt	Leșire	Kijárat
Bitte einordnen	Vă rugăm să vă încadrați	Kérem besorolni
Straßenarbeiten/Bauar-beiten	Drum in Lucru/Șantier in Lucru	Útépités
Umleitung	Drum deviat, ocolire	Terelés
Halten verboten	Oprirea interzisă	Megállni tilos
Parken verboten	Parcarea interzisă	Parkolni tilos
Parkhaus	Parcare	Parkolóház
Freie Plätze im Parkhaus	Locuri libere în parcare	Szabad hely a garázsban
Gefahr	Pericol	Veszély
Steinschlag	Alunecare de pietre	Hegy/Útról lecsuszott kövek
Rollsplit	Criblură	Gördülö törmelék
Schlechte Fahrbahn	Drumuri proaste	Rossz úttest
Gefahrenstelle	Zonă periculoasă	Veszélyes hely
Höchstgeschwindigkeit	Viteză maximă	Végsebesség

Deutsch	Rumänisch	Ungarisch
Autobahn	Autostradă	Autopálya
Baustelle	Drum în lucru/Şantier în lucru	Épitkezés
Verkehrsstau	Ambuteiaj	Közlekedési dugó
Alle Richtungen	Toate direcţiile	Minden irányban
Fußgängerzone	Zonă pietonală	Sétáló utca
Kind	Copil	Gyerek
Kindergarten	Grădiniţă (pentru copii)	Óvoda
Langsam fahren	A reduce viteza	Lassit
Unterkunft		
Übernachtung	Cazare	szállás/panzió
Zimmer/Doppelzimmer	cameră single/camera dublă	szoba/kétágyas szoba
Schlüssel	cheie/chei	kulcs
Fahrstuhl, Lift, Aufzug	lift/ascensor	lift
Treppe	scară/Scări	lépcsö
Dusche/Bad	duş/baie	zuhany/fürdöszoba
Toilette	toaletă/WC	vécé
Frauen/Männer	femei/bărbaţi	férfi/nö
Ich suche ein Zimmer zum Übernachten.	Caut o cameră de cazare.	Én keresek egy szobát éjszakára.
Haben Sie ein Doppelzimmer für eine Nacht?	Aveţi o cameră pentru o noapte?	Van egy kétágyas szobája egy éjszakára?
Was kostet das Zimmer für eine Nacht?	Cât costă o cameră dublă/single pe noapte?	Mennyibe kerül a szoba egy éjszakára?
Wecken Sie mich bitte um sechs Uhr.	Vă rog să mă treziţi la ora şase-	Kérem ébresszen engem hat órakkor.
Wann gibt es Frühstück?	La ce oră este micul dejun?	Mikor? Hány órakkor lehet reggelizni?
Machen Sie mir bitte die Rechnung.	Vă rog să îmi faceţi factura.	Kérem irja meg nekem a számlát.
Notfälle		
Notfall	caz de urgenţă	kataszrófák, balesetek

Sprachführer

Deutsch	Rumänisch	Ungarisch
Arzt/Ärztin	medic/doctoriță	orvos
Apotheke	farmacie	gyógyszertár
krank	bolnav	beteg
Krankenhaus	spital	kórház
Einkaufen		
Bank/Post	bancă/poștă	bank/posta
Geld	bani	pénz
Briefumschlag	plic	boriték
Postkarte	carte poștală	képeslap
Briefmarke	timbru	bélyeg
Deutschland	Germania	Németország
Schweiz	Elveția	Svájc
Österreich	Austria	Ausztria
Einkauf	cumpărături	bevásárlás
Einkaufen	a face cumpărături	vásárolni
Gemischtwarenladen	magazin mixt	vegyesbolt
Ich hätte gerne ...	Aș dori ...	Èn szeretnék egy ...
Kasse	casierie	pénztár
schön	frumos	csodaszép
teuer	scump	drága
Eingang/Ausgang	intrare/Ieșire	bejárat/kijárat
Notausgang	Ieșire în caz de pericol	vészkijárat
Können Sie mir bitte wechseln?	Îmi puteți schimba vă rog?	Tudna nekem váltani?
Lebensmittel	alimente	élelmiszer
Im Restaurant		
Speisen und Getränke	mâncare și băutură	enni és inni/ étel és ital
Speisekarte	listă de bucate/menu	étlap
Restaurant/Gaststätte	restaurant	étterem/vendéglö
Trinkgeld	bacșiș	borravaló
Restaurant mit Grill	restaurant cu grătar	étterem grillsütövel

Deutsch	Rumänisch	Ungarisch
Café	cafenea	kávéház
Kneipe/Gasthaus	cârciumă	kocsma/vendéglö
Rastplatz/Raststätte	popas	pihenöhely
Weinhandlung/ Weinkeller	cramă	borkereskedés/ borospince
Weinhaus/Weinkeller	casă de vinuri	borház/borospince
Frühstück	mic dejun	reggeli
Mittagessen	prânz/dejun	ebéd
Abendessen	cină/masă de seară	vacsora
Salz/Pfeffer	sare/piper	só/bors
Zucker	zahăr	cukor
Aschenbecher	scrumieră	hamutartó
Wir möchten nur eine Kleinigkeit essen.	Dorim să mâncăm ceva ușor.	Szeretnénk valami keveset enni.
Guten Appetit!	Poftă Bună!	Jó etvágyat!
Zum Wohl/Prosit! Auf Deine/Ihre Gesundheit!	Noroc! În sănătatea ta/ voastră!	Egészségedre!
ausgezeichnet/schmack-haft	Foarte bun/gustos	kitünö/izletes
Die Rechnung, bitte. Ich möchte zahlen!	Nota de plată, vă rog! Aș vrea să plătesc!	Fizetni szeretnék!
Es stimmt so.	E bine așa.	Rendben van kös-zönöm.
Bitte rufen Sie mir ein Taxi!	Vă rog să-mi chemați un taxi!	Kérem rendeljen egy taxit nekem!

Speisen

gebacken	copt	sütött
gebraten	prăjit	sült
gekocht	fiert	fött
gedünstet	înănușit	dinsztelt
vom Rost	de la rotisor	rostélyról
paniert	pane	panirozott
blau, gesotten	fiert	kék, fött

Deutsch	Rumänisch	Ungarisch
süß	dulce	édes
kalt	rece	hideg
heiß	fierbinte	meleg
wenig	puțin	kevés
viel	mult	sok
scharf	lute	erös
Pfeffer	piper	bors
Salz	sare	só
Salzstreuer	solniță	sótartó
Brot/Weißbrot/Brötchen	pâine	kenyér/fehérkenyér/zsömle
Butter	unt	vaj
Konfitüre	marmeladă	lekvár
Honig	miere	Méz
Käse	brânza	sajt
Ei/Eier	ou/ouă	tojás
Schafskäse/Hartkäse	brânza de oaie	csipös sajt
Kuhkäse	brânză de vaci	tehénturó
Wurst	salam/carnați	kolbász
Schinken	șuncă	sonka
gekochtes Ei	uu fiert	fött tojás
Spiegelei/Rührei	ouă ochiuri	tükörtojás/rántotta
Vorspeisen	gustări/aperitive/antreuri	elöétel
Suppe	ciorbă	egytál
Salat	salată	halászlé
Gemischter Salat	salată mixtă	vegyes saláta
Rote-Beete-Salat	salată de sfeclă roșie	cékla saláta
Gurkensalat	salată de castraveți	uborka saláta
Krautsalat	salată de varză	káposzta saláta
Grüner Salat	salată verde	zöld saláta
Bohnenpüree	fasole bătută	bab

Deutsch	Rumänisch	Ungarisch
Fleisch	carne	hús
Schweinefleisch/Rind/Kalb	carne de porc/vită/vițel	disznóhús/marhahús/borjuhús
Hähnchen/Gans/Ente	pui/gâsca/rață	csirke/liba/kacsa
Hase/Reh	lepure/cerb	nyúl/öz
Kutteln	burtă	belsörész
Leber	ficat	máj
Kalbsbraten	friptură de vițel	borjúsült
Schweinsbraten	friptură de porc	disznósült
Bratwürste	cârnați	sültkolbász
Fisch	pește	hal
Makrele/Forelle	macrou/păstrăv	Makrela pisztráng
Karpfen/Zander	crap/șalău	ponty fogas
Lachs/Goldbrasse	somon/doradă	lazac
Beilagen	garnituri	köret
Röstkartoffeln	cartofi țărănești	sültkrumpli
Salzkartoffeln	cartofi natur (fierți)	sóskrumpli
Reis	orez	rizs
Knödel	gălușți	gombóc
Polenta	mămăligă	kukoricadara
Gemüse	legume	zöldség
Tomaten	roșii	paradicsom
Grüne Bohnen	fasole verde	zöldbab
Sellerie	țelină	zeller
Blumenkohl	conopidă	karfiol
Knoblauch/Zwiebeln	usturoi/ceapă	fokhagyma/hagyma
Pilze	ciuperci	gomba
Linsen	linte	lencse
Kürbis	dovleac	tök
Oliven	măsline	olajbogyo
gedünstete Tomaten, Paprika	rosii/ardei gras înănușite	dinsztelt paradicsom és

Deutsch	Rumänisch	Ungarisch
Paprika		
gefüllte Zucchini	dovlecei umpluți	töltöttcukkini
Paprika- oder Auberginenpaste	salată de ardei gras sau de vinete	paprika- vagy- padlizsán paszta
Nachtisch	desert	utóétél
Obst	fructe	gyümölcs
Äpfel	mere	alma
Apfelsinen	portocale	narancs
Aprikosen	caise	sárgabarack
Birnen	pere	körte
Erdbeeren	căpșuni	földieper
Heidelbeeren	afine	áfonya
Himbeeren	zmeură	málna
Kirschen	cireșe	cseresznye
Pfirsiche	piersici	öszibarack
Pflaumen	prune	szilva
Preiselbeeren	merișoare	áfonya
Wassermelone	pepene roșu	görögdinnye
Zuckermelone	pepene galben	sárgadinnye
Weintrauben	struguri	szölö
Obstsalat	salată de fructe	gyümölcs saláta
Eis	înghețată	fagyi
Kuchen	prăjitură	sütemény
Sahne	frișcă	tejszin
Pfannkuchen mit süßen Beilagen	clătite dulci	palacsinta édes körettel
Pfannkuchen mit Quark	clătite cu brânză	palacsinta túróval
Apfelstrudel	ștrudel cu mere	almáspitte

Getränke

Getränkekarte	lista cu băuturi	ital étlap
Tee, mit Zitrone	ceai, cu lămâie	tea/tea citrommal

Deutsch	Rumänisch	Ungarisch
Kaffee	cafea	kávé
Milch	lapte	tej
Zucker	zahăr	cukor
Kaffee (Espresso) mit Milch	cafea (espresso) cu lapte	kávé tejjel
Türkischer Mokka	cafea turcească	török mokkakávé
Mineralwasser mit/ ohne Kohlensäure	apă minerăla cu/ fără gaz	ásványviz szénsavval/ szénsav nélkül ?
Glas	pahar	üveg
halber Liter	jumătate de litru	fél liter
Flasche	sticlă	üveg
Fruchtsaft	suc de fructe	gyümölcslé
Orangensaft	suc de portocale	narancslé
Traubensaft	suc de struguri	szöllölé
Limonade	limonadă	limonadé
Wein	vin	bor
trocken/halbtrocken	sec/demi-sec	száraz/enyhe
leicht	ușor	könnyü
süß	dulce	édes
Weißwein/Rotwein	vin alb/vin roșu	fehérbor/vörösbor
Roséwein	vin roze	rose
Sekt	șampanie	pezsgö
Flaschenwein	sticlă de vin	üveges bor
Bier/einheimisches Bier	bere/bere autohtonă	sör/hejbeli sör
Helles Bier/dunkles Bier	bere blondă/brună	világos sör/sötét sör
vom Faß	la țap/la halbă (de la butoi)	hordos sör
Likör	lichior	likör
Schnaps	rachiu, țuică	pálinka
Birnenschnaps	țuică/palincă de pere	körtepálinka
Pflaumenschnaps	țuică/palincă de prune	szilvapálinka

Deutsch	Rumänisch	Ungarisch
Besichtigungen		
Stadt	oraș	város
Auskunft/Information	informație	informacio
Theater	teatru	szinház
Straße	stradă	utca
Platz	piață	tér
Brücke	pod	hid
Markt	piață	piac
Kirche	biserică	templom
alt/neu	vechi/nou	öreg/fiatal
Kloster	mănăstire	kolostor
Wehrkirche	biserică fortificată	templom
Synagoge	sinagogă	zsinagoge
Moschee	moschee	mecset
Friedhof	cimitir	temetö
Rathaus	primărie	tanácsháza/városháza
Museum	muzeu	muzeum
Öffnungszeiten	orar/program	nyitvatartás
geöffnet/geschlossen	închis/deschis	nyitva
Gedenkstätte	casă memorială	Emlékhely
Statue	Statuie	Szobor
Haus	Casă	Ház
Wo, bitte, bekomme ich den Schlüssel zur Kirchenburg?	Îmi puteți spune vă rog, unde pot găsi cheia pentru biserica săsească?	Hol kaphatnám meg a kulcsot a Kirchenburghoz?
Könnten Sie mir bitte sagen, wo ich Herrn/Frau ... finde?	Îmi puteți spune vă rog, unde îl/o găsesc pe domnul/doamna...?	Megtudná nekem mondani hol találom Kovácsnét?
Dorf	sat	falu
Hof als Teil eines Anwesens	curte	tanya vidéki birtok
Hof im Sinne von Hoheiten	gospodărie	udvar, kastély

Deutsch	Rumänisch	Ungarisch
Schloss	castel	palota
Festung/Burg	citadelă/cetate	vár/várpalota
Feiertag/e	sărbătoare/sărbători	ünnepnapok
Ostern/Auferstehung	paşti/înviere	husvét/feltámadás
Weihnachten	crăciun	karácsony
Pfingsten	rusalii	pünkösd
Neujahr	anul Nou	ujév
Christi Himmelfahrt	Înălţarea Domnului	Krisztus Menybemenetele
Muttergottes Entschlafen	Adormirea Maicii Domnului	Boldogasszony Halála

Farben

blau	albastru	kék
blaues Kreuz	cruce albastră	kék kereszt
rot	roşu	piros
rotes Band	bandă roşie	piros gerendák
schwarz	negru	fekete
weiß	alb	fehér
grün	verde	zöld
gelb	galben	sárga
gelber Punkt	punct galben	sárga pont

Wörterverzeichnis für Wanderer und Kartenleser

Abgrund	prăpastie	szakadék, romlás
Abhang	râpă	lejtö
allein	singur	egyedül
Alm- oder Hirtenhütte	stână	menedékház
Bach	pîrîu, pârâu	patak
Band	bandă	kötés
Bär	urs	medve
Bauer/Bäuerin	ţăran/ţărancă	paraszt/parasztasszony
Berg/Berge/Gebirge	munte/munţi	hegy/hegység

Deutsch	Rumänisch	Ungarisch
bergauf/bergab	la deal/la vale	hegyre fel/hegyröl le
Bergbau	exploatare minieră	bányászat
bergen	a salva	megment
Bergführer	ghid, călăuză	hegyi vezetö
Bergfuß	picior	hegy lábánál
Berggipfel/Berghöhe	culme	hegycsúcs
Berghütte	cabana	hegyi kunyhó
bergig	muntos	hegyes
Bergkamm/-Grat	creastă de munte	hegygerinc
Bergkessel	căldare	katlan
Bergkette	lanț de munți	hegylánc
Bergrücken (geographisch)	picior	hegygerinc
Bergrücken	muchie	hegygerinc
Bergsee/Teich	tăul	halastó, kistavacska
Bergsteiger	alpinist	hegymászó
Bergwacht	salvamont	hegyi mentöszolgálat
Bergwerk	mină	bánya
Biber	castor	hód
Brücke	pod	hid
Dreieck	triunghi	háromszög
eng/breit	îngust/lat	szük/széles
Feldweg	drum neasfaltat (de pământ)	Földút
Fels	stânca	köszikla
Fledermaus	liliac	devevér
Fluss	râu	folyó
Forelle/Forellenzucht	păstrăv/păstrăvărie	pisztráng
Forstweg	drum forestier	Erdöút
Gebirgspass	pas/trecătoare	hegyen át vezetö út
Gletscher	ghețar	gleccser

Deutsch	Rumänisch	Ungarisch
Hirte	cioban	gulyás
Höhle	peșteră	barlang
Holz	lemn	fa
Hügel	deal	domb
Jäger	vânător	vadász
Kabinenseilbahn	telecabină	kabinos kötélpálya
Klamm/Schlucht	chei/cheile	szurdok/szakadék
Kluft (Gebirge)	prăpastie	szakadék
Kreuz	cruce	kereszt
leicht	ușor	könnyü
Leiter	scară	létra
Lichtung	luminiș	tisztás
Meer	mare	tenger
mittel	mediu/medie	középsö
Moor, Torfmoor	turbaria	láp
Mündung	gură	torkolat
Nadeln (Bergnadeln)	ace/acele	hegycsúcs
nass	du	nedves
Natur	natură	természet
Notunterkunft	refugiu	szükséghajlék
Ober.../Unter ...	... de sus/... de jos	fölött/alatt
Punkt	punct	pont
Quelle	izvor	forrás
Regen/Gewitter	ploaie/furtună	esö/zivatar
Reservat	rezervație	rezervátum
rutschig	alunecos	csúszós
Sattel (Bergsattel)	șa (șaua), curmătură, fereastră, portiță	hegynyereg
Scharte	struncă	csorba
Schnee/Eis	zăpadă/nea /gheață	hó/jég
schwer	greu	nehéz

Deutsch	Rumänisch	Ungarisch
See	lac	tó
Seilbahn	teleferic/funicular	kötélpálya
Skipiste	pistă	sipálya
Spitze im Sinne von Gipfel	vârf	csúcs
steil/flach	abrupt/plat	meredek/lapos
Stein	piatră	kö
Steinbock	capră	bak
Straße	stradă	út
Tal	vale/valea	völgy
trocken	uscat	száraz
vereist	înghețat	jeges
Wald	pădure	erdö
Wandern	drumeți	vándorol
Wasserfall	cascadă	vizesés
Weg/Wanderweg	drum	út sétálóút
Wiese	poiana	rét
Wildkatze	pisică sălbatică	vadmacska
Wolf	lup	farkas

Zahlen

0	zero	nulla
1	unu	egy
2	doi, două (fem)	kettö
3	trei	három
4	patru	négy
5	cinci	öt
6	șase	hat
7	șapte	hét
8	opt	nyolc
9	nouă	kilenc
10	zece	tiz

Deutsch	Rumänisch	Ungarisch
11	unsprezece	tizenegy
12	doisprezece, douăsprezece	tizenkettö
13	treisprezece	tizenhárom
14	paisprezece	tizennégy
15	cincisprezece	tizenöt
16	șaisprezece	tizenhat
17	șaptesprezece	tizenhét
18	optsprezece	tizennyolc
19	nouăsprezece	tizenkilenc
20	douăzeci	husz
21	douăzeci și unu	huszonegy
22	douăzeci și doi	huszonkettö
30	treizeci	harminc
40	patruzeci	negyven
50	cincizeci	ötven
60	șaizeci	hatvan
70	șaptezeci	hetven
80	optzeci	nyolcvan
90	nouăzeci	kilencven
100	o sută	száz
200	două sute	kettöszáz
300	trei sute	háromszáz
400	patru sute	négyszáz
500	cinci sute	ötszáz
600	șase sute	hatszáz
1000	o mie	ezer

Reisetipps von A bis Z

Anreise mit dem Auto

Die Anreise ist per Eisenbahn, Flugzeug, Bus und Auto möglich. Wer das Auto wählt, fährt günstig über Österreich (Grenzübergang Neusiedl/Nickelsdorf) und Ungarn (Grenzübergänge Ártánd oder Battonya). Durch Ungarn fährt man insgesamt 400 Kilometer, für die man eine Straßenvignette benötigt. Sie gilt neun Tage und kostet sieben Euro (2010). Auch Rumänien verlangt eine Straßenbenutzungsgebühr. Die Vignette kostet derzeit für Pkw vier Euro und gilt einen Monat. Sie ist nur gegen Euro-Bargeld an den Grenzstationen zu erhalten und sollte gut sichtbar angeklebt werden. Der Kaufbeleg sollte aufbewahrt werden. Informationen über das Straßennetz sind über www.andnet.ro einzusehen. Für besonders gut ausgebaute Straßen werden in Rumänien zusätzliche Gebühren verlangt.

Straßenschild im Kreis Cluj

Schild in Mediaș

Anreise mit dem Bus

Busverbindungen von und nach Siebenbürgen bieten die **Deutsche Touring GmbH**, Am Römerhof 17, 60486 Frankfurt am Main, Tel. 069/79030, und **Solo-Reisen** in Nürnberg, Tel. 0911/227516. Anbieter in Siebenbürgen sind: **Atlassib**, www.atlassib.ro, **Transmix**t, www.transmixt.ro, und **Titan Trade**, www.omniubus-center.ro. Allgemeine Informationen findet man unter www.autogari.ro.

Anreise mit dem Flugzeug

In Siebenbürgen stehen die Flughäfen **Sibiu** (www.sibiuairport.ro) und **Cluj** (www.airportcluj.ro) zur Verfügung. Sie werden von München und Wien aus mehrmals die Woche direkt angeflogen.

Die Verbindungen werden hauptsächlich von der Lufthansa, Tarom und Carpatair bzw. Austrian Airlines angeboten, aber auch die ungarische Malev sowie die Alitalia fliegen von den größeren deutschen Flughäfen über Budapest bzw. Mailand regelmäßig nach Rumänien, und das zu relativ günstigen Preisen.

Eine Übersicht über die Flüge findet man auf der Homepage des Rumänien-Spezialveranstalters Intertouring: www.rumaenien-reisen.de.

Ärztliche Versorgung

Die medizinische Versorgung ist flächendeckend, reicht aber noch nicht an den westlichen Standard heran. Eine Grundausstattung anzuschaffen, ist vor Reiseantritt immer noch angebracht. Die mit einem roten Kreuz gekennzeichneten Erste-Hilfe-Stationen gibt es in fast allen Dörfern. Sie sind meist wie die Apotheken notdürftig ausgerüstet. Es empfiehlt sich, eine **Auslandskrankenversicherung** mit Rückholversicherung abzuschließen und die **gängigen Schutzimpfungen** vor Reiseantritt aufzufrischen: Tetanus, Diphterie, Polio und Hepatitis A. Wer sich zu einem Jagd- oder Sportaufenthalt in den Wäldern aufhält, sollte sich einer Impfung gegen **Tollwut** unterziehen. Auch eine **Zeckenschutzimpfung** (FSME) sollte überdacht werden.

Bergwacht Salvamont

Der Bergrettungsdienst Salvamont, der 1969 ins Leben gerufen wurde, ist in verschiedene Sektoren gemäß den Kreisen untergliedert. Jeder Kreis hat sein eigenes Bergrettungsteam, aber auch herausragende Bergführer. Es gilt kreisübergreifend die Notrufnummer 112 oder Tel. 0725/826668, www.salvamont.org

Diplomatische Vertretungen

Deutsche Botschaft
Strada Gheorghe Demetriade 6
011849 București
Tel. +40/(0)21/2028830
für Notfälle: +40/(0)721374786
Fax 2305846
www.bukarest.diplo.de

Deutsches Generalkonsulat Sibiu
Strada Lucian Blaga 15–17
550169 Sibiu
Tel. +40/(0)269/211133
www.hermannstadt.diplo.de

Österreichische Botschaft
Strada Dumbrava Roșie 7
020461 București
Tel./Fax +40/(0)21/6191601
www.bmaa.at

Schweizer Botschaft
Strada Grigore Alexandrescu
010626 București
Tel./Fax +40/(0)1/6106585
www.eda.admin.ch/bucharest

Botschaft der Republik Rumänien
Dorotheenstr. 62–66
10117 Berlin
Tel. 030/21239202, -203
Konsularabteilung
Tel. 21239555
www.rumaenische-botschaft.de.

Botschaft der Republik Rumänien
Prinz-Eugen-Str. 60
1040 Wien
Tel.+43/(0)1/5053227

Botschaft der Republik Rumänien
Kirchenfeldstrasse 78
3005 Bern
Tel. +41/(0)31/3523522
Fax 3523522

Camper im Gebirge

Ein- und Ausreisebestimmungen

Rumänien ist seit Januar 2007 Mitglied der Europäischen Union. Zur Einreise ist ein drei Monate gültiger Personalausweis ausreichend. Für Schweizer Bürger genügt ein Reisepass.
Für die Einreise mit dem Pkw sind Fahrzeugschein und internationale grüne Versicherungskarte vorzuweisen.

Einkäufe

Wer sich eine kleine Erinnerung aus Siebenbürgen mitbringen möchte, sollte sich an den Verkaufsständen, die an den Straßen, vor Klöstern, Schlössern und Burgen aufgebaut sind, ein wenig Zeit nehmen. Dort findet man hochwertige Tischdecken aus Leinen und Baumwolle mit den typischen farbigen Stickereien, handgestrickte Pullover, Jacken und Socken, aber auch Korbwaren in Hülle und Fülle für die kleinen Bedürfnisse im Haushalt. Siebenbürgen ist ein Zentrum der Hafnerkunst; preiswerte, farbenfrohe und rustikale Keramik wird überall angeboten. In der waldreichen Region haben nützliche Mitbringsel aus Holz wie Löffel, Schalen, Becher, Dosen, Brettchen und Aufhänger eine lange Tradition. Schön gedruckte Postkarten und Beschreibungen der Denkmäler sind derzeit noch eher rar. Für die Kartengrüße aus Rumänien muss man sich oft noch mit den blassen Relikten der Vergangenheit begnügen. Wer kulinarische Souvenirs schätzt, sollte sich Honig, Käse, Speck, Wein oder Ţuica (Pflaumen- oder Birnenschnaps) mitnehmen.

Eisenbahn

Die rumänische Eisenbahn verbindet alle größeren Städte Siebenbürgens miteinander. Teilweise sind auch kleinste Städte wie Cugir im Cugirtal an das Bahnnetz angeschlossen. Ein reger Verkehr besteht zwischen Sibiu und Braşov, Cluj und Oradea sowie auf der Srecke Arad–Deva–Sebeş–Alba Iulia. Die Bahn ist aber oft langsam, und die Züge sind nur teilweise erneuert wie auf der Strecke Braşov–Sibiu. Die ältesten Modelle, die auch weniger gepflegt, aber preiswerter sind, fahren als ›Schnellzüge‹ (Tren accelerat), die besseren Züge heißen ›Rapid‹. Es ist billiger, die Karten in Rumänien vor Ort zu kaufen. Unter www.cfr.ro bekommt man Fahrplan- und Preisauskünfte im Internet - auch in englischer Sprache.

Fahrradfahren

Im Siebenbürgener Hochland, im Szeklerland und in den Städten bietet sich das Radfahren an. Ein Radwegenetz ist aber noch nicht ausgebaut. In einzelnen Städten wie Miercurea-Ciuc, Braşov und Sibiu wurde mit der Anlage von Radwegen begonnen. Das Angebot an miet-

Fest auf dem Land

baren Fahrrädern ist noch spärlich, nur in Mediaş, Sibiu und Braşov gibt es Fahrradverleihstationen. Auch einige Hotels und Pensionen stellen Tourenräder oder auch Mountainbikes zur Verfügung.
Zum Radfahren empfehlen sich die kleineren, weniger befahrenen Landstraßen, die teilweise nicht asphaltiert sind. Auf besseren und gut ausgebauten Straßen ist das Radfahren nicht ungefährlich, weil schnelles Fahren und riskante Überholmanöver an der Tagesordnung sind. Helm und Leuchtjacken sind empfehlenswert, da der rumänische Straßenverkehr wenig Erfahrung mit Radfahrern hat. Informationen über Radtouren unter www.bikeromania.de und www.carpatbike.ro.

Feiertage

1. Januar: Neujahr.
April: orthodoxer Ostermontag (beweglich).
1. Mai: Tag der Arbeit.
9. Oktober: Tag zum Gedenken an den Holocaust, eingeführt im Jahr 2006.
1. Dezember: Nationalfeiertag (Erklärung des Anschlusses Siebenbürgens an das Königreich Rumänien 1918, sogenannte Karlsburger Beschlüsse).
25./26. Dezember: Weihnachten.

Fotografieren

Es ist landesweit erlaubt, außer an den mit Schildern und Zeichen eigens gekennzeichneten Orten. An ein vorgegebenes Fotografierverbot sollte man sich strikt halten.

Geschäftszeiten

Es gibt keine einheitlichen Öffnungszeiten. Viele Geschäfte sind täglich von 9–18 Uhr und sogar samstags teilweise bis 18 Uhr, die Banken werktags zwischen 9 und 16 Uhr geöffnet.

Grenzübergänge von Ungarn

Kiszombor/Cenad
Turnu/Battonya (neu)
Nădlac/Nagylak
Borş/Ártánd
Gyula/Vărşand

Grenzübergänge von Serbien

Die Grenzübergänge von Serbien sind weniger frequentiert und völlig problemlos zu passieren. Teilweise sind die Straßen durch Serbien viel besser als beispielsweise die Straße von Arad nach Braşov. Die Übergänge sind: Jimbolia/Hatzfeld und Moraviţa/Moravicza.

Informationen vor Reiseantritt

Rumänisches Touristenamt
Dachauer Str. 32–34
80335 München
Tel. 089/51567687
Fax 567889
www.rumaenien-tourismus.de
Die Zweigstelle in Berlin ist seit 2010 geschlossen.

Kraftstoff

In Siebenbürgen gibt es wie im ganzen Land eine ausgezeichnete Versorgung mit Kraftstoff. Stark vertreten sind die österreichische Kette OMV, die ungarische MOL und die russische Lukoil. Nur auf längeren Strecken durch weniger dicht besiedelte, waldreiche Gebiete, beispielsweise entlang der E75 von Turda durchs Apuseni-Gebirge, sollte man rechtzeitig tanken.
Die Preise für Diesel (Motorino), Super (Super) und Normalbenzin (Benzină normale) liegen nur wenig unter denen in Deutschland. Blei-freies Benzin heißt ›fără plumb‹.

Landkarten

siehe Seite 378.

Die römische Wölfin in Sighișoara

Mietwagen

Das Mietwagenangebot ist vor allem in größeren Städten wie Sibiu (u.a. Europcar am Flughafen), Brașov, Târgu Mureș und Cluj-Napoca (Hertz am Flughafen) ausgezeichnet. Der Bedarf ist stark angestiegen, so dass eine Vorabbuchung unbedingt ratsam ist. Achtung: Mietwagen können zwar in Ausnahmefällen über Österreich in Deutschland abgegeben werden, aber nur gegen hohe Rücktransportkosten. Ein zuverlässiger einheimischer Anbieter ist ›Cars 4 rent‹ (www.cars4rent.ro).

Museen

Die Museen sind meist Dienstag bis Sonntag von 10 bis 18 Uhr geöffnet. Dies gilt auch für die musealen Kirchenburgen. In Siebenbürgen gibt es viele kleine neu eingerichtete Museen unter anderem in den Kirchenburgen, ehemaligen Pfarrhäusern und in Privathäusern. Im Anschluss an die jeweiligen Kapitel im reiseteil dieses Buches findet man entsprechende Hinweise, Kurzbeschreibungen und die jeweiligen konkreten Öffnungszeiten.

Notrufe

Die Notrufe gelten für Siebenbürgen und ganz Rumänien.

Notruf (Polizei, Feuerwehr, Ambulanz)
Tel. 112

Polizei Tel. 955

Verkehrspolizei Tel. 95 44

Notarzt Tel. 961

Feuerwehr Tel. 981

Bergrettung Salvamont
Tel. 07 25/82 66 68 oder 112

ACR Automobil Clubul Román
Tel. 021/223 45 25 oder 312 33 33.

Pannenhilfe
Tel. 92 71 oder 021/222 15 52/53

Abschleppdienst – Asistenta Rutiera
Tel. 021/222 22 22.

Post- und Telefon

Die Postämter sind während der Woche täglich einschließlich Samstag vormittag geöffnet. Der Ländercode aus Rumänien lautet auf Briefen und Postkarten Germania für Deutschland, Austria für Österreich und Elveția für die Schweiz. Die Briefkästen sind rot und tragen die Aufschrift Poșta.

Rumänien verfügt über ein gutes Telefonnetz. Völlig problemlos können Direkt-

Gottesdienst in der Kirche von Malmkrog

wahlgespräche von den Telefonzellen und Hotels getätigt werden. In allen Postämtern und Tankstellen Siebenbürgens werden Telefonkarten verkauft.

Das Telefonieren mit Mobiltelefonen ist im D1- und D2-Netz sowie mit dem E-Plus Handy Traveller auch im E-Netz möglich.

Die Vorwahl von Rumänien nach Deutschland ist 00 49 (+49) plus Ortsvorwahl ohne Null plus Teilnehmernummer.

Die Vorwahl von Deutschland nach Rumänien ist 00 40 (+40) plus Ortsvorwahl ohne Null plus Teilnehmernummer.

Reiseveranstalter in Deutschland

Transylvania Travel, Christian Harfmann, Schulgasse 8, 84359 Simbach, www./transylvaniatravel.net. Internetreisebüro mit Gruppen-Pauschalreisen und individuellen Reiseangeboten.

Paradeast.com, Adlerweg 6a, 92637 Weiden, Tel. 09 61/634 41 68, www.paradeast.de. Wander- und Kulturrreisen, Kombireisen mit anderen Regionen Rumäniens.

Intertouring Rumänienreisen GmbH, Baseler Platz 3, 60329 Frankfurt/Main, Tel. 069/25 28 84, www.rumaenienreisen.de. Spezialist für Rumänien-Individualreisen, Flüge, Hotels, Transfer.

Reiseveranstalter in Siebenbürgen

Kreis Alba: **Apuseni-Experience**, Diana Werner, Tel. 03 61/346 41 31, Fax 345 25 19, www.apuseniexperience.ro, Vertretung und Ansprechpartner in Deutschland: klatschmohn-ecotours@t-online.de. Umweltverträgliche Wander- und Kulturreisen, maßgeschneiderte Programme für Gruppen.

Kreis Sibiu: **Inter Pares**, Kontakt Radu Zaharie, Str. Cristian 19a, 550407 Sibiu, Tel. +40/(0)269/22 86 10 mobil 07 44/37 15 47, interpares@clicknet.ro.

Reky Travel Club, Str. N. Iorga 59/24, 550407 Sibiu, Tel. +40/(0)269/24 41 65, www.reky-travel.de.

Kreis Braşov: **Carpathian Tours**, Măgura 130, Moeciu, Tel. +40/(0)745/51 20 96, +40/(0)740/02 23 84, www.cntours.ro. Hermann und Katharina Kurmes bieten abwechslungsreiche Programme für Gruppen- und Indvidualreisende auf Deutsch und Englisch. Geboten werden das ganze Jahr hindurch geführte Wanderungen mit Schwerpunkt Fauna und Flora der Karpaten. Im Winter stehen Schneeschuhwandern und Tierspurensuche im Vordergrund, Frühjahr, Sommer und Herbst Vogel- und Wildbeoachtung im natürlichen Habitat, Exkursionen mit Schwerpunkt Botanik und Touren zu den Kulturschätzen Siebenbürgens. Die Unterbringung erfolgt in der eigenen Pension Vila Hermani auf 1070 Metern Höhe im Bergdorf Măgura mit Blick auf die Gebirgsmassive von Bucegi und Piatra Craiului.

Step by Step, Str. Lunga 175, 500051 Braşov, Tel. +40/(0)744/32 76 86, www.mountainguide.ro. Der erfahrene Wanderführer Iulian Cozma bietet Touren im gesamten Karpatenraum an.

Reisezeit

Siebenbürgen ist das ganze Jahr zu bereisen. Die geeignete Reisezeit ist von den Zielgebieten abhängig. Kulturreisen haben durchgängig ihren Reiz, allerdings kann es in niedrigeren Lagen im Juli und August sehr heiß werden.

Für Wanderer, Kletterer und Naturliebhaber empfiehlt sich der Zeitraum von Juni bis Oktober. Von Dezember bis Februar bieten sich die Wintersportgebiete zum

Skilaufen, Schneeschuhwandern und Tourengehen an. In den Hochgebirgen kann der Schnee bis weit in den Juni liegenbleiben. Hochgebirgs- und Kammtouren sind sicherer von August bis Oktober.

Reisen im Land

Es gibt ein gutes und relativ günstiges Netz an regelmäßigen Überland- und Minibussen, die meist vor den jeweiligen Bahnhöfen in kurzen Intervallen abfahren. Auch das Bahnnetz wurde verbessert, wenngleich eine ganze Reihe von Strecken stillgelegt wurden. Besonders gut sind die Busverbindungen zwischen den größeren Städten: Brașov und Sibiu, Sibiu und Alba Iulia, Alba Iulia und Cluj, Alba Iulia und Deva, Cluj-Napoca und Bistrița. In größeren Städten wie Cluj-Napoca, Sibiu, Brașov, Târgu Mureș und an deren Flughäfen sind Mietwagen erhältlich.

Zahlreiche Minibuslinien verbinden auch kleinere Städte, man zahlt direkt beim Fahrer.

Reitsport

Der Umgang mit Pferden und das Reiten sind vor allem bei den Ungarn und Szeklern sehr beliebt, wo Pferde heute noch ein Bestandteil der traditionellen Volksfeste und Umzüge sind. Zwischenzeitlich gibt es in einigen Kreisen wie Cluj, Bistrița-Năsăud, Covasna, Harghita und Brașov gute Möglichkeiten, die Landschaft statt zu erwandern auf dem Rücken der Pferde zu erleben.

Dreisprachige Straßenbezeichnung

Sprache

Die ethnische Zusammensetzung in Siebenbürgen ist von Region zu Region sehr unterschiedlich. In den Kreisen Sibiu, Brașov, Hunedoara, Bistrița-Năsaud leben überwiegend Rumänen. Harghita, Covasna und ein Teil vom Kreis Mureș sind Herzstück des Szeklerlandes und von ungarischsprechenden Szeklern bewohnt. Südöstlich von Brașov leben die einen ungarischen Dialekt sprechenden Csángós, und in den Kreisen Alba und Cluj ist die Bevölkerung rumänisch-ungarisch gemischt. Dazwischen trifft man immer wieder auf Deutsche. Viele junge Rumänen besuchen deutsche Schulen in Siebenbürgen und sprechen ausgezeichnet Deutsch. Die Verständigung ist immer mehr in Englisch möglich. Italienische oder spanische Sprachkenntnisse sind von Vorteil. Auch Französisch wird hin und wieder gut verstanden.

Stromspannung

220 Volt Wechselstrom, mitgebrachte Geräte können ohne Adapter angeschlossen werden.

Trinkwasser

Bei Wanderungen sollte man darauf achten, nur das Wasser aus eigens gekennzeichneten Quellen (Apă potabilă – Trinkwasser) zu verwenden. Nicht nur im Hochgebirge gibt es Engpässe, man sollte immer genügend Getränke bei sich haben.

Unterkunft

Das Übernachtungsangebot in Siebenbürgen hat sich in den letzten Jahren stark verbessert. Eine Reservierung ist vor allem in den Städten zu empfehlen. Auch wer die kleinen, individuell geführten Häuser bevorzugt, sollte den Aufwand der Voranmeldung in Kauf nehmen, da sich die Geheimtipps Siebenbürgens bereits herumgesprochen haben. Das Fremdenverkehrsamt in München verschickt ein ausführliches Hotelverzeichnis. Eine Auswahl an Unterkünften mit kurzer Beschreibung und Preisangaben findet man in diesem Buch in den Infokästen am Ende der Kapitel zu den einzelnen Städten.

Hotels: In allen größeren Städten wie Cluj, Sibiu, Alba, Deva, Târgu Mureş und Braşov warten zahlreiche neue und renovierte Hotels von internationalem Standard auf Urlauber und Geschäftsleute. Daneben findet man immer mehr kleinere Familienhotels und Pensionen.

Gästehäuser: Auf dem Land und in den Dörfern haben sich unter anderem die evangelische Kirche, der ›Mihai Eminescu Trust‹ und andere Organisationen für die Entwicklung eines sanften Tourismus engagiert und die Entstehung von Gästehäusern in traditionellen Dorfhäusern möglich gemacht. Über ganz Siebenbürgen verteilt trifft man immer häufiger auf liebevoll gestaltete Privatunterkünfte, die in ehemaligen Getreidespeichern, Herrenhäusern und Bauernhäusern einfach, doch behaglich und komfortabel eingerichtet wurden.

Zahlreiche leerstehende Pfarrhäuser rumäniendeutscher Gemeinden wurden zu kleinen Gästehäusern umstrukturiert. Informationen dazu bekommt man über die Landsmannschaft der Siebenbürger Sachsen in Deutschland e.V., Karlstr. 100, 80335 München, Tel. 089/ 23 66 09-0, info@siebenbuerger.de. Im Internet findet sich die komplette Liste unter www.siebenbuerger.de.

Campingplatz mit Blockhütten im Apuseni-Gebirge

Kurhotel: In den Kur- bzw. Gebirgsorten, ehemaligen Hochburgen der Nomenklatura, ist das Angebot an teils pompösen Hotels stark angestiegen. Viele sozialistische Bauten wurden grundlegend saniert und wieder eröffnet, beispielsweise in Sovata.

Wanderhütten: Keine zu hohen Erwartungen sollte man an die Hütten im Hochgebirge stellen. Eine Liste findet man unter www.alpinet.org, allerdings ist sie nicht vollständig, und die Aktualität der Informationen ist nicht garantiert. Zuverlässig bewirtschaftete Hütten sind in den jeweiligen Infokästen in diesem Buch aufgeführt. Eine Reihe von Hütten sind inzwischen mit Informationen im Internet präsent: www.podragu.ro.

Campingplätze: Auch immer mehr Campingplätze stehen zur Verfügung. In vielen Gebirgsorten lassen sich auf den Plätzen kleine Bungalows, teilweise sogar mit eigener Dusche, mieten. Das Fremdenverkehrsamt (Seite 363) ver-

Frühstück in einem Berghotel

schickt ein Verzeichnis mit Campingplätzen und Motels.

Jugendherbergen: Jugendhotels und Hostels gibt es relativ zahlreich, vor allem in den siebenbürgisch-sächsischen Städten (www.HIhostels-romania.ro). Die Vereinigung Youth Hostel Romania hat ihren Sitz in Cluj-Napoca, Casa de Cultură a Studenților, Piață Lucian Blaga 1–3, Tel. 07 45/39 72 92, Fax 02 64/ 58 66 16, www.hihostels-romania.ro.

Unfälle

Mit dem Pkw: Egal, ob schuldhaft oder nicht, man sollte immer die Polizei verständigen (Tel. 112). Für am Fahrzeug entstandene Schäden sollte man sich eine Bestätigung ausstellen lassen, um sie bei der Ausreise an der Grenze vorzuweisen, da man sich sonst unter Umständen dem Verdacht der Fahrerflucht aussetzt.

In den Bergen: Bei Unfällen in den Bergen sollte man einen Hilferuf abgeben: Sechs Mal pro Minute ein akustisches oder optisches Signal senden, anschließend eine Minute pausieren und wiederholen. Die Antwort sollten drei pro Minute abgegebene Zeichen sein, die wiederholt werden. Außerdem sollte die Bergwacht umgehend verständigt werden (Tel. 07 25/82 66 68 oder 112).

Verkehrsbestimmungen

Es herrscht absolutes Alkoholverbot am Steuer! Höchstgeschwindigkeit innerhalb geschlossener Ortschaften für alle Fahrzeuge 50 km/h. Außerhalb geschlossener Ortschaften gilt für Pkw 90 km/h, für Motorrad, Bus, Lkw 80 km/h. Auf Autobahnen 120 km/h für Pkw, 100 für Motorrad, 80 km/h für Lkw und Bus.

Telefonieren während der Fahrt ist ohne Freisprechanlage verboten. Auf Brücken besteht Überholverbot.

Besondere Hinweise auf Verkehrsschildern:

Toate direcțiile – Alle Richtungen
Ocolire – Umleitung
Ceață – Nebel
Drum periculos – Gefährliche Fahrbahn
Claxonarea interzisa – Hupverbot

Wandern

Rumänien verfügt über eine unglaubliche Vielzahl an Wandergebieten. Teilweise ist die Erschließung noch mangelhaft, teilweise aber auch hervorragend. Wandern von leicht, mittel und schwierig, alpin und hochalpin ist im gesamten Karpatenraum möglich. Die schwierigeren hochalpinen Wandergebiete liegen im Făgăraș- und Bucegi-Gebirge.

Auch Klettern bietet sich vielerorts in den Karpaten an: am Piatra Craiului, Prapaștile Zărneștilor, in den Klettergärten von Brașov und Sibiu, der Bicazschlucht, weiterhin im Siebenbürgischen Erzgebirge: Buceș Vulcan, Craciunești, Cheile Cibului și Madei und in den Munții Trăscau: in der Turdaklamm, der Râmet- und Mănăstirii-Klamm und Piatra

Ampoiţalui sowie im Retezat am Peleage und Bucura.

In einigen Gebieten wurden **Nationalparks** eingerichtet: Piatra Craiului im Kreis Braşov, Parcul Naţional Rodna im Norden Siebenbürgens, Kreis Bistriţa-Năsăud, der Mureşengpass und Parcul Naţional Căliman, die Bicazschlucht Parcul Naţional Hăşmaş mit Cheile Bicazului und Lacul Roşu, außerdem der Naturpark Munţii Apuseni im Bihorgebirge, der durch seine vielen Höhlen besticht. Einer der verwunschensten ist jedoch der Retezat-Nationalpark im Bezirk Hunedoara. In ihm gibt es eine Vielzahl an Gletscherseen.

Beim Wandern sollte man auf eine gute **Ausrüstung** mit profiliertem knöchelhohem Schuhwerk und Wanderstöcken achten und daran denken, dass man sich durchaus im Hochgebirge befindet. Es kann vorkommen, dass bis in den Juni hinein noch Schnee liegt. Man sollte außerdem immer ausreichend Verpflegung mit sich führen, da bewirtschaftete Hütten nur begrenzt vorhanden sind.

In Acht nehmen sollte man sich vor **wilden Hunden**, die sich in Rudeln zusammenrotten, und vor den Herdenhunden der Schäfer. Es ist daher auch nicht ratsam, mit dem eigenen Hund nach Rumänien zu reisen (siehe auch Seite 361).

Wintersport

Die meisten Skizentren entstanden in den 1960er und 1970er Jahren. Zwischenzeitlich wurden einige der bekanntesten Skigebiete großflächig ausgebaut. Das **größte Skigebie**t Siebenbürgens ist Poiana Braşov um den Postăvarul. Ein weiteres befindet sich im Prahovatal im Bucegi mit den Ortschaften Predeal, Kreis Braşov (15 Pisten) und Sinaia und Buşteni. Seit 1897 gibt es in Sinaia bereits die Bobbahn.

Nicht mehr zu Siebenbürgen gehört Slănic Moldova, ein Skigebiet der Zukunft. Der malerisch gelegene Kurort in den Ostkarpaten mit Heilwasserquellen und einem Dorfkern, dessen Bauten aus der Jahrhundertwende stammen, soll zu einem großen Skigebiet der Moldau ausgebaut werden.

Auch das Skigebiet von Vărtop, Bezirk Bihor im Apuseni-Gebirge, soll vergößert werden. Kleinere Gebiete liegen bei Sibiu, bei Păltiniş in den Munţii Cindrel, im Vâlcangebirge bei Petroşani, in Sovata (Keis Mureş), am Lacul Roşu (Kreis Harghita), in Răuşor im Retezat und bei Băişoara in den Gilău-Bergen im Kreis Cluj. Letzteres soll zu einem großen Skizentrum erweitert werden.

Die **Saison** dauert in der Regel von Dezember bis März. Aber auch Siebenbürgen hatte in den letzten Jahren mit schneearmen Wintern zu kämpfen.

Wassersport

In Siebenbürgen bieten sich die Flüsse Mureş, Someş, Jiu, Olt und Arieş zum Kanu- und Kajakfahren an. Die Ausrüstung muss jedoch mitgebracht werden. Im Mureş wird leidenschaftlich gefischt.

Schönes Landhotel in Miclosoara

An der Fagaraş-Transversale, Kreis Braşov

Zahlungsmittel

Die Landeswährung ist der Rumänische Leu (pl. Lei), übersetzt der Löwe. Am 1. Juli 2005 wurde eine Währungsreform durchgeführt. Dabei wurden vier Nullen gestrichen, die alten Scheine sind aber noch gültig und werden in der Preisauszeichnung mit ROL gekennzeichnet. Die neuen Lei sind mit RON gekennzeichnet. Das N steht für nou (neu). Dies bedeutet, dass 10 000 alte Lei (ROL) 1 neuem Leu (RON) entsprechen. Der Beitritt zur europäischen Währungsunion wird für das Jahr 2012 bzw. 2014 angestrebt.

1 RON entsprach im Herbst 2010 etwa 0,18 Euro. Für 1 Euro bekam man 3,25 RON. Das Wechseln in die Landeswährung empfiehlt sich vor Ort bei Banken, Wechselstuben und in größeren Hotels. . Am günstigsten zieht man Bargeld mit der EC-Karte am Bankomat, maximal 2000 RON. Vorsicht vor Wechselangeboten auf der Straße ist immer noch geboten. Reiseschecks in Euro oder US-Dollar werden nur von Banken und offiziellen Wechselstuben angenommen. Kreditkarten werden mittlerweile in fast allen Geschäften, Hotels und Restaurants, an OMV-Tankstellen sowie bei internationalen Autovermietungen akzeptiert.

Die Lebenshaltungskosten sind für Touristen, abgesehen von teilweise hohen Hotelpreisen in den Städten wie Sibiu und Braşov, derzeit noch sehr günstig.

Zeit

Es gilt die Mitteleuropäische Zeit plus 1 Stunde, Rumänien hat ebenfalls die Sommerzeit eingeführt

Noch einige Ratschläge

Die Straßenverhältnisse in Rumänien entsprechen teilweise, vor allem auf Nebenstraßen, noch nicht dem europäischen Standard. Deshalb lassen Kilometerangaben nicht immer eine Zeit-planung zu. Die Zunahme des Verkehrs durch Siebenbürgen führen vielerorts zu Staus. Was die einen als südliche Lässigkeit betrachten, gilt anderen als grob rücksichtslos: riskante Überholmanöver, Geschwindigkeitsüberschreitungen allerorten und die Missachtung von Fussgängern sind die Regel. Deshalb ist eine defensive Fahrweise angeraten. Man sollte auf Pferdefuhrwerke, die nachts oft unbeleuchtet fahren, Tiere und Fußgänger auf der Fahrbahn gefasst sein.

Gleichermaßen gilt zu beachten, dass es aufgrund der Straßenverhältnisse des öfteren zu Reifenpannen kommen kann. Einen relativ gut ausgestatteten Reifenservice (›Vulcanizare‹) findet man in jedem noch so kleinen Ort.

Vorsicht ist bei vermeintlichen Unfällen oder Pannen Dritter geboten, die sich oft als Inszenierung von Straßenräubern erweisen; man sollte keinesfalls anhalten.

Bettelnde Kinder sollten nicht durch allzu verschwenderisch ausgeteilte Dollar- und Euro-Scheine dazu erzogen werden, Betteln zu ihrem Lebensziel zu machen.

Glossar

Andreanum Freibrief (Privilegium) der Siebenbürger Sachsen aus dem Jahr 1224. Benannt nach seinem Verleiher, König Andreas II. von Ungarn, sind in diesem die Beziehungen zwischen dem Grundherrn und den Siedlern geregelt. So wurden darin die Siebenbürger der Hermannstädter Grafschaft zu einer politischen Gemeinschaft vereinigt und ihnen weitgehende Rechte und Privilegien verliehen. Dies wurde schrittweise auf sämtliche Siedlungen und damit auf die gesamte ›Nationsuniversität‹ (Universitas Saxonum) ausgedehnt und 1486 von M. Corvinus bestätigt. Das Original blieb nicht erhalten, wurde jedoch in einer urkundlichen Bestätigung des Freibriefes durch Karl I. von 1317 überliefert. Pflichten: Abgaben an den König, Freistellung von Kriegern, Bewirtung des Königs; Rechte: Gebietsautonomie, ausschließliches Bürgerrecht auf diesem Gebiet, freie Wahl eigener Richter, Beamter und Pfarrer, Privileg eigener Gerichtsbarkeit unter Anwendung des eigenen Gewohnheitsrechtes.

Anjou französisches Grafengeschlecht, deren ältere Linie Anjou-Neapel im Mittelalter (1308–1386) nach dem Aussterben der ungarischen Árpáden die Krone Ungarns (Siebenbürgen gehörte dazu) erlangte: Karl Robert (1308–1342) und Ludwig I. d. Gr. (1342–1382). Eine Tochter Ludwigs, Maria, wurde die Gemahlin Sigismunds des Luxemburgers, wovon dieser seine Ansprüche auf Ungarn mit Siebenbürgen ableitete.

Salzkirche im Bergwerk von Ocna Dejului

Armenier aus der Moldau und der Krim im 17. Jahrhundert nach Siebenbürgen geflohene, zunächst armenisch-apostolische Gruppen, die überwiegend als Kaufleute in städtischen Siedlungen tätig waren und später eine Kirchenunion mit Rom eingingen.

Árpaden mittelalterliche ungarische Königsdynastie (1001–1301), die auf den Großfürsten Árpad (9. Jh.) zurückzuführen ist.

Autonome Ungarische Region auf Druck der Sowjetunion 1952 eingerichtetes, scheinbar autonomes Territorium im überwiegend ungarischen mittleren und östlichen Teil Siebenbürgens, insbesondere im Szeklerland. Reorganisation und Einschränkung der Befugnisse 1960, Auflösung 1968.

Awaren Steppenvolk eurasischen Ursprungs, das im 6. Jahrhundert in den Donau-Karpaten-Raum eindrang und in den Auseinandersetzungen zwischen Byzanz, Langobarden, den Bulgaren und dem fränkischen Reich bis zum 8. Jahrhundert ein Reich beherrschten, das letztlich von Bulgaren und Karolingern zerschlagen wurde.

Bastei vorspringendes massives Bollwerk einer Festung, Flankierungswerk einer Burg von kreis-, hufeisen-, herz- oder birnenförmigem Grundriss. Die obere Plattform diente zum Aufstellen von Artilleriegeschützen. Die fünfeckigen Flankierungstürme der Kirchenburgen des 17. Jahrhunderts werden in Siebenbürgen als Bastei bezeichnet.

Bergfried (Berchfrit, frz. Donjon) Hauptturm und Kernbau der Ritterburg, mit Wehrplatte zur Verteidigung, bewohnbaren Geschossen und einem Verließ zur Verwahrung der Gefangenen. Der Bergfried war die letzte Zuflucht der Burginsassen. In Siebenbürgen meist der höchste und am stärksten befestigte Teil einer Kirchenburg, häufig auf der Westseite der Kirche, manchmal wie in Frauendorf über dem Mittelschiff oder über dem Chor wie in Hamruden. Erkennbar häufig am Pyramidendach.

Bering Ringmauer, die den geschützten Burghof oder befestigten Kirchhof umgibt.

Blocktreppen Treppenbäume, auf denen Stufen aus halbierten Vierkantbalken aufgenagelt sind.

Burzenland (rum. Țară Bîrsei, ung. Barcaság) nach dem Burzenbach benannt, einem Nebenfluss des Olt. Einst 13 freie Gemeinden, die Ende des 12. Jahrhunderts dem ungarischen Herrschaftsbereich einverleibt wurden. 1211 wurde das Gebiet zur Verteidigung den deutschen Rittern anvertraut, nach deren Vertreibung 1225 wurde das Burzenland zum Komitat (s. u.), an dessen Spitze ein Szeklergraf stand. Es wurde zum Kronstädter Distrikt umgewandelt, der 1422 an die sächsische Nation angeschlossen wurde.

Bering der Kirchenburg von Hărman

Comes siehe Gespan.

Dominium, Domäne Zunächst als Begriff für die hochmittelalterliche materielle Ausstattung königlicher Burgen in den Komitaten, später auch Bezeichnung des von den Städten oder Stühlen der Sächsischen Nation erworbenen grundherrlichen Gebiets.

Dósza-Aufstand Bauernkrieg unter Führung von Georg Dózsa 1514, der sich gegen die Grundherrschaft im südöstlichen und östlichen Ungarn und westlichen Siebenbürgen richtete.

Drei Stühle zu einer Verwaltungseinheit (siehe auch ›Stühle) zusammengeschlossene Szekler-Stühle Sepsi, Kézdi, Orbai sowie Miklósvár im Südosten Siebenbürgens.

Gaden Bezeichnung für ein Einraum Haus bzw. eine einzelne Raumeinheit. Im Zusammenhang mit den Kirchenburgen Räume, die an der Innenseite der Außenmauer fensterlos angebracht wurden und als Aufbewahrungsort für die Vorräte der Gemeinde wie Obst und Getreide dienten.

Gepiden germanischer Stammesverband, der im Gefolge der Hunnen ab 453 eine Herrschaft zwischen Donau, Theiß und Karpaten mit einem Schwerpunkt in Siebenbürgen errichtete. Ihr Reich wurde von den Awaren zerschlagen.

Gespan (ung. Ispán, slaw. Župan) entspricht einem Graf, lat. Comes (übersetzt der Begleiter), und war in Ungarn seit dem 11. Jahrhundert Vertreter des Königs im Komitat. In wichtigen Komitaten ernannte der König den Gespan aus dem Hochadel oder aus dem Kreis der Gefolgsleute, in kleineren Komitaten wurde er von der Komitatsverwaltung gewählt. In der Regel bestand neben dem Obergespan ein Vizegespan.

Gesprenge geschnitzter Zieraufsatz auf einem gotischen Flügelaltar.

Geten nordthrakischer Volksstamm, der ab dem 5. Jahrhundert vor Christus im Donaugebiet siedelte und mit den Dakern verschmolz.

Gouverneur, Gubernator Leiter der Provinzregierung (Gubernium) zur Zeit der Habsburger Herrschaft.

Gräf Anführer der sächsischen Einwanderergruppen, mit einer gewissen Vormachtstellung innerhalb der Dorfgemeinschaft – später erbliche Würde in Verbindung mit dem Ortsrichteramt (Erbgräfentum).

Gräfen Aus der frühen Ansiedlungszeit hervorgegangene Klein-Adelsschicht, die die sächsischen Siedlungen im Mittelalter politisch vertrat, die aber vor allem im 15. Jahrhundert ihre Vorrechte und ihren Besitz an die sächsischen Gemeinden abgab oder veräußerte und in diesen aufging oder die in den Komitatsadel wechselte und die ungarische Sprache und Kultur annahm.

Habsburgischer Ausgleich Staatsvertrag von 1867 zwischen der österreichischen und der ungarischen Reichshälfte der Habsburger Monarchie, der Ungarn eine weitgehend selbständige Stellung innerhalb des Staatsganzen gewährte.

Heiducken, auch Haiduken (ungar. Haidú) Bezeichnung für ungarische Hirten, seit dem 15./16. Jahrhundert für Söldner, die zur Grenzverteidigung gegen das Osmanische Reich eingesetzt wurden und in die ungarischen Parteienkämpfe eingriffen.

Hohe Pforte Bezeichnung für die osmanische Regierung in Konstantinopel.

Kapitel kirchliche Gebietskörperschaft.

Kalibaschen der Begriff wird häufig für die im Mittelalter vor den Osmanen in die abgelegenen Bergdörfer geflohenen Walachen benutzt, die sich dank ihrer Abgeschiedenheit und ihrem Leben auf den Almen ihre uralten Traditionen bis heute bewahren konnten. Als Kalibaschendörfer werden Măgura, Peşteră im Königsteingebiet, aber auch Râu-Sadului bei Sibiu bezeichnet. Teilweise wurden die sogenannten Kalibaschen aber auch von den Bergen geholt und in Dörfern der Ebenen angesiedelt wie in Aţel.

Karner oder Ossarium Beinhaus eines Friedhofs, wo die Gebeine aufgelassener Gräber in einem Kellerraum geborgen werden; darüber lag im Erdgeschoss eine Totenkapelle. Das Beinhaus von Heltau ist ein Rundturm mit unterirdischem Ringgewölbe, der später als Speckturm verwendet wurde.

Kastellan Befehlshaber oder Verwalter einer Burg.

Komitat unter einem Gespan (Comes) stehender ungarischer Verwaltungsbezirk. In Siebenbürgen wurden diese Verwaltungseinheiten von König Stephan I. für königliche Güter eingerichtet, die

Ruine des Bánffy-Schlosses in Bonţida

später vom Adel beherrscht wurden. Das Komitat wandelte sich zu einer eigenständigen Organisations- und Gerichtsgrundlage für den Stand des Adels, der ›Natio Hungarica‹.

Königsboden (fundus regius) steht für das dem König unmittelbar unterstehende Rechtsterritorium der Sächsischen Nation, erstmals 1224 bestätigt, 1876 aufgehoben.

Kumanen (slawisch Polowzer) turksprachige Nomaden, die im 11. Jahrhundert aus Zentralasien nach Südrussland vordrangen und Ungarn 1071/72 verwüsteten. Ein Teil assimilierte sich in Ungarn.

Kuruzen unter Führung des niederen und mittleren Adels gegen die Habsburgerherrschaft kämpfende Ungarn, Szekler, Ruthenen und Slowaken, besonders in den Kuruzenkriegen (1703–1711).

Landler Protestanten, die unter Karl VI. und Maria Theresia aus den habsburgischen Kernlanden zwischen 1734 und 1756 in zwei Stufen nach Siebenbürgen vertrieben wurden. Diese Vertreibung wurde als Transmigration bezeichnet. Die erste Gruppe wurde in den durch die Türkenkriege entvölkerten Gebieten um Hermannstadt in Neppendorf, Großpold und Großau angesiedelt. Der zweite Schub fand in den Dörfern nicht mehr genug Siedlungsraum und ließ sich in den Städten nieder. Eine Vermischung zwischen Sachsen und Landlern hat es nicht gegeben, so dass sich deren österreichischer Dialekt erhalten hat.

Mofette post-vulkanische Erscheinungen, die eine Austrittsstelle (Exhalation) von Kohlendioxid mit Temperaturen unter 100 °C bezeichnen. In Europa beispielsweise die Hundsgrotte in den Phlegräischen Feldern bei Neapel.

Mokanen Bezeichnung für die Rumänen der Bergregionen, unter anderem auch im Apuseni-Gebirge. Sie sind durch ihre Wanderschäferei zwischen Karpaten und Donau zu Wohlstand gekommen.

Hinweis auf den Kirchenschlüssel in Hațeg

Mongolen seit der Zeit Dschingis Khans (13. Jahrhundert) übergreifende Bezeichnung für verschiedene mittelasiatische Volksstämme, die von Osten eindringend während ihrer Westfeldzüge 1241 und 1285 auch Ungarn mit Siebenbürgen verwüsteten. Mit der Goldenen Horde etablierte sich ein mongolisch-tatarischer Teilstaat östlich des Landes, Grenzmark wurde Moldau. In deren Nachfolge fielen die später unter osmanischer Herrschaft stehenden Krimtataren wiederholt vor allem im 17. und 18. Jahrhundert in Siebenbürgen ein.

Nation/Nationes die Stände Siebenbürgens: ungarischer Adel oder Komaitatsadel, die Szekler und die Sachsen, die sich zur Union der drei Nationen zusammenschlossen, um innenpolitischen und wirtschaftlichen Problemen zu begegnen.

Nösnerland von Nösen, der alten deutschen Bezeichnung für die Stadt Bistritz abgeleitete Bezeichnung für das nordsiebenbürgische Siedlungsgebiet. In der Regel von Szeklergrafen geleitet, nach der Ausweitung des Andreanums wurde es 1366 eigener Distrikt. Die 26 freien sächsischen Gemeinden wurden in vier Gebiete Bistritz, Rodenau, Senndorf und Baierdorf unterteilt.

Orthodoxie hier Bezeichnung für die konfessionell der Ostkirche zugehörige geistliche Hierarchie und Bevölkerung. Die Kirchenhierarchie orientierte sich in Siebenbürgen in der Regel an der Walachei, ab dem 18. Jahrhundert wie das Banat und die anderen Orthodoxen Ungarns an der serbischen Metropolie Karlowitz. Im Banat 1865 Teilung in serbische und rumänisch-orthodoxe Kirche. Seit 1865 ist die rumänisch-orthodoxe Kirche autokephal (selbstständig).

Partium Bezeichnung für jene mittelost-ungarischen Komitate (Crișana, Maramureș, Sathmar), die nach der Schlacht von Mohács 1526 und der daraus folgenden Dreiteilung Ungarns vom Siebenbürger Fürsten mitregiert wurden. Sie gehören nicht zum historischen Siebenbürgen. Seit 1920 gehört das Partium zu Rumänien.

Szekler-Tor in Vârghiș im Kreis Covasna

Petschenegen Reiternomaden eines turksprachigen Stammesverbandes zwischen Ural und Wolga, die im 9. Jahrhundert die Magyaren nach Westen abdrängten und deren Landnahme im Donau-Karpaten-Raum bewirkten. Bis Anfang des 12. Jahrhunderts gab es zahlreiche Kriege der Petschenegen mit Byzanz, den Kumanen und Ungarn, danach wurden sie u.a. in Siebenbürgen zusammen mit den Szeklern teilweise ins ungarische Heer integriert und als Grenzwächter angesiedelt.

Sieben Stühle Bezeichnung der Hermannstädter Provinz nach der Einteilung in sieben Stühle (s. u.) sowie den Hauptstuhl Hermannstadt ab 1324.

Siebenbürgische Schule (rumän. coala ardeleană) Bewegung rumänischer Gelehrter des 18. und 19. Jahrhundert, die sich zur Aufgabe gemacht hatten, die lateinische Herkunft und kontinuierliche Besiedelung Siebenbürgens durch die Rumänen zu beweisen. Als Begründer gelten die in Wien und Rom zu Priestern ausgebildeten Samuil Micu (1745–1806), Gheorghe Șincai (1754–1816) und Petru Maior (1760–1821), nach dem die Universität in Târgu Mureș benannt ist.

Stühle im ungarischen Königreich Gerichts- und Verwaltungsform autonomer Bevölkerungsgruppen, die vermutlich unter Karl I. Robert (Anjou) zwischen 1325 und 1329 entstand. Der Name leitet sich vom Gerichtsstuhl ab. Nach 1324 wurde diese Verwaltungs- und Gerichtseinheit auch von den Sachsen und anschließend von den Szeklern übernommen. Die Grafschaften bzw. deren Untereinheiten wurden dabei in Stühle umgewandelt. Jedem Stuhl saß ein Königsrichter bzw. Königsgraf aus den Reihen der Siedler vor. Außerdem ein gewählter Beisitzer. Viermal jährlich

Portal der Kirchenburg von Hosman, Kreis Sibiu

fand die Stuhlversammlung statt. Die aus Vertretern aller Stühle gebildete Gauversammlung kam zweimal jährlich in Hermannstadt zusammen.

Troițes als Wegekreuze aufgestellte Holzkreuze.

Tschango (ung. Csángó) kleine ungarische Gruppe im äußersten Osten und Südosten Siebenbürgens sowie in der Moldau.

Unierte Kirche Akzeptanz des päpstlichen Primats und der Zugehörigkeit zur katholischen Kirche bei weitgehender Wahrung orthodoxer Riten und Liturgie durch einen Teil der orthodoxen Kirchenhierarchie Siebenbürgens um 1700 und damit Begründung der griechisch-katholischen unierten Kirche, der vor allem Rumänen angehörten. Im 19. Jahrhundert Aufwertung des Bistums zum Erzbistum mit Zuständigkeiten im Banat und in Ostungarn. Zwangsintegration 1948 in die orthodoxe Kirche und Verfolgung. Wiederzulassung 1990.

Unitarier auch Antitrinitarier genannt, protestantische Glaubensrichtung, die aufgrund der Bibelauslegung die Dreifaltigkeitslehre ablehnt. Vierte, ab dem 16. Jahrhundert anerkannte Konfession in Siebenbürgen. Anhängerschaft vor allem im Adel, in Cluj-Napoca und einigen Szeklerstühlen.

Universitas Saxonum (Gesamtheit der Sachsen) oberste politische Verwaltungs- und Gerichtsbehörde der Siebenbürger Sachsen zwischen 1486 und 1876, der ein Nationsgraf, der Hermannstädter Königsrichter oder Bürgermeister vorstand. Hier ist jedoch Graf nicht als Adelstitel, sondern als Amtstitel zu verstehen.

Zipser Sachsen (ung. Szepzesi Szászok) in die Zips-Region in Oberungarn (heute Slowakei) vom ungarischen König berufene Siedler, die in kleinen Gruppen auch in die Maramureș und nach Siebenbürgen (Apuseni) kamen.

Zwei Stühle die seit 1366 zur Sächsischen Nation zählenden Stühle Mediaș und Șeica Mare.

Zwinger Raumstreifen zwischen der hohen inneren und der niedrigeren äußeren Ringmauer einer Burg.

Literatur

Angegeben sind nur Titel, die entweder im deutschen Buchhandel oder in den Bibliotheken in deutschsprachigen Übersetzungen vorliegen. Die Auswahl wurde so getroffen, dass der Leser durch ihren Inhalt auch mit Sehenswürdigkeiten und Naturschönheiten in Berührung kommt.

Geschichte und Politik

Klein, Horst G./Göring, Katja: Rumänische Landeskunde, Gunter Narr Verlag, Tübingen 1995.

Verseck, Keno: Rumänien, Beck'sche Länderreihe, München 2001.

Völkl, Ekkehard: Rumänien. Vom 19. Jahrhundert bis in die Gegenwart, Pustet-Verlag, Regensburg 1995.

Reiseliteratur

Gerdes, Hilke: Rumänien. Mehr als Dracula und Walachei, Ch. Links Verlag Berlin 2007.

Koch, Sylvia: Outdoor Handbuch: Der Weg ist das Ziel – Rumänien: Mureș Kanutour, Stein-Verlag 2008.

Komm Mit, Reisen Wandern Erholung in Rumänien. Ein Reisebuch, Verlag Neuer Weg Bukarest. Seit 1990 erschienen verschiedene Ausgaben mit ausführlich beschriebenen Wanderrouten in Rumänien.

Krug, Gerald u.a.: Dimension Vertical – Kletterführer Rumänien. Geoquest-Verlag 2010.

Liess, Martha: Siebenbürgisches Kochbuch, Schiller Verlag 2007.

Reiseführer Siebenbürgen Hrsg. Arbeitskreis für Siebenbürgische Landeskunde e.V., Wort und Bild Verlag Österreich 1993. Nur noch antiquarisch zu haben. Gründliche und vollständige Bearbeitung aller Ortschaften des historischen Siebenbürgens, mit herausragenden geologischen und geographischen Ausführungen.

Remus, Joscha, KulturSchock Rumänien, Verlag Peter Rump, Bielefeld 2006.

Roth, Anselm: Fahrradführer für Südsiebenbürgen Sibiu, Hora-Verlag 2004.

Schumacher, Bernd, Grau, Marga, Roth, Anselm, u.a. Schüler des Brukenthal Lyzeums: Kleine Wanderungen rund um Hermannstadt, Hora Verlag Sibiu 2007.

Wischenbart, Rüdiger: Canettis Angst. Das Reise-Buch der Ränder. Erkundungen am Rande Europas, Wieser-Verlag, Klagenfurt 1994.

Sprachführer

Langenscheidts Sprachführer Rumänisch, München 2005.

Langenscheidts Sprachführer Ungarisch, München 2006.

Kunst und Musik

Binder, Hermann: Orgeln in Siebenbürgen. Ein Beitrag zur siebenbürgischen Orgelgeschichte von den Anfängen bis zur Mitte des 19. Jahrhunderts. Kludenbach, Gohann-Musik-Verlag 2000.

Die Daker. Goldhelm, Schwert und Silberschätze. Ausstellungskatalog der Schirn, Frankfurt a. M. 1994.

Franke, Arne: Das wehrhafte Sachsenland, Deutsches Kulturforum östliches Europa 2007. Sehr informativer und bebilderter Kirchenführer mit den jeweiligen Kontaktadressen zur Besichtigung der Burgen.

Munteanu-Barbulescu: Die Daker. Archäologie in Rumänien, Katalog zur Ausstellung im Römisch-Germanischen

Museum September 1980. Philipp von Zabern Verlag, Mainz 1980.

Richter, Gisela und Otmar: Siebenbürgische Flügelaltäre, Thaur bei Innsbruck 1992. Ausführliche Beschreibung der erhaltengebliebenen gotischen Altäre Siebenbürgens.

Pichotta, Sören: Museen der Kirchenburgen. Kleinode in Siebenbürgen, Schiller Verlag 2008.

Botanik, Natur, Bergbau, Eisenbahn

Bang, Preben, Dahlström, Preben: Tierspuren, Fährten, Fraßspuren, Losungen, Gewölle und andere, blv-Verlag München 2009.

Grau, Marga: Blütenpflanzen im Jahreslauf, Pflanzenführer für Siebenbürgen, Hora Verlag, Sibiu 2006 dt./rum.

Heltmann, Heinz: Beiträge zur Flora, Vegetation und Fauna in Siebenbürgen. In: Naturwissenschaftliche Forschungen zu Siebenbürgen. Böhlau Verlag 1994, Bd. 30.

Pax, Ferdinand: Grundzüge der Pflanzenverbreitung in den Karpathen. Reprint 1976 A.R. Ganter Verlag Liechtenstein.

Reichel, Hufnagel: Wälder und Dampf. 1000 km auf den Waldbahnen Rumäniens, Eine Dokumentation in Wort und Bild, 1990. Mit sehr viel Hingabe beschriebenes Streckennetz der Waldbahnen.

Reichholf, Josef, H.: Schmetterlinge treffsicher bestimmen mit dem 3er-Check, blv-Verlag München 2008.

Silber und Salz in Siebenbürgen: Das Gold der Karpaten – Rosia Montana und sein Bergbau zur Ausstellung im Deutschen Bergbau-Museum vom 27. Oktober 2002 bis 05. Mai 2003: BD 5. Bearbeitet von Rainer Slotta und anderen. Die Ausstellungen fanden in Zusammenarbeit mit dem Kreismuseum Bistrița-Năsăud und der Kreisdirektion Cluj-Napoca des Rumänischen Nationalarchivs vom Jahr 2000 bis 2003 statt. Herausragend vorbereitete Ausstellung in Bochum einschließlich der ausführlichen Kataloge, die unter anderem auch Originaldokumente ablichten.

Ungar, Karl: Die Alpenflora der Südkarpaten. Unveränderter Nachdruck der Ausgabe Hermannstadt. Böhlau Verlag Köln, Weimar, Wien 2002. Als Festschrift.

Belletristik

Märtin, Ralf-Peter: Dracula. Das Leben des Fürsten Vlad Tepes, Wagenbach Verlag, Berlin 2001.

Stephani, Claus: Die seltsame Süße der Gastlichkeit: Geschichten aus Siebenbürgen, 2007, Literatur-Verlag Hans Boldt, Winsen an der Luhe, 2007.

Weischer, Heinz: Konrads neue Freunde. Eine Geschichte aus Siebenbürgen, Lagrev Verlag, 2. Auflage Juni 2000. Sehr einfühlsam beschriebene Erlebnisse über das Zusammenleben mit den Roma in Jakobsdorf (dt. Iacobeni).

Straßenkarten

Alle Landkarten haben noch mehr oder weniger kleine Mängel. So enden manche Straßenführungen im Nichts, manche sind ebenso wie Ortschaften gar nicht eingetragen. Das Angebot hat sich aber stark verbessert.

Die schöne Holzkirche von Gârda de Sus

Atlas Rutier/Auto atlas Dimap 1:250000, 8-sprachige Zeichenerklärung, gute Stadtpläne der wichtigsten und größten Städte. Überarbeitet und 2009 neu herausgegeben. Unverzichtbar, wenn man mit dem Auto auch abseits der Hauptstrecken unterwegs sein möchte.

MOL România 1:500000, in Rumänien an den Tankstellen erhältlich.

România Harta rutieră (Rumänien-Straßenkarte), Amco-Press Rumänien, in englisch und rumänisch beschriftet.

Siebenbürgen 1:400000, freytag & berndt. www.freytagberndt.com.

Erdely/Transilvania/Siebenbürgen, Dimap Straßenkarte 1:400000, mit herausragender Beschriftung in drei Sprachen: Rumänisch, Ungarisch und Deutsch.

Wanderkarten

Ausgezeichnete Wanderkarten flächendeckend für alle Wandergebiete in Rumänien sind die ungarischen Karten von **Dimap Erfatur** (2007–2009). Sie beinhalten Beschreibungen der Gebirge und der Touren in rumänischer und ungarischer Sprache, häufig auch in englischer Sprache und einige sogar auf Deutsch. Die Karten werden ständig überarbeitet. Sie können alle übers Internet bestellt werden: www.erfatur.com. Folgende Gebiete sind erhältlich: Munții Apuseni 1:200000, Munții Harghita 1:60000, Munții Bihor 1:60000, Piatra Craiului Bucegi Postăvarul Piatra Mare Ciucaș 1:70000, Lacul Roșu și Cheile Bicazului 1:50000, Munții Călimani 1:60000, Munții Gilăului și Muntele Mare 1:50000, Munții Retezat 1:50000, Munții Făgărașului, Munții Trascăuului 1:50000, Munții Rodnei, 1:50000.

Auch der **ECO-Verband Rumänien** ›Descoperă Eco România‹ hat neue Wanderkarten im Jahr 2008 für Retezat, Postavaru und die Region um Bran herausgegeben. Weitere sind in Vorbereitung. Sie sind sehr genau und können in den Informationszentren der Nationalparks erworben werden (www.ecoromania.ro)

Die **›Bel Alpin‹-Wanderkarten** vom Jahr 2005 sind ausgezeichnet, aber leider häufig vergriffen. Sie empfehlen sich ganz besonders für das Königsteingebiet: ›Piatra Craiului‹, Hartă Turistică 1:30000.

Zum Wandern im **Făgăraș-Gebirge** empfiehlt sich die Karte: ›Trasee Marcate în Munții Făgăraș‹, eine Karte nur über das Fogaraschgebirge vom Jahr 2006, die leider nur selten zu haben ist, aber in den Hütten teilweise noch ausliegt.

Siebenbürgen im Internet

www.nineoclock.ro englischsprachige Internet-Tageszeitung aus Bukarest.

www.turism.ro Rumänisches Ministerium für Tourismus mit Informationen zu Landeskunde, Politik und Geschichte, auch in deutscher Sprache.

www.zoro.ro brandaktuelle, kurz gefasste Nachrichten in deutscher Sprache.

www.romaniatour.de Rumänisches Tourismusamt in Berlin, wenige Basisinformationen.

www.rennkuckuck.de Informationen zu Rumänien, Reisemöglichkeiten, neueste Bücher.

Rast in Rimetea

FORRÁS
BOROZÓ
egyetlen
hitelesítő
hivatala!
20

www.tarom-online.de rumänische Fluggesellschaft.
www.deutsch-rumaenischegesellschaft.de nützliche Linksammlung zu vielen Bereichen.
www.siebenbuerger.de Siebenbürger Zeitung der Ortsgemeinschaften Siebenbürgens.
www.karpatenwilli.com Seite von Wilhelm Scherz aus Jüterbog, Rumänienfreund und Wanderer. Anregende Bilder und Reportagen von seinen Touren.
www.transylvaniatravel.net Großes Angebot an Rumänienreisen im deutschsprachigen Raum, regelmäßiger Newsletter mit Neuigkeiten, Angeboten, Bücher- und Kartentipps, Politisches.
www.auswaertiges-amt.de deutsches Auswärtiges Amt. Basisinformationen über alle Länder, Sicherheitshinweise, gesetzliche Bestimmungen etc.
www.mountainguide.ro Seite des Berg- und Wanderführers Iulian Cozma mit vielen Infos zu möglichen Touren und zahlreichen Fotos.
www.negoiu.ro Die Negoiu-Hütte im Făgăraș-Gebirge stellt sich vor. Mit Links zu anderen Karpatenhütten und nützlichen Wanderinformationen.
www.carpati.org Informationen der Asociatia Montana Carpati, leider nur in rumänischer Sprache.
www.biserici-fortificate.com die Organisation Mioritics setzt sich zusammen mit der UNESCO für den Schutz des kulturellen Erbes in Siebenbürgen ein.

Über die Autorin

Birgitta Gabriela Hannover Moser hat Kunstgeschichte, Theaterwissenschaft und Archäologie in München und Wien studiert. Reisen nach Ost- und Südosteuropa folgte ein einjähriger Aufenthalt in Moskau, der mit einer Tätigkeit am Theater verbunden war. Ihre langjährige Beschäftigung als Studienreiseleiterin ermöglichte die kontinuierliche und intensive Verbindung zu den sich im Umbruch befindlichen Ländern im Osten. Diese Erfahrungen fanden ihren Niederschlag in verschiedenen Ausgaben von Reiseführern zu osteuropäischen Ländern, z.B. Serbien, Rumänien und Bukarest im Trescher Verlag. Zwischenzeitlich verbringt die Autorin mehrere Monate im Jahr in Südosteuropa, das ihr zur zweiten Heimat geworden ist.

Danksagung

Auch all denjenigen, die hier nicht aufgeführt werden können, sei aufrichtiger Dank gesagt. Besondere Unterstützung kam durch das rumänische Tourismusministerium und seine Mitarbeiterinnen in Deutschland, Frau Ioana Nan und Adina Secara. Bereichernde Informationen brachten die vielen persönlichen Kontakte und Gespräche während der Reisen. Besonders danken möchte ich hierfür Hermann und Katharina Kurmes, Graf Kálnoky und seinen Mitarbeitern, Ștefan Bâlici sowie Elena Stoia und Ilie Stoica. Die Ausführungen zum Retezat-Nationalpark verdanke ich Ovidiu Viorel Bodean und Florin Hălăștăuan, die Kenntnisse zum Orgelbau in Siebenbürgen Ernst Leonhardt, der in der Schweiz lebt. Herzlich danken möchte ich auch Herrn Rolf Truetsch, dem Vorsitzenden des Karpaten-Vereins Sektion Brașov für seine spannenden Beschreibungen der Karpatentouren, Dr. Walter Lang für seine botanischen Erklärungen, Edith für Unterstützung beim ungarischen Sprachführer und meinem Mann Walter Moser für seine geduldige Begleitung.

Ortsregister

Anhang

Personen- und Sachregister

Verzeichnis der wichtigsten deutschen Ortsnamen

Abtsdorf b. Agnetheln	Apoș
Agnetheln	Agnita
Almen	Alma-Vii
Alzen	Alțina
Arbegen	Agârbiciu
Arkeden	Archita
Baaßen	Bazna
Birthälm	Biertan
Bistritz, Stadt	Bistrița
Bodendorf	Bunești
Bogeschdorf	Băgaciu
Bonnesdorf	Boian
Braller	Bruiu
Broos, Stadt	Orăștie
Bulkesch	Bălcaciu
Brugberg	Vurpăr
Bußd b. Mediasch	Buzd
Deutschkreutz	Criț
Deutsch-Weißkirch	Viscri
Draas	Drăușeni
Elisabethstadt, Stadt	Dumbrăveni
Fogarasch, Stadt	Făgăraș
Frauendorf	Axente Sever
Freck	Arvig
Galt	Ungra
Großau	Cristian
Großkopisch	Copșa Mare
Großpold	Apoldu de Sus
Großprobstdorf	Târnava
Groß-Scheuern	Șura Mare
Groß-Schogen	Șieu
Hamlesch	Amnaș
Hamruden	Homorod
Heltau	Cisnădie
Henndorf	Brădeni
Hermannstadt, Stadt	Sibiu
Hetzeldorf	Ațel
Holzmengen	Hosman
Honigberg	Hărman
Hundertbücheln	Movile
Irmesch	Ormeniș
Jaad	Livezile
Jakobsdorf b. Agnetheln	Iacobeni
Johannisdorf	Sântioana
Kastenholz	Cașolț
Keisd	Saschiz
Kelling	Câlnic
Kerz	Cârța
Kleinschelken	Șeica Mică
Kleinschenk	Cincșor
Kleinscheuern	Șura Mică
Kleinschlatten	Zlatna
Klosdorf	Cloașterf
Kreisch	Criș
Kronstadt, Stadt	Brașov
Lechnitz	Lechința
Leschkirch	Nocrich
Magarei	Pelișor
Malmkrog	Mălâncrav
Marienburg/ Burzenland	Feldioara
Marktschelken	Șeica Mare
Marpod	Marpod
Mediasch, Stadt	Mediaș
Meeburg	Beia
Mergeln	Merghindeal
Meschen	Moșna
Meschendorf	Meșendorf
Michelsberg	Cisnădioara
Michelsdorf/Kokel	Veseuș

Mönchsdorf	Herina
Mühlbach, Stadt	Sebeș
Neithausen	Netuș
Neppendorf	Turnișor
Neudorf b. Hermannstadt	Nou
Neustadt b. Agnetheln	Noiștat
Niedereidisch	Ideciu de Jos
Nußbach	Măieruș
Petersberg	Sânpetru
Petersdorf b. Mühlbach	Petrești
Pretai	Brăteiu
Probstdorf	Stejărișu
Radeln	Roadeș
Reichesdorf	Richiș
Reps	Rupea
Retersdorf	Retișu
Reußdörfchen	Rusciori
Reußdorf	Cund
Reußen	Ruși
Reußmarkt	Miercurea Sibiului
Rode	Zagăr
Rosenau	Râșnov
Rothbach	Rotbav
Rothberg	Roșia
Sächsisch-Regen	Reghin
Sankt Georgen	Sfântu Gheorghe
Schäßburg, Stadt	Sighișoara
Scharosch b. Mediasch	Șaroș pe Târnave
Schellenberg	Șelimbăr
Schönau	Șona
Schönberg	Dealu Frumos
Schweischer	Fișer
Seiburg	Jibert
Stein	Dacia
Stolzenburg	Slimnic
Talmesch	Tălmaciu
Tarteln	Toarcla
Tartlau	Prejmer
Taterloch	Tatârlaua
Tatsch	Tonciu
Thalheim	Daia (Kreis Sibiu)
Tobsdorf	Dupuș
Trappold	Apold
Treppen	Tărpiu
Urwegen	Gârbova
Weidenbach	Ghimbav
Weißkirch b. Bistritz	Albeștii Bistriței
Weißkirch b. Schäßburg	Albești
Wölz	Velț
Wurmloch	Valea Viilor
Zeiden	Codlea
Zendersch	Senereuș
Ziedt	Veseud

Bildnachweis

Birgitta Gabriela Hannover Moser, außer:
Hinnerk Dreppenstedt: S. 211
Sabine Fach: S. 42, 43, 51, 55, 58, 68
Hermann Kurmes: S. 25, 94
Klaus Schameitat: S. 4u., 122, 174, 228/229, 285o., 285u., 287o., 287u., 289, 290, 364o.
Titelbild: Die Kirchenburg in Bazna (B. G. Hannover Moser)
vordere Umschlagklappe: Stundenturm in Sighișoara (K. Schameitat)
hintere Umschlagklappe: In Sibiu (K. Schameitat)
S. 16/17: Im Museum von Cârtișoara
S. 60/61: Das Dorf Ațel im Kreis Sibiu
S. 154/155: Blick aufs Retezat-Gebirge
S. 228/229: Die Piață Hermann Oberth in Sighișoara
S. 296/297: Volksfest im Szeklerland

Trescher Verlag

Der Spezialist für den Osten

Lemberg
Das kulturelle Zentrum der Westukraine
16.95 Euro

Moskau und St. Petersburg
Streifzüge durch die russischen Metropolen
16.95 Euro

Ostseestädte
14 Städte zwischen Kiel, St. Petersburg und Kopenhagen
16.95 Euro

Peking und Shanghai
Unterwegs in Chinas Metropolen
18.95 Euro

Riga, Tallinn, Vilnius
Rundgänge durch die Metropolen des Baltikums
17.95 Euro

Auswahl Flusskreuzfahrten

Donaukreuzfahrt
Von Passau bis zum Schwarzen Meer
15.95 Euro

Flußkreuzfahrten Nil
Unterwegs zwischen Kairo und Abu Simbel
15.95 Euro

Flusskreuzfahrten Russland
Unterwegs auf Wolga, Don, Jenissej, Lena und Amur
16.95 Euro

Flußkreuzfahrten Yangzi
Von der Quelle bis zur Mündung
15.95 Euro

Trescher Verlag im Internet unter www.trescher-verlag.de mit ausführlichen Infos über alle unsere Bücher und Onlineshop

Kartenlegende

Bahnhof	Synagoge
Burg/Festung	Theater
Busbahnhof	Tor
Denkmal	Touristeninformation
Dorfkirche	Turm
Flughafen	
Höhle	
Hotel	Autobahn
Kirche	Hauptstraßen
Kloster	Nebenstraßen
Markt	243 Straßennummern
Museum	Eisenbahn
Post	Grenzübergang
Ruine/Ausgrabungsstätte	Staats-, Kreisgrenze
Sehenswürdigkeit	Hauptstadt
Seibahn	Stadt/Ortschaft

Häufig auf Karten vorkommende Abkürzungen (siehe auch S. 355)

Sf	rumänisch Sfantul, dt. Heiliger (m)
Sf.	rumänisch Sfânta, dt. Heilige (f)
unit.	unitarisch
uni.	uniert
Vf.	Vârf, dt. Gipfel
Mt.	Munte, dt. Berg
Mti.	Munții, dt. Berge/Gebirge
CFR	Câile Ferate Române, dt. Rumänische Staatseisenbahn
Jud.	Județul/Gerichtsbezirk, Verwaltungskreis
DN	Drum național, dt. Bundesstraße
DJ	Drum județan, dt. Landstraße
DF	Drum forestier, dt. Forstweg

Kartenregister